PESQUISA
DE MARKETING
NA PRÁTICA

Copyright © 2004–2016 Paul Hague, Matthew Harrison, Julia Cupman e Oliver Truman
Copyright © 2022 Paul Hague
Copyright desta edição © 2025 Autêntica Business

Tradução publicada mediante acordo com Kogan Page.

Título original: *Market Research in Practice: An Introduction to Gaining Greater Market Insight*

Todos os direitos reservados pela Autêntica Editora Ltda.
Nenhuma parte desta publicação poderá ser reproduzida,
seja por meios mecânicos, eletrônicos, seja via cópia xerográfica,
sem autorização prévia da Editora.

EDITOR
Marcelo Amaral de Moraes

REVISÃO
Rafael Rodrigues

PREPARAÇÃO DE TEXTO
Marcelo Barbão

CAPA E PROJETO GRÁFICO
Diogo Droschi

REVISÃO TÉCNICA
Marcelo Amaral de Moraes

DIAGRAMAÇÃO
Guilherme Fagundes

**Dados Internacionais de Catalogação na Publicação (CIP)
(Câmara Brasileira do Livro, SP, Brasil)**

Hague, Paul
  Pesquisa de marketing na prática : como planejar e executar pesquisas de marketing para tomar as melhores decisões de negócio / Paul Hague ; tradução Luis Reyes Gil. -- 1. ed. -- São Paulo, SP : Autêntica Business, 2025.

  Título original: Market Research in Practice: An Introduction to Gaining Greater Market Insight
  ISBN 978-65-5928-509-9

  1. Marketing 2. Pesquisa de Marketing 3. Pesquisa de Mercado 4. Segmentação de mercado 5. Comportamento do consumidor 6. Métodos quantitativos 7. Métodos qualitativos I. Título.

24-239738   CDD-658.83

Índices para catálogo sistemático:
1. Pesquisa de marketing : Administração de empresas 658.83

Eliete Marques da Silva - Bibliotecária - CRB-8/9380

A **AUTÊNTICA BUSINESS** É UMA EDITORA DO **GRUPO AUTÊNTICA**

São Paulo
Av. Paulista, 2.073 . Conjunto Nacional
Horsa I . Salas 404-406 . Bela Vista
01311-940 . São Paulo . SP
Tel.: (55 11) 3034 4468

Belo Horizonte
Rua Carlos Turner, 420
Silveira . 31140-520
Belo Horizonte . MG
Tel.: (55 31) 3465-4500

www.grupoautentica.com.br
SAC: atendimentoleitor@grupoautentica.com.br

PAUL HAGUE

PESQUISA
DE MARKETING
NA PRÁTICA

Como **planejar** e **executar**
pesquisas de marketing para tomar
as **melhores decisões** de negócio

TRADUÇÃO:
LUIS REYES GIL

autêntica
BUSINESS

A todos os fascinados pela questão "Por quê?".

SUMÁRIO

Prefácio . 18

PARTE UM — Planejando uma pesquisa de marketing · 23

CAPÍTULO 1
Introdução . 24

- 25 Quem precisa de pesquisa de marketing?
- 26 Novos papéis para a pesquisa de marketing
- 28 O efeito da cultura regional no uso da pesquisa de marketing
- 29 O uso de pesquisas de marketing em modelos e *frameworks* de negócios
- 30 Pesquisa de marketing B2C (*business-to-consumer*) e B2B (*business-to-business*)
- 31 O escopo de informações da pesquisa de marketing
- 34 Pesquisa quantitativa e pesquisa qualitativa
- 35 O processo da pesquisa de marketing
- 38 A organização da pesquisa de marketing
- 41 Resumo

CAPÍTULO 2
A elaboração da pesquisa de marketing . 44

- 45 O que vale a pena pesquisar?
- 48 Fornecedores de pesquisa de marketing

49 O *briefing* da pesquisa de marketing: uma declaração do problema/oportunidade

53 A proposta da pesquisa de marketing: o retorno sobre o *briefing*

54 A informação requerida

55 A precisão

56 O orçamento

58 O cronograma

60 O que esperar de uma proposta (retorno do *briefing*)

64 Resumo

CAPÍTULO 3
Usos da pesquisa de marketing . 66

68 Compreendendo os mercados

70 Compreendendo os clientes

74 Compreendendo e desenvolvendo a oferta

76 Posicionando a marca e a comunicação

79 Resumo

PARTE DOIS — Pesquisa qualitativa · 83

CAPÍTULO 4
Pesquisa qualitativa . 84

85 O que é pesquisa qualitativa?

86 As ferramentas da pesquisa qualitativa

88 Quando usar a pesquisa qualitativa

89 Usos da pesquisa qualitativa

92 Resumo

CAPÍTULO 5
Desk research ou pesquisa secundária . 94

95 Uma verdadeira mina de ouro

97 Um princípio importante da *desk research*

98 Fontes de fontes: uma visão geral

99 *Experts* do setor

100 A internet

102 Relatórios de pesquisa de marketing on-line

103 A imprensa

103 Dados de empresas

104 Estatísticas governamentais

105 Entidades do comércio e da indústria

106 Diretórios e listas

107 A gama de informações disponíveis a partir da *desk research*

110 Planejando, registrando e avaliando a *desk research*

112 *Web scraping* ou "raspagem" de dados

114 Limitações da *desk research*

115 Resumo

CAPÍTULO 6
Grupos de foco . 116

117 O grupo de foco

118 As pessoas que compõem um grupo de foco

120 Quando usar grupos de foco

122 Áreas de consideração especial

124 Planejamento e recrutamento de grupos

125 Número de grupos

125 Locais dos grupos

127 Assegurando a presença dos participantes

128 O moderador do grupo

130 Ferramentas do moderador do grupo

133 Resumo

CAPÍTULO 7
Entrevistas em profundidade . 136

138 Por que usar entrevistas em profundidade?

140 Entrevistas em profundidade na elaboração da pesquisa de marketing

141 Quantas entrevistas em profundidade são necessárias?

141 O papel do telefone na entrevista em profundidade

143 Conquistando a cooperação para a entrevista
143 Os princípios da entrevista
145 A entrevista
146 A linha da entrevista
147 Desenvolvendo um roteiro de discussão para a entrevista
148 Sondagem e incitações
149 Resumo

CAPÍTULO 8
Observação e etnografia . 152

153 Observação: um método de pesquisa no qual você pode confiar
154 Quando usar a observação
156 A auditoria: uma aplicação essencial da observação
157 A observação nas pesquisas sobre o processo de compra
159 A observação na pesquisa sobre produtos
160 A observação na checagem de painéis e *outdoors*
161 A observação para verificar a audiência da televisão
162 Elaborando programas de observação
163 Reportando os dados da observação
164 Resumo

PARTE TRÊS
Pesquisa quantitativa · 167

CAPÍTULO 9
Pesquisa quantitativa . 168

169 O que é pesquisa quantitativa?
169 Determinando o tamanho da amostra
171 As ferramentas da pesquisa quantitativa
172 Para que é usada a pesquisa quantitativa?
173 Analisando a pesquisa quantitativa
175 Resumo

CAPÍTULO 10
Amostragem e estatística . 176

177 Princípios da amostragem

178 Amostragem aleatória em mercados consumidores

179 Escolhendo o tamanho da amostra

181 Erro amostral

185 Amostragem aleatória e não resposta

187 Amostragem por cotas

191 Amostragem em mercados *business-to-business*

193 Usando a estatística para derivar a importância dos fatores

194 Usando a estatística para chegar a segmentações baseadas em necessidades

196 Resumo

CAPÍTULO 11
Elaborando o questionário . 198

199 Por que é tão difícil elaborar um questionário?

199 O papel dos questionários

200 Diferentes tipos de questionário

201 Diferentes tipos de pergunta

203 Perguntas comportamentais

205 Perguntas atitudinais

212 Perguntas de classificação

216 As três etapas da elaboração de questionários

216 Formulando as perguntas

222 Ajustando o leiaute do questionário

224 Estudo piloto e pré-teste do questionário

225 Questionários especiais: análise conjunta (*conjoint analysis*)

228 *Grids* de *trade-off* (SIMALTO – *Simultaneous Multi-Attribute Level Trade-Off*)

230 Resumo

CAPÍTULO 12
Entrevista presencial . 232

233 Vantagens das entrevistas presenciais

235 Desvantagens das entrevistas presenciais

236 Entrevistas de rua

238 Entrevistas domiciliares

240 Elaboração do questionário

240 Taxas de resposta a pesquisas do tipo *survey*: um problema do setor

242 Testes de exposição ou *hall tests* (abordagens em shoppings)

247 Resumo

CAPÍTULO 13
Entrevistas por telefone . 248

249 Por que entrevistar por telefone?

250 Entrevistas por telefone assistidas por computador (CATI)

251 A arte de entrevistar por telefone: como realizar uma entrevista bem-sucedida

255 Limitações das entrevistas por telefone

257 Resumo

CAPÍTULO 14
Questionários de autopreenchimento . 258

259 Os onipresentes questionários de autopreenchimento

259 Quando usar e quando não usar questionários de autopreenchimento

261 Princípios para a elaboração de questionários de autopreenchimento

266 Melhores práticas na elaboração de questionários de autopreenchimento

271 Resumo

CAPÍTULO 15
Surveys on-line . 274

275 Os ciclos de vida dos métodos de pesquisa

276 Enviando *surveys* on-line

277 O crescimento dos painéis on-line

281 Organizando um *survey* on-line

284 Grupos de foco on-line

287 Coletando informações de um site

288 O Google e a ascensão do pesquisador "faça você mesmo" (DIY)

289 *Mobile surveys*

289 Usando a internet para fazer perguntas

290 Resumo

CAPÍTULO 16
Análise de dados . 292

295 Análise de perguntas fechadas
301 Análise de dados de perguntas abertas
304 Análise de respostas numéricas
305 Nota sobre a validação dos dados
308 Análise multivariada
310 Análise qualitativa de dados
312 Semiótica e pesquisa qualitativa
313 Resumo

PARTE QUATRO Usando a pesquisa de marketing . 315

CAPÍTULO 17
Usando a pesquisa de marketing para segmentar mercados . 316

317 Por que usar a segmentação de mercado?
318 Tipos de segmentação de mercado
326 Abordagens qualitativas/baseadas em julgamento
327 Métodos quantitativos
330 Incorporando com sucesso a segmentação na organização-cliente
336 Resumo

CAPÍTULO 18
Usando a pesquisa de marketing para melhorar o posicionamento da marca . 338

340 A pesquisa na criação (e recriação) de uma marca
343 Pesquisando novas identidades visuais
344 Monitorando a saúde da marca
348 Outros tópicos em estudos de monitoramento da marca
349 Elaboração da pesquisa em estudos de monitoramento da marca
351 Posicionamento da marca

357 Valor de marca e *brand equity* (equidade ou valor de marca)

360 Resumo

CAPÍTULO 19
Usando a pesquisa de marketing para melhorar a satisfação e a lealdade do cliente . 362

363 Definindo satisfação e lealdade do cliente

363 A importância da satisfação e da lealdade do cliente

364 Avaliando a satisfação e a lealdade do cliente por meio da pesquisa de marketing

377 Resumo

CAPÍTULO 20
Usando a pesquisa de marketing para definir o preço ótimo . 380

381 A importância do preço

382 O que queremos dizer com preço?

383 Equacionando preço e valor

385 Definindo o preço de acordo com os objetivos do negócio

386 Usando a pesquisa de marketing para definir o preço ótimo

387 Pesquisando o preço potencial que é possível cobrar

390 Pesquisando o valor de diferentes aspectos da oferta

395 Os desafios de pesquisar preços

397 Conclusões

CAPÍTULO 21
Usando a pesquisa de marketing para entrar em um novo mercado . 400

401 Por que entrar em um novo mercado?

403 Desafios ao entrar em um novo mercado

404 Formas de entrar em um novo mercado

408 O papel da pesquisa de marketing na tomada de decisão de entrada em um mercado

409 Informações requeridas em um estudo para entrada no mercado

414 *Frameworks* adicionais para analisar dados para entrada no mercado

417 Resumo

CAPÍTULO 22
Usando a pesquisa de marketing para testar a efetividade da propaganda . 420

421 Os diferentes tipos de propaganda

422 Por que testar a efetividade da propaganda?

425 Como testar a efetividade da propaganda

428 Resumo

CAPÍTULO 23
Usando a pesquisa de marketing para lançar um novo produto . 430

431 Por que é importante lançar novos produtos

431 Definindo um novo produto

432 O papel da pesquisa de marketing no desenvolvimento de novos produtos

438 Definindo critérios de sucesso para o desenvolvimento de novos produtos

440 Resumo

CAPÍTULO 24
Relatórios . 442

443 Regras comuns para relatórios escritos e apresentações

451 Reportando dados qualitativos

452 Reportando dados quantitativos

460 Extraindo conclusões

461 Criando uma apresentação

465 Resumo

PARTE CINCO # O setor de pesquisa de marketing · 467

CAPÍTULO 25
Pesquisa de marketing internacional . 468

469 Enxergando as coisas com maior clareza

470 A estrutura do setor de pesquisa de marketing no mundo

474 Taxas de resposta em outros países

475 Mensurando atitudes nas diversas nações

478 Coordenando estudos multipaíses

480 Usando *desk research* (pesquisa secundária) para fazer pesquisa de marketing internacional

482 Resumo

CAPÍTULO 26
Usando pesquisa de marketing para testar opiniões sociais e políticas . 484

485 Quem se interessa pela opinião pública?

486 Determinando um resultado preciso

489 A pesquisa qualitativa que orienta estudos sociais e políticos

490 O uso de mídias sociais em pesquisas de opinião

491 Resumo

CAPÍTULO 27
Tendências em pesquisa . 492

493 *Drivers* de mudança

494 Tendências na pesquisa quantitativa

498 Tendências na pesquisa qualitativa

500 Tornando os questionários mais engajadores

502 Tendências entre usuários de pesquisa de marketing

503 Especialização em habilidades de pesquisa de marketing

504 Resumo

CAPÍTULO 28
A Lei Geral de Proteção de Dados (LGPD) . 506

508 Princípios básicos da LGPD

511 Decifrando o jargão

514 Conduzindo um estudo que atenda aos requisitos da proteção de dados

518 Resumo

CAPÍTULO 29

Ética em pesquisa de marketing . 520

521 A importância da ética na pesquisa de marketing

522 Exemplos de dilemas éticos para pesquisadores de marketing

522 Princípios que orientam a ética de pesquisadores de marketing

525 Incentivando respondentes a participar de pesquisas

526 Voltando aos dilemas éticos

528 Resumo

Bibliografia . 530
Índice remissivo . 548

Para recursos on-line que acompanham este livro, acesse: www.koganpage.com/MRIP (material em inglês).

A **pesquisa de marketing** não é mais um setor de pequenas empresas como era antes, dirigidas por entusiastas em regime de meio expediente; é um setor **global** de bilhões de dólares que **alimenta organizações** e **empresas** de todos os portes.

PREFÁCIO

Minha carreira escrevendo livros começou há muitas luas – em 1985, para ser mais exato. Fiquei honrado quando a Kogan Page julgou adequado publicar *The Industrial Market Research Handbook*. O livro teve três edições e foi seguido por vários livros escritos com meu parceiro de negócios, Peter Jackson. Compartilhamos nossas experiências como pesquisadores de marketing em outros títulos da Kogan Page, como *Do Your Own Market Research* e outro com o título simples de *Pesquisa de marketing*. Os livros eram camadas de aprendizagem, cada uma sobreposta à anterior.

Em 2004, publiquei um livro chamado *Pesquisa de marketing na prática* com Nick Hague e Carol-Ann Morgan, dois diretores da empresa de pesquisa de marketing que eu administrava na época. Era a primeira edição do que você está lendo agora. Julia Cupman, Matthew Harrison e Oliver Truman, também colegas pesquisadores, juntaram-se a mim na edição seguinte.

Trinta e seis anos depois ainda estou nisso. Meus coautores ainda são próximos e compartilham seus pensamentos comigo. No entanto, a tarefa de editar e preparar a quarta edição de *Pesquisa de marketing na prática* coube apenas a mim. Estou semiaposentado e tenho tempo para me dedicar à tarefa enquanto meus colegas estão atarefados levando adiante uma empresa de pesquisa de marketing.

Menciono isso porque à medida que fui lendo e atualizando a quarta edição fui relembrando o quanto devo a esses meus colegas. Você poderia achar que o número de anos em que trabalhei no setor de pesquisa de marketing me qualificaria para escrever sobre o assunto. No entanto, o que aprendi há muitos anos como pesquisador de marketing tem pouca relevância hoje. O setor teve uma mudança imensa. Os métodos de coleta de dados são muito diferentes hoje em comparação com os de poucos anos atrás. As ferramentas para análises de dados avançaram muito em comparação com as calculadoras e os gráficos. Os relatórios não usam mais transparências borradas, com manchas de dedos. A pesquisa de marketing não é mais um setor de pequenas empresas como era antes, dirigidas por entusiastas em regime de meio expediente; é um setor global de bilhões de dólares que alimenta organizações e empresas de todos os portes com *insights* sobre como melhor atender seus mercados.

Falando em mudanças, entreguei o manuscrito desta edição aos editores pouco antes que a pandemia se instalasse. No período da pandemia, mudamos rapidamente nossa maneira de trabalhar e de nos comunicar. Zoom e Teams mal eram conhecidos antes do *lockdown*. Enquanto fazia a última revisão do livro em setembro de 2021, veio à minha mente que entrevistas presenciais (e por telefone) poderiam ser facilmente realizadas por Zoom. Grupos de foco em centros de visualização já estão sendo suplementados por grupos de foco on-line. Não há razão para que grupos de foco não possam ser realizados por Zoom, com os benefícios de custo, velocidade e engajamento que são alcançados quando estamos na mesma sala. É outro exemplo de como o setor de pesquisa de marketing tem se adaptado à mudança, e como continuará a fazer. O setor de pesquisa de marketing adaptou-se à mudança e acredito que eu, como um camaleão, também. No início da minha carreira de pesquisador de marketing, era capaz de fazer tudo – elaborar o *survey*, realizar as entrevistas, redigir o relatório e apresentá-lo ao cliente. Hoje essas são tarefas específicas e qualquer um que se torne pesquisador de marketing provavelmente irá se especializar em alguma delas. Além disso, há uma necessidade de contexto. O pesquisador que escreve um relatório tem que compreender como o estudo foi projetado, como as perguntas foram definidas, como as entrevistas foram coletadas e como foram interpretados os dados. Este é o objetivo deste livro – descrever o processo todo da pesquisa de marketing. O pesquisador que entenda esse processo será um profissional mais bem preparado.

A responsabilidade do livro agora recai firmemente sobre meus ombros. Atualizei todos os capítulos e acrescentei alguns – sobre pesquisas de opinião social e política e sobre a Lei Geral de Proteção de Dados [General Data Protection Regulation, GDPR]. Gostaria de agradecer especialmente a Oliver Truman, da B2B International, por me ajudar com este capítulo. Quaisquer erros no livro devem ser a mim atribuídos. Mas quero enfatizar o quanto o real crédito pelo livro deve ser dado às pessoas que mencionei, que forneceram o conteúdo substancial e os conselhos mais sábios que, acredito, estão contidos nestas páginas.

Por fim, quero homenagear a Kogan Page e os vários editores que me ajudaram ao longo dos anos. Nesta quarta edição tive a bênção e a orientação de Heather Wood. Durante o *lockdown*, Heather trabalhou incansavelmente, me orientando, motivando e ajudando a transformar essas 120 mil palavras nesta nova e atualizada edição de *Pesquisa de marketing na prática*.

PARTE UM

PLANEJANDO UMA PESQUISA DE MARKETING

CAPÍTULO 1

INTRODUÇÃO

QUEM PRECISA DE PESQUISA DE MARKETING?

Você está andando por uma feira livre, com as bancas cheias de produtos de aspecto excelente. Os donos das bancas expõem as mercadorias de modo a deixá-las bem atraentes. Alguns gritam para chamar sua atenção. Etiquetas indicam com clareza o preço de cada item. Está movimentado e muito barulhento. O negócio é dinâmico, e parece haver perfeita harmonia entre quem vende e quem compra – um entende bem o outro. É altamente improvável que os donos de banca tenham alguma vez lido um manual de pesquisa de marketing, ou elaborado um questionário ou realizado um *survey*; mas com certeza o que eles estão fazendo é pesquisa de marketing.

Os clientes fazem comentários sobre os produtos e os donos de bancas ouvem e reagem, e fazem ajustes no estoque do dia ou no da semana seguinte. Também ficam de olho nos preços dos demais e detectam na hora se estão fora do padrão. E se constatam isso, fazem logo o ajuste. Os donos de bancas ficam o tempo todo observando e ouvindo os outros, para saber se estão sendo eficazes em captar a atenção da multidão, e, quando um tem uma boa ideia, os outros logo copiam. As antenas dos feirantes monitoram o mercado, e, se não fizessem isso logo, cairiam fora do negócio.

Agora imagine que você de repente é levado até os escritórios de uma empresa global na Filadélfia. A empresa tem fábricas em 30 diferentes países e emprega 30 mil pessoas. Vende por meio de 300 distribuidores, que por sua vez vendem a centenas de milhares de clientes. De que maneira o chefe dessa empresa fica em sintonia com seu mercado?

Primeiro, ele ou ela tem fontes internas. Os gestores de cada área fazem seus relatórios. Os chefes de setor compilam dados sobre vendas, finanças e produção. E sempre que o tempo permite, o chefe geral faz um tour. Mas de modo algum a posição é tão clara quanto a do feirante. Os gerentes têm visões conflitantes. Diferenças culturais ao redor do mundo turvam a compreensão. Os clientes ficam mais distantes, porque são intermediados pelos distribuidores, portanto têm menos oportunidade de expressar opiniões. Além disso, ao contrário do feirante que faz ajustes rapidamente quando as condições mudam, introduzir mudanças numa empresa global exige mobilizar um exército de pessoas e é algo que se estende por semanas e meses.

O custo de uma decisão errada é a queda nas vendas e na lucratividade, que pode resultar na perda de milhares de empregos e de milhões de dólares no valor das ações. Essa empresa não pode confiar em suas antenas para saber o que está acontecendo, ela precisa de um processo.

NOVOS PAPÉIS PARA A PESQUISA DE MARKETING

Pesquisadores de marketing têm um conjunto de ferramentas, constituído por *desk research* [pesquisa secundária ou documental], entrevistas por telefone, entrevistas presenciais, questionários de autopreenchimento (geralmente on-line), grupos de foco e observação direta. Empregam técnicas especiais para selecionar amostras e analisar os dados. A maior parte deste livro é dedicada a esses assuntos, explicando como cada um funciona e como fazer sua própria pesquisa de marketing. No entanto, é igualmente importante compreender para que serve a pesquisa de marketing – por que ela é feita. É útil, portanto, antes de vermos esse conjunto de ferramentas, examinar o papel da pesquisa de marketing na tomada de decisão, já que isso nos dá o contexto para as discussões posteriores sobre métodos e técnicas.

Devemos iniciar essa compreensão contextual refletindo sobre o quanto esse tópico da pesquisa de marketing é recente, e como e por que ele começou.

Dizem que os primeiros *surveys* intuitivos eram do tipo das pesquisas de intenção de voto – chamadas em inglês de *straw polls*, termo originado do hábito de alguns agricultores de jogar um punhado de palha no ar para sentir de que lado sopravam os ventos. Essas pesquisas datam do início da década de 1820, quando os jornais nos Estados Unidos realizavam pesquisas simples de rua para ver de que lado os ventos políticos estavam soprando. No início do século 20, surgiu naquele país um incipiente setor de pesquisa de marketing com foco em algum tipo de testes de propaganda. Naqueles dias, acreditava-se que um questionamento direto produziria respostas desonestas, e por isso algumas das primeiras pesquisas de marketing comerciais confiavam fortemente na observação. Contava-se o número de latas de feijão cozido nas prateleiras de supermercados no início e no final de um período, e fazia-se o controle do estoque. Nascia a auditoria. Surgiram empresas hoje famosas de pesquisa de marketing, como a Nielsen e a Attwood, nos Estados Unidos, e a Audits of Great Britain (AGB). Pela primeira vez, os gestores tinham dados objetivos, precisos, a respeito de suas vendas, do tamanho do mercado, das tendências e das fatias de seus concorrentes.

Nas décadas de 1950 e 1960, a concorrência nos negócios ficou mais intensa, e os pesquisadores de marketing, partindo da experiência de pesquisadores sociais, usavam *surveys* amostrais, feitos com questionários, para obter dados sobre atitudes. A entrevista de pesquisa de marketing foi aceita então como o principal veículo para coletar informações, e as empresas de pesquisa floresceram. Pela primeira vez, gestores tinham dados objetivos e coletados de forma sistemática para ajudá-los a compreender o que as pessoas estavam fazendo com seus produtos ou o que pensavam a respeito deles.

Nas décadas de 1970 e 1980, a pesquisa atitudinal passou a um nível diferente e foram desenvolvidos *surveys* para monitorar a satisfação do cliente.

Nos anos mais recentes, o poder computacional ficou mais barato e tornou-se mais poderoso, e a ênfase passou a ser "extrair" dados a fim de obter mais *insights*, usando modelagens como a análise fatorial e análise de *cluster* (agrupamento) a fim de definir a segmentação, ou a análise conjunta para chegar a decisões de preços, a fusão de dados para preencher lacunas de dados faltantes, e o mapeamento geográfico, para encontrar as melhores localizações de varejo ou distribuição.

Pesquisadores de marketing têm ampliado suas aptidões para além da coleta e análise de dados. Num mundo sobrecarregado de dados,

Introdução

os pesquisadores se tornaram *experts* em convertê-los em diagramas ou *frameworks* de fácil compreensão. Ou seja, a natureza da pesquisa mudou e os pesquisadores também. Hoje os pesquisadores de marketing passam menos tempo redigindo suas descobertas em textos extensos e mais tempo transformando os dados em recursos visuais que possam ser prontamente compartilhados com a empresa cliente. Pesquisadores não são mais *nerds* e fanáticos por números, mas consultores sofisticados que podem orientar as estratégias de marketing.

O EFEITO DA CULTURA REGIONAL NO USO DA PESQUISA DE MARKETING

Gestores estão sempre tomando decisões com base em sua experiência, nos fatos que conhecem internamente e em sua intuição. Às vezes o caminho a ser tomado para avançar mostra-se óbvio, ou o tamanho da decisão não justifica um gasto imenso para descobrir fatos. Pode ser também que a ação seja necessária naquele exato momento e não haja tempo para uma pesquisa formal, embora ela seja bem-vinda. Não há nada de errado em usar a intuição e o "senso comum", pois fazem parte naturalmente da tomada de decisão nos negócios. Mas quando as decisões envolvem grandes recursos financeiros e quando os custos de um eventual fracasso são altos, é preciso basear a tomada de decisão em dados robustos e confiáveis. Empresas que operam em mercados grandes e internacionais, que mudam muito rapidamente, não podem confiar em abordagens episódicas e intuitivas para tomar decisões. O propósito da pesquisa de marketing é reduzir os riscos nos negócios.

Talvez isso surpreenda, mas grandes investimentos e decisões estratégicas ainda são definidos sem as informações adequadas. As razões disso são variadas; às vezes decorre de falhas profissionais dos praticantes da pesquisa de marketing, como uma insuficiente capacitação ou disposição para se envolver na tomada de decisão, ou então são diferenças nas culturas corporativas. Nos Estados Unidos e noroeste da Europa, a pesquisa de marketing é quase uma prática padrão para auxiliar a tomar grandes decisões. No entanto, no sul da Europa, em boa parte da Ásia e no mundo em desenvolvimento, a pesquisa de marketing é menos utilizada e confia-se mais em palpites e na intuição. Isso tem, em parte, razões históricas, pelo fato de a pesquisa de marketing ser menos estabelecida e ainda estar se assentando nessas regiões. Pode também decorrer de uma desconfiança ou suspeita cultural em relação a uma metodologia que as pessoas acham que talvez não seja um meio confiável de chegar à essência de uma questão.

O USO DE PESQUISAS DE MARKETING EM MODELOS E *FRAMEWORKS* DE NEGÓCIOS

A pesquisa de marketing precisa ter um propósito. Ela nos ajuda a compreender as necessidades, o comportamento e as atitudes de clientes, potenciais clientes, fornecedores, membros de uma organização, funcionários, eleitores etc. Os dados que coletamos para obter essa compreensão não surgem de uma série aleatória de perguntas. A pesquisa deve ser elaborada para resolver um problema de negócios. Isso requer um *framework*. Depois que o problema é identificado e se formula uma hipótese, é possível definir um *framework*. Então ficam evidentes as perguntas que precisarão ser feitas. Quando o *survey* é concluído, os dados podem ser colocados no *framework* e gerar um plano de ação. O fato de um *survey* estar vinculado a um *framework* dá ao cliente maior confiança nas descobertas e na direção sugerida para a empresa. A pesquisa estará assentada num modelo de negócios estabelecido.

Os *frameworks* de negócios são uma espécie de mapa; fornecem um plano que nos diz onde estamos agora e onde podemos ir. Assim como não tentaríamos transitar por uma montanha sem um mapa na mão, não devemos lidar com um problema de negócios sem contar com um *framework*. Há centenas de modelos de negócios e de *frameworks* que nos ajudam a dar sentido aos dados. Nosso interesse neste livro é nesses *frameworks* que dirigem as estratégias de negócios. Existem *frameworks* para estratégias gerais, e os mais famosos são a análise SWOT (*strengths, weaknesses, opportunities, threats*, isto é, pontos fortes, pontos fracos, oportunidades, ameaças) e a análise PEST (ambientes político, econômico, social e tecnológico). Há *frameworks* para descobrir uma vantagem competitiva, como as estratégias genéricas de Porter e a USP (*Unique Selling Proposition* ou "Proposta Única de Vendas"). Há *frameworks* para conceber estratégias de marketing específicas, como os 4Ps (*product, price, place and promotion* ou "produto, preço, praça e promoção"), AIDA (*awareness, interest, desire and action* ou "atenção, interesse, desejo e ação"), o mapeamento da jornada do cliente e a hierarquia de necessidades de Maslow. Os *frameworks* usados por pesquisadores de marketing podem ser encontrados em www.b2bframeworks.com e 50 dos meus *frameworks* favoritos podem ser encontrados em *The Business Models Handbook* ["Manual de Modelos de Negócio"].

Faremos uma discussão adicional desses *frameworks* na Parte Quatro, "Usando a pesquisa de marketing".

PESQUISA DE MARKETING B2C (*BUSINESS-TO-CONSUMER*) E B2B (*BUSINESS-TO-BUSINESS*)

A divisão de mercados mais fundamental é entre mercados que envolvem membros do público em geral e mercados nos quais as pessoas compram ou especificam em nome de outra organização, que pode ser, por exemplo, uma empresa.

Em mercados consumidores, o número de potenciais compradores de um produto costuma abranger uma proporção significativa da população total, girando na casa dos milhões. Entre as técnicas usadas para pesquisar esses mercados estão os métodos quantitativos baseados em amostragem rigorosa, e as técnicas qualitativas, que exploram complexas percepções e motivações do consumidor. Mercados consumidores podem ser adicionalmente subdivididos em FMCGs (*fast-moving consumer goods* – isto é, "bens de consumo de giro rápido", como alimentos e outros itens cujas compras tenham também frequência similar) e mercados de outro tipo – mídia, viagens e lazer, finanças, bens de consumo duráveis e assim por diante. Os conceitos modernos do marketing e da pesquisa de marketing cresceram em grande parte nos mercados FMCG, e este setor continua sendo a área em que a maioria das pesquisas de marketing comerciais é realizada.

Os mercados consumidores – FMCGs em particular – são também mercados varejistas, e qualquer marketing que atue por meio de distribuição no varejo precisa saber tanto a respeito do que está acontecendo nas lojas quanto do que acontece entre os consumidores finais. O que acontece no nível da loja é, portanto, uma preocupação central e é a fonte de informações de alguns dos maiores programas continuados de pesquisa de marketing (por exemplo, de organizações como a Nielsen).

A pesquisa de marketing *business-to-business* emprega as mesmas técnicas, mas de diferentes formas. Muitos mercados *business-to-business* são caracterizados por uma população bem menor a ser pesquisada, com frequência medida em centenas ou milhares, em vez dos milhões de consumidores. Além disso, os mercados *business-to-business* com frequência são muito variáveis, compostos por empresas de setores diferentes e com imensas diferenças de porte. Um pesquisador pode estar examinando o mercado para equipamentos de escritórios e deparar com uma amostra que às vezes inclui empresas tão diversas quanto uma General Motors e uma organização familiar que preste algum tipo de serviço à comunidade local.

Dentro dos negócios há muitas vezes grupos complexos que influenciam a decisão de compra (a chamada *decision-making unit* ou DMU, isto é, a "unidade de tomada de decisão"). Departamentos óbvios, como os de compras, fazem os pedidos, mas departamentos técnicos e de produção podem definir as especificações, e departamentos financeiros podem impor restrições de orçamento.

Nesses complexos mercados *business-to-business*, com populações menores e mais variadas e unidades de tomada de decisão emaranhadas, precisamos de métodos de pesquisa diferentes. Os tamanhos das amostras são menores e o pesquisador pode se apoiar tanto em julgamentos e interpretações como no rigor do método.

Os mercados (sejam consumidores ou *business-to-business*) não se restringem a um país. Cada vez mais, o marketing é internacional, com marcas e programas de marketing globais. Empresas internacionais podem exigir que sua pesquisa de marketing cubra América do Norte, Europa e Ásia no mesmo *survey*. Programas de pesquisa internacionais são logisticamente mais complexos e costumam exigir acesso a maiores recursos do que os aplicados em pesquisas restritas ao âmbito doméstico. Discutiremos a pesquisa de marketing internacional com mais detalhe no Capítulo 25.

O ESCOPO DE INFORMAÇÕES DA PESQUISA DE MARKETING

Em mercados consumidores e *business-to-business*, as decisões que a pesquisa orienta tendem a ser similares. Não importa se o produto é sabão em pó ou motores, a pesquisa pode abranger tópicos como as especificações do produto e sua relação com as necessidades e requisitos do consumidor, ou então marca, preço, métodos de distribuição, apoio de propaganda, definição e segmentação de mercado, níveis de venda previstos e assim por diante. Cada uma dessas decisões requer informações do mercado para reduzir o risco do negócio. Os requisitos de informações comuns, obtidas por meio da pesquisa de marketing, estão listados a seguir, embora isso não seja de modo algum exaustivo e possa, é claro, ser classificado de diferentes maneiras. Além disso, nenhuma encomenda individual de pesquisa irá cobrir todas ou mesmo as principais áreas. Como argumentado mais adiante, quando a pesquisa é mais focada e restrita ao que é realmente crucial para a decisão, tem maior probabilidade de ser eficaz.

Portanto, as aplicações de pesquisa de marketing do Quadro 1.1 não são exaustivas. A pesquisa de marketing pode ser usada especificamente para avaliar a concorrência, para determinar a satisfação dos funcionários, explorar os valores de uma marca, determinar o índice de leitura, examinar fontes de compras – na realidade, pode ser usada para obter uma compreensão mais profunda das dezenas de decisões relacionadas ao marketing que as empresas enfrentam no dia a dia. A sua utilização dependerá das implicações financeiras desta decisão e da urgência com que um resultado é exigido. Uma decisão ligada a um investimento de um pequeno montante de dinheiro e cujos resultados são necessários no dia seguinte tem menos probabilidade de ser pesquisada do que uma com muitas ramificações financeiras e na qual haja tempo disponível para refletir a respeito.

Embora a informação seja um requisito potencial em todos os mercados, as características de mercados específicos produzem uma variação considerável na cobertura detalhada que se procura em cada caso. Segmentação de mercado, por exemplo, significa algo muito diferente para FMCGs do que para componentes de engenharia. Da mesma forma, em mercados industriais costuma haver maior necessidade de compreender a estrutura dos fornecedores e de suas organizações, enquanto em mercados consumidores a preocupação com questões de marcas pode ser mais fundamental.

QUADRO 1.1 Informações que podem ser obtidas por meio de pesquisa de marketing

Tamanho e estrutura do mercado
- O valor do mercado em moeda corrente e unidades vendidas a cada ano
- Tendências históricas no tamanho do mercado
- Os principais segmentos consumidores do mercado
- A concorrência e suas fatias
- A *route to market* [rota para o mercado]

Métodos usados para avaliar o tamanho e a estrutura do mercado
- Relatórios de pesquisa de marketing publicados
- *Desk research* [pesquisa secundária]
- *Surveys* de mercado voltados a calcular o consumo e marcas compradas

Uso e atitude com os produtos
- Conhecimento de fornecedores Atitudes com fornecedores
- Atitudes em relação a produtos
- Volume e frequência de compras

Métodos usados para avaliar uso e atitudes
- *Surveys* quantitativos realizados por telefone, on-line, presenciais
- Grupos de foco

Satisfação e lealdade do cliente
- Classificar os clientes (e às vezes os potenciais clientes) para mostrar o que pensam é importante para influenciar as decisões de compra deles e seu grau de satisfação com seu fornecedor em cada um desses aspectos

Métodos usados para avaliar satisfação do cliente
- *Surveys* quantitativos realizados por telefone, on-line, presenciais

Efetividade da promoção
- Principais mensagens para campanhas
- Efetividade da propaganda e de promoções

Métodos usados para avaliar efetividade de promoções
- Grupos de foco
- Entrevistas presenciais
- Entrevistas por telefone
- *Surveys* por e-mail/on-line
- *Surveys* quantitativos pré e pós

Impacto de marca
- Consciência de marcas
- Valores atribuídos a marcas
- A influência de marcas na decisão de compra

Métodos usados para avaliar impacto de marca
- Grupos de foco
- Entrevista por telefone
- *Surveys* por e-mail/on-line
- *Surveys* presenciais

Efetividade de preços • Preços ótimos • Valores de preço atribuídos a aspectos da oferta	**Métodos usados para avaliar efetividade de preços** • Pesquisa de marketing em mercados-teste • Análise trade-off usando análise conjunta
Testes/conceitos de produto • Probabilidade de comprar diferentes produtos • Atitudes em relação a produtos • Atitudes em relação a novos conceitos • Identificar necessidades não atendidas	**Métodos usados para avaliar produtos** • Testes de exposição • Grupos de foco • Pesquisa quantitativa
Segmentação • Oportunidades para segmentação com base em demografia, comportamento ou necessidades	**Métodos usados para avaliar segmentação** • *Surveys* quantitativos com análise fatorial e análise de *cluster*

Os usos da pesquisa de marketing são discutidos com maior detalhamento no Capítulo 3 e também no Capítulo 17.

PESQUISA QUANTITATIVA E PESQUISA QUALITATIVA

Uma classificação importante das informações da pesquisa de marketing, independentemente do tipo de mercado, é entre pesquisa quantitativa e pesquisa qualitativa. A quantitativa refere-se à mensuração de um mercado e pode incluir cálculos do tamanho do mercado, do tamanho dos segmentos de mercado, *brand share* (fatia de marca), frequências de compra, consciência de marca, níveis de distribuição e assim por diante. Esses dados quantitativos são exigidos com algum nível de precisão (embora nem sempre sejam níveis de precisão muito altos), e os métodos usados devem ser capazes de alcançar isso. Em mercados consumidores, pelo menos, a informação quantitativa é quase sempre baseada na extrapolação a partir de uma amostra da população ou do mercado em geral, e a elaboração da pesquisa, e particularmente os métodos de amostragem, devem ser suficientemente rigorosos para permitir isso.

Informação qualitativa é bem difícil de definir, mas a ênfase recai em "compreender" mais do que simplesmente em medir – o anúncio A é mais lembrado do que o anúncio B (informação quantitativa), mas de que modo A funciona como anúncio e por que é mais eficaz que B? (informação qualitativa). A maior parte da pesquisa qualitativa tem a ver com criar empatia com o consumidor e definir os significados que ele ou ela atribui aos produtos, marcas e outros objetos de marketing. Outro foco é a motivação. Por exemplo, por que um produto e não outro atende às necessidades do consumidor e quais necessidades estão sendo atendidas? A pesquisa qualitativa é conduzida dentro de uma amostra, mas neste caso a amostra geralmente é pequena, já que não há a tentativa de extrapolar para a população total. No caso de atitudes em relação a marcas, por exemplo, a pesquisa qualitativa pode determinar que há uma visão específica que é sustentada em relação à marca, enquanto a pesquisa quantitativa nos diria que proporção sustenta essa visão.

Pesquisa quantitativa e qualitativa com frequência são complementares, e na elaboração da pesquisa ambas podem estar presentes. O elemento qualitativo muitas vezes é colocado na primeira etapa do estudo, explorando valores que precisam ser medidos na fase quantitativa subsequente. A pesquisa "quali" pode oferecer uma compreensão diagnóstica do que está errado, enquanto a pesquisa "quanti" fornece dados concretos ao longo dos diferentes grupos que responderam, capazes de levar a recomendações específicas, com medidas que podem ser usadas como controles para determinar a efetividade de ações.

O PROCESSO DA PESQUISA DE MARKETING

A coleta de quaisquer fatos que sejam relevantes para uma decisão de marketing pode ser considerada uma pesquisa de marketing. No entanto, neste livro estamos mais preocupados com algo mais que a utilização ocasional e fortuita de fragmentos. Sugerimos uma definição de pesquisa de marketing como a seguinte: uma sistemática coleta, análise e interpretação de informações que sejam relevantes a decisões de marketing.

Na nossa definição, a palavra "sistemática" não implica necessariamente que a pesquisa de marketing seja uma disciplina científica, já que com frequência utilizamos procedimentos como observação e pesquisa de grupos de foco, que são fortes em interpretação e fracos em matemática. Nesse sentido, a pesquisa de marketing é mais próxima das ciências sociais que de ciências como a física, que costumam ser mais precisas em termos das leis da natureza.

A pesquisa de marketing pode ser realizada como um projeto único para atender a um requisito específico, e neste caso é chamada de pesquisa *ad hoc*, ou pode envolver um monitoramento contínuo ou regular, como acompanhar o *market share* (fatia de mercado) de um produto ou marca. Os propósitos para os quais a pesquisa *ad hoc* ou contínua são realizadas são muitos diversos, mas o processo seguido em praticamente quaisquer projetos *ad hoc* (e em princípio na maioria dos contínuos) é ilustrado na Figura 1.1.

O ponto de partida de qualquer projeto de pesquisa de marketing é ter um *briefing* – um histórico do problema ou da oportunidade, e uma declaração do tipo de informação exigido para se tomar uma decisão. É especialmente verdadeiro em pesquisa de marketing que um problema bem definido é um problema já meio resolvido, pois isso leva naturalmente à definição dos objetivos do *survey* – ou seja, aquilo que o trabalho tem intenção de alcançar. Se isso não for feito adequadamente – e com muita frequência não é – o esforço colocado no trabalho será desperdiçado. Objetivos são uma declaração daquilo em que a pesquisa será usada e de quais itens específicos de informação estão sendo procurados.

FIGURA 1.1 O processo da pesquisa de marketing

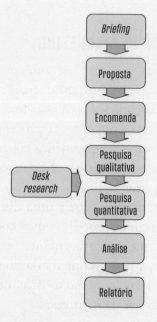

É preciso, portanto, ter um plano que diga como esses objetivos deverão ser alcançados e como serão obtidas as informações necessárias. Esse é o propósito da elaboração da pesquisa, e ele descreve o uso de métodos qualitativos e quantitativos, detalhando quem será entrevistado, quantas entrevistas serão feitas e se vão ser presenciais, por telefone ou on-line. Os recursos necessários (especialmente o orçamento) e o cronograma são também importantes nesse estágio de planejamento. O planejamento de um projeto de pesquisa de marketing é o assunto do Capítulo 2.

O trabalho de campo ou coleta de dados é a parte visível da pesquisa de marketing. O trabalho de campo normalmente envolve entrevistar e preencher um questionário para cada indivíduo ou organização da amostra. Pode ser algo na casa das dezenas, centenas ou mesmo milhares. Os questionários e respostas individuais geralmente são de pouca importância ou de nenhum interesse; o que se exige é uma agregação da amostra inteira ou talvez de alguns grupos dentro da amostra. Este quadro geral é obtido analisando os dados por meio de um software que permita o cruzamento de dados.

Depois de realizada a análise ou agregação de dados, é preciso interpretá-la e apresentá-la de uma maneira que faça sentido, para que o tomador de decisão consiga agir a partir dos resultados. Esse é o estágio de relatório do processo, e pode exigir também que o pesquisador faça recomendações. A análise de dados é discutida no Capítulo 16 e o relatório é o assunto do Capítulo 24.

DICAS IMPORTANTES

- Procure um modelo de negócio ou *framework* no qual você consiga identificar o problema/oportunidade de sua pesquisa.
- É crucial definir o escopo do *survey*. Pense nos diferentes tipos de pessoas que você quer entrevistar e na área geográfica que deverá ser coberta, e tenha isso claro desde o início.
- Defina quais informações você quer obter da pesquisa e evite ficar acrescentando mais perguntas e assuntos do tipo "seria

interessante incluir", mas que não são essenciais. Cuidado com pessoas que insistem em sequestrar seu *survey* e argumentam que, "já que você está fazendo mesmo", poderia colocar mais "essa e aquela" pergunta.

- Em pesquisa quantitativa de consumidor, certifique-se de contar com uma amostra suficientemente ampla e robusta. Um *survey* quantitativo deve ter no mínimo 200 respondentes.
- Na pesquisa *business-to-business* as regras de amostragem são diferentes. Aqui a regra 80/20 é importante, com base na premissa de que os 20% das maiores empresas respondem por 80% das vendas do setor. Um *survey* quantitativo num mercado B2B deve incluir bom número dessas grandes empresas, a fim de cobrir uma razoável proporção do mercado com um número relativamente pequeno de entrevistas.
- Certifique-se de que os processos que você usa para a pesquisa de marketing são sistemáticos, para que possam ser repetidos se necessário.

A ORGANIZAÇÃO DA PESQUISA DE MARKETING

Há limites para o que pode ser alcançado por um pesquisador de marketing individualmente. O pesquisador certamente pode realizar *desk research* (pesquisa secundária), e é possível argumentar que alguém que trabalha dentro da organização cliente é a melhor pessoa para fazer isso (ver Capítulo 5). Este *insider* será capaz de interpretar os dados bem melhor que alguém de fora. Um pesquisador de marketing pode enviar por sua conta um questionário on-line para uma amostra de clientes e analisar os retornos (ver Capítulo 15). Mas a maioria das pesquisas de marketing exige algum tipo de trabalho de campo; além disso, a logística, os orçamentos e a necessidade de cumprir cronogramas exigem uma divisão do trabalho e uma abordagem de equipe. As opções de trabalho de campo são uma parte importante do processo da pesquisa de marketing, e dedicamos um bom espaço a elas neste livro. São discutidas em detalhes nos Capítulos 6 (grupos de foco),

7 (entrevistas em profundidade), 12 (entrevistas presenciais), 13 (entrevistas por telefone) e 15 (*surveys* on-line).

As tarefas cobertas no esboço do processo da pesquisa de marketing podem ser divididas, de maneira bem esquemática, entre "pensar" e "fazer". Tarefas do tipo "pensar" são, por exemplo, o planejamento da pesquisa, a escolha de um design de pesquisa apropriado, desenvolver questionários e outras ferramentas similares, decidir como os dados serão analisados e interpretados, e como será feita a comunicação dos resultados. Essas tarefas requerem aptidões em nível profissional e que a pessoa tenha experiência na teoria básica que dá sustentação à pesquisa de marketing. No entanto, diferentemente do que ocorre com as partes do "fazer", em geral não é necessário contar com uma equipe grande para essas partes do processo; em muitos projetos o trabalho pode ser feito por uma única pessoa.

As duas principais partes do "fazer" da pesquisa são a coleta de dados e a análise. Quase todo aspecto da coleta de dados e da análise de dados requer ajuda profissional. A pesquisa em profundidade usando grupos de foco exige alguém para recrutar os participantes e um local para realizar o evento, equipado com instalações para gravação e com um espelho unidirecional. Para conduzir os grupos de foco é preciso um moderador que saiba lidar com os participantes e consiga fazer com que se expressem abertamente.

No caso de um estudo quantitativo, há muito que pensar a respeito de coleta de dados e análise de dados. Considere, por exemplo, um estudo que tenha como objetivo detectar as atitudes das pessoas em relação ao iogurte na Europa. Atitudes em relação ao iogurte e às diferentes marcas disponíveis costumam variar de acordo com a região. O método da pesquisa quantitativa provavelmente envolverá entrevistas por telefone ou questionários de autopreenchimento pelos respondentes que integrarem o painel de uma pesquisa de marketing. Pode-se decidir que as entrevistas serão focadas num número restrito de países, em vez de abranger a Europa inteira. Logo ficará claro que quem quer que vá realizar esse *survey* precisará de ajuda. Além dos aspectos da tarefa no âmbito do "pensar", como escolher o método das entrevistas ou os países onde as entrevistas serão feitas e o tamanho da amostra de cada país, será necessária ajuda para traduzir as perguntas e realizar as entrevistas e as análises.

Introdução

O processamento de dados é a área da pesquisa de marketing em que a tecnologia da informação (TI) teve maior impacto (a TI também é amplamente usada na coleta de dados por meio dos *surveys* on-line). Os dados costumam ser introduzidos nos computadores na hora da entrevista pelos próprios entrevistadores, que usam *laptops* em entrevistas presenciais (CAPI – *computer-assisted personal interviewing*, ou "entrevistas pessoais assistidas por computador") ou *desktops* em entrevistas por telefone (CATI – *computer-assisted telephone interviewing*, ou "entrevistas por telefone assistidas por computador"). Nem todos os dados são alimentados diretamente conforme a entrevista é realizada; alguns são registrados em questionários em papel e transferidos depois para computadores por uma equipe de "codificação" e "entrada de dados". De novo, portanto, o pesquisador profissional precisa contar com um time de porte razoável a fim de realizar o trabalho com eficácia. Além disso, o aspecto de TI do processamento de dados trouxe novos *experts* ("*spec writers*") para o setor da pesquisa de marketing e ampliou a equipe exigida para vários tipos de projetos.

A complexa logística requerida para realizar *surveys* significa que isso tem que ser encomendado a empresas especializadas em pesquisa de marketing. Pessoal *in-house* de pesquisa atua como a interface com outros departamentos na organização externa de pesquisa, ajudando a redigir especificações para a pesquisa, avaliando *tenders* [propostas] e controlando os projetos. As economias maduras do mundo ocidental têm centenas de fornecedores de pesquisa de marketing, que variam de pequenas empresas de serviços especializados, como moderação de grupos de foco ou modelagem estatística, até gigantes internacionais com escritórios em vários países.

Uma das consequências possíveis da divisão organizacional entre fornecedores de pesquisa de marketing (agências) e clientes (as empresas que tomam as decisões de marketing) é que a pesquisa de marketing acaba não aplicando todo o potencial que ela tem de contribuir para a tomada de decisão. O pesquisador, por mais experiente e talentoso que seja, muitas vezes fica afastado e é um estranho para aqueles que tomam as decisões. Ele ou ela estão também distantes de outros fatores que talvez seja necessário levar em conta na tomada de decisão – a capacidade de produção, as finanças e certas metas corporativas mais amplas. Além disso, os pesquisadores de mercado, com razão ou sem, costumam ser vistos como pessoas de bastidores: isto é, valiosos num campo limitado, mas incapazes de uma visão mais abrangente ou de contribuírem para uma estratégia de longo prazo. Este é um papel que está mudando à medida que os pesquisadores contam com a vantagem de ser capazes de se apoiar na experiência obtida nos vários mercados que examinam, e porque agora têm acesso a um arsenal muito mais poderoso de ferramentas estatísticas para ajudar na sua interpretação.

RESUMO

A pesquisa de marketing é a coleta, análise e interpretação sistemática de informações relevantes para a tomada de decisões de marketing. O setor expandiu-se nos Estados Unidos no início do século 20 e teve ampla acolhida por parte de grandes empresas ao redor do mundo. Tais empresas costumam precisar de pesquisa para seu planejamento de marketing.

As aplicações da pesquisa de marketing têm crescido ao longo dos anos, e cada vez mais os pesquisadores de marketing usam modelagem para melhorar a relevância de seus dados. As aplicações mais comuns da pesquisa de marketing são para avaliar a satisfação e a fidelidade do cliente, medir a eficácia de promoções, mostrar o tamanho do mercado e as fatias de seus fornecedores, medir o uso e as atitudes em relação a produtos, determinar as melhores estratégias de preços e a influência de marcas, e definir estratégias de segmentação eficazes.

Existem diferenças significativas entre pesquisas com o público em geral e pesquisas com compradores nas empresas. A pesquisa de marketing *business-to-business* caracteriza-se por complicadas unidades de tomada de decisão, que costumam envolver várias pessoas, enquanto a pesquisa junto ao consumidor geralmente tem foco apenas numa única pessoa ou na unidade familiar.

Há duas importantes escolas em pesquisa de marketing – a qualitativa e a quantitativa.

A pesquisa qualitativa costuma ser usada como precursora de um estudo mais amplo, e fornece dados diagnósticos e *insights* usando grupos de foco e entrevistas em profundidade. A pesquisa quantitativa lida com número maior de entrevistas, no mínimo 200 e às vezes 1.000 ou mais. Esses números fornecem medidas de comportamento e de atitudes que refletem o mercado mais amplo do qual a amostra foi extraída.

O processo da pesquisa de marketing começa com uma definição do problema – o *briefing*. Ele é preparado pelo patrocinador da pesquisa e é convertido numa proposta pelos pesquisadores de marketing. A proposta mostra a elaboração do estudo, que com frequência envolve *inputs* da *desk research* e do trabalho de campo realizado com métodos qualitativos e quantitativos. A análise e o relatório concluem o projeto.

A maioria dos programas de pesquisa de marketing envolve boa dose de trabalho em entrevistas e análises. Por essa razão, grandes *surveys* precisam ser realizados por empresas especializadas em pesquisas de marketing, que estão organizadas para conseguir levar adiante as diversas tarefas envolvidas.

A **pesquisa de marketing** é a **coleta, análise** e **interpretação** sistemática de informações relevantes para a tomada de decisões de **marketing**.

CAPÍTULO 2

A ELABORAÇÃO DA PESQUISA DE MARKETING

O QUE VALE A PENA PESQUISAR?

Pesquisa de marketing é a coleta sistemática e objetiva de dados a respeito de um assunto de marketing. Dito de outro modo, é o mapa por meio do qual manobramos nossa trajetória de marketing. São os dados que nos ajudam a tomar decisões de marketing mais bem informadas (e que esperamos que sejam as corretas). Talvez você imagine que pesquisadores de marketing estão continuamente ocupados em fornecer a inteligência que permitirá às empresas operarem de modo eficaz. Não é assim.

A primeira coisa a ter em mente é que nem toda decisão de negócios requer uma pesquisa de marketing formal. Ao redor do mundo, os gestores de marketing nos negócios confrontam-se diariamente com decisões sobre o tipo de embalagem a usar em seus produtos, as melhorias que tornariam os produtos mais atraentes, os preços a serem cobrados, e como promover esses produtos no mercado. (A propósito, uso aqui a palavra "produtos" de modo bastante amplo, e isso pode igualmente incluir serviços.) Se cada decisão exigisse um estudo especial de pesquisa de marketing, iríamos consumir um tempo infinito e isso custaria uma fortuna. Só é necessário usar pesquisa de marketing para grandes decisões ou para aquelas decisões a respeito das quais não temos conhecimento suficiente para dar o próximo passo.

É preciso algum conhecimento das capacidades da pesquisa de marketing antes de considerá-la uma possível solução. A maioria das pessoas sabe algo a respeito de pesquisa de marketing num sentido genérico. Sabe que pode ser usada para descobrir quantas pessoas fazem determinada coisa ou pensam de determinado jeito. Mas podem não saber que ela é usada para descobrir o quanto as pessoas estão dispostas a pagar por aspectos específicos de um produto. Podem não ter uma noção correta da pesquisa de marketing ao desconhecer que ela é capaz de revelar a importância de certos fatores que têm influência na satisfação do cliente, sem que tenhamos que perguntar ao cliente o quanto cada fator é importante para ele. Se você não sabe o que uma coisa é capaz de fazer, não pensa em utilizá-la.

Além disso, são poucos os processos nos negócios nos quais se afirma que "antes de tomarmos essa decisão, precisamos realizar uma pesquisa de marketing". A decisão de utilizar uma pesquisa de marketing é totalmente dependente de uma avaliação. Alguns gestores a utilizam regularmente, outros praticamente nunca.

QUADRO 2.1 O período de gestação da ideia de realizar uma pesquisa de marketing

O que acontece	Ideia, problema de negócio, oportunidade de negócio	Discussão interna	Discussão externa	Coleta de informações
Quem gera	Um gestor com uma ideia ou um problema	O gestor ou gestora e seus colegas, às vezes envolvendo um gestor de pesquisa de marketing	Gestor ou gestor de pesquisa de marketing expõem o problema às empresas de pesquisa de marketing para que sugiram soluções	Uma empresa de pesquisa de marketing é selecionada e realiza o trabalho
Quanto tempo demora	Poucos dias, geralmente uma semana ou um mês	Uma semana, e com maior frequência algumas semanas	Uma ou duas semanas	4 a 12 semanas

Em geral, a decisão de encomendar uma pesquisa de marketing provavelmente cabe a um gestor ou pelo menos a alguém que tenha alto cargo na empresa. Afinal, são os gestores que tomam decisões, e a pesquisa de marketing está aí para reduzir os riscos dos negócios na tomada de decisão. A decisão em pauta pode ser gestada por várias semanas, antes de ser levada à empresa de pesquisa de marketing à qual será solicitado um planejamento e forneça uma estimativa de custos do programa de pesquisa (ver Quadro 2.1). Nesse ínterim, o problema pode muito bem circular entre as pessoas, incluindo um gestor de pesquisa de marketing interno que ajude a desenvolver um *briefing* da pesquisa. Quando a ideia ou problema é finalmente apresentado à empresa de pesquisa de marketing, o cronograma para a tomada de decisão pode estar realmente apertado. Na verdade, o tempo que houver disponível para a coleta de informações pode determinar o método a ser usado para a coleta de dados.

Mais adiante no livro falaremos do tempo necessário para realizar uma pesquisa de marketing e o quanto ela custa. É bom ter em mente que tanto o prazo para realizar um estudo quanto seu custo são muito frustrantes para muitos gestores. No dia a dia, temos informações de todo tipo ao nosso redor. Toda vez que assistimos a um noticiário de tevê ou lemos um jornal somos bombardeados por informações de um tipo ou de outro. Uma busca no Google entregará milhares senão milhões de *hits* sobre um assunto em milissegundos. É como se os dados e informações proliferassem por toda parte e aparentemente por um custo baixo ou zero. Então por que pesquisadores de mercado demoram 10 semanas e cobram o valor de um carro de luxo para concluir um estudo?

É uma preocupação legítima. A pesquisa de marketing é cara e a conclusão de um estudo típico exige um tempo relativamente longo. Dito isto, o custo real de uma pesquisa tem diminuído consideravelmente ao longo dos anos, em razão dos avanços de tecnologia, especialmente no que diz respeito à coleta e análise de dados. Hoje, é possível, em tese, elaborar um questionário em poucas horas, lançar um *survey* on-line e ter os resultados no mesmo dia. Mas é algo raro, até porque a maioria das pesquisas de marketing requer uma consideração ponderada de cada estágio do processo. O questionário é desenvolvido e discutido com o cliente e a agência por um certo número de dias, até que todos concordem que ele cumprirá bem a tarefa. É feito um teste piloto e, então, se tudo correr bem, acontece o trabalho de campo; durante esse tempo os

A elaboração da pesquisa de marketing

pesquisadores podem ter que preencher cotas de respondentes bastante difíceis para assegurar que todo mundo na população-alvo seja coberto. E então a análise é feita, também durante certo número de dias, à medida que se dá plena deliberação a cada *insight* extraído dos dados.

FORNECEDORES DE PESQUISA DE MARKETING

O setor da pesquisa de marketing envolve fornecedores de vários tipos. Alguns oferecem o serviço completo, com pesquisadores que sabem elaborar questionários, um departamento de trabalho de campo apto a realizar as entrevistas, um departamento de análise de dados para processar os números, e analistas capazes de interpretar os dados e preparar um relatório. Além disso, há várias empresas especializadas em apenas uma área particular da pesquisa de marketing. Há agências-butique com reduzido número de pessoas, que são *experts* em determinada área. Há agências de trabalho de campo que realizam entrevistas por telefone e outras que organizam entrevistas presenciais. Há empresas especializadas em tabulações de dados e estatísticas. Há empresas de painel, que dão acesso a milhares de pessoas dispostas a preencher questionários on-line. Há outras que oferecem instalações para abrigar grupos de foco. Em termos globais, trata-se de um negócio de 80 bilhões de dólares. No entanto, isso não leva em conta todo o tempo e o custo de oportunidade despendidos por pessoas em empresas e universidades realizando seus estudos sobre pesquisas de marketing – algumas dedicadas à pesquisa básica e levando adiante seu próprio trabalho de campo, e outras com estudos baseados amplamente em *desk research* [pesquisa secundária] ou no que já está publicado e disponível na internet.

A pesquisa *ad hoc* é o eixo principal da maioria das empresas de pesquisa de marketing. Elas desenvolvem projetos para clientes individuais, e tais projetos são concebidos como iniciativas pontuais para atender a necessidades e objetivos específicos. Como as empresas de pesquisa trabalham de perto com seus clientes, e se envolvem em todo o histórico dos requisitos de pesquisa, seu serviço ganha também ares de consultoria de gestão.

Quem tem um primeiro contato com pesquisas de marketing sempre quer saber quanto custa uma pesquisa *ad hoc*. Os custos podem variar muito, dependendo do número de entrevistas, com quem serão feitas e como serão realizadas, e em que países. Um *survey* sobre satisfação de funcionários que use uma versão gratuita de uma plataforma como a SurveyMonkey não incorre em outros custos além do tempo para elaboração e análise. No entanto, encomendar uma agência especializada para realizar pesquisa com grupos de foco ou um estudo quantitativo em um país pode custar o equivalente a um carro popular zero. Tudo depende da complexidade do estudo, do método de pesquisa e da facilidade de acessar os grupos de respondentes. Um estudo em vários países envolvendo pesquisa qualitativa e quantitativa pode facilmente chegar a algumas centenas de milhares de dólares. Em comparação com o que é cobrado para consultoria em gestão, a pesquisa de marketing não é tão cara. E tampouco é cara se considerarmos os onerosos erros que podem ser cometidos quando não se dispõe das informações certas para orientar as decisões.

Um excelente ponto de partida para encontrar uma empresa de pesquisa de marketing são as associações setoriais de cada país (por exemplo, a Market Research Society, do Reino Unido, ou a American Marketing Association, a Market Research Association ou a American Association of Public Opinion Research). Uma excelente fonte de empresas de pesquisa de marketing ao redor do mundo é o site da ESOMAR (European Society For Opinion & Marketing Research, www.esomar.org/), que traz uma lista atualizada de 1.600 organizações de pesquisa. Nos EUA, consulte a www.greenbook.org ou a www.quirks.com.

O *BRIEFING* DA PESQUISA DE MARKETING: UMA DECLARAÇÃO DO PROBLEMA/OPORTUNIDADE

Um *briefing* de pesquisa é uma declaração de quem a patrocina contendo os objetivos e o histórico do caso, com detalhes suficientes para permitir que o pesquisador faça o planejamento de um estudo apropriado. Como regra geral, um estudo de pesquisa de marketing é tão bom quanto o *briefing*. O *briefing* é importante para o pesquisador: ele instrui e influencia a escolha do método. Detalha o objetivo para o qual o projeto está orientado.

O *briefing* é tão importante para o pesquisador que trabalha *in-house* quanto para uma empresa de pesquisa de marketing. O pesquisador *in-house* beneficia-se do acesso próximo e constante a outros membros do pessoal interno que possam fornecer o histórico e os detalhes do produto. Embora o *briefing* para o pesquisador de marketing *in-house* seja às vezes menos formal, mesmo assim precisa cobrir todos os detalhes, como as decisões que serão tomadas com as informações obtidas, e a especificação das informações que são requisitadas e de quando precisarão ser entregues.

Alguns clientes preferem apresentar o *briefing* oralmente, e depois desenvolver pontos detalhados durante a discussão inicial com o pesquisador. Alternativamente, o *briefing* pode ser entregue por escrito. Um *briefing* escrito pode ser importante quando várias empresas de pesquisa são convidadas a apresentarem suas propostas, fornecendo um padrão igual para todos os concorrentes.

Ao preparar um *briefing*, leve em conta os pontos a seguir:

1 Que ação será empreendida quando a pesquisa estiver concluída? Qual seria o risco de não realizar a pesquisa? As respostas a essas questões permitirão aos pesquisadores definirem a informação específica que será útil (ver item 5 abaixo).

2 O que causou este problema ou fez surgir esta oportunidade? Aqui é útil descrever a história que levou à necessidade da pesquisa. Uma descrição do produto/serviço é importante, e também é bom conversar a respeito da maneira pela qual o mercado está mudando.

3 O que já se sabe sobre a área a ser pesquisada? Pode ser útil que os pesquisadores de marketing saibam o que já se conhece a respeito, para que possam partir daí em vez de gastar dinheiro ou tempo para investigar. Além disso, conhecer a estrutura e o comportamento de um mercado permite que os pesquisadores sejam mais precisos em suas propostas. Por exemplo, a maioria dos patrocinadores de uma pesquisa tem algum *feeling* a respeito do mercado, seja a partir de opiniões internas ou de relatórios multiclientes que tenham sido adquiridos como apoio a respeito do assunto. É útil saber que existem e que podem ser disponibilizados aos pesquisadores dedicados a planejar um programa de pesquisa, para que tenham uma compreensão mais profunda do mercado.

4 Grupos-alvo para a pesquisa

Deve-se definir com precisão quem serão os entrevistados. Serão as pessoas que já compraram um produto ou aquelas que estão pensando em comprá-lo? Serão compradores ou especificadores? Serão compradores frequentes ou não? Algumas perguntas que a maioria dos pesquisadores fará quando estiverem projetando um estudo são: "Você tem uma boa lista do público-alvo? A lista contém os números de telefone ou os endereços de e-mail? Poderemos usar a lista para entrar em contato com os respondentes?". Uma boa lista (no jargão, "base amostral") facilita e agiliza o trabalho de campo, barateando o preço.

5 Que informações específicas a pesquisa precisa obter (por exemplo, tamanho do mercado, tendências, comportamento de compra, satisfação do cliente, necessidades do cliente, segmentação)?

O gestor que requisita a pesquisa de marketing quase sempre sabe quais são as lacunas em informações-chave que precisam ser preenchidas. Listá-las vai ajudar os pesquisadores de marketing profissionais a descobrir se elas podem ser respondidas, se há outras perguntas específicas que devem ser feitas e que métodos deverão ser usados. Os pesquisadores de marketing que recebem o *briefing* às vezes podem completar os objetivos de informação com as próprias sugestões, pois sabem melhor que ninguém o que é possível conseguir ou não com uma pesquisa de marketing.

6 Qual é o orçamento proposto?

Raramente há uma disponibilidade ilimitada de fundos para a pesquisa e o mais comum é que os fundos sejam bem limitados. Quase sempre é útil saber quais são, caso contrário pode-se projetar um estudo que ultrapassa demais o orçamento e quebra a banca. Muitos clientes receiam falar sobre orçamento com a empresa de pesquisa, na expectativa de que ela possa apresentar um projeto mais barato. É verdade que os pesquisadores provavelmente irão usar cada centavo de um orçamento a fim de obter o resultado mais robusto possível. Um patrocinador que examine três propostas de fornecedores diferentes pode sempre escolher aquele que oferece a melhor elaboração de pesquisa por aquele orçamento. Se o orçamento for muito limitado, é bom que os fornecedores de pesquisa saibam disso para poderem formatar seu projeto de acordo.

7 Existem algumas ideias iniciais quanto ao método de pesquisa?
Um cliente que patrocina um projeto de pesquisa pode muito bem ter um método em mente. Agora é hora de saber se determinado método de pesquisa é tido como preferencial ou é considerado não confiável. Se grupos de foco são vistos como o método mais apropriado pelo patrocinador da pesquisa, vale a pena discutir isso nesse estágio do *briefing*.

8 Existem requisitos quanto ao relatório?
Cada vez mais, o relatório padrão do setor de pesquisa de marketing é um conjunto de slides do PowerPoint que funciona como apresentação e como relatório. Os pesquisadores não têm problemas em redigir um relatório por escrito, mas tipicamente terão que acrescentar três ou quatro dias para a sua preparação – o que gera um custo de alguns milhares de dólares.

Ao patrocinador da pesquisa pode querer um relatório intermediário ou ter acesso a dados específicos por meio de transcrições de entrevistas. É conveniente especificar isso no *briefing*, caso contrário pode não ser incluído na especificação da pesquisa.

9 Qual é o prazo requerido para as descobertas?
A maioria das pesquisas é feita com um cronograma apertado e isso pode ser prejudicial. Deve-se especificar as datas para as quais a pesquisa é requisitada, e, mesmo que os prazos finais sejam apertados, o fornecedor da pesquisa pode fazer entregas parciais, ou oferecer sessões regulares de acompanhamento.

O *briefing* de pesquisa deve ser um diálogo, e até o *briefing* mais minucioso, que cubra todos os pontos acima mencionados, pode gerar questões adicionais por parte dos pesquisadores. Isso é saudável e deve ser essa a expectativa, pois indica que o problema está sendo examinado exaustivamente e que há interesse em resolvê-lo. Às vezes o *briefing* escrito e uma série de ligações telefônicas são suficientes para a empresa de pesquisa de marketing levar adiante sua parte do processo – a redação da proposta –, e às vezes justifica-se um encontro presencial. Quase sempre, mas com exceções, essas sessões de *briefing* são realizadas nos escritórios do patrocinador da pesquisa, onde é mais fácil fazer alguma demonstração do produto, examinar material e relatórios, e se reunir com outras pessoas que tenham condições de contribuir para o debate.

A PROPOSTA DA PESQUISA DE MARKETING: O RETORNO SOBRE O *BRIEFING*

Ao receber o *briefing*, o pesquisador, seja ele *in-house* ou uma agência, deve apresentar ao patrocinador uma proposta por escrito, com uma apreciação do problema, dos objetivos, do método de pesquisa e dos prazos. A proposta deve ser por escrito e, realmente, ela é a base de um contrato de valor financeiro considerável.

FIGURA 2.1 A *trade-off* entre custo, qualidade e tempo

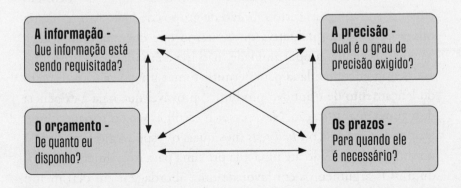

A natureza da pesquisa de marketing é de tal ordem que raramente é possível fazer constar no contrato todos os seus aspectos de modo detalhado. Por exemplo, o questionário ainda não foi desenvolvido e trata-se de um ponto central do *survey*. O número e os tipos de pergunta do questionário terão influência direta na qualidade do trabalho.

Será necessário dispor de flexibilidade em muitos aspectos do trabalho, e à medida que a pesquisa progride e a informação vai sendo revelada há mudanças nos objetivos originais e possivelmente algumas mudanças nos detalhes do design da pesquisa. Mas em geral o número e o tipo de entrevista permanecem iguais, já que constituem a base do preço.

Munido do *briefing*, o pesquisador agora sabe o que o cliente está procurando e precisará equilibrar quatro fatores para chegar a um design apropriado (ver Figura 2.1).

A INFORMAÇÃO REQUERIDA

O pesquisador deve examinar os vários *inputs* do *briefing* e trabalhar para trás em termos dos resultados, objetivos e perguntas que serão feitas. Exemplos desses três níveis são mostrados no Quadro 2.2.

O pesquisador deve decidir, de forma razoável, o que poderá ser incluído como um objetivo no projeto, assim como o que será deixado de lado. Conforme o pesquisador reflete sobre os objetivos, é inevitável que considere quais os métodos mais adequados para alcançá-los.

O Quadro 2.2 tem uma faixa de resultados, objetivos e perguntas relacionados ao lançamento de um novo produto. O pesquisador pode usar uma ferramenta qualitativa como os grupos de foco. No entanto, mesmo com certo número de grupos de foco, isso resultaria numa descoberta qualitativa que, mesmo que desse uma boa ideia para compreender a oportunidade, não iria além disso. Se a pesquisa está sendo encomendada para permitir tomar uma decisão a respeito do lançamento de um novo produto, é provável que haja a exigência de alguma quantificação. Nesse caso, as escolhas são entre pares: testes localizados em casa ou *hall tests* (nos quais o respondente é recrutado no shopping e trazido até uma sala próxima para experimentar o produto). Os argumentos em favor de uma abordagem em detrimento da outra ou de fundir diferentes abordagens constarão da proposta na seção de "métodos".

QUADRO 2.2	Resultados, objetivos e perguntas			
Nível 1	Resultado	Devemos lançar um novo produto?		
Nível 2	Objetivo da pesquisa	Mostrar preferências de produtos para o novo e o velho design	Avaliar tendências no comportamento de compra	Definir o preço ótimo do novo produto
Nível 3	Perguntas a serem respondidas	As pessoas preferem o novo produto em vez do antigo? As pessoas preferem o novo produto em lugar do da concorrência? O que estimularia a preferência pelo novo produto?	As pessoas compram mais o produto? Qual a probabilidade de mudar a preferência por esse produto nos próximos cinco anos? Que fatores movem as mudanças no mercado?	Quanto as pessoas irão comprar se houver mudança nos preços? Qual o preço ótimo para o novo produto? Qual é a elasticidade da demanda para o novo produto?

A PRECISÃO

Quando pesquisadores de marketing profissionais perguntam a seus clientes o quanto eles querem que os dados obtidos sejam precisos, as respostas costumam ser "alto grau de precisão" ou "a maior precisão possível". É muito razoável que o patrocinador da pesquisa queira saber de antemão qual será o grau de precisão estatística das descobertas. No entanto, a precisão tem um preço; como regra geral, aumentos na precisão custam não só mais caro, como desproporcionalmente mais caro.

Nem sempre é necessário um alto grau de precisão para atender aos objetivos da pesquisa. Se uma empresa está entrando num novo mercado e o senso comum já indica que o mercado é muito grande, talvez faça pouco sentido gastar um monte de dinheiro para medir com precisão seu porte. Uma aproximação é suficiente, e o recurso economizado pode ser mais bem aplicado em outros requisitos de informação. Por exemplo, se a empresa já ficaria satisfeita vendendo 1 milhão de dólares ao ano no novo mercado que está visando para sua expansão, não precisa se preocupar em saber se o tamanho total desse mercado é de 100 milhões de dólares ou de 150 milhões (grau de precisão de +/-50%). Quando a meta de vendas é modesta, não é tão importante estimar com precisão o tamanho do mercado. Se, entretanto, o objetivo do estudo for medir o impacto de uma propaganda, será essencial ter uma amostra suficientemente grande e precisa, tanto para os dados pré-pesquisa da campanha quanto para os pós-pesquisa, a fim de saber se houve diferenças estatisticamente significativas entre as duas situações.

Portanto, a precisão exigida depende da utilização que será feita dos dados – isto é, da natureza das decisões que a pesquisa irá orientar. Mesmo quando não é praticamente possível chegar a uma definição satisfatória do que seria essa precisão (o que costuma ser o caso), ainda é necessário fazer alguma avaliação sobre a confiabilidade que se quer alcançar em relação à informação. No mínimo, no design da pesquisa deve constar se o que será obtido são medidas (pesquisa quantitativa) ou, ao contrário, *insights*, descrição e explicação (pesquisa qualitativa). Ambas as abordagens podem contribuir com decisões de marketing eficazes, mas é importante que nenhuma delas seja aplicada da forma errada. Assim como ocorre com a cobertura de informação, os níveis de precisão também precisam ser considerados antes de decidir os métodos de pesquisa apropriados.

O ORÇAMENTO

Que orçamento deve ser disponibilizado para o projeto de pesquisa? Um pesquisador purista quanto à metodologia argumentaria que o orçamento deve corresponder ao que for necessário para atender aos objetivos da pesquisa e para produzir informações no nível de precisão desejado. No entanto, na prática, o que conta mais são os recursos disponíveis para o projeto em relação às outras demandas de despesa da empresa. Além disso, mesmo quando se tem boa disponibilidade de dinheiro em caixa, há outras considerações, especialmente o quanto está em jogo na decisão que a pesquisa irá orientar. Se a decisão envolve um investimento de capital de 20 milhões de dólares, um orçamento de pesquisa de 100 mil dólares pode muito bem compensar o gasto. Se a pesquisa indica que o gasto planejado é um investimento pequeno, o que será perdido corresponderá apenas ao custo da pesquisa, e não à maior parte ou ao total do investimento de 20 milhões.

Na época em que este livro estava sendo escrito, o setor global de energia baseado em combustíveis fósseis vinha fechando plantas industriais e tentando lidar com uma imensa capacidade excedente. Será que as operadoras dessas instalações realizaram boas e sólidas pesquisas de marketing, tanto sobre a demanda de combustíveis fósseis quanto sobre o ambiente competitivo? Um investimento de 100 mil dólares numa boa pesquisa de marketing poderia muito bem ter poupado vários milhões de dólares em ativos perdidos. No entanto, se a decisão de investimento em negócios tem pequenas implicações de custo, é menos justificável realizar a pesquisa. Obviamente não faz sentido gastar 50 mil dólares em pesquisa para decidir se é o caso de investir num projeto que implique apenas esse nível de despesa.

O problema de definir um gasto adequado em pesquisa de marketing pode estar na cultura dos gestores de um negócio. Gestores habituados a tomar decisões de negócio com base no *feeling* e na intuição talvez achem desnecessário incorrer nesses custos e protelem a realização de uma pesquisa de marketing profissional. Podem até ter receio de que as descobertas de uma pesquisa de marketing usurpem sua autoridade na tomada de decisão e que os resultados não correspondam ao que eles sentem intuitivamente.

QUADRO 2.3	Perguntas para avaliar o retorno sobre o investimento (ROI) dos projetos de pesquisa de marketing

5 = alto/importante; 1 = baixo/não importante
Qual o montante do investimento cuja decisão depende das informações de mercado?
Ainda existe dentro da organização a necessidade de um maior conhecimento do mercado?
Qual é o risco para a empresa de tomar uma decisão sem essas informações sobre o mercado?
Há necessidade de uma pesquisa independente para resolver as diferenças internas quanto à decisão que está sendo proposta?

Foi encomendado um projeto de pesquisa para avaliar uma campanha promocional de um fabricante de gás industrial. O custo da pesquisa foi de 100 mil dólares e a campanha de publicidade havia custado apenas 500 mil. No entanto, o fabricante de gás realiza muitas campanhas nas suas divisões, e aprender o que torna essa propaganda mais eficaz serve para aprimorar suas campanhas e continuará sendo útil pelos próximos anos. O retorno a longo prazo será considerável.

Determinar o retorno sobre o investimento [*return on investment,* ROI] de projetos de pesquisa de marketing é realmente difícil. Mas pelo menos é possível estabelecer algum tipo de justificativa para a pesquisa com base nas perguntas do Quadro 2.3. Se a resposta a alguma dessas perguntas for uma pontuação de 4 ou 5, então a pesquisa de marketing pode ser justificada.

O CRONOGRAMA

Um plano de pesquisa precisa de um cronograma. A pesquisa pode exigir um prazo determinado para sua realização, que é condicionado por eventos externos e por eventuais prazos, como uma reunião marcada sobre investimentos ou sobre um plano de negócio. Um prazo final apertado de duas ou três semanas para um projeto de pesquisa pode impor um design muito rápido (e "pouco minucioso"), já que simplesmente não haverá tempo para fazer a tarefa de outro jeito. Difícil avaliar se os pesquisadores deveriam recusar trabalhos assim, já que no nosso mundo comercial as empresas de pesquisa de marketing quase sempre tentam ajustar-se às necessidades dos clientes. Em certa medida, pode ser viável acelerar a pesquisa para atender a essas demandas. Claro que é possível realizar uma boa pesquisa num período de tempo curto, mas além de certo ponto a qualidade fica comprometida. A maioria das empresas de pesquisa precisa de pelo menos seis semanas para realizar um projeto que acomode os diferentes eventos e estágios. Conceber questionários é uma tarefa que exige, em tese, um dia de trabalho, nas mãos de um pesquisador profissional. Mas o processo de aprovação e de modificações até chegar à versão final (com frequência são necessárias 5 versões antes de passar finalmente ao piloto) pode levar três semanas de bate-e-volta entre as diferentes partes. O cronograma do Quadro 2.4 provavelmente é realista para um projeto que envolva quatro grupos de foco e 500 entrevistas com o público em geral.

DICAS IMPORTANTES

- Ao encomendar uma pesquisa de marketing é muito importante preparar um bom *briefing*. O *briefing* deve ter o histórico do estudo, o que será feito com as descobertas da pesquisa, o escopo do estudo, seus objetivos específicos, o cronograma e quaisquer restrições de orçamento.
- A proposta é o retorno do *briefing*, dado pelos consultores encarregados da pesquisa de marketing. As propostas devem dar resposta a todos os aspectos do *briefing* (isto é, as informações a serem buscadas, os métodos, os prazos e o custo). Uma boa proposta deve ser clara e lógica, e transmitir a convicção de que o objetivo do *briefing* será alcançado.
- Discuta o projeto potencial com várias agências de pesquisa de marketing antes de enviar a elas um *briefing*, a fim de descobrir suas capacidades. Depois, obtenha três ou quatro propostas de empresas que sejam capacitadas e qualificadas para levar adiante o projeto.
- A qualidade da proposta terá grande peso na sua escolha da agência. Outros fatores a considerar são a experiência da agência no assunto do estudo, e a reputação dela em produzir soluções confiáveis e criativas.

O QUE ESPERAR DE UMA PROPOSTA (RETORNO DO *BRIEFING*)

A proposta é um dos documentos mais importantes que um pesquisador redige. É o equivalente de uma planta para um arquiteto. É o plano, o esquema geral, que mostra o que será alcançado e como será alcançado. A proposta costuma ser apresentada em PowerPoint ou Microsoft Word.

O conteúdo, estrutura e qualidade da proposta respondem por mais de 50% da decisão de confiar o negócio a uma determinada empresa de pesquisa de marketing. Dentro da empresa cliente, a proposta vai circular, ganhar aprovação ou não de seus muitos leitores, sem que o autor possa acompanhar. É, portanto, uma arma de importância vital para empresas de pesquisa de marketing conquistarem negócios.

A proposta é mais que uma mera elaboração da pesquisa acompanhada de um preço; é uma declaração da empresa que a preparou. Na proposta, a empresa de pesquisa descreverá os objetivos do estudo, para dar maior clareza ao *briefing* e permitir uma compreensão mais aprofundada do assunto. Mostrará o que pode ser alcançado e como. Dará garantias da qualidade das informações e oferecerá testemunhos de clientes anteriores que tenham encomendado trabalhos similares. Pode incluir uma descrição do time que realizará a pesquisa, um cronograma e uma descrição detalhada dos componentes do custo.

| QUADRO 2.4 | Cronograma típico de uma pesquisa de marketing |

	SEM 1	SEM 2	SEM 3	SEM 4	SEM 5	SEM 6	SEM 7	SEM 8	SEM 9	SEM 10
Reunião inicial	X									
Recrutar grupos de foco	X	X								
Grupos de foco			X	X						
Relatório qualitativo				X						
Elaboração do questionário				X	X					
Composição da amostra				X	X					

	SEM 1	SEM 2	SEM 3	SEM 4	SEM 5	SEM 6	SEM 7	SEM 8	SEM 9	SEM 10
Trabalho de campo					X	X	X			
Análise								X	X	
Desenvolvimento da apresentação									X	
Apresentação										X

Num documento desse tipo, o diabo mora nos detalhes, pois fica evidente para o leitor a qualidade do trabalho que receberá. Erros de ortografia e gramaticais podem gerar a preocupação de que talvez falte atenção aos detalhes no próprio projeto.

A empresa de pesquisa geralmente terá uma semana para preparar a proposta. Isso não quer dizer que a semana inteira será gasta na preparação do documento; essa semana é mais o tempo exigido para montar a proposta enquanto se executam também trabalhos de outro tipo.

É inevitável que haja alguns trechos padronizados do documento da proposta, que podem ter sido copiados e colados. Mas se o documento der ao leitor a impressão de que foi montado sem muita reflexão, isso de novo indicará uma falta de empenho por parte da empresa de pesquisa.

Nos parágrafos a seguir faremos algumas considerações sobre as diferentes seções que podem fazer parte de uma proposta.

A introdução

A proposta deve ter uma página de título e um sumário do seu conteúdo. Numa proposta mais extensa, a primeira seção pode ser um sumário, mas é mais usual que a primeira página de texto faça uma declaração sobre o histórico e as circunstâncias que levaram a considerar a realização de um projeto de pesquisa. A introdução deixará transparecer que contém informações que a empresa de pesquisa coletou numa primeira investigação, talvez feita pela internet ou por meio de entrevistas preliminares. Esses *insights* que demonstram interesse pelo assunto serão muito eficazes para vender a proposta a quem estiver lendo.

O escopo

Antes de descrever os objetivos do estudo é preciso definir o escopo, e aqui a expectativa é ver uma declaração de quais áreas geográficas serão cobertas e quem serão os respondentes visados. Às vezes é importante destacar também aquilo que não será coberto pelo estudo.

Os objetivos

A seguir vem a seção de objetivos. Ela é importante para o patrocinador da pesquisa, pois é a declaração do que receberá em troca do investimento. Em geral, a pesquisa terá uma meta ampla, definida como: "avaliar o mercado quanto aos serviços de previsão do tempo entre as empresas norte-americanas de geração, transmissão e distribuição (no varejo) de energia elétrica".

Segue-se então uma lista mais detalhada dos vários objetivos da pesquisa. Por exemplo, cabe aqui mencionar três objetivos específicos que foram listados num estudo sobre serviços de previsão do tempo.

1 Ganhar uma compreensão de como o clima afeta as operações de negócios de empresas de energia nos três mercados-alvo e suas necessidades-chave de informações meteorológicas (isto é, a importância percebida do clima para o negócio deles e para os processos de planejamento de negócios e para o tipo de produtos/serviços de que eles necessitam).

2 Compreender a extensão do uso de informações meteorológicas e da natureza dessa utilização (isto é, para o que eles a utilizam, como e por quê). Isso pode incluir: de onde eles obtêm a informação sobre o clima, de que maneira ela é fornecida, os problemas que eles vêm encontrando, quanto eles gastam, e, se não utilizam informações meteorológicas, por que não.

3 Avaliar a demanda futura percebida para produtos e serviços de informações meteorológicas nos mercados de energia visados (incluindo se os respondentes percebem que irão usar informação sobre o clima em maior ou menor medida no futuro).

Os métodos

Para o pesquisador, a seção de métodos da proposta é de importância vital. Se o pesquisador escolher mal os métodos, os objetivos não serão alcançados. O cliente certamente terá interesse em conhecer os métodos, mas boa parte disso vai depender de confiança. Se o pesquisador diz que 200 entrevistas por telefone serão suficientes para responder às questões levantadas, o cliente pode muito bem aceitar isso, já que o pressuposto é que a empresa de pesquisa sabe o que está fazendo.

Na seção de métodos, o pesquisador pode começar com uma breve visão geral da abordagem e dos fatores que têm influenciado o design. Não é incomum que um programa de pesquisa tenha uma variedade eclética de métodos, incluindo *desk research* que apoie o trabalho de campo primário. O trabalho de campo pode ter uma fase qualitativa, que compreenda, por exemplo, entrevistas em profundidade ou grupos de foco. Se houver um estágio quantitativo ele deve ser descrito em detalhes, apresentando-se as razões para se escolher entrevistas on-line em vez de por telefone ou presenciais. O porte da amostra e eventuais cotas para certos grupos de respondentes também devem ser mencionados.

A equipe de pesquisa

É comum descrever as credenciais da equipe de pesquisa que levará o projeto adiante. Geralmente a proposta contém um resumo das qualificações de cada pessoa, sua experiência na área do estudo e suas responsabilidades no projeto.

Cronograma e custos

Quando o patrocinador da pesquisa chegar à seção que apresenta prazos e custos, ele provavelmente já saberá se vai aprovar ou rejeitar o projeto. Claro que o preço da pesquisa é importante, mas uma pesquisa de marketing não é um bem de consumo. Há diferenças significativas entre fornecedores de pesquisas e isso é reconhecido pelos clientes. Não se trata de um ramo de negócios em que o produto mais barato sai sempre vencedor. É muito habitual fazer uma descrição detalhada da composição dos custos para mostrar como foi que se chegou a eles.

RESUMO

A ideia de realizar uma pesquisa de marketing pode ir crescendo dentro da empresa patrocinadora por várias semanas, antes que se chegue ao compromisso de solicitar propostas. Ao fazer o *briefing* para uma agência o cliente deve dar respostas a várias questões:

- Que ação será empreendida quando a pesquisa estiver concluída?
- O que causou o problema ou fez aparecer essa oportunidade?
- O que já se sabe sobre a área de pesquisa?
- Quais são os grupos-alvo da pesquisa?
- Que informações específicas estão sendo buscadas na pesquisa?
- Qual o orçamento proposto?
- Existem já ideias iniciais a respeito do método de pesquisa?
- Há alguns requisitos para o relatório?
- Para quando as descobertas estão sendo solicitadas?

O fornecedor da pesquisa de marketing irá preparar uma proposta (o retorno do *briefing*) depois de avaliar o tipo de informações que estão sendo solicitadas, a precisão da informação que se deseja obter, o orçamento e os prazos. Com esses quatro fatores em mente, prepara-se uma proposta por escrito que deve cobrir os seguintes aspectos:

- Uma compreensão do problema;
- O escopo;
- Os objetivos em termos amplos e detalhados;
- O método a ser empregado para alcançar esses objetivos;
- As credenciais dos pesquisadores;
- O cronograma;
- O preço.

A qualidade da proposta desempenha um papel decisivo para que o fornecedor da pesquisa conquiste o projeto.

A **qualidade** da proposta desempenha um papel **decisivo** para que o fornecedor da pesquisa conquiste o projeto.

CAPÍTULO 3

USOS DA PESQUISA DE MARKETING

Todas as empresas e organizações precisam de inteligência para sobreviver e crescer. A inteligência é obtida de várias maneiras e nem sempre chega ao mesmo núcleo central de uma organização. Esta é uma das razões pelas quais a pesquisa de marketing é tão valiosa, por ser sistemática, organizada e especificamente voltada a uma meta. A boa inteligência de mercado pode propiciar um imenso retorno do investimento. Um estudo de pesquisa de marketing que custe entre 40 mil e 200 mil dólares (uma faixa de gasto típica para muitos estudos de pesquisa de marketing) pode gerar ou poupar muitas vezes essa quantia em ganho adicional de clientes ou evitando a tomada de uma decisão equivocada de investimento.

Há muitas razões que levam a recorrer a uma pesquisa de marketing; no entanto, a mais fundamental é ajudar uma organização a compreender melhor seus mercados de maneira que possa tomar decisões saudáveis quanto ao seu rumo futuro. A pesquisa reduz riscos e leva a decisões mais bem fundamentadas em informações. É muito fácil uma organização fazer suposições a respeito de seus mercados, de sua posição competitiva e seus clientes. Uma análise sistemática do mercado irá desafiar ou confirmar o conhecimento interno episódico e, pelo fato de ser objetiva no sentido de coletada independentemente, é mais merecedora de crédito. A pesquisa de marketing pode ser usada para apoiar praticamente qualquer decisão de negócios. Que mudanças devemos fazer na força de trabalho? (Um *survey* sobre a atitude dos funcionários seria um bom ponto de partida.) Como aumentar a lucratividade? (Um *survey* sobre preços seria extremamente útil.) Qual deve ser nosso orçamento de vendas para o próximo ano? (Um *survey* sobre as visões que nossos clientes têm do mercado ajudaria muito.) A pesquisa de marketing tem um papel a desempenhar em praticamente qualquer lugar em que haja uma questão substancial a ser respondida dentro da organização. Existem, porém, quatro importantes aplicações que respondem pela maioria dos *surveys* de pesquisa de marketing realizados, e vamos examiná-las neste capítulo:

> compreender os mercados;
> compreender os clientes;
> compreender e desenvolver a oferta;
> posicionar a marca e as comunicações.

COMPREENDENDO OS MERCADOS

É surpreendente ver o pouco conhecimento que muitas empresas têm de seus mercados. Não é essencial que uma empresa saiba o tamanho exato do mercado no qual vende seus produtos, mas certamente é útil, mesmo em termos de cifras aproximadas. Sem uma compreensão do tamanho do mercado, é difícil a empresa compreender sua posição dentro dele e saber qual é o potencial disponível para ser abordado.

A expressão tamanho do mercado envolve dois elementos – o mercado disponível atendido [*serviceable available market*, SAM] e o mercado total disponível [*total available market*, TAM]. Na maioria dos mercados, o número de consumidores finais não alcançou um teto e há oportunidades para crescer. Vamos tomar, por exemplo, o mercado de água engarrafada; ele compete no mercado mais amplo com refrigerantes e também com a água potável de torneira, que é acessível de graça. O mercado disponível atendido (SAM) nesse caso é o tamanho de mercado atual para água vendida em garrafas. O mercado total disponível (TAM) é o potencial mais amplo, supondo que seja possível acessar vias de entrada para água engarrafada em outras faixas de bebidas consumidas.

Sem o conhecimento do tamanho do mercado, uma empresa não tem como planejar seu futuro com confiança. Dados sobre o tamanho do mercado nos dão uma compreensão do potencial para expandir as vendas e aumentar a fatia de mercado. Dados sobre o tamanho do mercado rastreados ao longo de vários anos indicam tendências do mercado. Compreender o tamanho do mercado é especialmente importante quando uma empresa entra num novo mercado, já que isso determinará se o investimento e os riscos de entrada se justificam.

É significativo ver empresários participando de programas como *Dragons' Den* ou *Shark Tank* e serem muitas vezes rejeitados porque, quando questionados, não têm ideia do tamanho ou escopo do potencial de sua brilhante ideia.

O tamanho do mercado raramente é expresso numa cifra única. Os mercados são formados por segmentos ou grupos de produtos, e é importante mostrar a fragmentação desse tamanho do mercado nos seus diferentes segmentos, o gênero dos compradores, idade, regiões geográficas onde vivem e, no caso de mercados *business-to-business*, as verticais do setor e o tamanho das empresas que compram os produtos.

Há várias fontes de inteligência sobre o tamanho dos mercados. Estatísticas governamentais, associações comerciais e relatórios publicados podem fornecer números na hora. É possível desenvolver ferramentas de computação para estimar o tamanho de um mercado, por exemplo a partir de estatísticas sobre o número de consumidores de um produto, multiplicado pelo seu consumo médio durante um ano. Alternativamente, estimativas do tamanho do mercado podem ser rapidamente obtidas acessando e somando as vendas dos principais fornecedores. Num primeiro momento, costuma ser suficiente uma cifra genérica e aproximada, que pode ser refinada e melhorada ao longo do tempo ao obtermos mais informações.

Estudos de avaliação do mercado costumam ser usados para explorar oportunidades em novas regiões geográficas ou novos segmentos do mercado nos quais o produto ainda não tenha sido vendido. Do mesmo modo, servem para examinar uma oportunidade totalmente nova, como o mercado para um produto inédito que esteja sendo vendido para clientes totalmente novos. Estas são ocasiões em que a empresa precisa de informações objetivas para tomar decisões baseadas em dados a respeito dos níveis de risco, da probabilidade (e escala de tempo) das recompensas, e para poder avaliar com precisão o nível de investimento exigido para que o empreendimento tenha sucesso.

COMPREENDENDO OS CLIENTES

Houve épocas no passado em que quando o suprimento de um produto era escasso, considerava-se que os clientes estavam assegurados. Isso ainda pode acontecer hoje, quando um fornecedor tem o monopólio e não sente necessidade de se preocupar com seus clientes. No entanto, empresas mais esclarecidas sabem da importância de colocar os clientes no centro das atenções do seu negócio porque:

➤ Dois terços dos clientes afirmam que uma experiência de cliente positiva estimula a gastar mais com a empresa.
➤ Oito de cada dez clientes dizem que pagam até 25% mais quando veem que o serviço ao cliente é de qualidade superior.
➤ Três quartos daqueles que mudam de fornecedor/marca afirmam fazer isso porque a experiência de cliente ou serviço foi insuficiente.
➤ Mais da metade daqueles que recomendam uma empresa fazem isso movidos pela experiência do cliente, mais que por quaisquer outros fatores, como preço ou produto.
➤ Quase todos aqueles que têm uma experiência do cliente ruim comentam isso com os demais, principalmente para alertá-los ou impedir que comprem daquele fornecedor.

A pesquisa de marketing que põe foco nos clientes costuma ser chamada de "voz do cliente" ["*the voice of the customer*", ou VOC] e assume várias formas, desde *surveys* eventuais que fornecem um feedback sobre aspectos específicos, até rastreamentos que propiciem um feedback regular a partir de estudos planejados.

Os programas de satisfação do cliente são um dos tipos mais comuns de *surveys* VOC. Eles evoluíram ao longo dos anos e incluem mais que uma simples medida da satisfação, procurando especialmente detectar fatores que afetam a lealdade e a retenção de clientes. A justificativa para realizar programas de feedback de clientes pode ser vista na Figura 3.1, que mostra a relação entre lealdade e satisfação conforme descrita por J. L. Heskett.

Heskett sugere que apenas os clientes que registram as pontuações gerais mais elevadas de satisfação do cliente é que continuarão leais.

Esses clientes não têm probabilidade de mudar para outra marca/fornecedor, e ficam mais inclinados a serem seus defensores a partir da própria experiência positiva.

De modo crucial, clientes que acham uma empresa ou seus produtos aceitáveis (mesmo que estes não tenham nada de especial) e que dão pontuações de satisfação de 7 ou 8 num total de 10, são vulneráveis e podem decidir levar o negócio deles a outro fornecedor. Esses clientes ocupam a chamada "zona de indiferença".

FIGURA 3.1 Relação entre lealdade e satisfação do cliente

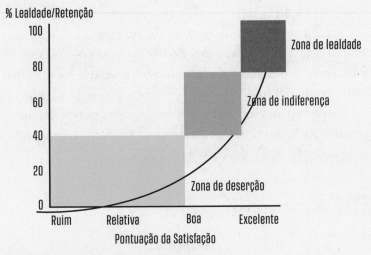

Segundo J. L. Heskett (A cadeia serviço-lucro)

De maneira bem clara, clientes que tiveram uma experiência ruim e dão uma pontuação baixa de satisfação do cliente são candidatos certos a desertar para um novo fornecedor, se e quando surgir a oportunidade.

Programas de satisfação do cliente geralmente efetuam uma série de medições para coletar dados sobre as experiências do cliente em vários pontos da jornada do cliente. Uma jornada do cliente abrange todas as ocasiões em que um fornecedor tem contato com o cliente. A jornada costuma começar quando uma promoção leva o cliente a tomar conhecimento do fornecedor, e continua com vários outros contatos, à medida que o cliente faz questionamentos, visita sites, faz ligações telefônicas, testa os produtos e, em algumas ocasiões, testa também sua garantia. A satisfação do cliente pode ser medida em qualquer desses pontos de contato ou "momentos da verdade". As medições mais comuns são:

- satisfação com aspectos individuais relacionados ao produto/serviço em diferentes pontos da jornada do cliente;
- pontuação de satisfação geral;
- pontuação quanto à probabilidade de recomendar;
- pontuação quanto à facilidade de realizar negócio (mais comum em mercados B2B).

É possível aplicar uma ampla faixa de metodologias de pesquisa tradicionais, dependendo do tipo de *insight* exigido. Cada vez mais, os comportamentos e percepções do cliente podem ser monitorados eletronicamente por meio de ferramentas baseadas na internet, e o monitoramento por mídias sociais é empregado às vezes para identificar opiniões e percepções informais de compradores potenciais ou atuais. Leia mais a respeito do uso de pesquisa de marketing para aprimorar a satisfação e a lealdade do cliente no Capítulo 19.

FIGURA 3.2 Três níveis de segmentação do cliente

Embora, por um lado, cada consumidor seja um indivíduo com características próprias, por outro lado há grupos de consumidores que apresentam características similares em termos de demografia, comportamento e necessidades. Os *surveys* do tipo voz-do-consumidor coletam dados que podem ser usados para agrupar clientes de diferentes maneiras, a fim de alinhar melhor o produto ou os serviços de uma empresa. Isso é segmentação de mercado e está no cerne de todo bom marketing. A segmentação permite à empresa compreender em que grupos de clientes ela deve focar e, igualmente importante, identificar aqueles que não valem a pena ter como alvo, seja porque não se interessam pelos produtos, ou porque não seria lucrativo.

A segmentação pode ser feita em três diferentes níveis (Figura 3.2). O mais básico é o da segmentação demográfica (chamada de firmográfica nos mercados *business-to-business*) e se baseia em idade, gênero, faixa de renda, localização geográfica do cliente – isto é, os aspectos físicos facilmente identificáveis de um cliente.

O nível seguinte é o da segmentação comportamental, mais difícil de identificar porque a informação a respeito de comportamento não é necessariamente de conhecimento público. Por exemplo, se você é dono de um supermercado vai gostar de saber em que época as pessoas compram mais vinho, porque então será capaz de enviar comunicações de marketing exatamente na hora certa. Seria bom saber se quando as pessoas compram vinho também compram outros tipos de produtos alimentícios, porque isso ajudará a posicionar esses produtos perto das estantes de vinhos. Também seria bom saber se as pessoas são leais a certas marcas de vinho ou mudam de marca, porque isso influenciaria a maneira de expor os vinhos no supermercado, a fim de incentivar as vendas. A segmentação comportamental nos aproxima dos clientes mais do que quando simplesmente conhecemos sua idade, gênero ou faixa de renda, e pode ser um bom meio de atender às suas necessidades.

A segmentação mais difícil é a que se baseia nas necessidades das pessoas e nas necessidades delas que não estão sendo atendidas. Se essas necessidades puderem ser identificadas e os clientes forem agrupados de acordo, isso será um meio muito eficaz de posicionar os produtos de uma empresa para que vendam mais. A maioria das pessoas que dirige carro tem diferentes necessidades quanto ao tipo de carro. Algumas precisam de um veículo que acomode muitas pessoas, outras querem um veículo amigável ao ambiente, e outras ainda podem querer um carro

Usos da pesquisa de marketing

que reflita seu status social. As necessidades são muitas e variadas, e cada proprietário apresenta uma combinação desses requisitos. Agora imagine que um fabricante de automóveis compreende as necessidades a ponto de conseguir enviar mensagens de marketing poderosas que encontrem ressonância nesses diferentes grupos de pessoas: isso certamente seria mais bem-sucedido do que uma promoção ampla com a intenção de apelar a todos. As segmentações baseadas em necessidades são usadas mais comumente em mercados consumidores. Em mercados *business-to-business*, é mais provável as segmentações combinarem elementos de firmografia e de comportamento, já que as necessidades são mais difíceis de identificar em razão das complexas unidades responsáveis por tomadas de decisões. Leia mais a respeito de usar pesquisas de marketing para segmentar mercados no Capítulo 17.

COMPREENDENDO E DESENVOLVENDO A OFERTA

O desenvolvimento de novos produtos requer um investimento significativo. Por essa razão, testar as reações do cliente a novos produtos e avaliar sua probabilidade de aceitá-los ou rejeitá-los é um uso importante da pesquisa de marketing. Esta pode variar de testes de uma ideia ou conceito a testes de produtos. Também lida com o ambiente competitivo, identificando e avaliando produtos alternativos dentro do mercado que ofereçam ao comprador benefícios similares. A pesquisa pode ser usada para definir preços competitivos aceitáveis e para testar mensagens de marketing e principais benefícios de produtos, revelando informações que terão maior probabilidade de garantir o sucesso.

Aspectos-chave que precisam ser identificados na pesquisa para o desenvolvimento de produto são:

- produtos da concorrência, incluindo preço, aspectos, distribuição e fatia de mercado;
- a provável aceitação ou rejeição pelo cliente de um novo produto ou de um produto modificado;
- previsão sobre o uso de produtos;
- ameaças e barreiras que podem inibir o sucesso do produto;
- o preço ótimo de novos produtos;

> a reação a conceitos de embalagem;
> benefícios ao cliente derivados de aspectos e mensagens promocionais.

Parece óbvio que a pesquisa de novos produtos irá acessar as visões dos clientes, e isso certamente é importante. No entanto, em certas ocasiões o público em geral não é capaz de contribuir para o desenvolvimento de produtos de maneira tão fácil, porque as pessoas não entendem o que a tecnologia é capaz de oferecer. Imagine, por exemplo, as dificuldades que o Senhor Sony deve ter tido na década de 1960 para testar as atitudes em relação ao seu Walkman. Na época, o único recurso *hi-fi* conhecido do público em geral era um amontoado de componentes e alto-falantes que ocupavam uma parede inteira de sua sala. Deve ter sido difícil imaginar a necessidade de ter música acompanhando-os enquanto caminhavam ou faziam uma corrida pelo bairro. É difícil para membros do público em geral indicar como gostariam que suas necessidades fossem atendidas por novas tecnologias quando eles sequer têm ideia se tais coisas são possíveis. Dizer a um fabricante de automóveis que gostariam de um veículo que rodasse consumindo ar fresco não parece ser particularmente útil, mas pode apontar para um grupo de clientes que tenha interesse por carro elétrico ou movido a hidrogênio. A questão é que eles simplesmente não compreendem a tecnologia e, portanto, não pedem uma solução específica.

Mas há maneiras mais prosaicas pelas quais o público em geral pode informar fabricantes a respeito dos produtos e serviços desejados. Eles podem revelar a um fabricante de detergentes que acham incômodo ter de medir a quantidade de detergente necessária a cada lavada, e isso talvez leve o fabricante a desenvolver um detergente consumido por meio de cápsulas que se dissolvem.

A pesquisa de produto costuma exigir uma metodologia que permita ao consumidor experimentar o novo produto. Por essa razão, métodos qualitativos como os grupos de foco e testes de exposição *hall tests* têm se revelado tradicionalmente importantes. Hoje, a internet oferece a oportunidade de respondentes verem novos produtos on-line, tendo uma experiência visual deles, embora não física. Desse modo, dados qualitativos e quantitativos sobre as atitudes das pessoas em relação a novos conceitos e produtos podem ser coletados de maneira rápida e quase sem custo.

A pesquisa de marketing também é usada quando é preciso testar fatores que envolvem um produto, como preço, embalagem e promoções, mesmo não havendo intenção de desenvolver nenhum novo produto. Há várias abordagens de pesquisa especializadas, usadas para identificar os benefícios-chave de um produto e o valor atribuído a esses benefícios. *Conjoint* e SIMALTO são duas ferramentas de pesquisa *trade-off* para esse propósito, e são discutidas nos Capítulos 11 e 16. O componente principal dessas abordagens é que elas pedem que os respondentes avaliem perfis realistas de produto, incorporando uma série de aspectos de produto e opções de preço, para que os respondentes digam qual comprariam. Essas abordagens são mais sofisticadas que as linhas tradicionais de inquirição que perguntam às pessoas apenas qual dos produtos iriam preferir. Leia mais a respeito do uso de pesquisa de marketing para lançar novos produtos no Capítulo 23.

POSICIONANDO A MARCA E A COMUNICAÇÃO

Nos últimos anos, houve imensas mudanças na importância relativa dos diferentes meios de comunicação. A propaganda digital cresceu exponencialmente nesse período. É necessário decidir onde colocar propaganda para chegar ao público-alvo, quais mensagens têm maior apelo e como extrair o máximo valor dos gastos em propaganda. A pesquisa de marketing pode ser usada para medir a efetividade da propaganda, seja ela relacionada ao impulso de vendas ou voltada a uma consciência maior da marca.

Uma quantidade significativa de pesquisa é realizada para definir as mídias de propaganda mais eficazes. Empresas de pesquisa de marketing especializadas como a AC Nielsen oferecem pesquisa consorciada para medição de audiência, testando quantas pessoas assistem à televisão, leem jornais ou prestam atenção em outdoors.

Empresas de pesquisa de marketing também ajudam a planejar e executar campanhas. A pesquisa qualitativa de marketing fornece *insights* sobre o tipo de mensagens que fazem sentido para determinado público e é também usada para um pré-teste de anúncios e para os próprios anúncios. A pesquisa quantitativa pode ser usada para avaliar a efetividade de uma campanha quando se realiza um estudo prévio ao lançamento da campanha e outro depois que ela é concluída. Além desse tipo de pesquisa de marketing pré e pós-campanha, dados internos de vendas e análise de dados da web propiciam informações de mercado que podem mostrar o impacto de uma campanha.

O uso de pesquisa de marketing numa campanha publicitária depende claramente do que é gasto na própria campanha. Faria pouco sentido gastar 100 mil dólares num estudo pré e pós se o gasto total da campanha fosse de apenas 200 mil dólares.

A pesquisa de marketing ajuda a tornar as marcas mais eficazes. As marcas diferenciam um vendedor de outro. Uma marca forte carrega atributos emocionais que vêm do saber e da consciência que as pessoas adquiriram, seja por experiência própria, seja por meio de boca a boca ou de promoções. Esses atributos emocionais incorporam valores, e no caso de uma marca forte o cliente irá pagar um adicional significativo por eles, possivelmente insistindo na marca e excluindo todas as demais. É por essa razão que uma marca costuma ser descrita como uma "promessa cumprida".

As marcas posicionam empresas e produtos em seus mercados, e atraem clientes para elas de acordo com sua "promessa". As marcas podem construir posições muito fortes em produtos de luxo e premium, mas também em produtos da faixa econômica. As estratégias de marca incorporam o desenvolvimento de marcas fortes e o alinhamento de todas as atividades, incluindo propaganda e comunicações.

Em mercados muito saturados, as marcas são especialmente importantes para determinar o sucesso de uma empresa. As marcas ajudam as pessoas a escolher os produtos. A pesquisa de marketing proporciona *insights* valiosos sobre marcas, seja para o desenvolvimento de sua posição ou até para tomar decisões a respeito de seu futuro. O propósito da pesquisa sobre marcas é:

> identificar percepções de marca, desempenho e singularidade;
> posicionar marcas de modo competitivo;
> medir a efetividade de marcas;

- medir o efeito das promoções de marcas para atrair clientes;
- testar as posições de marcas e suas promessas;
- acompanhar as marcas ao longo do tempo.

Identificar a posição atual de uma marca provavelmente envolve todas as partes interessadas. Os clientes, é claro, são centrais para essa pesquisa, mas pode ser importante também conhecer as visões dos funcionários, porque todos, tanto clientes quanto funcionários, devem estar alinhados à mesma compreensão da posição da marca. Nesse primeiro estágio, a pesquisa de marketing pode empregar métodos qualitativos e quantitativos para explorar a posição da marca e chegar a medições realizadas junto ao público mais amplo de clientes. Com a pesquisa, é possível identificar pontos fortes e fracos da marca, assim como oportunidades e ameaças. Depois de se desenvolver a imagem da marca, a pesquisa de marketing é usada para testar a nova posição e quaisquer promessas que tenham sido incorporadas, para checar a credibilidade e possível "melhor posicionamento". Também é útil explorar isso no cenário competitivo para ver se a posição da marca já não está assegurada por um concorrente. Por fim, programas de rastreamento da marca permitem à empresa medir a efetividade de sua marca e garantir que esteja alcançando os níveis desejados de consciência, interesse e lealdade. Leia mais a respeito do uso da pesquisa de marketing para testar a efetividade da propaganda no Capítulo 22.

DICAS IMPORTANTES

- Há duas medidas do tamanho do mercado que importam: o mercado disponível atendido [*serviceable available market*, SAM] ou, tamanho real do mercado; e o mercado total abordável [*total addressable market*, TAM], ou tamanho do mercado viável. Tente descobrir o tamanho dos dois.
- Ao avaliar o tamanho do mercado, tente fazê-lo a partir do maior número de ângulos possível – tanto do lado da oferta quanto da demanda. Essas avaliações cruzadas aumentam a confiança de todos em relação ao resultado.

- Ao perguntar aos clientes sobre seus níveis de satisfação, lembre-se de que a faixa de respostas de 90% das pessoas é de avaliações entre 7 e 9 numa escala de 0 a 10 (em que 10 indica satisfação total). Isso significa que diferenças de pontuações de satisfação de 0,2 ou mais entre um grupo e outro costumam ser significativas.
- Ao realizar pesquisa de novos produtos, as previsões de vendas futuras são dificultadas por dois fatores. Por um lado, as pessoas podem ser generosas ao estimarem sua probabilidade de adquirir o novo produto, pelo fato de não terem realmente de fazer isso. Por outro lado, elas não estiveram expostas a promoções e condições que em última instância afetam sua probabilidade de comprar.
- Medir a influência da marca na decisão de compra é difícil porque muitas pessoas não admitem que ela tenha muito efeito. Use a pesquisa de marketing para avaliar a força das marcas medindo os níveis de conhecimento e os valores associados a cada uma.

RESUMO

A pesquisa de marketing é a sistemática coleta e análise de informações para ajudar a moldar decisões e reduzir os riscos de negócios. Diariamente são tomadas decisões de negócios que exigem dos gestores uma compreensão geral dos mercados em que operam. Muitas empresas estão indo além de seus territórios e entrando em novos mercados, e para isso precisam contar com informações independentes e precisas para orientar seus vultosos investimentos. A pesquisa de marketing tem um papel em todas as decisões de negócios, mas particularmente na:

- Avaliação do mercado: Conhecer o tamanho e a estrutura do mercado permite que as empresas determinem sua fatia de mercado e a da concorrência. Medir os diferentes segmentos do mercado permite que a empresa identifique oportunidades e ameaças.

- Pesquisa da voz-do-consumidor: Conhecer os clientes é crucial para qualquer negócio, e a pesquisa de marketing mostra como gerar satisfação e lealdade nos clientes. Os resultados dos *surveys* sobre satisfação do cliente podem ser usados para segmentar o mercado e descobrir grupos de clientes com comportamentos e necessidades mais alinhados aos produtos e serviços da empresa.
- Pesquisa de novos produtos: A palavra "novo" é uma das mais importantes no vocabulário de marketing para incentivar as pessoas a comprar e testar produtos. A pesquisa de marketing tem papel importante em identificar necessidades não atendidas e testar atitudes em relação a novos produtos, novas embalagens e novas maneiras de chegar aos clientes.
- Pesquisa de comunicações e de marca: A pesquisa de marketing tem um importante papel em ajudar os negócios a identificar como extrair o máximo de seus orçamentos para promoções. A pesquisa de mídia indica a efetividade da televisão, da mídia impressa, dos painéis e, mais recentemente, da internet como locais para anunciar. A pesquisa de marketing pode testar conceitos e campanhas de publicidade, e ajudar a desenvolver e monitorar a efetividade das marcas.

A pesquisa de marketing é a **sistemática coleta** e análise de informações para ajudar a **moldar** decisões e **reduzir** os riscos de negócios. Diariamente são tomadas decisões de negócios que exigem dos gestores uma compreensão geral dos mercados em que operam.

PARTE DOIS

PESQUISA QUALITATIVA

CAPÍTULO 4

PESQUISA QUALITATIVA

O QUE É PESQUISA QUALITATIVA?

A maioria dos projetos de pesquisa de marketing pode ser descrita como qualitativa ou quantitativa. Um projeto qualitativo, como o nome sugere, busca profundidade e qualidade partindo da habitual amostra pequena, em contraste com a pesquisa quantitativa, que trata de amostras e medições de maior âmbito.

Não há números precisos que diferenciem uma pesquisa qualitativa de outra quantitativa. Em geral, se a pesquisa tiver menos de 30 a 50 respondentes será qualitativa, e com mais de 100 respondentes adentrará território quantitativo. Há algo que podemos chamar de zona cinza entre as duas.

Pesquisadores podem usar grupos de foco ou entrevistas em profundidade para obter *insights* que não seriam possíveis em um *survey* maior, mais estruturado. Perguntas abertas que explorem comportamento e atitudes permitem que um moderador (isto é, o entrevistador) teste hipóteses e busque explicações. A capacidade de cavar fundo e de usar técnicas de aprofundamento é possível na pesquisa qualitativa.

Entrevistas em profundidade podem ser estimuladas pelo entrevistador quando ele insiste em perguntar "Por quê?", até ter a impressão de que a resposta real foi obtida. Técnicas projetivas, vídeos e produtos podem ser utilizados. Trata-se de entrevistas e discussões envolventes, pois têm mais o tom de uma conversa e por isso podem facilmente durar até 30 minutos ou uma hora, sem que o respondente se sinta entediado ou pressionado. Ele pode responder com calma e refletir melhor sobre o assunto. Dispõe de tempo para se expressar em palavras ou contar uma história que não caberia num estudo quantitativo mais estruturado, mais restrito.

O uso de amostras menores significa que os pesquisadores qualitativos não têm como definir a precisão de seus resultados. Não significa que os pesquisadores qualitativos sejam incapazes de chegar à verdade. Com bastante frequência, a resposta fica clara com apenas um ou dois grupos de foco, mesmo que não seja possível expressar esse resultado em termos estatísticos mais definidos.

A pesquisa qualitativa depende muito do moderador, já que é ele que realiza a maior parte da entrevista, junta certo capital de conhecimento e ajusta as perguntas à medida que a pesquisa progride. As descobertas se baseiam na interpretação feita pelo moderador, e isso significa que ele ou ela desempenham um papel muito mais importante do que na pesquisa quantitativa. Nesta última, os papéis dos entrevistadores e dos analistas de dados ficam bem separados.

AS FERRAMENTAS DA PESQUISA QUALITATIVA

O moderador conta com três ferramentas importantes para a pesquisa qualitativa: a entrevista em profundidade, os grupos de foco e a etnografia.

Entrevistas em profundidade

Entrevistas em profundidade ou entrevistas estendidas requerem usar roteiros de discussão, como os usados em grupos de foco. O roteiro de discussão é uma lista relativamente estruturada de tópicos que funciona como um apoio à memória. Se, durante a discussão, forem compartilhados comentários e experiências interessantes, isso poderá provocar uma dispersão temporária, que não está roteirizada no questionário. O moderador tem um papel crucial em determinar o sucesso da pesquisa qualitativa.

Durante a entrevista em profundidade, o moderador faz algumas anotações, mas o mais provável é que a entrevista seja gravada e mais tarde transcrita. Esta é outra razão pela qual é difícil realizar um grande número dessas entrevistas. Transcrever e analisar textos abertos de mais de uma dezena de entrevistas é trabalhoso. A ênfase na pesquisa qualitativa é sempre na qualidade da compreensão, mais que na precisão do resultado.

Entrevistas em profundidade serão discutidas em detalhe no Capítulo 7.

Grupos de foco

Os grupos de foco têm entre 5 e 10 pessoas, que participam de uma discussão conduzida por um moderador. Os respondentes são selecionados criteriosamente, pois representam o público-alvo – que é o foco. A discussão é feita num local especial, dotado de instalações que permitam ver e gravar o que acontece. A interação dos membros do grupo cria uma experiência compartilhada que estimula as pessoas a mencionarem coisas que de outro modo não viriam à tona. Os respondentes têm oportunidade de ouvir as respostas dos outros, o que lhes dá tempo para refletir e fazer comentários perspicazes. Também pode levar a um debate, se as pessoas assumirem pontos de vista opostos, e isso por si só ajuda a compreender melhor o assunto.

Conduzir grupos de foco pode gerar alguns problemas. Às vezes acaba sendo introduzido algum viés quando alguém faz um comentário particularmente articulado sobre um assunto ou que é percebido por outros membros do grupo como uma opinião própria de alguém que tem autoridade para falar sobre aquilo. Nessas circunstâncias, o grupo sente maior pressão para concordar e aceitar a visão que já foi expressa. Alguns respondentes podem predominar na discussão, enquanto outros ficam retraídos e falam pouco. Tudo isso requer uma boa condução do moderador.

As descobertas de dois, três ou quatro grupos de foco às vezes fornecem uma resposta clara, e eliminam a necessidade de seguir com um estudo quantitativo.

Grupos de foco são discutidos em detalhes no Capítulo 6.

Etnografia

Houve um recente surto de interesse pela etnografia entre os pesquisadores de mercado. A etnografia é um ramo da antropologia, isto é, do estudo dos humanos num ambiente específico. O etnógrafo busca entender o comportamento de um grupo ao viver próximo dele, a fim de conseguir observar e ouvir, como se fosse uma mosca pousada na parede. Sabemos que o questionamento direto estimula a concordância ou respostas dadas pelas pessoas por acreditarem que são socialmente desejáveis. Os comportamentos podem fornecer respostas mais honestas, mas precisamos estar preparados e ser capazes de observar o alvo em sua casa ou seu local de trabalho durante certo período de tempo para que a verdade possa emergir. Quando as pessoas sabem que estão sendo observadas por uma câmera ou por olhos que estejam à espreita, é maior a probabilidade de serem afetadas pela autoconsciência. Os etnógrafos tentam ficar em segundo plano, de modo que seus alvos possam se manifestar e se expressar da maneira mais natural possível. Isso implica várias horas de filmagem ou de observação, para se obter a necessária compreensão.

A etnografia é discutida com mais detalhes no Capítulo 8.

QUANDO USAR A PESQUISA QUALITATIVA

Num projeto de pesquisa que explore um assunto pela primeira vez, os pesquisadores podem precisar do estágio qualitativo para aumentar sua compreensão. Um pequeno número de entrevistas em profundidade, mesmo que apenas uma dúzia, permite sentir melhor o assunto, a terminologia que está sendo usada, os aspectos que precisam ser testados, de que maneira o público vê o mundo e assim por diante. Essa é uma informação vital para projetar um questionário num estágio quantitativo posterior. A pesquisa qualitativa frequentemente é a fase 1 de um estudo mais extenso.

Às vezes, porém, uma pesquisa qualitativa sozinha já se justifica por si. Pode ser um programa de entrevistas em profundidade em grupos de foco encomendados para explorar ou testar conceitos de novos produtos ou ideias para uma campanha publicitária. No mundo prático dos negócios, os orçamentos e os prazos muitas vezes se opõem a um programa quantitativo, e a única coisa possível então é uma pesquisa qualitativa. Isso coloca pressão nos pesquisadores, já que deverão confiar que as descobertas do estudo qualitativo irão refletir aquelas que seriam obtidas de um público bem maior. É necessária uma advertência aqui: a pesquisa qualitativa não deve ser usada como uma sondagem de baixo custo que substitua uma pesquisa quantitativa.

USOS DA PESQUISA QUALITATIVA

Explorando atitudes e comportamento

Boa parte das pesquisas qualitativas são o primeiro estágio de um programa de pesquisa mais vasto, no qual as entrevistas em profundidade iniciais ou grupos de foco servem para compreender atitudes, examinar comportamentos e estudar as hipóteses gerais.

Teste de anúncios

Agências de publicidade com frequência usam grupos de foco e entrevistas em profundidade para coletar ideias para campanhas ou testar mensagens publicitárias. O grupo de foco é uma oportunidade ideal para mostrar diferentes anúncios e gerar uma discussão a respeito de qual deles tem maior impacto, relevância e comunica a posição de marca adequada.

Desenvolvendo conceitos e novos produtos

Grupos de foco são uma excelente ferramenta para explorar ideias para novos produtos ou captar as reações a protótipos. O moderador é capaz de observar como as pessoas reagem aos conceitos ou aos novos produtos, especialmente se elas precisam escolhê-los e tocá-los. Grupos de foco podem ser usados para mostrar se o design de um produto gera uma reação intuitiva ou se as pessoas precisam de mais informações para utilizá-lo. As perguntas podem ser direcionadas a aspectos específicos do novo produto para descobrir as atitudes despertadas por eles.

A pesquisa de novos produtos é discutida com mais detalhes no Capítulo 23.

Obtendo um quadro geral de um mercado

A pesquisa qualitativa pode ser usada para obter um quadro geral do mercado por meio de entrevistas em profundidade com *experts*. Um pequeno número de discussões abertas com pessoas que tenham uma visão geral de um mercado pode fornecer uma compreensão de seu tamanho e estrutura, do ambiente competitivo, de suas perspectivas de crescimento. Cada pessoa entrevistada nesse tipo de projeto pode requerer que se elabore uma lista diferente de perguntas, conforme seus interesses e conhecimento. Por exemplo, um fabricante de produtos verá o mercado de maneira diferente dos varejistas e distribuidores. Uma associação comercial terá uma visão diferente de um órgão regulador do governo. No entanto, todos podem contribuir com seus conhecimentos para um estudo e ajudar a montar um quadro geral do tamanho do mercado e das oportunidades.

Realizando a pesquisa qualitativa

Deve ficar evidente pela discussão acima que a pesquisa qualitativa requer um talento especial. Os pesquisadores qualitativos são empáticos e criam facilmente um envolvimento com os respondentes. Possuem mente questionadora e sabem fazer perguntas sem soar invasivos. Contam com aquela competência própria de apresentador de *talk show*, mas também têm tino comercial, já que a maioria dos projetos testa alguma oportunidade de negócio ou problema na área. Muitos moderadores de grupos de foco estudaram psicologia, se bem que isso não é um pré-requisito para essa função.

Nem é preciso dizer que os pesquisadores qualitativos devem ser capazes de formular perguntas adequadas para conduzir as entrevistas. Devem ser capazes de colocar essas perguntas de uma maneira que não soe intimidante. Mais importante ainda, precisam ser bons ouvintes e procurar, o tempo inteiro, extrair respostas que deem margem a uma investigação adicional.

Depois de concluídas as entrevistas, o pesquisador qualitativo deve ser capaz de dar sentido a um verdadeiro pântano de dados. O desafio de analisar uma pesquisa qualitativa é lidar com a miríade de informações não estruturadas, que precisam ser categorizadas e classificadas para que disso possa emergir um quadro. Agrupar dados em classificações relevantes é o processo de passar do geral para o específico. Deve-se alcançar um equilíbrio entre alguns poucos agrupamentos que talvez sejam demais e uma grande massa de detalhes que às vezes confundem.

Agrupar dados ajuda a simplificar as descobertas, mas talvez não ajude a produzir um relatório bem-sucedido. É importante situar os dados num *framework* ou modelo que sirva de guia ao patrocinador da pesquisa para que adote o curso de ação mais adequado. Há muitos modelos teóricos e *frameworks* que o pesquisador pode usar, e achar o mais adequado é crucial para o sucesso do projeto qualitativo. Às vezes, os melhores modelos são aqueles desenvolvidos especificamente pelo pesquisador a partir de alguns princípios básicos. Essa passagem dos dados não estruturados para um relato estruturado requer aptidões de pensamento crítico da parte do pesquisador qualitativo.

Bons pesquisadores qualitativos podem trabalhar em empresas de pesquisa de marketing chefiando um departamento de pesquisa qualitativa, ou então a empresa de pesquisa de marketing pode recorrer a um *expert* em pesquisa qualitativa. Neste último caso, o mais provável é que se trate de uma empresa relativamente pequena em comparação com as empresas de pesquisa que fazem estudos quantitativos. E, de fato, ser pequeno combina com a pesquisa qualitativa, e há muitos excelentes pesquisadores qualitativos *freelancers* que podem ser contratados.

A ênfase deste capítulo recaiu no moderador, isto é, o pesquisador qualitativo que realiza as entrevistas e prepara o relatório. Há locais próprios para a realização de grupos de foco que dão apoio ao pesquisador ao longo do processo qualitativo. Estes centros independentes têm instalações para acomodar as pessoas recrutadas, e salas onde os respondentes se reúnem e ficam à vontade, enquanto são conduzidos a uma discussão por um moderador experiente. As salas têm câmeras e equipamento de gravação para registrar o evento, e espelhos unidirecionais que permitem ao cliente ou patrocinador do estudo sentar numa sala escura e assistir aos procedimentos sem que os participantes do grupo de foco consigam vê-lo. O moderador explica que há observadores assistindo os procedimentos atrás do espelho e que as descobertas são para propósitos de uma pesquisa de marketing e que permanecerão confidenciais.

DICAS IMPORTANTES

- Quando souber pouco a respeito de um assunto ou mercado, pense em usar grupos de foco para um aprendizado rápido.
- Use grupos de foco para gerar ideias, especialmente para novos produtos.
- Use grupos de foco para testar novos produtos e conceitos de propaganda, mas cuidado com o viés que pode surgir dos respondentes dominantes.
- Use entrevistas em profundidade (*"in-depth interviews"*, IDIs) quando quiser conseguir a história completa de um único respondente.
- Use IDIs quando quiser ter visões não contaminadas de um assunto.
- Use etnografia para descobrir aspectos importantes de comportamento que talvez não sejam revelados em entrevistas, e para desenvolver novos produtos, pesquisar embalagens e entender contextos de produtos e serviços.
- Ao encomendar pesquisa qualitativa, procure ver além da empresa e focar no moderador – ele ou ela irão determinar o sucesso.

RESUMO

O setor de pesquisa de marketing reconhece duas abordagens diferentes a problemas de pesquisa – qualitativa e quantitativa. A qualitativa usa amostras pequenas, que às vezes envolvem apenas um punhado de respondentes. No entanto, as entrevistas são em profundidade, não estruturadas e têm o objetivo de obter *insights*. Grupos de foco são outra ferramenta importante da pesquisa qualitativa, usados para gerar debates e discussões que permitem extrair respostas interessantes. A etnografia é uma terceira ferramenta do pesquisador qualitativo e traz uma compreensão profunda por meio de observação cuidadosamente planejada do comportamento das pessoas.

A pesquisa qualitativa é usada com frequência como primeiro estágio de um programa mais extenso de pesquisa de marketing. Ajuda pesquisadores a compreender a natureza das pessoas que serão entrevistadas num estudo quantitativo posterior. As atitudes delas e os fatores que as influenciam na escolha do fornecedor são revelados e podem virar um questionário estruturado num estágio subsequente.

A pesquisa qualitativa pode também ser usada sozinha para testar novos produtos, desenvolver ideias para novos produtos e testar propaganda e promoções.

Realizar pesquisa qualitativa exige talento especial. O pesquisador qualitativo costuma assumir o projeto todo, desde a elaboração do roteiro de discussão, a moderação das entrevistas, até a análise e apresentação das descobertas.

CAPÍTULO 5

DESK RESEARCH OU PESQUISA SECUNDÁRIA

UMA VERDADEIRA MINA DE OURO

Sou grande fã da *desk research* [pesquisa secundária ou documental]. O problema é que a *desk research* parece uma coisa tediosa em comparação com a pesquisa primária. A pesquisa primária trata de novas descobertas e de exploração, faz perguntas e obtém respostas que ninguém ouviu antes. No entanto, nosso papel como pesquisadores de mercado é descobrir a verdade e coletar dados e informações sobre qualquer assunto que ajude o trabalho de marketing.

A *desk research* é o estudo de fontes secundárias de dados – informações que já estão disponíveis seja no domínio público, seja dentro da própria organização. É sempre surpreendente constatar que esta mina de ouro de informações esteve bem diante de nosso nariz e que, no entanto, foi ignorada, dando-se preferência a realizar um *survey* sob medida. Nada impede que a *desk research* não seja tão empolgante quanto a pesquisa primária. Pode-se obter muita satisfação ao montar um complexo quebra-cabeça a partir dos muitos fragmentos disparatados de informação que costumam aparecer nos estudos de *desk research*.

O *expert* em *desk research* pode coletar dados de maneira rápida e sem custo, de uma ampla variedade de fontes, para atender a muitos objetivos de pesquisa. Então por que gastamos tanto com pesquisa primária? Talvez por suspeitar das fontes secundárias, já que não estivemos envolvidos em sua compilação. Pode ser também que os dados que procuramos não estejam exatamente na forma mais conveniente. Ou que não procuramos por tempo suficiente ou indo mais fundo para ver se a informação já estava disponível ou não. Às vezes, a *desk research* parece fácil demais. Uma grande decisão requer investir um monte de dinheiro e merece uma boa pesquisa original. Mas não é necessariamente assim.

Se a *desk research* é de fato uma ferramenta valiosa, por que não é oferecida com maior frequência pelos fornecedores de pesquisas de marketing? A resposta tem duas vertentes. Primeiro, é muito difícil para um fornecedor de pesquisa de marketing comprometer-se a atender os objetivos de um *briefing* propondo um projeto de *desk research*. Até que a *desk research* seja realizada, o fornecedor de pesquisas não pode saber exatamente o que está disponível ou não, nem gastar tempo e dinheiro para descobrir isso até que a encomenda se concretize. Portanto, a *desk research* como método de pesquisa isolado é um risco para uma empresa de pesquisa de marketing. Em segundo lugar, e talvez com um toque de cinismo, há bem menos dinheiro envolvido em realizar um estudo de *desk research* do que num *survey* de campo. Os fornecedores de pesquisas de mercado são organizações que realizam *surveys* e estão organizados para realizar entrevistas, algo que eles fazem muito bem.

A *desk research*, por outro lado, é uma tarefa ideal para um pesquisador *in-house* ou alguém que decida fazê-la por sua conta e risco. Na realidade, se a *desk research* fosse realizada com maior frequência, poderia eliminar a necessidade de muitos *surveys* de campo de custo elevado. Uns dois dias de *desk research* podem render muito.

Desk research é um termo usado de maneira muito vaga, e geralmente se refere a dados secundários ou àqueles que podem ser coletados sem trabalho de campo. Para a maioria das pessoas, sugere relatórios e estatísticas publicados, e essas são com certeza fontes importantes. No contexto deste capítulo a expressão é ampliada para incluir todas as fontes de informação que não envolvam um *survey* de campo. Isso com toda certeza abrange pesquisar na internet, mas pode exigir também examinar e analisar estatísticas internas de vendas, consulta em arquivos privados, conversar com pessoas em associações comerciais ou fazer entrevistas com *experts*.

Antes de falar de fontes públicas para *desk research*, vale a pena enfatizar que muita informação útil fica nos próprios computadores e arquivos das empresas que estão à procura de dados. Pode ser informação referente a relatórios e estatísticas de vendas ou a um sistema de gestão do relacionamento com o cliente [*customer-relationship management system*, CRM]. Com alguma imaginação, esses dados podem ser retrabalhados para produzir um quadro útil.

Uma das fontes mais importantes de dados dentro de uma empresa é o banco de dados de clientes (que poderia também ser estendido para incluir potenciais clientes). Essa fonte de informações sempre merece uma análise, especialmente se contiver dados de vendas.

Perguntas que podem ser respondidas a partir desta fonte são:

- Quantos clientes temos?
- Onde estão localizados?
- Quanto eles compram?
- Com que regularidade?
- O que compram?
- Qual o preço médio que pagam?

Se o banco de dados for mais sofisticado talvez guarde informações sobre há quanto tempo alguns clientes em particular têm comprado da empresa, com que frequência recebem a visita da equipe de vendas e que concorrentes estão também fornecendo produtos a eles. Nossa primeira providência é ver se não há dentro da empresa patrocinadora uma *desk research* à espreita que não tenha sido detectada, antes de mover a busca para o mundo exterior, mais vasto e mais caro.

UM PRINCÍPIO IMPORTANTE DA *DESK RESEARCH*

Antes de passarmos a explorar as diversas fontes de *desk research*, vale a pena estabelecer um princípio importante. Embora o Google tenha tornado nossa tarefa de *desk research* muito mais fácil, não podemos supor que aquilo que estamos procurando será entregue a nós de bandeja. Vamos imaginar, por exemplo, que queremos descobrir "quantas organizações nos Estados Unidos promovem treinamentos de liderança". Se colocamos isso no Google como uma pergunta simples ele entregará mais de 4,5 milhões de resultados em 0,8 segundo. Mas se em seguida colocamos essa mesma frase de busca entre aspas (ao fazer isso o Google procura apenas referências para essa pergunta expressas em sua integridade), não obtemos nenhum resultado. Podemos tentar outras opções na estratégia de busca digitando "número de organizações" + "treinamento em liderança", mas ainda assim não encontraremos o que estamos buscando. Será que isso quer dizer que a *desk research* fracassou em responder a essa pergunta? O que isso significa de fato é que o que estamos procurando não será fornecido de uma maneira simples e óbvia e que teremos que fazer a busca de maneira mais sofisticada.

Após um pouco de pesquisa adicional podemos descobrir que as organizações que têm maior probabilidade de promover treinamento em liderança são aquelas que empregam mais de 1.000 pessoas. Podemos até obter uma estimativa a respeito de quantas grandes organizações enviam seus gestores para cursos de treinamento em liderança. Então passamos a explorar quantas organizações existem nos Estados Unidos que empregam mais de 1.000 pessoas para usar isso como base para estimar quantas poderiam promover treinamento em liderança. Nossa descoberta pode ser uma estimativa, mas será uma estimativa baseada em suposições razoáveis que podem ser suficientemente boas para nos dar a resposta que procuramos.

O princípio no qual incentivamos pesquisadores de mercado a pensar quando utilizam *desk research* é: acredite que a resposta está aí em algum lugar; a questão é simplesmente pensar no maior número possível de estratégias de busca que possam fornecer a resposta. Também incentivamos pesquisadores de mercado a obter o maior número possível de respostas diferentes, a fim de verificar e certificar que está fazendo uma boa estimativa. O simples fato de uma informação estar impressa numa publicação mencionada na internet não quer dizer necessariamente que seja correta.

FONTES DE FONTES: UMA VISÃO GERAL

No alto de muitas das buscas no Google há um link para a Wikipedia. Esta enciclopédia incrível fornece excelentes informações sobre assuntos que o pesquisador pode estar explorando. Ela é escrita colaborativamente por voluntários anônimos da internet e, portanto, alguns diriam que precisa ser encarada com cautela. No entanto, ela conta de fato com escrutínio público, o que significa que se alguma coisa estiver flagrantemente errada será corrigida ou removida em pouco tempo. Ela tem mais de 6 milhões de artigos em inglês e 52 milhões de páginas de informação. Se a *Encyclopædia Britannica* exigia uma estante só para ela, a Wikipedia precisaria de uma casa inteira. A Wikipedia é um tesouro de informações e é um dos primeiros pontos de parada na maioria dos estudos.

Os Estados Unidos têm liderado o mundo há muitos anos em coleta e disseminação de informações sobre negócios. A CIA, Central Intelligence Agency, utiliza sua *expertise* a nosso favor reunindo informações básicas, algo que começou como a National Intelligence Survey e é agora um Factbook on-line que pode ser examinado país por país (www.cia.gov). Este site fornece resumos de 267 países do mundo. Para a maioria deles, há uma descrição da geografia, das pessoas e da sociedade, do governo, economia, energia, comunicações e mais coisas ainda. Para pesquisadores de mercado procurando ter um panorama global, constitui um excelente ponto de partida para compreender as diferentes geografias de interesse.

EXPERTS DO SETOR

A desvantagem de ter a internet como ferramenta de pesquisa é que com muita frequência deixamos de pegar o telefone e falar com uma pessoa – o que era algo essencial há apenas alguns anos. Este recurso muito óbvio e simples para conseguir rapidamente uma resposta a uma pergunta é pouquíssimo usado hoje e incentivamos seu uso como fonte.

Em qualquer setor há pessoas que são repositórios vivos de informações em razão de seu envolvimento ao longo dos anos. Esses *experts* podem ser prontamente localizados pela internet já que escrevem artigos sobre o assunto, fazem apresentações, participam de comissões e dão consultoria sobre a legislação que pode afetar o setor. São pessoas com grande conhecimento e paixão por seu assunto, e uma discussão inteligente, especialmente uma que os recompense com algumas informações em troca, será muito bem recebida. Os detalhes de contato podem ser encontrados por busca direta na internet ou no LinkedIn.

A INTERNET

Acessar informações pela internet é a alternativa moderna a passar horas dentro de bibliotecas. Para pesquisadores de marketing, a internet tem duas importantes fontes de informação: os sites criados por empresas, organizações e indivíduos para promover seus produtos, serviços ou opiniões, e grupos de usuários formados por pessoas que tenham interesse em algum assunto em particular.

Estima-se que a World Wide Web tenha 5 bilhões de páginas de informação indexada acessível. O problema não é o volume da informação, mas encontrar aquele minúsculo fragmento de que você precisa nesse oceano de dados. Felizmente para os pesquisadores, a tecnologia dos motores de busca tem evoluído a grandes saltos, e uma sequência adequada de palavras num motor de busca como Google, Bing ou Yahoo! geralmente entrega milhares de *hits*. Isso também é um problema para o pesquisador, porque quem é que lê essas listas além da página três? Embora o Google predomine como motor de busca na maioria dos países do mundo Ocidental, ele não desfruta desse domínio na China, onde o Baidu é o líder, ou na Rússia, onde o maior motor de busca é o Yandex.

Motores de busca utilizam programas baseados num *spider* ou rastreador, que procura palavras-chave ou determinada sequência de palavras em bilhões de páginas. Os resultados são copiados num imenso banco de dados (um índice ou lista de informações) e o que nos é apresentado é um resumo dos conteúdos da busca em cada site, junto com um hiperlink, de onde um clique nos leva à referência. Motores de metabusca [*metasearch engines*] como Dogpile ou Excite usam vários motores de busca ao mesmo tempo, e então combinam os resultados de forma conveniente, como listas de referências em ordem descendente de adequação à requisição de busca.

Nesse imenso mar de informações pode ser difícil encontrar o que precisamos porque:

> Estamos usando a estratégia de busca errada – uma palavra diferente ou outro arranjo das palavras talvez forneça *hits* mais precisos.
> Estamos usando o motor de busca errado – mesmo os melhores motores de busca não cobrem todas as páginas da rede, portanto,

o fragmento vital que você procura talvez nunca seja encontrado. Outro motor de busca talvez produza um resultado diferente.

> Usamos a palavra errada – se você procurar "pneus" usando a grafia americana ("*tire*") perderá as referências a pneus na web reunidas segundo a grafia britânica, que é "*tyre*".

> A informação que procuramos pode não estar disponível na forma exata que esperaríamos encontrá-la. Uma busca para descobrir o volume de pneus comprados como equipamento original pela Ford pode não dar nenhum resultado, mas seria mais fácil derivar esse número encontrando primeiro o número de carros Ford produzidos por ano e então multiplicá-lo por cinco (um por roda mais o estepe).

Uma estratégia de busca com um arranjo adequado de palavras pode muito bem acertar no alvo e localizar a informação que está sendo procurada. Ao digitar no campo de busca, pode ser útil usar aspas para enquadrar a frase, de modo que "organização mundial da saúde" só forneça referências a essas três palavras combinadas. Sem as aspas, a maioria dos motores de busca procura cada uma dessas três palavras separadamente e fornece centenas de milhares de referências irrelevantes a "mundial", a "saúde" e a "organização". (Note que a internet não faz diferenciação entre maiúsculas e minúsculas.)

Como mencionamos antes neste capítulo, o pensamento lateral é um princípio importante da *desk research* quando se usa a internet (ver seção acima). Evite usar termos muito comuns (por exemplo, "internet" ou "pessoas"), já que isso levará a milhares de *hits* irrelevantes. Quando possível, use uma frase (entre aspas) ou um nome próprio para estreitar a busca e com isso resgatar um número menor de resultados ou de resultados mais relevantes. Se são gerados muitos resultados, é fácil refinar a sequência de palavras no campo de busca e realizar uma pesquisa avançada, ou simplesmente renovar a busca, já que pela grande velocidade dos motores de busca os novos resultados aparecerão na tela em fração de segundos.

Mesmo o mais experiente pesquisador aprenderá muito com os conselhos oferecidos em "Ajuda da Pesquisa do Google", onde o Google dá dicas e orientações de *experts* para ajudar a melhorar as buscas na internet.

Desk research ou pesquisa secundária

Por exemplo, nós pesquisadores costumamos ter interesse em dados que podem ser encontrados em planilhas Excel. Vamos dizer que estamos procurando estatísticas sobre emprego no setor da construção civil. Podemos limitar nossa busca e torná-la mais útil usando a palavra *filetype* seguida pelo tipo de arquivo. Neste caso, filetype:xls + "emprego na construção civil" produziria apenas um pequeno número de *hits*, mas cada um deles teria uma planilha Excel contendo as estatísticas de emprego na construção civil.

Do mesmo modo, se estamos fazendo um estudo sobre o futuro do setor automotivo e acreditamos que talvez haja uma boa apresentação em PowerPoint sobre o assunto, podemos tentar restringir nossa busca usando filetype:ppt + "futuro do setor automotivo". Isso também vale para a palavra *filetype* seguida por :doc, :pdf, que irá coletar apenas arquivos que tenham um documento do Word ou um PDF.

Com maior frequência, a busca iniciará uma trilha que segue os links entre sites relacionados. O pesquisador deve aprender a surfar de um site a outro, marcando as páginas que forem úteis para download ou copiando-as para um arquivo de trabalho. Aqui vale a pena enfatizar que uma regra crucial da *desk research* é sempre anotar a referência dos dados. Referenciar os dados permite que a credibilidade deles seja avaliada e facilita o reexame.

RELATÓRIOS DE PESQUISA DE MARKETING ON-LINE

Muitas empresas produzem relatórios sobre uma série de produtos e mercados que são disponibilizados para compra. Esses relatórios multiclientes podem constituir uma introdução útil e barata a um assunto.

Os sumários desses relatórios multiclientes são disponibilizados de graça e há muitas sinopses, e tudo isso pode ser suficiente para quem procura apenas uma visão geral. Os preços para esses relatórios comprados e fontes similares variam de taxas simbólicas a níveis comparáveis ao de encomendar uma pesquisa *ad hoc*. A maioria fica entre 500 e 5 mil dólares. Uma boa fonte de pesquisa de marketing, que oferece relatórios integrais ou parciais, é www.marketresearch.com, que dá acesso a uma coleção de 400 mil relatórios de pesquisas de marketing, de mais de 350 editoras do mundo todo.

Material como resumos, estatísticas e grandes diretórios encontram-se cada vez mais disponíveis em sites, se bem que para um mergulho mais profundo você talvez tenha que pagar uma taxa (por exemplo, a Society of Motor Manufacturers and Traders, SMMT, oferece um download de fatos atualizados da indústria de motores no Reino Unido).

A Mintel fornece relatórios sobre uma gama de bens de consumo rápido [*fast-moving consumer goods*, FMCG], serviços financeiros, mídia, varejo, lazer e educação. Esta empresa publica centenas de títulos de relatórios cobrindo Reino Unido, Europa, Estados Unidos e mercados de consumo internacionais.

A IMPRENSA

As várias modalidades de imprensa – geral, empresarial e comercial –, são fontes importantes para a *desk research*. Além de "notícias", essas fontes trazem muito material de apoio, como suplementos especiais sobre setores e mercados. No passado, pesquisadores dependiam de serviços de *clipping* ou monitoramento de notícias, realizados por bibliotecas e agências de arquivo, mas hoje o trabalho foi facilitado por recursos de busca on-line de alguns sites de jornais. Um dos meus favoritos é o do *Financial Times*, que tem um arquivo disponível a todo mundo para buscas simples e para buscas profundas num arquivo mais amplo, mediante pagamento de uma taxa.

DADOS DE EMPRESAS

Pesquisadores precisam de dados de empresas para fazer o *benchmarking* [análise comparativa] da concorrência, atender fornecedores e construir perfis de clientes e potenciais clientes. Há apenas alguns anos, a literatura sobre uma empresa era um dos pilares da pesquisa de produtos. Hoje, os sites das empresas estão cheios de informações úteis. Eles trazem fotos dos produtos, listas dos distribuidores, folhas de dados, histórias sobre a empresa, *press releases* e às vezes dados financeiros. A informação quase sempre é mais extensa e atualizada que a do material impresso, e disponível na hora. Uma solicitação de

Desk research ou pesquisa secundária

informações sobre um concorrente poderia ser reunida num par de horas e conter uma quantidade impressionante de material.

A Securities and Exchange Commission (SEC) americana exige de todas as empresas públicas dos Estados Unidos (exceto as estrangeiras e empresas com menos de 10 milhões de dólares em ativos e 500 acionistas) que entreguem declaração de registro, relatórios periódicos e outros formulários eletronicamente, e qualquer pessoa pode acessar e baixar essas informações de graça de seu banco de dados Edgar em www.sec.gov. É possível realizar buscas referentes a empresas individuais ou àquelas dentro da Classificação Industrial Padrão [*Standard Industrial Classification*, SIC]. O banco de dados permite acesso a todos os relatórios que foram entregues, incluindo os mais úteis relatórios financeiros 10-K e relatórios da diretoria.

As informações financeiras de empresas estão disponíveis no Reino Unido em Companies House (www.companieshouse.gov.uk). O site da Companies House oferece um índice rastreável que dá acesso a informações sobre 4,3 milhões de empresas. Destas, cerca de 5.500 são empresas de capital aberto (PLCs), que emitem ações, e entre as PLCs cerca de 2.600 estão na Bolsa. Empresas menores entregam ao arquivo apenas informações limitadas, e isso pode reduzir o valor das contas da empresa em nichos de mercado.

Dados financeiros podem ser acessados também por meio de sites especializados como DueDil no Reino Unido e Hoovers ao redor do mundo.

ESTATÍSTICAS GOVERNAMENTAIS

Na maioria dos projetos, o *desk researcher* vai procurar dados estatísticos confiáveis, e cedo ou tarde isso levará a uma fonte governamental. Elas cobrem a maior parte das áreas de negócios e de vida social.

Uma visita ao site do Departamento de Comércio dos EUA em www.commerce.gov oferece uma vasta fonte de informações, estatísticas dos diversos setores, análises econômicas, dados demográficos e publicações sobre pesquisas. Tem um bom motor de busca para ajudar a navegar por este site de grande porte.

As Nações Unidas têm uma boa divisão de estatística e vários bancos de dados que podem ser acessados gratuitamente. Um dos serviços oferecidos na internet pela United Nations Commodity Trade Statistics é o chamado UN Comtrade (http://comtrade.un.org/), que fornece estatísticas sobre importações e exportações de países do mundo inteiro. (Há uma taxa para alguns aprofundamentos mais detalhados.)

A Organização para a Cooperação e Desenvolvimento Econômico (OCDE) tem um Departamento de Estatística (http://stats.oecd.org) que permite aos usuários pesquisar e extrair dados de vários bancos de dados mostrando o produto interno bruto (PIB), estatísticas sobre mercado de trabalho, indicadores econômicos e afins.

Na União Europeia, o Eurostat é o órgão responsável pelas estatísticas (http://ec.europa.eu/eurostat/).

No Reino Unido, o site da National Statistics (www.gov.uk/search/research-and-statistics) contém uma gama de estatísticas oficiais do Reino Unido que podem ser acessadas e baixadas de graça. O site permite buscas por temas como agricultura/pesca/silvicultura, comércio, energia, indústria, educação, crime e justiça, mercado de trabalho e população.

Uma das pedras angulares de qualquer serviço de estatística governamental, e uma grande fonte de dados para pesquisadores de mercado, é o Censo Populacional. O Census Bureau dos EUA (www.census.gov) tem um site cobrindo todos os aspectos da população, incluindo todos os principais dados demográficos, como idade, nível de instrução, profissão, posse e uso de computador, e renda (para listar apenas alguns itens). Profissionais de marketing usam os dados do censo para segmentação por demografia e para planejamento de *surveys* (por exemplo, definindo cotas de amostras). O censo é também a base de sistemas de análise demográfica.

ENTIDADES DO COMÉRCIO E DA INDÚSTRIA

Quase toda atividade comercial e profissional, não importa o quanto seja obscura, tem alguma entidade coletiva de representação de seus interesses (e com frequência publicações sobre o seu setor). Para atender às necessidades de seus membros, e para propósitos de Relações Públicas, a maioria dessas entidades disponibiliza (às vezes apenas a

Desk research ou pesquisa secundária

seus membros) considerável volume de informações sobre seu setor. O grau de organização e sofisticação dessas entidades e o volume de informação que oferecem varia enormemente.

Existem no mundo várias centenas de grupos setoriais comerciais e profissionais. Com muita frequência, a abordagem mais fácil é procurar uma associação comercial específica numa região, usando um motor de busca como o Google. Por exemplo, um estudo sobre o mercado automotivo chinês poderia começar com uma visita à associação que representa os fabricantes automotivos chineses. Isso é rapidamente acessado no Google (China Association of Automobile Manufacturers – www.caam.org.cn/english/), onde há estatísticas atualizadas sobre a produção de carros e motos.

DIRETÓRIOS E LISTAS

Como pesquisadores de mercado, gastamos muito tempo com a elaboração de questionários, e todo um capítulo deste livro é dedicado a isso. No entanto, resolver quem deve ser entrevistado e certificar-se de que a pessoa certa é aquela que está sendo entrevistada é algo às vezes negligenciado ou no mínimo não recebe suficiente atenção.

Num *survey* de mercado com consumidores essa tarefa pode ser concluída fazendo perguntas que promovam uma triagem por meio de um questionário on-line. A escolha da empresa de painéis também terá forte influência em conseguir as pessoas certas para entrevistas.

Ainda há grande número de *surveys* que exigem a preparação de listas de respondentes. Um *survey* ao consumidor costuma depender de uma lista de consumidores fornecida pelo patrocinador da pesquisa. Em muitos *surveys business-to-business* é necessário encontrar respondentes-alvo usando diretórios ou fornecedores especializados de listas. Gastar um tempo certificando-se de que a lista é boa agiliza o *survey*, poupa custos e garante que a pessoa certa seja entrevistada. Um pesquisador de marketing, portanto, precisa estar perfeitamente familiarizado com todas as possíveis fontes de listas.

Diretórios gerais são o feijão com o arroz dos pesquisadores de mercado. Eles contêm detalhes sobre companhias que ou fornecem ou consomem bens e que são a fonte usual para preparar estruturas de amostras (listas de empresas ou pessoas a serem entrevistadas). Os diretórios também podem fornecer um perfil de uma empresa, detalhar seu porte especificando o número de funcionários, ou esclarecer se se trata de um agente ou de um produtor.

Um dos diretórios gerais mais abrangentes são as Páginas Amarelas (www.yellowpages.com nos Estados Unidos e www.yell.com no Reino Unido), porque toda empresa que tenha um número de telefone pode constar nele gratuitamente. Esses diretórios constituem a mais abrangente lista de pequenas e médias empresas (SMEs). As listas de empresas constantes das Páginas Amarelas podem ser compradas por taxas relativamente baratas na Experian (www.experian.com/). As listas podem ser encomendadas em cópias físicas ou digitais, e filtradas pela Standard Industrial Classification, por tamanho da empresa (número de funcionários) e por região geográfica.

Outros diretórios gerais que incluem empresas de porte maior que as das Páginas Amarelas são o Kompass e o Hoovers. Os recursos on-line desses diretórios permitem que as entradas sejam extraídas usando filtros como localização, porte da empresa e setor de especialização. Os diretórios podem ser extremamente úteis para realizar cálculos de quantas empresas de uma determinada classificação existem dentro do país. A busca é feita normalmente no site sem cobrança de taxa. Estas são cobradas quando os dados sobre uma empresa são baixados. Além destas fontes gerais, a maior parte dos setores tem os próprios diretórios especializados, que podem conter uma lista melhor de fornecedores e compradores.

Se montar listas a partir de fontes de diretórios parecer oneroso demais, a tarefa pode ser confiada a uma empresa especializada como a Dynata, que é capaz de fornecer listas da maioria dos tipos de pessoas e empresas em várias partes do mundo (www.dynata.com).

A GAMA DE INFORMAÇÕES DISPONÍVEIS A PARTIR DA *DESK RESEARCH*

Fontes como as mencionadas acima podem ser usadas para obter dados sobre a grande maioria dos assuntos prováveis de serem cobertos por projetos de pesquisa de marketing. Entre eles estão os mencionados a seguir.

O ambiente de marketing

Mercados não existem isoladamente e são moldados por fatores ambientais como o estado da economia em geral, tendências demográficas, o *framework* da legislação e fatores sociais variados. Uma compreensão desses fatores externos provavelmente fará parte de qualquer análise exaustiva de um mercado. O ambiente de marketing geralmente é bem documentado, e a *desk research* (em vez da pesquisa primária) é a única fonte prática disponível. A economia, a demografia e as variáveis sociais chave são todas bem cobertas por serviços de estatísticas do governo e pelas muitas publicações que eles produzem. Outras fontes nesta área são os relatórios especiais (do governo e privados) e comentários da imprensa.

Estrutura e tamanho do mercado

A estrutura da maioria dos mercados de negócios e industriais pode ser plenamente analisada por meio de *desk research*. Entre as fontes estão a mídia geral e a comercial, diretórios, dados financeiros de empresas, relatórios publicados, dados de associações comerciais e estatísticas governamentais. Já mencionei as ricas fontes que são os sites de estatísticas do governo dos Estados Unidos (Departamento do Comércio) e Europa (por exemplo, Eurostat, a National Statistics do Reino Unido, a DeStatis da Alemanha). Estatísticas governamentais fornecem séries temporais de dados que são a base para análises históricas e de tendências futuras.

Essas fontes podem não fornecer estimativas do tamanho de um mercado da categoria específica de interesse, mas, com engenhosidade, costuma ser possível derivar aproximações a partir de uma análise de cima para baixo (fazer estimativas a partir de uma classificação mais ampla que inclua aquela que interessa) ou estimativas de baixo para cima (agregando subclassificações). A habilidade exigida nesse tipo de trabalho é saber reunir fragmentos de dados díspares de fontes separadas. Por exemplo, se um pesquisador tem uma ideia razoável do tamanho do mercado de um país, pode ser viável fazer estimativas para outros países relacionando o tamanho de mercado conhecido a estatísticas prontamente disponíveis sobre população, produto interno bruto (PIB) ou alguma outra variável que indique o tamanho relativo do mercado, como a produção de eletricidade – um tipo de dado amplamente disponível para quase todas as nações do mundo.

Fornecedores e marcas

Dados sobre fornecedores e marcas podem ser vistos como uma extensão do tipo de análise de estrutura de mercado considerada acima e incluir perfis de grandes fornecedores e suas marcas, métodos de marketing e táticas de propaganda, e fatores que propiciam sucesso. Sites de empresas são uma primeira fonte óbvia a ser examinada ao pesquisar fornecedores e suas marcas. A imprensa também (incluindo revistas comerciais), bem como diretórios, relatos sobre empresas e relatórios publicados. Literatura de propaganda e comercial (especialmente em mercados técnicos) costuma ser coletada de graça e pode somar-se à informação obtida de sites. Uma área importante de informação que geralmente tem ficado fora do escopo da *desk research* refere-se às atitudes dos consumidores e à sua satisfação em relação a fornecedores. Em geral, tais dados só podem ser obtidos por meio de pesquisa primária, embora em alguns setores haja relatórios publicados que podem conter dados relevantes.

Distribuição e varejo

O varejo é um dos maiores setores da atividade econômica e, como seria de esperar, está bem atendido por várias fontes on-line. A Mintel produz relatórios abrangentes de pesquisa de marketing sobre varejo e vestuário. A Forrester produz um relatório anual sobre *The State of Retailing Online* [Panorama do Varejo On-line] e uma série de artigos sobre varejo on-line. Grandes grupos de consultoria como Deloitte e KPMG publicam relatórios anuais sobre o setor de varejo. Quase todo site de estatísticas governamentais tem muitos dados sobre varejo de seu respectivo país.

Na maioria dos setores, distribuidores têm importante papel ao fornecerem meios econômicos para suprir e atender pequenas contas (e às vezes não tão pequenas). As estruturas de distribuição podem variar consideravelmente e algumas têm várias camadas, que vão desde importadoras aos principais distribuidores e comerciantes locais. As fontes que fornecem uma análise dessas estruturas são basicamente as mesmas que as de empresas e mercados em geral.

Produtos

A *desk research* pode prover informação detalhada sobre produtos. Os sites são a primeira escala, já que costumam fornecer ilustrações e especificações de produtos que podem ser capturadas e baixadas. Publicações de negócios em alguns mercados comparam produtos de fornecedores alternativos. A Amazon e varejistas on-line são outra fonte de detalhes de produtos e de preços. A literatura sobre produtos costuma ser particularmente importante em mercados técnicos e é uma fonte valiosa para analisar características de produtos.

Visitas a exposições e feiras comerciais para coletar literatura são um exemplo de *desk research* "à mão", que pode ser usada antes de passar à pesquisa primária. Informações sobre preços também estão disponíveis nas fontes que acabamos de mencionar, embora a diferença entre as listas de preços e o que é realmente pago possa reduzir o valor dessas informações.

A *desk research* não costuma ser encarada como tendo algum papel na avaliação de novos produtos, e certamente a reação do consumidor a um novo produto precisa ser estabelecida por meio de pesquisa primária. No entanto, o destino de outros novos lançamentos pode prover informações muito úteis e ser acessada consultando a mídia comercial e outras fontes.

PLANEJANDO, REGISTRANDO E AVALIANDO A *DESK RESEARCH*

É necessário um plano para que a busca de dados publicados seja eficiente. Um plano por escrito ajuda a *desk research*, quer se utilize uma biblioteca ou fontes on-line. Antes de iniciar a sessão, você deve especificar a informação procurada com algum detalhamento, embora também seja necessário ter flexibilidade e um pouco de engenhosidade (por exemplo, procurar dados relevantes sob classificações mais amplas ou mais definidas e fazer conexões usando criatividade).

O plano de *desk research* deve incluir também um cronograma. Quanto tempo você irá gastar na parte de *desk research* de um projeto? Isto vai depender da amplitude das informações procuradas, do tipo de dados e dos recursos que serão utilizados. Difícil generalizar, mas o que podemos dizer é que cabe falar em retornos decrescentes e após um tempo relativamente curto a informação adicional que é obtida cai em proporção ao tempo gasto procurando. Dois ou três dias de concentração focada num assunto devem render uma boa quantidade do que quer que possa ser encontrado.

Depois de localizados, os dados precisam ser baixados para arquivos. Deve-se sempre registrar a fonte de quaisquer dados, para que sua precisão possa ser não só avaliada mas, se necessário, revista. Em projetos longos e em trabalhos repetidos, isso irá fornecer atalhos úteis para as fontes mais valiosas e assegurar que os mesmos becos sem saída sejam evitados.

As informações precisam ser não só coletadas, mas também avaliadas. Em parte, trata-se de fazer julgamentos para sua validação. É comum sermos enganados por acreditar em informações que estão publicadas. Depois que a informação está ali, preto no branco, passamos a supor que deve ser correta. O *desk researcher* experiente aprende que valores sobre tamanho do mercado que são publicados precisam ser verificados usando duas ou três fontes, e com frequência constatam-se sérias anomalias.

A maior parte dos dados secundários acessados por meio de *desk research* foram gerados originalmente por pesquisa primária. A validação meticulosa requer voltar à fonte e compreender a metodologia utilizada: o valor do tamanho do mercado baseou-se em algum tipo de censo, em um *survey* sobre uma amostra, em alguma fórmula primária usando uma proporção, ou apenas em alguma evidência episódica? Sempre que possível, devem ser comparadas duas ou mais fontes para o mesmo dado. Mas também é preciso manter um certo senso de proporção. Não é possível validar todos os dados minuciosamente e tampouco é necessário fazê-lo – como mencionado antes, pesquisadores de mercado podem trabalhar dentro de faixas bastante amplas de precisão para propósitos práticos.

Desk research ou pesquisa secundária

Além de validar as informações, a avaliação também envolve integrá-las num todo que faça sentido. Procurar vínculos e padrões pode e deve ser parte do processo de *desk research*, com o material inicial frequentemente apontando para outras fontes e assuntos. Por isso o planejamento é necessário na *desk research*, e a flexibilidade também deve ser mantida. Análises e integrações subsequentes de dados serão facilitadas por uma boa anotação e manutenção de registros quando o material estiver sendo coletado, e, se for volumoso, por um arquivamento razoavelmente organizado.

WEB SCRAPING OU "RASPAGEM" DE DADOS

Neste capítulo, partimos da suposição de que o pesquisador muitas vezes estará sentado em sua mesa usando a internet. Com muita frequência, irá concebendo estratégias e entrando num motor de busca que gera um imenso número de referências, cada uma com um site associado que pode conter informações úteis. É uma tarefa tediosa ficar clicando em cada link e procurando algum dado adequado. Além disso, o foco provavelmente estará nas primeiras poucas listas e raramente a partir da segunda ou terceira página.

Esta tarefa pode ser automatizada. A expressão *web scraping* refere-se hoje a extrair dados de sites usando software especializado que lança um *bot* [robô] ou rastreador de web. O *bot* é programado para encontrar uma página apropriada e extrair dela dados, imagens ou conteúdo, que é copiado em forma utilizável para análise. Um número crescente de sites vem resistindo a permitir a extração de dados por *bots*. Para permitir acesso e a extração de dados, estes sites exigem que a pessoa mostre que não é um robô, o que ela faz indicando que consegue reconhecer diferentes imagens. Isso não detém o processo de *web scraping*, que encontra várias aplicações em *desk research*:

SENTIMENTOS DO CLIENTE: as mídias sociais e os blogs contêm muito material não estruturado que pode, com uma análise correta, prover *insights* sobre o sentimento do cliente. Por exemplo, o número de vezes que uma marca é mencionada de modo positivo ou negativo pode ser uma ferramenta de rastreamento instantânea e barata. A análise do texto pode ser levada a efeito por uma simples contagem de palavras-chave ou usando um dos vários softwares especializados em análise de texto, que estão se tornando cada vez mais sofisticados.

TENDÊNCIAS DE MERCADO: o *web scraping* pode capturar notícias, reuni-las e oferecer *insights* a respeito de tendências de mercado.

ANÁLISE DA CONCORRÊNCIA: concorrentes podem ser mencionados em diferentes lugares na internet. O *web scraping* reúne informações financeiras, sobre produto e outros dados dos concorrentes. Do mesmo modo que ocorre com a pesquisa de preços, pode ser repetida com frequência para detectar mudanças.

MONITORAMENTO DOS PREÇOS DA CONCORRÊNCIA: os preços mudam o tempo todo e observar manualmente as mudanças muitas vezes é impossível. O *web scraping* automatiza o processo e pode ser repetido rapidamente e quantas vezes for necessário.

DESCRIÇÕES DE PRODUTOS: pesquisadores de mercado podem querer examinar as especificações de diferentes produtos de uma variedade de fabricantes. O *web scraping* captura imagens e descrições de produtos e monitora mudanças nos produtos quando ocorrem.

GERAÇÃO DE *LEADS*: detalhes de contatos ou indivíduos com frequência estão na internet e, portanto, são de domínio público. O *web scraping* pode encontrar esses detalhes e reuni-los numa base de dados.

DICAS IMPORTANTES

- Use a *desk research* antes de encomendar a pesquisa primária para ver se a informação que procura já está disponível, e para ficar a par do assunto.
- Familiarize-se com uma dúzia de sites que tenham boas informações para a sua organização ou setor.
- Especialize-se em saber onde achar dados sobre empresas. Aprenda onde obter as melhores listas de potenciais clientes, fornecedores e concorrentes.

- Não confie apenas na internet para *desk research*. Uma conversa com um *expert* do setor pode poupar tempo e render informações que não estão na rede.
- Aprenda a ser criativo em sua *desk research*, admitindo que talvez precise de duas ou três informações a fim de poder responder a uma pergunta. Não tenha expectativa de que a resposta lhe será entregue de bandeja.
- Seja organizado e sistemático em sua *desk research*, anotando a fonte de onde encontrou os dados úteis.

LIMITAÇÕES DA *DESK RESEARCH*

A *desk research* pode ser muito frutífera. No entanto, tem suas limitações e pode fornecer apenas parte das informações procuradas num projeto. Como sugerido, quando se exige uma combinação de *desk research* e pesquisa primária, sempre é vantajoso realizar a *desk research* primeiro e depois preencher as lacunas por meio de entrevistas. Assim, as fontes primárias, mais caras, são usadas apenas quando se mostram essenciais.

Uma das limitações da *desk research* é sua imprevisibilidade. Pelo menos para o novato ou quando a área do assunto não é familiar, não há como ter certeza de que a *desk research* possa render frutos e que tipo de lacunas irão persistir. Por essa razão, a *desk research* costuma ser uma tarefa feita internamente por um pesquisador *in-house*. Na pior das hipóteses, uma *desk research* curta terá um custo pequeno, e pode poupar um trabalho de campo muito mais oneroso. Ao contrário do que ocorre com uma empresa de pesquisa de marketing, um pesquisador trabalhando no esquema "faça você mesmo" pode não gerar maiores consequências caso tenha pouco a mostrar neste estágio de *desk research*.

Algumas informações em princípio não estão disponíveis a partir de uma *desk research*, e com alguma experiência pode-se perceber isso de antemão. Em geral, nesse caso estão envolvidos dados atitudinais, como opinião a respeito do serviço de uma empresa, atitudes em relação a novos produtos ou visões sobre anúncios específicos.

RESUMO

Sempre houve volumes de dados disponíveis a pesquisadores de mercado via dados secundários (que já estão em domínio público). A internet expandiu consideravelmente as fontes e a facilidade de acesso a dados. Há muitos sites que são ricas fontes de dados para pesquisadores de mercado, e entidades de estatísticas governamentais ou associações comerciais costumam ter esses dados. Uma rápida busca pela internet irá mostrar se existe um relatório publicado sobre determinado assunto, geralmente junto com uma sinopse que pode dar suficiente informação para uma rápida avaliação de um mercado.

Além de se familiarizar com alguns sites favoritos, o pesquisador de marketing deve desenvolver estratégias que liberem informações úteis.

A *desk research* é uma ferramenta excelente para juntar cenários de um ambiente de marketing – mostrar o tamanho do mercado, fornecedores, produtos que eles fabricam e as tendências do mercado. Também é uma rica fonte de dados sobre empresas e, portanto, útil para traçar perfis de clientes e concorrentes.

Com frequência o pesquisador de mercado precisa juntar informações díspares obtidas pela *desk research* para oferecer um cenário de um mercado. Isso requer talento em realizar as buscas assim como pensamento lateral – isto é, decifrar de que modo uma informação pode ajudar a fornecer uma resposta exigida por outra.

A internet revolucionou a *desk research*. No entanto, o pesquisador de marketing deve lembrar que é possível encontrar fontes valiosas de dados secundários também em bibliotecas convencionais, em associações comerciais e com *experts* dos setores.

CAPÍTULO 6

GRUPOS DE FOCO

O GRUPO DE FOCO

O grupo de foco é uma ferramenta de pesquisa usada para coletar dados por meio da interação de um grupo a respeito de um tópico. Essencialmente, é uma experiência de grupo que compreende um número reduzido de pessoas cuidadosamente selecionadas, que são recrutadas para discutir um assunto com base em sua experiência compartilhada.

Grupos de foco têm quatro características-chave:

➤ Envolvem as pessoas ativamente.
➤ As pessoas que participam do grupo têm uma experiência ou interesse em comum.
➤ Eles fornecem dados qualitativos em profundidade.
➤ A discussão é focada para nos ajudar a compreender o que está acontecendo.

Grupos de foco tradicionalmente são realizados num ambiente presencial, com todos os participantes reunidos num local por certo período de tempo para discutir o tópico da pesquisa. No entanto, avanços tecnológicos possibilitaram reunir grupos on-line, vencendo a barreira que exigia que os participantes fossem de lugares próximos ao local do grupo de foco. Grupos on-line tendem a adotar um de dois estilos: o fórum de "conversa ao vivo" ou um grupo do tipo *bulletin board* [mural de mensagens], que tende a permanecer por vários dias, mas não requer que os participantes fiquem logados o período todo.

AS PESSOAS QUE COMPÕEM UM GRUPO DE FOCO

Grupos de foco típicos são compostos por cinco a dez pessoas. O grupo precisa ser pequeno o suficiente para permitir que cada um tenha a oportunidade de compartilhar *insights*, mas também grande o suficiente para permitir interação de grupo e diversidade de experiências. Grupos presenciais maiores inibem a discussão, pois alguns participantes ficam com receio de expor suas opiniões, ao passo que grupos pequenos demais restringem seu conjunto de ideias. Os grupos on-line estilo mural de mensagens permitem abrigar maior número de participantes.

Experiências e interesses comuns

Os participantes de um grupo de foco têm certo grau de homogeneidade, e isso é importante para o pesquisador. Essa similaridade é básica para o recrutamento, e na realidade há requisitos específicos para participar do grupo.

É comum que pesquisadores e clientes se juntem para definir os critérios que definirão a escolha dos indivíduos para as discussões do grupo de foco. Por exemplo, um grupo de foco que examine as atitudes das pessoas em relação a sites quase com certeza exige que elas tenham acesso à internet e façam uso dela regularmente.

Profundidade da informação

Grupos de foco fornecem dados qualitativos ricos em palavras e descrições, mais do que em número. O grupo constitui um fórum de discussão, e o moderador (o pesquisador que conduz o grupo) usa suas aptidões para dar bom andamento à discussão, a fim de revelar ideias, atitudes e experiências. Um grupo de foco é mais que uma entrevista em grupo. O ponto central é a interação dos seus membros

Os grupos on-line podem ser tão frutíferos em seus resultados quanto os presenciais. A contagem de palavras num grupo de discussão on-line pode facilmente chegar a 10 mil, isto é, um nível equivalente ao de uma discussão em grupo presencial e provavelmente com foco maior no assunto (as pessoas tendem a ser menos prolixas e exageradas quando escrevem do que quando se expressam falando). Portanto, a profundidade dos *insights* de um grupo de foco on-line é muito boa, embora seja inevitável que haja menos espontaneidade do que no presencial. Além disso, é impossível acompanhar a interação das pessoas num grupo de foco on-line.

O tópico de discussão

As perguntas num grupo de foco são cuidadosamente projetadas para fazer aflorar as visões dos participantes. Antes do encontro do grupo, prepara-se um roteiro de discussão, que o moderador usa como auxílio à memória do que deve ser abordado. Uma elaboração cuidadosa do roteiro garante um fluxo lógico de conversação em torno da área do tópico tratado e dá um foco claro à discussão.

O roteiro de tópicos reflete a maneira como os grupos operam. Os grupos sempre começam com uma introdução do moderador, explicando o propósito do encontro e o que podemos esperar que aconteça. As pessoas são incentivadas a falar o que pensam, mas devem procurar não falar ao mesmo tempo, para que a gravação capte bem os comentários de cada um. Solicita-se então que os participantes se apresentem e talvez digam umas poucas palavras sobre sua experiência com o assunto em pauta. Isso serve para que as pessoas falem um pouco e se sintam confortáveis o suficiente para expor suas opiniões e experiências conforme a discussão progredir. O moderador faz perguntas e os membros do grupo são encorajados a comentar, debater e ajustar suas visões de modo que o assunto seja coberto por todos os ângulos, e os pontos de divergência sejam reconciliados o quanto possível.

Nos grupos on-line é preciso ser mais prescritivo quanto às perguntas feitas. O número de questões postadas é menor em grupos estilo mural de mensagens e em cada sessão diária normalmente são cobertas no máximo 15 perguntas. O grupo on-line estilo mural pode ter número maior de participantes (acomoda até 30) e mini *surveys* rápidos são usados para gerar debate, além das perguntas postadas.

QUANDO USAR GRUPOS DE FOCO

Grupos de foco servem para identificar e explorar comportamentos, atitudes e processos. Sua melhor utilização é para lançar luz com perguntas do tipo "por quê?", "o quê?" e "como?". Podem ser usados de três maneiras na elaboração da pesquisa:

- Como método único: quando os grupos de foco são o único método de coleta de dados e constituem a principal fonte de dados.
- Como complemento de um *survey*: quando os grupos de foco buscam refinar outros meios de coletar dados. Tipicamente, são um precursor de um estágio quantitativo – definem as questões a serem cobertas na entrevista estruturada e fornecem *insights* sobre os problemas ou oportunidades pesquisados.
- Como parte de um design multimétodos: em estudos que utilizam várias fontes de coleta de dados e não há um método que determine qual será o uso dos outros.

Quando os grupos de foco constituem a única fonte de dados, os objetivos são exploratórios e diagnósticos (qual é o problema, como pode ser resolvido, como o mercado irá reagir?). Quando se procura ter também uma noção do número de pessoas que pensam ou se comportam de uma determinada maneira ou de outra, há a exigência de um design multimétodo, com um estágio quantitativo posterior.

Grupos de foco são especialmente úteis para pesquisar novos produtos, testar novos conceitos ou determinar "O que aconteceria se...?". Eles funcionam porque os participantes podem considerar os pontos levantados pelos demais membros e, conforme pensam nas implicações das questões levantadas, surgem ideias adicionais que não teriam sido tratadas numa entrevista individual. Essa interação cria uma "dinâmica", como se oito ou nove cérebros separados estivessem conectados e as ideias transitassem entre eles, indo e voltando, de maneira fluente e com as questões sendo desafiadas até se alcançar um consenso.

As aplicações típicas de grupos de foco são:

- decompor processos complexos a partir de elementos básicos, por exemplo, um processo de compra complicado;
- identificar necessidades de clientes, isto é, onde houver uma interação complexa de fatores;
- identificar como os produtos são usados;
- testar novos produtos, isto é, quando algo precisa ser mostrado às pessoas;
- explorar um conceito, talvez com estímulos adicionais para que as pessoas possam visualizar como funcionaria;
- explorar e identificar questões de satisfação (ou insatisfação) em clientes, funcionários ou fornecedores;
- explorar percepções de marca e elementos de serviços associados à marca.

A decisão de montar grupos de foco ou entrevistas individuais em profundidade baseia-se em vários fatores. Os grupos de foco nem sempre são viáveis, e dentro da comunidade de negócios deve-se aceitar que a localização às vezes impede juntar os participantes. Por isso, entrevistas em profundidade são e permanecerão sendo (até que múltiplos vínculos verbais/visuais se tornem factíveis) a técnica de pesquisa qualitativa mais amplamente usada.

Em geral, os grupos de foco não são a opção preferida quando:

- há exigência de medir o porte e a distribuição;
- a amostra de base é dispersa e pequena;
- há necessidade de proteger os participantes de um possível viés introduzido pelos outros;
- o tópico é sensível, por exemplo, exigindo a revelação de problemas delicados que podem ser embaraçosos de abordar na presença dos outros;
- os participantes precisam poder mostrar ao pesquisador algo em sua casa ou em seu negócio.

ÁREAS DE CONSIDERAÇÃO ESPECIAL

O maior problema potencial de grupos de foco é o viés que pode ocorrer pelo fato de haver um pequeno número de pessoas participando, ou que seja decorrente de sua interação e do assunto da discussão. Esses aspectos podem não criar problemas se forem considerados de antemão.

Cultura

Em muitas culturas, particularmente nos países ocidentais, as pessoas têm menos dificuldade de compartilhar suas visões com os outros e de se envolver em debates, mesmo quando têm visões que divergem das outras pessoas do grupo. O Ocidente tem uma cultura de livre-expressão, portanto, uma discussão em grupo acontece naturalmente. Mas não é algo que possa ser considerado assim em todas as culturas. Em muitos países asiáticos é visto como grosseria e como inadequado fazer críticas abertas a produtos, serviços e fornecedores. A reação natural é ser educado e apresentar sempre uma visão que seja a esperada. Também é mais difícil conseguir uma dinâmica de grupo entre participantes asiáticos, já que a cultura inclina a levar em consideração as visões de todos, e a ter deferência pela pessoa mais velha. Fomos lembrados dessas dificuldades num evento de um grupo de foco no Japão que explorava atitudes em relação ao uso de chuveiros. Já no final do grupo de foco a moderadora (uma mulher japonesa) saiu da sala para verificar com o cliente se havia mais alguns pontos que precisavam ser ainda desenvolvidos. Durante sua ausência da sala, por quase cinco minutos, os membros do grupo de foco não trocaram uma única palavra. Isso seria impensável em circunstâncias semelhantes num grupo de foco no Ocidente.

Quando o tópico do foco é um tema sensível

Grupos de foco são uma ferramenta excelente para as pessoas se abrirem e expressarem suas ideias. No entanto, há temas em que a sensibilidade do assunto pode ser um problema.

Há muitos aspectos relacionados com higiene pessoal, hábitos sexuais ou com a ida ao banheiro que as pessoas podem não querer discutir em grupo. Esses tópicos sensíveis, que podem ser embaraçosos para as pessoas, devem ser elaborados privadamente, num ambiente mais seguro, talvez até com o pesquisador distanciado do participante, como na utilização de questionários de autopreenchimento.

O efeito da hierarquia do grupo

Todo pesquisador precisa ser capaz de identificar os níveis de autoridade inerentes a uma situação de grupo. Em geral, se as pessoas sentem um nível de igualdade entre os membros e o moderador, é mais provável que se sintam à vontade para compartilhar suas visões num debate animado. Por exemplo, se você tem como tarefa pesquisar as necessidades das pessoas em relação ao uso de proteções auditivas no local de trabalho (plugues de ouvido e abafador de ruídos) e decidiu recorrer a grupos de foco, terá que pensar nas consequências de misturar no mesmo grupo trabalhadores de chão de fábrica, supervisores e compradores. Trabalhadores de chão de fábrica podem achar difícil discutir suas experiências diante dos supervisores, em particular se algumas de suas ações contrariam as normas da empresa. Portanto, ao planejar grupos de foco, é bom reunir tipos de participantes similares, pois isso facilita haver uma discussão mais aberta e sincera.

Dificuldades em revelar seu íntimo

Algumas pessoas têm mais dificuldade de se abrir do que outras. Podem ter dúvidas a respeito de si e falta de confiança para expressar suas visões. Quando ouvem outras pessoas bem articuladas e confiantes, podem se sentir ainda mais intimidadas em se expor. O moderador do grupo precisa ser sensível às diferenças entre os participantes e ajudar a minimizar essas resistências.

Por exemplo, instaladores de caldeiras de aquecimento central reunidos em grupos de foco podem revelar práticas que sejam consideradas abaixo do padrão ideal por outros membros do grupo, e isso às vezes faz um membro silenciar quanto às suas práticas no trabalho. Sentir-se intimidado por quem é mais hábil, ou tem maior conhecimento e mais autoconfiança, inibe às vezes alguns membros do grupo e produz uma visão distorcida das reais práticas de trabalho.

Adequação do moderador

O papel do moderador é crucial para o sucesso do grupo de foco. Um moderador habilidoso sabe usar suas aptidões sociais para deixar as pessoas à vontade e fazê-las se abrir. Em grupos presenciais a linguagem corporal do moderador ajuda nesse processo, e isso inclui sua apresentação pessoal. Na maior parte dos grupos de consumidores, o moderador veste-se bem e de modo casual, para criar uma sensação de informalidade profissional. Mas se o grupo de foco é de contadores ou pessoas do âmbito jurídico, talvez seja mais apropriado vestir terno.

A adequação entre o moderador e os participantes do grupo tem sido tema de várias pesquisas sobre como a credibilidade do moderador é avaliada pelos participantes do grupo e o quanto isso afeta sua dinâmica. O ponto principal é que o moderador precisa ser bem aceito pelos participantes e ser capaz de criar um ambiente "seguro", no qual estes se sintam à vontade e confiantes para expressar livremente seus pontos de vista.

A idade, gênero e experiência do moderador podem influir em alguns aspectos. Em geral, o ponto de vista do moderador é o de um pesquisador, não o de um *expert* no setor, e na maioria das vezes essa sua relativa distância do assunto é positiva. No entanto, em relação a alguns tópicos mais sensíveis, pode ser necessário adequar melhor o moderador aos participantes do grupo – por exemplo, colocar uma mulher como moderadora para discutir questões femininas, ou um moderador homem para um grupo de rapazes que tomem muita cerveja.

PLANEJAMENTO E RECRUTAMENTO DE GRUPOS

Um grupo é constituído normalmente por cinco a dez membros, embora não existam regras precisas quanto ao número ideal. Se houver mais de dez pessoas e cada uma colocar sua visão, no período de uma hora e meia cada membro do grupo, contando também as intervenções do moderador, contribuirá apenas com dez minutos de tempo de fala.

Grupos de foco com apenas cinco participantes podem ainda assim ser eficazes, já que mesmo com esse número reduzido há espaço para criar uma dinâmica e para que ocorra uma fertilização cruzada de ideias. Esses grupos pequenos (minigrupos) podem ser utilizados quando os respondentes são escassos e quando apesar disso ainda é exigido o efeito de *brainstorming* do grupo de foco.

Em grupos de foco on-line, o número de pessoas pode ser bem mais flexível. Os grupos on-line tipo mural de mensagens podem ter até 30 contribuidores, mas os grupos de conversas on-line ao vivo devem limitar-se a no máximo 10-12, que é mais ou menos o limite para grupos presenciais. O número de participantes pode restringir o quanto cada participante se sente engajado no grupo, e com certeza também limita o volume de produção de cada participante com as próprias contribuições, mas isso deve ser equilibrado em relação aos objetivos da pesquisa.

NÚMERO DE GRUPOS

Não há regras rígidas para decidir quantos grupos de foco são necessários para cobrir um assunto. Um grupo de foco apenas já pode dar a resposta correta, mas como ter certeza? Dois grupos de foco talvez esclareçam melhor, já que pode haver diferenças entre os dois e dúvidas quanto a qual deles está correto. Para ter uma ideia melhor e reduzir a possibilidade de uma resposta com viés, é aconselhável realizar três ou quatro grupos. Quando o número de grupos vai além de seis ou oito (com pessoas das mesmas características) fica difícil juntar os resultados e analisá-los.

Com grupos on-line, não é incomum introduzir um único grupo estilo mural de avisos ou mesmo uma série de grupos com certa distância no tempo e que tenham conteúdo que vai se desenvolvendo à medida que cada novo grupo é lançado.

LOCAIS DOS GRUPOS

O local para um grupo de foco só conta para grupos presenciais, e esses podem ser reunidos em ambientes diferentes. É comum usar centros projetados especialmente para permitir visualização tanto para grupos de consumidores quanto para grupos de negócios. Às vezes os grupos de negócios são reunidos em hotéis, em centros de convenções ou em feiras comerciais, quando esses locais se mostram mais viáveis.

Os locais devem ser escolhidos de modo a se adequarem aos participantes, e precisam atender às suas expectativas. Centros especializados oferecem várias vantagens. Têm instalações de boa qualidade para gravar áudio e vídeo dos procedimentos. Estão habituados a receber grupos e dispõem de antessalas onde os convocados podem se reunir antes de se acomodar. Não menos importante, contam com salas de visualização, de onde observadores podem ver e ouvir o grupo através de um espelho unidirecional. A maior parte dos locais para grupos de foco encarrega-se de recrutar os participantes para os pesquisadores e de garantir o comparecimento do número de pessoas requisitado.

O local precisa ser de fácil acesso, de preferência bem conhecido na área e com facilidade de estacionamento. Ainda me lembro de um grupo de farmacêuticos independentes reunidos num hotel no centro de uma cidade onde as indicações sobre a localização do hotel eram ruins e havia um estacionamento muito caro e que não tinha convênio com os usuários do hotel. Os participantes do grupo de foco chegaram atrasados e irritados, e este foi um desafio adicional para o moderador.

A sala que acomodará o grupo deve ser pequena e intimista. Um grupo de foco de consumidores pode contar com uma disposição similar à de uma sala de estar, com poltronas em semicírculo e uma mesinha de café no centro. Um grupo de participantes de negócios provavelmente será montado num ambiente estilo sala de diretoria. O objetivo é que o ambiente seja apropriado aos procedimentos e que seja também confortável e tranquilo.

O equipamento para gravação de áudio e vídeo dos grupos deve ser verificado com antecedência. Se o grupo de foco ocupar um centro que conte com visualização, essa parte ficará a cargo do próprio local; caso contrário, o moderador se responsabilizará por isso.

Embora tenhamos dito que a localização do grupo on-line não é um problema, a localização e disponibilidade dos participantes precisa ser considerada. Deve-se cuidar para que todos os participantes saibam falar a mesma língua (grupos de foco on-line não têm as limitações de fronteiras) e que disponham de tempo e de tecnologia compatível para participar do grupo. Isso é particularmente importante para um grupo de conversa ao vivo no qual os participantes tenham que estar todos juntos on-line por um tempo. Usar os grupos estilo mural de mensagens dá maior flexibilidade para que cada participante fique on-line nas horas que forem mais viáveis para ele.

ASSEGURANDO A PRESENÇA DOS PARTICIPANTES

Como os grupos de foco envolvem um número pequeno de participantes, é essencial recrutar pessoas com o perfil correto. Os critérios de escolha devem ser decididos num estágio inicial e transformados em pontos de avaliação num questionário de recrutamento.

Depois que os participantes assumem o compromisso de fazer parte do grupo de foco, ainda é preciso entrar em contato com eles perto da data do evento para confirmar sua presença. O mau tempo, alguma indisposição de saúde ou outras emergências podem afetar sua ida, portanto, às vezes recrutam-se 12 pessoas para garantir que apareçam dez. Se por acaso vierem todas, duas delas poderão ser "pagas" com o respectivo incentivo e solicitadas a se retirar, caso contrário o grupo ficaria grande demais para ser possível gerar uma discussão mais intimista.

É sempre positivo ter um assunto de discussão convidativo. Mas de qualquer modo o recrutador precisa comunicar entusiasmo pelo evento e fazer os participantes sentirem que o sucesso do grupo depende de seu comparecimento.

No caso de grupos on-line, costuma-se enviar um e-mail ou mensagem de texto para lembrar os participantes de que o grupo irá se reunir, e para incentivar cada membro do grupo caso tenha parado de contribuir durante um tempo desde que o grupo foi formado.

É normal dar um incentivo aos participantes para animá-los a comparecer. O incentivo costuma ser financeiro e varia segundo as expectativas do público, geralmente com valor em torno de meio dia de trabalho (em dinheiro vivo).

DICAS IMPORTANTES

- Use grupos de foco quando precisar de respostas a perguntas que você acredita que não seriam obtidas em entrevistas mais estruturadas.
- Não suponha que obterá todas as respostas a partir de um ou dois grupos de foco apenas. Às vezes, grupos de foco já oferecem as respostas que você precisa ter, mas em geral fornecem *insights* que exigem pesquisa quantitativa num segundo estágio.
- Invista tempo e pensamento no roteiro de recrutamento, com o qual irá avaliar e convidar respondentes para os grupos de foco. Não há nada pior do que ter de moderar ou observar um grupo e descobrir que algumas das pessoas que compareceram não deveriam estar ali.
- Só considere o uso de um grupo de foco se houver suficientes respondentes possíveis a uma distância plausível do local (cerca de meia hora de viagem). Você precisará de pelo menos 50 prováveis participantes dentro deste raio para conseguir oito pessoas no local na data e hora marcada.
- Seja cuidadoso ao escolher o moderador do grupo de foco. O sucesso de um grupo de foco depende muito de um moderador habilidoso. Bons moderadores deixam as pessoas à vontade. Eles controlam os respondentes dominantes e sabem estimular aqueles menos extrovertidos.
- Um dos observadores do grupo de foco deve cuidar de fazer anotações. Essas anotações ficarão disponíveis a você imediatamente após o término da sessão do grupo, sem que você precise aguardar a transcrição completa.
- Considere usar grupos de foco na modalidade on-line quando os respondentes estiverem geograficamente dispersos ou forem escassos.

O MODERADOR DO GRUPO

Os grupos são conduzidos por um pesquisador cujo papel difere bastante daquele do entrevistador. O papel do moderador do grupo consiste em:

➤ Conduzir a discussão, fazendo-a percorrer vários tópicos. Costuma haver uma ordem no "desdobramento" desses tópicos, mas certamente há também alguma influência gerada pela própria espontaneidade do grupo.

➤ Atuar como catalisador, para provocar reações ou introduzir ideias. Às vezes o pesquisador deve também fazer o papel de advogado do diabo ou fingir ignorância.

➤ Extrair respostas daqueles que são menos reativos e refrear aqueles que tentam monopolizar a discussão.

Em grupos on-line, alguns pacotes permitem que o moderador envie uma "cutucada" a um participante ou dispare um e-mail a fim de provocar uma resposta a algo que alguma outra pessoa tenha postado. O desafio para o moderador on-line é criar um ambiente que incentive todos os participantes a lerem as postagens dos demais membros do grupo.

A maneira como as perguntas são feitas num grupo de foco é bem diferente do que ocorre na entrevista convencional. É preciso criar empatia com os membros, deixá-los relaxados e gerar uma discussão animada. Uma breve introdução explica os procedimentos, incluindo o aviso de que serão registrados em vídeo (há pouca chance de o moderador fazer anotações, já que ele ou ela estarão ocupados mantendo contato visual com o grupo). É necessário quebrar o gelo e pedir que os membros do grupo se apresentem e falem de sua experiência com o assunto tratado.

O pesquisador, trabalhando com base no roteiro de tópicos preparado antes de começar a sessão do grupo, conduz a discussão do geral para o particular. Membros do grupo são sempre incentivados a expressar seus pontos de vista e desafiar as visões dos demais membros. Assim, os tópicos todos vão se desdobrando, apoiados por uma discussão que permite obter uma compreensão mais profunda do assunto pesquisado.

Essa gestão da dinâmica do grupo pode ser dificultada por uma personalidade dominante que tente monopolizar a conversa ou cujas visões contaminem as dos demais. E há também os que pensam mais devagar, os introvertidos, os engraçadinhos, os falantes compulsivos e os indiferentes. Aproveitar o melhor que cada um pode dar sem ofender ou criar embaraço a ninguém exige autoridade e tato.

Grupos presenciais e de conversa ao vivo on-line geralmente dispõem de cerca de 90 minutos, dependendo da complexidade do assunto e das interrupções feitas para passar vídeos ou fazer apresentações de produtos. Grupos do tipo mural de mensagens podem se estender por uns dois dias, embora não haja exigência de que os participantes fiquem todos logados ao mesmo tempo.

FERRAMENTAS DO MODERADOR DO GRUPO

O moderador do grupo definirá antes do início que materiais de incitação irá usar. A linha de questionamento será definida com apoio do roteiro de tópicos, e quaisquer materiais de incitações adicionais serão introduzidos em pontos particulares da discussão. Isto parece fácil, mas requer habilidade para garantir que as perguntas produzam as respostas necessárias. Por exemplo, embora o principal objetivo de usar um grupo de foco possa ser descobrir por que as pessoas fazem determinadas coisas, a maneira de conseguir isso pode ser perguntando "Como?" e "Quando?" ou "O quê?". A razão disso é que a pergunta "Por quê?" nem sempre foi devidamente examinada, então colocá-la pode gerar uma resposta que seja mais uma autojustificativa do que algo verdadeiro. Usar "como", "quando", "o quê" (em vez de "por quê") pode encaminhar melhor a questão e ajudar os pesquisadores a chegarem à sua própria interpretação. Como ocorre com qualquer abordagem de entrevista em profundidade, a maioria das perguntas é "aberta", para que a conversa continue fluindo e para se conseguir a resposta mais completa.

Já explicamos a importância de pedir que as pessoas comecem fazendo uma apresentação pessoal, pois isso facilita deixá-las à vontade para conversar. Também é importante garantir que as primeiras perguntas não soem ameaçadoras, a fim de deixar os participantes bem confortáveis. As boas perguntas são aquelas formuladas em tom de conversa: devem empregar a linguagem do participante e ser de fácil compreensão.

Os membros do grupo nem sempre se mostram interessados pelas perguntas ou estimulados por elas. É possível introduzir algum interesse adicional, apresentando, por exemplo:

- materiais que propiciem um estímulo visual (por exemplo, um vídeo, um *storyboard*, fotos, anúncios);
- materiais de estímulo auditivo (por exemplo, gravações e arquivos sonoros);
- interações com a web (por exemplo, navegação em sites e padrões de busca, simulações de produtos eletrônicos);
- testes e demonstrações de produtos.

Além desses materiais de estímulo, várias técnicas específicas podem ser usadas em grupos de foco. Muitas são chamadas de "técnicas projetivas", tomadas de empréstimo do campo da psicologia. São usadas para buscar informações sobre um tema perguntando a respeito de um tópico diferente ou mais fácil. Funcionam porque driblam potenciais barreiras de expressão e estimulam outros modos de pensar.

O *brainstorming* é uma técnica comum usada em muitas reuniões de negócios, nas quais há estímulo para produzir uma longa lista de ideias – vale tudo, e quanto mais, melhor. Uma das ideias talvez ofereça alguma coisa capaz de ser desenvolvida e que sirva como um bom ponto de partida. Um princípio importante do *brainstorming* é dizer o que vem à mente, sem muita reflexão prévia. A técnica tem a ver também com a livre associação de palavras, quando os participantes são solicitados a pensar nas palavras que sentem que combinam mais com um produto ou marca.

A complementação de frases é um desenvolvimento da associação de palavras, e nessa técnica o moderador apresenta ao grupo uma sentença incompleta e pede que os participantes a concluam. Isso pode ser feito individualmente e então introduzido no grupo para ser discutido, ou o grupo pode se engajar numa discussão para completar a sentença conjuntamente.

A triagem de palavras é uma técnica que consiste em sugerir palavras ou frases e pedir que os membros as classifiquem em vários grupos, de acordo com os atributos de um produto, marca ou necessidade. Costuma ser usada em pesquisa de propaganda para identificar associações com as marcas.

O desenvolvimento de processo é uma atividade de grupo na qual cada um trabalha com os outros para conceber um processo ou campanha em torno de um problema – por exemplo, fazer com que pessoas como as do grupo comprem determinado produto. Este método é usado também para identificar uma jornada de cliente a partir dos pontos de interação com a empresa/marca.

FIGURA 6.1   Desenhos mostrando atitudes em relação a uma universidade

Alguns assuntos são difíceis de expressar em palavras e é possível usar desenhos para estimular a discussão. Num grupo de foco com universitários, foi solicitado que os participantes desenhassem um escudo heráldico dividido em quatro quadrantes, cada um com um desenho simples que descrevesse sua vida antes de entrar na universidade, algo que caracterizasse sua disposição, a sensação que tinha ao entrar na universidade e onde via a si mesmo no futuro. O feto e a poltrona nos desenhos de dois dos estudantes (Figura 6.1) são fortes expressões de seu sentimento de segurança e proteção na universidade.

Outras técnicas projetivas que podem ser usadas num grupo de foco são:

▶ Criar fantasias. Por exemplo: se você tivesse uma varinha mágica e pudesse mudar tudo a respeito na maneira de fazer sua compra da semana, o que iria mudar?

> Criar analogias/perguntas. Por exemplo: se esta marca fosse um carro, que carro seria?
> Personificação. Por exemplo: se esta marca fosse uma pessoa, como seria ela, de que gênero, como se comportaria? Qual seria sua aparência?
> Imaginação futurista. Por exemplo: tentando antever os próximos cinco anos, como você acha que as coisas vão mudar na maneira em que as pessoas programam suas férias?
> Desempenho de papéis. Por exemplo: se você fosse o CEO dessa empresa, como promoveria seus produtos a pessoas como você?
> Técnica Zaltman de gerar metáforas [*Zaltman metaphor elicitation technique*, ZMET]: com base na teoria de que os humanos pensam por imagens, pede-se que os participantes selecionem um conjunto de imagens que represente seus pensamentos e sentimentos a respeito do tópico em pauta. As imagens serão então importantes recursos não literais para descobrir pensamentos e sentimentos profundamente arraigados, muitas vezes inconscientes.

RESUMO

Grupos de foco são realizados geralmente de forma presencial e envolvem 5 a 10 participantes, recrutados para discutir um assunto de comum interesse. Os desenvolvimentos em tecnologia superaram uma das maiores barreiras do grupo de foco presencial – a localização do participante. Agora é possível realizar grupos de foco on-line em vários formatos – o mural de mensagens, mais extenso, e o fórum de conversa ao vivo. Agora podemos entrevistar grupos com participantes sediados em várias partes do país ou em vários continentes.

Seja qual for o método utilizado, o elemento crucial de um grupo de foco é a condução da discussão de modo a gerar um debate significativo em torno do tópico pesquisado, com ou sem a inclusão de outros materiais de incitação. Sob a orientação de um moderador competente, as ideias vêm à tona e são desenvolvidas de uma maneira que não se consegue em entrevistas individuais. É a interação do grupo que torna os grupos de foco especiais.

As descobertas dos grupos de foco, sejam on-line ou presenciais, permitem obter uma compreensão profunda de comportamentos, motivações e atitudes, Mesmo sendo baseados em amostras pequenas, os *insights* que vêm das interações do grupo quase sempre propiciam uma compreensão das questões reais envolvidas. Ainda é possível que medições quantitativas sejam necessárias para avaliar sua importância.

Um pequeno número de grupos de foco (geralmente, quatro) com um público-alvo assegura que todas as questões sejam levantadas e que a possibilidade de haver um viés no grupo seja minimizada.

Os três ingredientes mais importantes para o sucesso dos grupos de foco são: recrutar os participantes certos, contar com um moderador adequado e montar um roteiro de discussão bem concebido.

Uma cuidadosa seleção no estágio de recrutamento assegura a escolha das pessoas com as características certas.

O moderador usa suas aptidões para abrir e dirigir a discussão, de modo que todo mundo seja incluído e que todos os pontos do debate sejam plenamente abordados.

O elemento **crucial** de um grupo de foco é a **condução** da discussão de modo a gerar um **debate significativo** em torno do tópico pesquisado, com ou sem a inclusão de outros materiais de incitação.

CAPÍTULO 7

ENTREVISTAS EM PROFUNDIDADE

Entrevistar implica formalidade, estrutura e propósito. Sugere que há uma lista de perguntas a serem formuladas e respondidas. Trata-se, é claro, de um diálogo entre pessoas, portanto, nesse sentido, é uma conversação. Mas enquanto o discurso comum não precisa levar você a parte alguma, uma entrevista precisa extrair informações. A formulação de questões por meio de entrevistas é central em nossas vidas, portanto, não surpreende que seja um dos métodos mais comuns de investigação em pesquisa de marketing.

Neste livro, os métodos de pesquisa estão divididos em dois paradigmas tradicionais: qualitativo e quantitativo. Quando a pesquisa tem o intuito de medir e quantificar, a entrevista será estruturada com perguntas precisas, com uma ordem definida de fazer as perguntas e com respostas que tenham sido previstas e estejam pré-codificadas. Esse tipo de questionário é abordado no Capítulo 11.

A entrevista em profundidade oferece um ponto de vista diferente da entrevista altamente estruturada usada em designs quantitativos, nos quais os números e o âmbito da resposta são cruciais. Na prática, muitas pesquisas de marketing adotam um design multimétodo, e incorporam aspectos de metodologias tanto qualitativas quanto quantitativas (Figura 7.1). Um *survey* sobre satisfação do cliente pode exigir entrevistas em profundidade no início para definir as questões que serão encaminhadas às pessoas. Um *survey* sobre desenvolvimento de produto pode começar com grupos de foco para explorar necessidades não atendidas, seguidos por entrevistas estruturadas para medir a dimensão dessas necessidades, e concluir com entrevistas em profundidade para testar os conceitos.

Quando houver exigência de obter *insights* e de explorar, a entrevista será estruturada de maneira menos rígida, com flexibilidade na construção das próprias perguntas e na ordem em que serão feitas, e com plena liberdade para que os respondentes se expressem com as próprias palavras, em vez ticar um "x" nas alternativas pré-definidas. Esse é o assunto deste capítulo.

O formato da entrevista em profundidade é estruturado sem rigor, dando liberdade tanto para o entrevistado quanto para o entrevistador explorarem pontos adicionais e mudarem a direção se necessário. Essas entrevistas incorporam às descobertas uma boa dose de pontos de vista dos respondentes, e, portanto, aumentam a validade da informação coletada. Este é um aspecto muito importante quando os problemas da pesquisa não são conhecidos, ou quando há uma sensação de que as decisões têm sido tomadas a partir de suposições que podem ou não refletir com precisão as visões do mercado.

FIGURA 7.1 Diferentes tipos de entrevistas em pesquisa de marketing

POR QUE USAR ENTREVISTAS EM PROFUNDIDADE?

Entrevistas em profundidade provavelmente são não estruturadas e duram de 20 a 30 minutos ou mais, de modo que o entrevistador possa criar um relacionamento com o respondente, introduzir o assunto com calma, reagir com linguagem corporal e buscar criar confiança, para disso resultar a revelação da verdade. Podem ser presenciais ou por telefone. Seja como for, são sempre interativas, orientadas por um *script* (roteiro) mas permitindo sondagens e mergulhos quando apropriado.

Um pequeno número de entrevistas em profundidade já aumenta nossa compreensão dos problemas enfrentados pelos respondentes, e pode revelar práticas que foram previamente assumidas. Ao usar entrevistas em profundidade num design de pesquisa, a validade dela aumenta à medida que os próprios pontos de vista dos respondentes vão sendo incorporados à agenda da pesquisa.

Entrevistas em profundidade podem ser realizadas individualmente ou em pares. Pode-se entrevistar um marido e uma mulher como casal, sobre as escolhas de bancos. Dois adolescentes podem ser entrevistados para descobrir o que pensam do controle exercido pelos pais sobre eles.

Entrevistas em profundidade competem com os grupos de foco como método de pesquisa qualitativa e são preferíveis em certas circunstâncias:

QUANDO USAR ENTREVISTAS EM PROFUNDIDADE EM VEZ DE GRUPOS DE FOCO

- Respondentes estão geograficamente dispersos e não é possível reuni-los.
- Não pode haver contaminação pelas respostas de outras pessoas na discussão.
- A história de cada respondente precisa ser acompanhada do início ao fim, como num estudo de caso de comportamento.
- Exige-se muitos comentários de cada respondente (num grupo de foco de 90 minutos cada pessoa só consegue falar no máximo cerca de 10 minutos, enquanto numa entrevista em profundidade de 45 minutos a pessoa tem todo o tempo para ela).
- Os comportamentos e reações de indivíduos precisam ser monitorados ao longo do tempo, como nos testes de novos produtos.
- O tópico é sensível – por exemplo, riqueza pessoal (ou dívidas), higiene pessoal, uso de drogas ou álcool.

Entrevistas em profundidade, portanto, são úteis na elaboração de pesquisa de marketing quando:

➤ Os problemas da pesquisa não são conhecidos.
➤ Problemas, atitudes e motivações precisam ser explorados.
➤ Processos precisam ser descritos em detalhes.
➤ É preciso evitar a contaminação pelos pontos de vista de outras pessoas.
➤ É necessário fazer uma complexa explanação que tem que ser bem compreendida.
➤ Indivíduos precisam testar coisas e expressar suas reações aos produtos.

ENTREVISTAS EM PROFUNDIDADE NA ELABORAÇÃO DA PESQUISA DE MARKETING

Assim como os grupos de foco, as entrevistas em profundidade podem ser usadas sozinhas ou fazer parte de um design multimétodo:

➤ Estudos sobre satisfação do cliente: com frequência, junto com um *survey* quantitativo. Entrevistas em profundidade podem ser usadas no início do estudo para identificar questões de satisfação, ou no final, para explorar assuntos que tenham emergido do *survey* principal.
➤ Estrutura de mercado: é possível selecionar respondentes-chave com uma visão panorâmica do mercado para entrevistas em profundidade, com base em seu conhecimento especializado.
➤ Teste de produto: casos individuais podem ser rastreados por meio de um teste de um novo produto ao longo de entrevistas em profundidade por estágios.
➤ Detecção de necessidades: um pequeno número de entrevistas em profundidade pode ser usado para identificar comportamentos atuais e necessidades não atendidas.
➤ Pesquisa de propaganda: podem ser realizados testes de anúncios em vários formatos usando entrevistas em profundidade. Isso permite que o material seja mostrado e evita a frequente contaminação por outros respondentes que ocorre em grupos de foco.

QUANTAS ENTREVISTAS EM PROFUNDIDADE SÃO NECESSÁRIAS?

O número de entrevistas que precisarão ser realizadas é determinado no estágio de elaboração da pesquisa. Na pesquisa qualitativa estamos mais preocupados com a qualidade e profundidade do que com as proporções de pessoas que darão uma resposta ou outra. Às vezes 10 entrevistas em profundidade podem ser suficientes e 30 certamente extrairiam todos os fatores pertinentes ao tópico pesquisado.

Realizar e analisar 30 entrevistas em profundidade pode ser muito caro. Uma entrevista em profundidade presencial custa cerca de 10 vezes mais do que uma entrevista comparável realizada por telefone. O custo real depende do âmbito das entrevistas, da facilidade de deslocamento do respondente e da possibilidade de combinar outras entrevistas na mesma região.

QUESTÕES A SEREM LEVANTADAS SOBRE O NÚMERO DE ENTREVISTAS

- As entrevistas são o único método de coleta de dados?
- O quanto são especializadas e únicas as práticas ou atitudes pesquisadas?
- Qual é a variabilidade dos tipos de respondentes na população – 30 entrevistas irão cobrir todos eles?
- Qual é a importância de que a faixa de respostas procurada seja exaustiva?
- Qual é a importância de que a pesquisa diagnostique o problema em vez de medir seu tamanho?
- Qual o tamanho da população?
- Quem irá analisá-las? (30 transcrições de gravações de discussões em profundidade seriam difíceis de examinar e interpretar.)

O PAPEL DO TELEFONE NA ENTREVISTA EM PROFUNDIDADE

Não há dúvida de que as entrevistas presenciais oferecem vantagens em relação ao telefone na construção de *rapport*, na observação da linguagem corporal e em propiciar tempo para ditar o ritmo da discussão. O telefone é uma ferramenta restritiva que exige respostas rápidas às perguntas e que abomina o vácuo do silêncio. Nesse sentido, limita o tempo que alguém tem para pensar na resposta que dará às perguntas. Também pode ser difícil manter a concentração do respondente ao telefone por mais de 30 a 40 minutos (embora haja exemplos de entrevistas discursivas, não estruturadas, do tipo conversacional, que duraram 90 minutos).

No entanto, entrevistas presenciais tampouco estão isentas de desvantagens. Elas são caras de realizar. Normalmente são precedidas por uma entrevista por telefone para explicar o projeto, fazer algumas perguntas para qualificação e marcar um compromisso para a visita. Portanto, o custo dessa entrevista inicial por telefone deve ser acrescentado ao da entrevista presencial ao se comparar o custo total.

O simples fato de combinar uma entrevista presencial não significa que irá acontecer. Problemas logísticos como doenças, ausências e crises que interrompam as entrevistas não devem ser subestimados. Os "não comparecimentos" são frequentes em programas de entrevistas presenciais em profundidade, e elevam o custo do projeto quando uma viagem é desperdiçada.

Como o telefone é um meio muito eficiente de realizar entrevistas, é amplamente usado em entrevistas em profundidade e se mostra altamente bem-sucedido por uma série de razões. Hoje em dia, em que o tempo é tão valioso, muitos respondentes podem preferir realizar a entrevista por telefone. Pode-se argumentar que ao visitar o respondente no território dele há muitas potenciais dispersões que poderiam perturbar a entrevista, como telefones tocando, pessoas interrompendo ou conversas dispersivas a respeito do tempo e da vizinhança. Embora essas possam ser amenidades sociais que dão fluência à entrevista, elas também consomem tempo. Em contraste, pessoas com um telefone grudado na orelha podem ter maior probabilidade de oferecer uma atenção concentrada.

Existe, portanto, um perde e ganha que os pesquisadores precisam considerar ao decidir o melhor recurso para as entrevistas em profundidade.

CONQUISTANDO A COOPERAÇÃO PARA A ENTREVISTA

Vivemos num mundo que busca e coleta informações, e isso tem obviamente afetado a adesão a estudos de pesquisa de marketing, especialmente quando a entrevista exige um investimento de tempo significativo. A concordância com uma entrevista em profundidade pode ser um problema quando a pessoa não "adere" à área do tópico e aparentemente não é oferecida nenhuma vantagem ao respondente pelo seu valioso tempo. Quando os respondentes já têm um relacionamento com o patrocinador da pesquisa – isto é, quando se trata de um cliente ou consumidor – a adesão é maior, e um incentivo financeiro, seja ao respondente ou a uma instituição de caridade escolhida, pode às vezes ajudar.

OS PRINCÍPIOS DA ENTREVISTA

Descrevemos a entrevista como uma conversação com forma e propósito, na qual geralmente o entrevistador e o entrevistado se falam pela primeira vez. Isso coloca alguns problemas especiais além daqueles encontrados em interações sociais normais entre amigos. O entrevistador tem um tempo limitado para fazer o respondente falar de maneira livre e aberta a respeito de um assunto. Algumas linhas gerais podem ajudar nesse processo:

➤ Ouça mais do que fale. O papel do entrevistador é assegurar que as perguntas sirvam para facilitar a conversação, mais do que para concluí-la. Uma transcrição da gravação deve demonstrar isso, com uma proporção significativamente menor de tempo para as palavras do entrevistador.

➤ Adote uma linha de questionamento clara. A entrevista deve ter uma sequência que faça sentido para o respondente. As perguntas não devem ter um tom ameaçador, mas podem mesmo assim ser desafiadoras e diretas, e acima de tudo devem evitar confundir os respondentes ou colocá-los na defensiva.

➤ Dê preferência a um tom permissivo. Evite dar qualquer indício a respeito de qual seria uma resposta "correta". É fácil para os respondentes sentirem que há uma resposta "correta" e que é a que o entrevistador está querendo extrair deles. Evite que as perguntas tenham uma tendência a sugerir a resposta e procure não assumir uma linguagem corporal que incentive certas respostas. Igualmente, há situações em que o entrevistador desafia de propósito ou mesmo provoca o respondente para obter uma reação dele. A entrevista em profundidade é uma conversação coreografada, na qual o entrevistador pode escolher assumir diferentes papéis para alcançar um efeito desejado.

➤ Demonstre engajamento com o respondente. A entrevista flui melhor quando o respondente sente que o entrevistador é parte do processo. As expressões faciais do entrevistador, seu timbre de voz e entonação e a linguagem corporal podem transmitir todo tipo de mensagens ao respondente, entre elas interesse e incentivo.

DICAS IMPORTANTES

- Use entrevistas em profundidade quando quiser obter *insights* mais profundos sobre como e por que as pessoas fazem as coisas. Entrevistas em profundidade oferecem respostas que não são contaminadas pelas opiniões de outras pessoas (o que é um perigo nos grupos de foco). Você também obtém mais *output* por respondente em entrevistas em profundidade do que em grupos de foco.
- Entrevistas em profundidade são úteis para acompanhar os processos de pensamento ou as ações de um indivíduo do início ao fim. Num grupo de foco você obtém apenas um instantâneo dos pensamentos e ações de cada pessoa.
- Use entrevistas em profundidade quando o público-alvo com o qual você quer falar está geograficamente disperso e não teria condições de comparecer a um grupo de foco.
- Se você está realizando mais de 10 entrevistas em profundidade certifique-se de ter alguma estrutura, especialmente para gravar o que as pessoas dizem. Analisar mais de 10 conversações

espontâneas gravadas é difícil. Estruturar as respostas num questionário de papel e fazer anotações durante a entrevista agiliza a análise.
- Assim como com grupos de foco, reúna entrevistadores que sejam bons ouvintes e capazes de sondar linhas interessantes de questionamentos.
- Não dilua as entrevistas demais entre vários entrevistadores. Prefira usar apenas um ou dois, que consigam chegar a uma compreensão profunda do assunto.

A ENTREVISTA

Entrevistar envolve uma questão de estilo, e o que funciona para um entrevistador não necessariamente funciona para outro. Uma abordagem em moldes corporativos, com uma aura de confiança e controle transmite positividade ao respondente. O entusiasmo ajuda a desenvolver interesse pelo assunto. Na verdade, não há nada pior que um entrevistador desinteressado.

No início da entrevista, é esperado que os respondentes sintam um pouco de ansiedade, pois não sabem como será, podem estar preocupados por terem dado permissão a algo que talvez tivesse sido preferível evitar. Informá-los de que suas palavras estão sendo gravadas pode aumentar ainda mais essa tensão. Eles não sabem que perguntas serão feitas ou quanto tempo a entrevista vai durar, e podem temer o pior. Podem até sentir-se inseguros se serão capazes de responder às perguntas. Muitas dessas sensações decorrem de não saber – e a expectativa muitas vezes é pior que a experiência.

Entrevistadores talentosos criam um *rapport* com os respondentes o mais rápido possível, a fim de deixá-los à vontade. Agem com naturalidade em relação à gravação, em vez de dar-lhe excessiva importância. Quanto antes o entrevistador fizer os respondentes falarem, mais rápido irão se acalmar e maior será seu nível de cooperação. Após as apresentações, que devem ser o mais breve possível, uma questão aberta, que seja fácil de responder, colocará a bola em jogo.

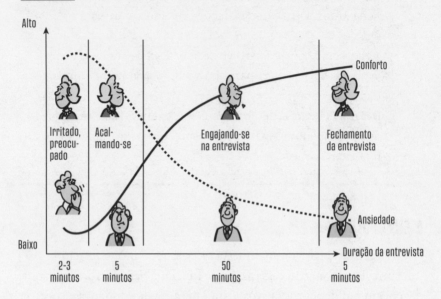

FIGURA 7.2 O estado emocional dos respondentes nos vários estágios da entrevista

A LINHA DA ENTREVISTA

Não existe algo como uma linha de questionamento correta para uma entrevista, e muito vai depender do assunto tratado. Mas os estágios da entrevista precisam ser definidos na etapa de planejamento. Faz pouco sentido introduzir perguntas detalhadas nos primeiros cinco minutos. A entrevista funciona com base no bom relacionamento entrevistador/respondente. A linha de questionamento deve facilitar desenvolver um relacionamento e entrar aos poucos em questões mais especulativas.

Assim como nos grupos de foco, as entrevistas em profundidade são conduzidas em torno de um tópico-guia. Isso não é algo gravado em pedra; como o nome indica, é um roteiro para o entrevistador, mas com suficiente liberdade para permitir desenvolver a entrevista no ritmo do respondente e incorporar as necessidades do pesquisador, assim como as do respondente.

O roteiro serve para garantir que todos os tópicos da pesquisa sejam cobertos na discussão, mas não significa que tenha que ser seguido ao pé da letra. Um entrevistador competente manterá o roteiro da discussão em sua cabeça e irá fazendo uma anotação mental da cobertura durante a entrevista. Desse modo, a entrevista fluirá como uma "conversação roteirizada" e parecerá "natural". Os tópicos de discussão surgirão naturalmente e poderão ser seguidos. O entrevistador pode levantar questões que não tenham vindo à tona. A discussão melhora se os assuntos são trazidos pelos respondentes no curso natural da conversação.

Nunca será demais ressaltar a importância de ouvir as respostas, já que muitas pepitas de ouro deixam de ser descobertas por falha do entrevistador em se deter em questões já levantadas pelo respondente ou que ficaram implícitas ao longo da entrevista.

DESENVOLVENDO UM ROTEIRO DE DISCUSSÃO PARA A ENTREVISTA

A entrevista em profundidade, como método de coleta qualitativa de dados, usa um roteiro de discussão estruturado mas sem rigidez, similar ao usado nas discussões do grupo de foco. Isso contrasta com o questionário altamente estruturado que é usado na entrevista quantitativa. Deve percorrer a seguinte sequência convencional:

1 Introdução.
2 Questões de aquecimento.
3 Corpo principal da entrevista.
4 Agradecimento e fechamento.

O corpo principal da entrevista é caracterizado por uma série de seções específicas relacionadas aos objetivos da pesquisa, divididos em perguntas específicas, com sondagens e incitações que podem ser usados para desenvolver a discussão e fazer brotar as respostas.

Assim como na discussão do grupo de foco, perguntas abertas estão no cerne da entrevista em profundidade. Elas propiciam flexibilidade para sondar, a fim de que o entrevistador possa aprofundar itens se necessário. Elas facilitam o *rapport* entre entrevistador e respondente, encorajando a cooperação e o compartilhamento de informações. Também permitem que o entrevistador teste os limites do conhecimento e da experiência do respondente, e daí podem surgir respostas inesperadas que às vezes desafiam as suposições do pesquisador.

SONDAGEM E INCITAÇÕES

A sondagem é uma maneira de fazer o respondente ampliar o âmbito de sua resposta. A decisão do entrevistador de sondar mais enfaticamente pode ficar a seu critério ou constar do roteiro de discussão, com lembrete para incitar o respondente. Dicas dadas com a voz, com linguagem corporal e com o tom geral da entrevista podem indicar ao respondente que há mais coisas que ele poderia ou estaria disposto a dizer. O próprio silêncio pode ser uma incitação, já que encoraja as pessoas a intervirem para preencher aquele vazio. Um gesto encorajador e um olhar inquisidor às vezes é o que basta. No entanto, frases específicas e perguntas relacionadas à área do tópico também podem ser usadas. Por exemplo:

- E o que você acha disso?
- Poderia explicar isso de novo?
- O que mais você poderia dizer a respeito?

Enquanto a sondagem busca aprimorar uma resposta, as incitações introduzem um assunto que ainda não tinha sido abordado. Na maioria dos estudos de marketing, há aspectos que precisam ser trazidos à atenção dos respondentes para captar suas visões. Pode ser necessário lembrar o respondente de algumas marcas que não tenham sido mencionadas ainda. E às vezes é importante coletar visões dos respondentes sobre um processo que não tenha sido discutido.

As regras gerais para desenvolver o roteiro de discussão devem obedecer à sequência de perguntas que pareça natural, para que a conversação vá ganhando profundidade, e com perguntas que favoreçam abrir mais a discussão em vez de encerrá-la. Devem ser evitados os seguintes tipos de perguntas:

- Perguntas longas e complexas que possam confundir os respondentes a respeito do que eles têm que responder, como "O que você pensa da faixa de preços e produtos disponíveis a você agora, nas lojas de autoatendimento e nos supermercados, em comparação com o que acontecia há alguns anos?". Isso, por sua vez, causa também confusão na etapa analítica, para saber a que parte da pergunta o respondente está se referindo com sua resposta.
- Perguntas vagas, como "O que você acha que vai acontecer no futuro?". O futuro nessa pergunta está em aberto, é vago. Estamos nos referindo ao próximo ano, daqui a 5 anos ou 10 anos?
- Perguntas que empreguem jargão técnico ou jargão de empresas, que não façam parte do vocabulário do respondente, como "Você encontra alguma utilidade para o SMS ou para a telemetria GMS?". É fácil esquecer que a terminologia habitual dos pesquisadores nem sempre é usada pelo respondente.
- Perguntas que já condicionem a resposta, como "Então você acha que a Shell é uma boa fornecedora de GLP?". Você nunca saberá se a pergunta levou as pessoas a responder como foi sugerido ou se elas, ao contrário, se rebelaram diante da sugestão, qualquer que seja o ponto de vista delas.
- Perguntas ou comentários agressivos ou ameaçadores, como "Você poderia apenas responder à pergunta, por favor?". Esta até poderia ser a abordagem de um entrevistador diante de um político, mas na maior parte das pesquisas de marketing tais perguntas afastam o respondente e quebram o *rapport* entre ele e o entrevistador.

RESUMO

Entrevistas em profundidade são um método de coleta qualitativa de dados que oferece a oportunidade de conseguir dados ricos, descritivos, a respeito de comportamentos, atitudes e percepções das pessoas, e a desdobrar processos complexos. Podem ser usadas como único método de pesquisa ou como parte de um design multimétodo, dependendo das necessidades da pesquisa.

Entrevistas em profundidade são normalmente realizadas presencialmente, de modo que se possa criar *rapport* com os respondentes e que a linguagem corporal possa ser usada para acrescentar um alto nível de compreensão das respostas. O telefone pode também ser usado por um pesquisador para realizar entrevistas em profundidade com pouca perda de dados e com um décimo do custo.

O estilo da entrevista dependerá do entrevistador. Entrevistadores em profundidade bem-sucedidos ouvem mais do que falam, têm uma linha clara de questionamento e usam a linguagem corporal como tática para construir *rapport*. A entrevista é mais uma conversação roteirizada do que uma sessão de perguntas e respostas claramente delimitadas.

A entrevista é conduzida usando um roteiro de discussão (como nos grupos de foco) que facilita que as visões dos respondentes aflorem por meio de perguntas abertas. Assim como nos grupos de foco, podem ser incorporadas técnicas projetivas na entrevista.

Entrevistas em **profundidade** são um método de **coleta qualitativa** de dados que oferece a oportunidade de conseguir dados **ricos**, **descritivos**, a respeito de comportamentos, atitudes e percepções das pessoas, e a desdobrar processos complexos.

CAPÍTULO 8

OBSERVAÇÃO E ETNOGRAFIA

OBSERVAÇÃO: UM MÉTODO DE PESQUISA NO QUAL VOCÊ PODE CONFIAR

Observar pessoas é, além de interessante, algo que revela uma imensa quantidade de coisas a respeito delas. Imagine que você tivesse que perguntar às pessoas como é que fazem café. Elas muito provavelmente diriam que pegam uma xícara do armário, uma colher da gaveta, esquentam água numa panela, colocam coador num bule, filtro de papel, algumas colheradas de pó de café, jogam água fervente e pronto. No entanto, se você fosse observá-las veria outras coisas interessantes. Que tamanho de xícara elas escolhem? Elas têm bules diferentes? Qual deles preferem? Quanto café colocam no filtro de papel? Deixam cair o pó de café da colher? O que fazem enquanto esperam a água ferver? Mexem o café depois de despejar água em cima do pó? Todas essas perguntas e observações podem parecer triviais, mas dão dicas a um fabricante de café que esteja procurando uma maneira de ajudar o cliente a preparar um café melhor.

Vale a pena refletir sobre o papel importante que a observação desempenhou nos anos de formação do setor de pesquisa de marketing. Na década de 1930, empresas como a AC Nielsen e a Attwoods nos Estados Unidos e a Audits of Great Britain (AGB) começaram a monitorar as vendas de produtos em pontos de varejo, contando os níveis de estoque nas lojas a intervalos regulares e controlando as entregas de produtos nas lojas no mesmo período. Não havia questionários como os atuais; a função do pesquisador de marketing era simplesmente contar o estoque e registrar as compras. Desde que o registro fosse bem-feito e a amostragem de lojas fosse representativa, o resultado seria preciso.

Antes da Segunda Guerra Mundial, o governo britânico patrocinou o Mass Observation Project, para prover um estudo antropológico da nação. Um painel nacional de voluntários mantinha diários e registrava o ânimo do país, afetado pela guerra. Sentavam-se em bares, observando e ouvindo. Paravam em pontos de ônibus e observavam. Mais tarde, registravam suas observações em diários que eram então analisados. Um legado dessa abordagem foi o título de uma empresa de pesquisa de marketing, Mass Observation, que existiu por cerca de 30 anos até ser absorvida por um grupo maior. A Video Research, localizada em Tóquio, é hoje uma das maiores empresas de pesquisa de marketing do Japão, e começou sua trajetória em 1962 medindo audiência da TV (como seu nome sugere) com base em relatórios observacionais.

QUANDO USAR A OBSERVAÇÃO

Desde suas origens na década de 1930, o setor de pesquisa de marketing avançou muito, e agora temos entrevistas on-line, por telefone e grupos de foco, que se tornaram métodos comuns de coleta de dados. Mas ainda existe um papel para a observação, e na realidade tem havido uma espécie de renascimento do seu uso, embora quase sempre como parte de um mix de métodos dentro do design geral de pesquisa. Assim, por exemplo, a câmera de vídeo e o celular têm agora um papel para o pesquisador de marketing. Aquela câmera posicionada discretamente num canto do teto do supermercado pode estar ali não só para impedir furtos, mas para observar compradores e seu comportamento. Ela grava se hesitamos ou não ao escolher latas de feijão e coleta padrões de comportamento que podem ser peculiares e não viriam à tona numa entrevista convencional. Pensamos muito antes de comprar uma lata de feijão? Lemos o rótulo? Que influência e pressão as crianças que acompanham exercem? Examinamos outras marcas ou simplesmente passamos voando pelos corredores jogando as latas no carrinho sem sequer checar o preço?

Há anos antropólogos pesquisam tribos usando a observação. Procuram tornar-se parte da tribo, até que sua presença passe quase despercebida e as ações e comportamentos das pessoas que observam não sejam mais afetados por sua presença. Pesquisadores de marketing apoiaram-se nessa experiência e a etnografia é hoje de uso comum como ferramenta de pesquisa de marketing. Ela funciona particularmente bem quando tenta descobrir como as pessoas compram ou usam produtos. Um exemplo típico de pesquisa etnográfica é acompanhar pessoas em sua ida às compras e observar como encontram ou escolhem seus produtos. Às vezes pede-se que os respondentes revelem seus pensamentos enquanto compram. Esse "fluxo de consciência" é gravado ou são feitas anotações, que propiciam outro *insight*, além do visual, a respeito do processo de compra.

A etnografia no local de trabalho e no shopping requer a plena colaboração dos respondentes, que precisam tentar agir da maneira mais natural possível – o que pode ser difícil quando sabem que cada movimento seu está sendo observado. O pesquisador, portanto, reserva o tempo que for necessário antes da observação para conhecer os respondentes e deixá-los à vontade. Isso significa que a etnografia pode ser um processo longo e relativamente caro. Trata-se de pesquisa qualitativa, e um punhado ou uma dúzia de observações etnográficas podem ser suficientes para fornecer *insights* interessantes. O tempo dedicado ao exame das anotações e dos vídeos de apenas um evento etnográfico pode equivaler ou até superar as horas consumidas pelo próprio processo de observação.

É claro que há muitas ocasiões em que aquilo que fazemos é muito pessoal, e pode ser difícil organizar uma pesquisa etnográfica. Nosso comportamento no quarto de dormir e durante a higiene matinal pode ser interessante de observar, mas a maioria de nós provavelmente teria reservas em concordar em ser filmado nessas horas. Em situações *business-to-business* pode ser complicado obter concordância para observar comportamentos. Recentemente estive envolvido em pesquisar como as pessoas usam luvas no local de trabalho e tive que observar pedreiros em canteiros de obras. Os gerentes desses locais são extremamente relutantes em permitir que pesquisadores entrem numa zona que de fato envolve riscos.

Um projeto de tipo similar foi realizado para um fabricante de ferramentas manuais. A empresa realizou pesquisa junto a eletricistas e observou-os em suas tarefas diárias, subindo em escadas e apalpando seus cintos de ferramentas para encontrar a chave de fenda correta para a tarefa. Isso levou à solução simples de imprimir uma ranhura no cabo de cada chave de fenda, com uma lâmina chata (para a chave de fenda tradicional) ou uma cruz (para a chave Philips). Essa pequena inovação foi uma melhora para o trabalhador, que agora com uma simples olhada nos cabos das chaves de fenda de seu cinto de ferramentas localiza rapidamente a que precisa usar.

A observação pode ter um papel de apoio importante em diferentes tipos de projeto de pesquisa de marketing, e é isso que vamos descrever nas seções a seguir.

A AUDITORIA: UMA APLICAÇÃO ESSENCIAL DA OBSERVAÇÃO

Tradicionalmente, os pesquisadores visitavam as lojas num dia particular para coletar dados. Nessa hora, registravam os níveis de estoque de todos os produtos de interesse e checavam as notas de entrega de produtos e os documentos de compra. Voltavam dali a um ou dois meses e repetiam o procedimento. Os dados podiam então ser usados para calcular as vendas de produtos e ajustar as compras do varejista a partir da diferença entre os dois níveis de estoque. Depois que as informações eram coletadas de todas as lojas e reunidas para análise, obtinham-se *insights* consideráveis sobre a oscilação da fatia de mercado conquistada pelas várias marcas ao longo do tempo, por varejista, por área geográfica, e as médias de preços.

Hoje os dados são coletados por dispositivos eletrônicos que usam códigos de barras, também conhecidos como pontos de venda eletrônicos (*electronic points of sales* ou EPOs), e não é mais preciso que um trabalhador de campo visite a loja, embora o princípio permaneça o mesmo. A chave para as auditorias é montar sistemas que permitam um registro regular e contínuo ao longo dos anos, de modo que as tendências possam ser medidas com precisão. Esta é uma ferramenta de pesquisa quantitativa e, portanto, a amostra deve ser escolhida com cuidado para refletir os pontos comerciais que vendem os produtos sendo rastreados. Como são poucas as empresas e pontos de venda que dominam fortemente o cenário do varejo, deve-se fazer todo o esforço para ser o mais inclusivo possível. Se um ponto de venda importante se recusa a participar, pode comprometer todo o esquema. Como retribuição por fornecer os dados, os varejistas ou são pagos ou podem receber os dados de volta, relacionados a uma cifra total que inclua os demais contribuidores, o que permite fazer *benchmarking* quanto ao seu desempenho e acompanhar as mudanças na própria posição.

Uma extensão desse tipo de pesquisa ocorre quando os varejistas estimulam seus clientes a aderirem a um cartão de fidelidade, que é inserido toda vez que visitam a loja para comprar alguma coisa. As empresas então rastreiam as compras dos clientes e encontram padrões de produtos que são comprados junto com outros ou mais vendidos em certas horas do dia. Essa observação silenciosa permite que os varejistas projetem suas lojas e apresentem seus produtos de forma a gerar mais vendas. A empresa de pesquisa de marketing Dunnhumby desenvolveu um novo cartão de fidelidade para a Tesco no final da década de 1990 e, por meio de sofisticada análise dos hábitos de compra de seus clientes, este recurso se tornou um dos componentes aos quais se credita o crescimento da varejista ao longo da década seguinte.

A OBSERVAÇÃO NAS PESQUISAS SOBRE O PROCESSO DE COMPRA

O comprador misterioso é uma forma de pesquisa etnográfica na qual os respondentes não sabem que estão fazendo parte de um programa de pesquisa. Num *survey* feito por meio do comprador misterioso, um pesquisador de campo desempenha o papel de um membro do público comprador e compra ou pergunta a respeito de um produto, registrando a experiência com o maior detalhamento possível num questionário (geralmente faz isso depois, para que não fique óbvio). Essa é uma prática comum em hotéis, restaurantes e concessionárias de automóveis. Como os hotéis e restaurantes não sabem que são o alvo da pesquisa, pode-se supor que a maneira pela qual irão tratar o comprador misterioso é a maneira pela qual tratam todos os clientes.

Há códigos de conduta que os pesquisadores adotam ao utilizar o comprador misterioso. Se o alvo do comprador misterioso pode sofrer uma perda financeira (como no caso de um *showroom* de automóveis em que o pesquisador de campo não tem intenção de comprar um carro), então os contatos são limitados a membros dos pontos de venda do patrocinador. Em outras palavras, são cobertos apenas os revendedores do cliente que encomendou a pesquisa. O esquema de comprador misterioso em hotéis envolve pagar a tarifa vigente por um quarto, e isso permite aos pesquisadores ampliarem a investigação, já que foi pago o preço justo e não se desperdiçou o tempo de ninguém.

Existem muitas outras situações de compra complexas em que a observação pode ser usada. Considere por exemplo a visita de um cliente potencial ao *showroom* de uma concessionária de automóveis. O que os clientes fazem quando entram no *showroom*? Parecem decididos e vão direto olhar um dos carros em exposição? Eles olham em volta como quem precisa de ajuda? Os vendedores se oferecem para ajudar e fazem isso de maneira apropriada? Até que ponto o pessoal de vendas é bem-sucedido em lidar com as perguntas e facilitar a venda? Como lidam com a delicada questão de informar o preço do carro? Eles conseguem responder adequadamente as perguntas do cliente?

Uma câmera (ou a observação convencional) pode ser usada para captar as reações dos clientes quando fazem o *check-in* em hotéis, aeroportos ou restaurantes. O quanto esse contato inicial é amigável? Com que eficiência a recepção lida com o processo de *check-in*? É oferecida aos clientes toda a informação e ajuda que precisam receber?

Uma parte crucial de qualquer estudo de comportamento de compra é a medida do tráfego ou *footfall* – isto é, o número de pessoas que passam por um ponto de venda ou por uma sequência de painéis publicitários. A observação é um meio óbvio de registrar o tráfego de compras, e este pode ser medido por pesquisadores de campo que ficam contando pessoas. (Em vez de literalmente contar as pessoas é mais provável que usem "*clickers*", isto é, contadores mecânicos simples, ativados apertando ou clicando um botão do dispositivo.)

O tráfego também pode ser medido eletronicamente usando escâneres ópticos (o que é mais difícil do que você possa imaginar numa rua movimentada, com pessoas indo e vindo e tentando avançar no meio da multidão em vez de caminhar ordenadamente).

A observação desempenha um papel muito óbvio nos *surveys* de compras, quando um pesquisador pode facilmente entrar numa loja e verificar se os produtos estão em estoque e fazer anotações sobre seus preços etiquetados. Neste caso, não há comunicação com o pessoal do ponto varejista (a não ser talvez para perguntar se determinado produto é vendido naquela loja). A tarefa de pesquisa fica mais complicada se o pesquisador precisar fotografar o mostrador dentro da loja. Para isso, é preciso pedir autorização ao gerente, mas nem sempre ela é concedida.

A OBSERVAÇÃO NA PESQUISA SOBRE PRODUTOS

A entrevista tradicional, especialmente entrevistas individuais em profundidade de casa em casa, ou abordagem de pessoas em shoppings ou grupos de foco, é uma importante contribuição para a pesquisa de produto. Essas entrevistas oferecem ocasiões para que os respondentes avaliem produtos e conversem a respeito do que gostam ou não. Sempre existe, porém, o perigo de que uma entrevista de 60 minutos discutindo um produto acabe tendo grande detalhamento, rendendo um monte de informações, só que não no contexto concreto em que as decisões são tomadas. A decisão de escolher uma determinada marca de pasta de dente pode ganhar complexidade em razão de algum histórico de lealdade àquela marca, mas é feita em questão de segundos na própria loja. Não é algo que leve os consumidores a quebrarem muito a cabeça; no entanto, o entrevistador pede que façam justamente isso. Há sempre o perigo de que o foco concentrado numa pequena decisão chegue a algum resultado, mas que este tenha sido "cozinhado além do ponto".

Uma câmera de vídeo numa loja captura o grau de ponderação na escolha de uma marca de creme dental. No entanto, se fosse possível, uma observação feita dentro do banheiro iria também definir se o tubo é apertado no fundo, na metade ou na ponta. Veríamos se a tampa do tubo é colocada de volta após o uso. Veríamos quanta pasta é colocada na escova. Um fabricante de creme dental interessado na embalagem e no desenvolvimento de produto pode encontrar valor em todas essas observações.

Vídeos obtidos de câmeras focalizadas nos pés de corredores de maratona são assistidos em câmera lenta e então é possível coletar dados precisos sobre a fatia de mercado de cada modelo e marca de tênis. Em outro aspecto de uma pesquisa observacional, a Adidas descobriu, quase por acidente, que os garotos deixavam de amarrar os cadarços de seus tênis, e isso levou-os a lançar um tênis de muito sucesso, ajustado com uma tira de velcro.

A Grohe, fabricante alemã de chuveiros misturadores, que coletam água de fontes frias e quentes, promoveu oficinas nas quais os trabalhadores eram observados instalando diferentes tipos de chuveiros. O exercício permitiu desenvolver um kit de montagem que simplificou e agilizou o trabalho do instalador.

A Marks & Spencer usa sua loja da Oxford Street para observar de que modo os consumidores reagem a novos designs, e a partir dessas observações podem ser tomadas rápidas decisões para o lançamento de um produto ou sua remoção do mercado.

A OBSERVAÇÃO NA CHECAGEM DE PAINÉIS E *OUTDOORS*

Um dos problemas da pesquisa de painéis e *outdoors* é determinar por quantas pessoas são vistos. Os painéis fazem parte do cenário de fundo de nossas ruas. É raro as pessoas pararem de propósito para apreciá-los; elas os absorvem de modo subliminar, ao passarem a pé, de carro ou de transporte público. A observação desempenha um papel em fornecer respostas a questões importantes: qual a quantidade de pessoas que passa pelo painel, o quanto ele é visível, e em que condições está posicionado.

A fim de obter respostas a essas questões, é preciso fazer visitas aos locais dos painéis. A partir de medições de tráfego feitas nos locais, os pesquisadores podem desenvolver modelos preditivos e encontrar a probabilidade de eles serem visualizados. Essas oportunidades de visualização genéricas são então ajustadas por meio de um índice de visibilidade aferido a partir do interior dos carros, da calçada e levando em conta quaisquer obstruções. Esse tipo de dado é importante para os publicitários e seus clientes definirem os preços cobrados pelos painéis. Uma campanha específica normalmente seria rastreada da maneira convencional, entrevistando uma amostra de pessoas para determinar o *recall* dos painéis.

A OBSERVAÇÃO PARA VERIFICAR A AUDIÊNCIA DA TELEVISÃO

A televisão é parte integral da vida das pessoas no mundo inteiro. Na maioria das sociedades ocidentais, 98% dos lares têm um televisor, e muitos têm dois ou mais. A tevê comercial é financiada por anúncios que custam milhares de dólares por uma inserção de 30 segundos. Portanto, não é de admirar que a apuração da audiência na televisão seja levada muito a sério.

Nos primeiros anos da televisão, os telespectadores recebiam um diário e anotavam nele fisicamente os programas que assistiam. Essa abordagem de autorrelato não era particularmente precisa, pois os espectadores deixavam de anotar programas que tivessem assistido ou simplesmente não se empenhavam muito na tarefa. Era necessária uma abordagem mais sofisticada. Foram concebidos então alguns sistemas eletromecânicos que registravam o calor do aparelho em longas tiras de papel, para saber se estava ligado ou não. No entanto, mediam apenas o uso do televisor e não o que era visto nele; foi então que surgiram métodos mais avançados.

Em qualquer país onde se meça a audiência da TV, recruta-se uma amostra de até 5 mil lares, que são equipados com um computador tipo "caixa preta" e um modem conectado à TV. Esse modem envia toda noite a um computador central informações sobre os padrões de audiência.

Pequenas caixas eletrônicas próximas à TV medem quem está assistindo, dando a cada membro da família um botão que é ligado e desligado para mostrar quando a visualização começa e termina. Esses "medidores pessoais" sabem a idade e gênero de cada membro da casa, e eventuais visitantes podem participar também da amostra registrando no sistema sua idade, sexo e status de visualização. As pessoas

Observação e etnografia

que participam dessa pesquisa de audiência são escolhidas para serem representativas da população geral.

Isso não é observação no sentido clássico, como discutido antes; é quase como um Big Brother te observando enquanto você olha para eles.

DICAS IMPORTANTES

- Use a observação quando achar que o comportamento das pessoas pode lhe oferecer *insights* que não seriam necessariamente obtidos por questionamento direto. A observação funciona bem com testes de produtos.
- Certifique-se de obter consentimento dos respondentes e de quaisquer outros que estejam envolvidos no estudo antes de se comprometer com o programa de observação. Não suponha que você pode simplesmente entrar num canteiro de obras e observar um pedreiro trabalhando sem ter obtido autorização prévia.
- Defina um processo sistemático de captura da observação – um diário ou um questionário a ser preenchido por um moderador ou pelos respondentes, fotos e vídeos sobre o que eles fazem, e instruções para os observadores a respeito de quanto tempo devem dispensar a cada tarefa.
- Torne-se bom pesquisador etnográfico desenvolvendo habilidades de um detetive inteligente, identificando pistas e observando reações que revelem alguma história oculta.

ELABORANDO PROGRAMAS DE OBSERVAÇÃO

Usar a observação requer imaginação. A maioria das ocasiões em que usamos a observação ocorre num ambiente artificial, como um acompanhamento etnográfico, um grupo de foco, uma sala de testes ou uma avaliação clínica. Essas ocasiões idealizadas podem ser perfeitamente aceitáveis para verificações simples. No entanto, nada substitui a observação de consumidores no mundo real. As instruções em letra miúda numa embalagem podem ser perfeitamente legíveis num local bem iluminado ou num centro especializado em acolher grupos de foco, mas não num ambiente doméstico pouco iluminado. Instaladores de chuveiro podem se atrapalhar ao manusearem a chave de fenda durante a instalação se souberem que estão sendo observados num experimento, o que não aconteceria se estivessem em uma situação rotineira, com privacidade.

Não é fácil conseguir colocar uma câmera para capturar tudo o que acontece na vida doméstica ou nos negócios. Há considerações óbvias a fazer a respeito de privacidade, e, de qualquer modo, câmeras fixas podem não capturar a imagem detalhada que se quer obter. No entanto, vídeos e câmeras são excelentes maneiras de capturar eventos e ter uma ideia de como os produtos são usados. Um fabricante de cabos elétricos (extensões) acreditava que a exposição de seus produtos nas lojas afetava substancialmente as vendas. Ele encomendou uma auditoria nas lojas e isso exigia que pesquisadores visitassem os pontos de vendas e tirassem fotos dos mostradores. As fotos mostraram rolos que ficavam amontoados de qualquer jeito, em geral perto do chão, porque as laterais das bobinas não eram planas e, portanto, não podiam ser empilhadas. Uma pequena alteração do design resultou num rolo que funcionava do mesmo jeito para o consumidor, mas podia agora ser exposto de melhor maneira na loja.

Pode-se solicitar que os consumidores guardem suas embalagens usadas num "cesto de teste". Os envoltórios antigos, sejam caixas ou canecas, são jogados nesses cestos que depois são coletados pelos pesquisadores. Esse "lixo" pode então ser examinado para checar de que maneira as embalagens foram abertas e usadas.

REPORTANDO OS DADOS DA OBSERVAÇÃO

Nesta discussão sobre o uso da observação, fica claro que há um elevado nível de subjetividade (excetuando as auditorias e as medições de pessoas que registram a audiência da televisão). Pode ser que haja um número relativamente pequeno de conjuntos de dados a ser interpretados. As observações podem admitir vários tipos de interpretação. O quadro geral daquilo que foi observado pode não ser totalmente claro.

Apesar do alto custo de capturar e interpretar os dados observacionais, eles podem ter impacto considerável – como se diz, uma imagem pode valer mais que mil palavras. Uma grande empresa de reparos em navios encomendou uma pesquisa para descobrir por que vinha perdendo sua fatia de mercado nos estaleiros do Sudeste Asiático. No final de uma das entrevistas em profundidade, um pesquisador pediu permissão para bater uma foto do respondente, um gerente de uma grande companhia de navegação. A fotografia mostrava o respondente em sua mesa de trabalho, sobre a qual tinha duas coisas: uma era um maço de folhas presas por um clipe de papel, a outra era um volume muito bem encadernado. O volume era um documento com a oferta que havia vencido a concorrência – um concorrente japonês. O estudo de pesquisa de marketing continha 15 mil palavras a serem analisadas, mas foi aquela única foto do dono do navio e de suas duas ofertas concorrentes que causou o maior impacto.

RESUMO

A observação foi um dos primeiros métodos utilizados por pesquisadores de marketing para coletar dados. Ela foi superada pelas entrevistas, mas mesmo assim há muitas oportunidades em que a observação pode fornecer *insights* valiosos.

A observação era originalmente usada para realizar a auditoria de produtos em supermercados, mas hoje os dados são coletados pela leitura de códigos de barras nos pontos de venda.

A técnica do comprador misterioso é uma forma importante de observação em pesquisa de marketing, e é usada para testar a experiência dos clientes em situações de compra, como em revendas de automóveis, hotéis e restaurantes.

A etnografia se tornou uma ferramenta importante em pesquisa de marketing, na qual os pesquisadores buscam compreender sentidos e comportamentos sociais ao se colocarem eles próprios numa situação que ocorre naturalmente. Desse modo, podem descobrir coisas que não viriam à tona numa entrevista convencional.

A câmera de vídeo pode ser usada para observar clientes em supermercados, a fim de descobrir de que maneira escolhem produtos para colocar no carrinho. É usada em grupos de foco para observar a linguagem corporal dos participantes. Pode ser usada também para medir o tráfego ou as marcas que são adquiridas.

As aplicações da observação em pesquisa de marketing estão crescendo, auxiliadas por câmeras digitais e recursos ópticos. Constituem um poderoso complemento de outras formas de pesquisa mais convencionais.

PARTE TRÊS

PESQUISA QUANTITATIVA

CAPÍTULO 9

PESQUISA QUANTITATIVA

O QUE É PESQUISA QUANTITATIVA?

A expressão fala por si. O termo *quantitativa* implica quantidade – dados baseados em grandes amostras que permitem medições e análises estatísticas. Isso levanta a questão: quando é que a pesquisa qualitativa termina e começa a pesquisa quantitativa? Os estatísticos dizem que quando cerca de 30 pessoas respondem a uma questão aberta (por exemplo, por que gostam ou não de algo), quase todas as respostas possíveis já terão sido dadas. Quando mais pessoas são entrevistadas, pode haver uma menção ocasional a outro fator, mas os principais já terão sido mencionados. Não há um número exato de entrevistas que separe as pesquisas qualitativas das quantitativas, mas pode-se dizer que estamos passando para o território quantitativo quando as amostras superam os 30 respondentes.

DETERMINANDO O TAMANHO DA AMOSTRA

Uma questão levantada com frequência antes de um estudo quantitativo é: "Qual deve ser o tamanho de uma amostra para ser precisa?". Para responder, temos antes de mais nada que decidir o quanto queremos que os resultados sejam precisos. A maioria dos pesquisadores de marketing fica satisfeito com um resultado no qual possamos ter 95% de certeza, isto é, que se repetíssemos o *survey* várias vezes, quaisquer resultados obtidos teriam uma variação de 5% para mais ou para menos em relação ao conseguido entrevistando absolutamente todo mundo.

Trabalhando com esse pressuposto de que mais ou menos 5% é um nível de erro razoável, podemos agora pensar em quantas pessoas devemos entrevistar. Imagine que queremos fazer um *survey* para determinar as atitudes em relação a líderes políticos entre a população de eleitores dos EUA, Irlanda e Reino Unido. Nos EUA há cerca de 240 milhões de pessoas aptas a votar. No Reino Unido a cifra está por volta de 47 milhões e na Irlanda é de 3,5 milhões. Há claramente uma ampla variação no tamanho das populações desses públicos. Isso é relevante para decidirmos quantas pessoas entrevistar?

Quando o público-alvo é grande, e com isso nos referimos a um número superior a 10 mil, o porte do público-alvo tem pouca relevância. Não vamos selecionar uma amostra de 10% de cada um desses públicos. O que precisamos é de uma amostra suficientemente ampla de cada país para obter um resultado válido. O que importa é o tamanho absoluto da amostra, e não a proporção da amostra em relação à população total.

Se queremos determinar quantas pessoas devemos entrevistar nesses três países com uma precisão de 5% para mais ou para menos, usamos um calculador do tamanho da amostra (Tabela 10.1). Nele vemos que uma amostra de 400 pessoas em cada país nos daria uma resposta dentro dos limites do erro estatístico que definimos (isto é, 95% de certeza de que o resultado irá variar em 5% para mais ou para menos).

Há várias ressalvas a considerar numa declaração como essa. Todo mundo da amostra deve ter tido uma chance igual de ter sido escolhido – ou seja, a amostra tem que ser aleatória. Além disso, se quiséssemos analisar os resultados por estado, município, gênero ou outro aspecto demográfico, perderíamos esse nível de precisão. Isso significa que, para todos os propósitos, um tamanho de amostra de apenas 400 indivíduos nos daria uma foto geral das visões das pessoas, mas não nos permitiria analisar isso em nenhuma profundidade. Se quiséssemos fragmentar os dados e examinar células menores de respondentes, teríamos que pensar no tamanho que cada uma dessas células deveria ter. Por exemplo, para examinar os respondentes do gênero masculino em relação aos do gênero feminino, cada um deles equivalendo a cerca de metade da amostra, precisaríamos de uma amostra total de 800, para que as subamostras de homens e mulheres nos dessem um resultado a respeito do qual pudéssemos ter certeza dessa variação de 5% para mais ou para menos. Os pesquisadores que desejam ter uma visão razoavelmente precisa de atitudes, comportamento ou consumo em qualquer país costumam escolher uma amostra entre 500 e 1.000 respondentes, sabendo que isso dará um resultado aceitável. Leia mais a respeito de métodos de amostragem no Capítulo 10.

Deve estar claro a essa altura que um *survey* quantitativo começa com um mínimo de 30 questionários preenchidos, mas o mais habitual é uma amostra com 200 ou mais. O tamanho final da amostra depende do número de subcélulas que precisarão ser analisadas, considerando que queremos ter no mínimo 30 por célula.

Com esse tamanho de amostra temos um grau razoável de confiança de que o resultado será representativo da população total e, portanto, poderemos medir as taxas de consumo, as atitudes e os comportamentos de modo a entender os mercados atendidos ou que queremos atender.

AS FERRAMENTAS DA PESQUISA QUANTITATIVA

Entrevistas presenciais

Nos primeiros dias da pesquisa de marketing quase todos os *surveys* eram realizados presencialmente por entrevistadores armados de pranchetas e questionários. Algumas entrevistas individuais presenciais ainda são adequadas, por exemplo, em shopping centers, exposições ou mesmo em ruas agitadas. Mas hoje é limitado o número de grandes *surveys* presenciais com propósitos quantitativos, não só em razão de seu alto custo, mas também pela segurança dos entrevistadores.

Entrevistas por telefone

Em países desenvolvidos, os lares prosperaram e a maioria conta com telefone, por isso as entrevistas por telefone logo substituíram as presenciais. Uma entrevista de 10 a 15 minutos por telefone rende o que consumiria de 20 a 30 minutos numa presencial – quase sempre por um custo mais baixo, especialmente nos *surveys business-to-business*. No entanto, ao longo da última década, muitos lares escolheram não constar das listas telefônicas e, portanto, não estão disponíveis para amostras. Ao mesmo tempo, os telefones fixos estão sendo rapidamente substituídos por celulares, o que também remove potenciais respondentes da estrutura da amostra, já que não há listas dos números de celulares disponíveis ao grande público. Hoje as entrevistas por telefone são apenas um décimo de todas as entrevistas realizadas pelo setor, e muitas são para estudos *business-to-business*.

Surveys on-line

Hoje, os *surveys* on-line são a principal fonte de pesquisa quantitativa. Esses *surveys* de autopreenchimento podem ser respondidos por celular, iPad e computadores, aplicados com rapidez e eficiência em questão de minutos. Deram grandes passos na redução do custo e na melhoria da velocidade de conclusão da pesquisa quantitativa. Leia mais a respeito de *surveys* on-line no Capítulo 15.

PARA QUE É USADA A PESQUISA QUANTITATIVA?

O lado mais conhecido da pesquisa de marketing são os *surveys* realizados e divulgados na mídia, seja sobre opiniões políticas ou algum aspecto das atitudes sociais. No entanto, isso é uma parte muito pequena do gasto geral com pesquisa quantitativa. A maior parte dos estudos quantitativos são patrocinados por empresas privadas ou departamentos do governo que precisam desses *insights* para o seu planejamento.

Como a palavra *quantitativa* sugere, esse tipo de pesquisa é usado para medições de mercado. Essas medições são necessárias para determinar proporções de pessoas que usam produtos (e serviços), que têm conhecimento de produtos, ou para saber quais marcas são mais conhecidas e quais poderiam ser consideradas. Os dados são usados em alguma forma de análise, como a segmentação do mercado ou a determinação da probabilidade de compra de produtos e serviços.

Os dados podem também alimentar a avaliação do tamanho dos mercados oferecendo uma medida das oportunidades.

Quase todos os estudos quantitativos têm objetivos específicos, que podem ser variados, como orientar decisões sobre preços, promoções, canais para o mercado ou para auxiliar no desenvolvimento de produtos. Muitos estudos quantitativos são repetidos todo ano (às vezes com frequência ainda maior), a fim de monitorar mudanças nos dados. Esses estudos são particularmente importantes para medir alterações no conhecimento de marcas e nas atitudes das pessoas em relação a elas.

As aplicações da pesquisa quantitativa são cobertas com maior profundidade nos Capítulos 17 a 23.

ANALISANDO A PESQUISA QUANTITATIVA

A pesquisa quantitativa oferece a pesquisadores de mercado dados brutos para tirar conclusões e empreender ações. Pesquisadores de marketing quantitativos são agora analistas de dados. Em sua forma mais simples, os dados podem ser apresentados como contagens sobre qual proporção de respondentes dará certas respostas. Isto é útil, mas não fornece necessariamente um *insight*. O analista de dados procura vínculos entre diferentes respostas para ver se existe uma relação entre duas ou mais variáveis. A tabulação cruzada mostra os resultados para diferentes grupos de respondentes e destaca as variações em relação à norma. Gráficos XY simples [cartesianos] costumam ser usados para mostrar a relação entre dois aspectos. O analista leva em conta o tempo todo que as medições devem ser significativas – isto é, em número suficiente para serem precisas e representativas da população geral.

Empresas de *surveys* de pesquisa de marketing têm equipes especializadas em processamento de dados que podem produzir tabelas de análises cruzadas. Contam também com estatísticos, capazes de aplicar vários testes aos dados. Embora a pesquisa de marketing quantitativa conte com o apoio desses *experts*, os analistas de mercado precisam ter familiaridade com números, e especialmente com programas básicos como o Excel. Com frequência, nada substitui um pesquisador de mercado quantitativo que coloque a mão na massa com os próprios dados numa planilha. Ser capaz de produzir tabelas dinâmicas de dados é uma tarefa diária do pesquisador quantitativo. O exame da planilha pode muito bem destacar fileiras de dados que precisam ser limpos ou respostas individuais que contenham algo esclarecedor.

Além do Excel há vários outros programas usados pelo pesquisador de mercado quantitativo para analisar os dados. O SPSS (Statistical Package for the Social Sciences) é um programa amplamente usado, ensinado em universidades e frequentemente usado por pesquisadores de mercado e empresas de *surveys*. Variações do SPSS são programas como o Q, R ou SAS, sintonizados com as necessidades da pesquisa de marketing. Quando os dados são exigidos para propósitos mais específicos, como análises conjuntas, pode ser mais apropriado utilizar softwares como o Sawtooth.

DICAS IMPORTANTES

- A pesquisa quantitativa pode ser cara quando baseada em amostras grandes. Só realize a pesquisa quando tiver absoluta certeza de quais perguntas você quer fazer e para qual propósito as respostas serão usadas.
- O retorno é decrescente quando se tem um tamanho grande de amostra. Duplicar o porte da amostra de 500 para 1.000 entrevistas melhora a precisão, para mais ou para menos, de 4,5% para 3,2% Pondere se esse custo adicional de uma amostra maior é compensador.
- Procure relações entre variáveis quantitativas para ver se elas indicam causa e efeito.
- Use gráficos XY para explorar as diferentes relações entre as respostas às perguntas.
- Mesmo que você esteja interessado em respostas agregadas, é importante pôr as mãos na massa nos dados e procurar respostas linha por linha para ver se alguns dados se destacam como peculiares ou fora do padrão.
- Aprenda a usar tabelas dinâmicas no Excel.

RESUMO

A pesquisa quantitativa lida com grande número de entrevistas. Geralmente um estudo quantitativo tem mais de 200 entrevistas, e muitos estudos do público em geral têm 1.000. O número de entrevistas realizadas e a seleção aleatória desses pontos de dados comandam a precisão de um estudo. É o tamanho absoluto da amostra que determina a precisão, e não a proporção que a amostra representa da população total. Os *surveys* do público em geral costumam ter cerca de 1.000 entrevistas, já que isso produz resultados que têm 3,2% de desvio para mais ou para menos daquilo que poderia ser alcançado se um censo fosse realizado (podemos ter 95% de certeza). Além disso, uma amostra desse porte é suficientemente grande para permitir a análise de subcélulas de respondentes, cada uma das quais deve ter tamanho suficientemente grande para que os resultados sejam estatisticamente significativos.

Em *surveys business-to-business* o tamanho total da população é muito menor que nos *surveys* ao consumidor, já que envolve muito menos membros. Em *surveys* de mercados como este, escolhe-se uma amostra com base no julgamento (com as empresas maiores da amostra com frequência respondendo por um número desproporcionalmente grande de entrevistas). *Surveys business-to-business* podem ter menos que 100 entrevistas, mas ainda assim são quantitativas, já que a análise está muito dedicada a medições de vários tipos.

Hoje os *surveys* quantitativos são realizados principalmente online ou por telefone. Servem para mostrar o tamanho e a estrutura de mercados, medir e monitorar consciência de marcas e mostrar as proporções da população que têm certas atitudes ou se comportam de uma maneira particular.

CAPÍTULO 10

AMOSTRAGEM E ESTATÍSTICA

PRINCÍPIOS DA AMOSTRAGEM

Quando discutimos os princípios da amostragem com novatos em pesquisa de marketing, que ainda não tiveram nenhum treinamento no assunto, é útil pedir que pensem na seguinte questão: "Vivem 330 milhões de pessoas nos Estados Unidos. Se quiséssemos saber quantas tomam café da manhã todos os dias, quantas pessoas precisaríamos entrevistar para obter uma resposta confiável?". Intuitivamente, o pesquisador novato poderia achar que precisaríamos entrevistar uma determinada proporção da população – digamos, 10%. No entanto, se fôssemos fazer isto com uma população desse porte, teríamos que entrevistar 33 milhões de pessoas. Pensando um pouco, chega-se à conclusão de que seria um exagero desnecessário. Qual a resposta então?

As pessoas costumam se surpreender que seja possível chegar a uma resposta precisa com referência a uma grande população partindo de uma amostra relativamente pequena de pessoas. Num país como os Estados Unidos, podemos entrevistar aleatoriamente apenas 2 mil pessoas e determinar que os resultados que obtivermos estarão dentro de uma margem de 2,2% do que seria encontrado fazendo um censo da população inteira. No mínimo, podemos ter 95% de certeza de que seria assim. Poder entrevistar um número tão pequeno como esse e obter um resultado tão confiável é algo extremamente valioso para os pesquisadores de marketing, que não têm tempo nem recursos para realizar um censo.

O que pode ficar confuso é quando ampliamos a questão. Por exemplo, se fazemos a mesma pergunta para a Irlanda, que tem uma população total de 5 milhões. Que tamanho de amostra seria necessário para determinar o número de pessoas que tomam café da manhã todo dia lá? Intuitivamente poderíamos imaginar que, para uma população bem menor, o tamanho da amostra também seria mais reduzido. Mas a resposta é que ainda teríamos que entrevistar aleatoriamente 2 mil pessoas para obter um resultado que ficasse entre + ou - 2,2% do obtido com um censo (de novo, com um nível de confiabilidade de 95%). Dessa breve introdução, depreende-se que é o tamanho absoluto da amostra que determina a precisão dos resultados a uma pergunta, e não a proporção dessa amostra em relação à população total.

A teoria da amostragem assusta muitos candidatos a pesquisadores de mercado. Há todas aquelas fórmulas e muita ciência envolvida. Com certeza o pesquisador de mercado precisa de uma boa compreensão de como escolher uma amostra robusta, mas na verdade isso raramente envolve uma matemática complexa. Um software padrão e colegas estatísticos podem fazer o trabalho pesado.

Os leitores que quiserem ver o lado matemático do assunto devem ler um dos muitos livros dedicados ao tema. Neste capítulo, vamos falar em termos práticos sobre como e por que escolhemos amostras da maneira que fazemos.

A amostra utilizada em mercados consumidores é muito diferente da aplicada a mercados *business-to-business*. Veremos cada um separadamente.

AMOSTRAGEM ALEATÓRIA EM MERCADOS CONSUMIDORES

Mercados consumidores tendem a ser massivos, com público-alvo medido em centenas de milhares ou milhões de pessoas. Entrevistar todos, ou a maioria, em populações tão grandes seria desproporcionalmente caro e exigiria um tempo considerável. No entanto, se pegarmos um subconjunto muito bem escolhido, não precisaremos entrevistar muitas pessoas para ter um quadro confiável sobre qual seria o resultado para toda a população. Esse subconjunto é uma amostra; um grupo de pessoas selecionadas para representar o todo.

Se a amostra é escolhida aleatoriamente, com todo mundo na população tendo uma chance igual e conhecida de ser selecionado, então podemos aplicar medições de probabilidade para mostrar a precisão do resultado. Se não houver uma seleção aleatória (voltaremos a isso mais adiante), então fica implícito que deverá haver um elemento de julgamento ou de viés na determinação de quem será escolhido, e nesse caso não é possível medir a precisão do resultado da amostra. A amostra aleatória costuma ser chamada de amostra de probabilidade, já que é possível determinar a probabilidade ou chance de o resultado estar dentro de certos limites de precisão.

Aleatório não significa que a base de dados inteira de pessoas que estamos colocando no *survey* precisa ser de um único pote. Ainda será aleatória se a população for dividida em bases de dados menores e concebermos um sistema de seleção aleatório a partir deles. Por exemplo, *surveys* de uma população nacional são escolhidas de modo mais conveniente dividindo primeiro a população em distritos, como estados, condados ou bairros, e fazendo um primeiro corte para escolher aleatoriamente um certo número desses distritos. As áreas escolhidas desse modo são então usadas como o nível seguinte de um *pool*, do qual será feita uma seleção aleatória. Essa amostra estratificada ou de multiestágios tem todos os princípios de aleatoriedade e, portanto, qualifica-se como uma amostra de probabilidade a partir da qual a precisão do resultado pode ser determinada.

Se a seleção da amostra é feita manualmente, ela demanda alguma abordagem sistemática, como escolher certo número que siga algum critério – cada terceiro, quinto ou décimo, e assim por diante. Na realidade, raramente teremos que nos preocupar quanto a selecionar desse modo, já que o computador faz isso por nós.

ESCOLHENDO O TAMANHO DA AMOSTRA

Agora temos que decidir qual será o tamanho da amostra. Como vimos na introdução deste capítulo, o que importa não é a porcentagem da amostra em relação à população total, mas seu tamanho absoluto. Em outras palavras, desde que a amostra seja grande o suficiente, ela nos dará um quadro que refletirá o total de maneira precisa. Mas o que é este "grande o suficiente"?

Imagine que você precisa testar a qualidade da água do lago Michigan. Quanta água você teria que coletar para fazer o teste? O lago deve ter milhões de litros de água e você certamente não vai querer coletar

10% disso. Na realidade, se você partir da suposição de que a água está bem misturada e pegar alguns baldes de vários pontos ao redor do lago e do seu centro, terá um bom quadro da qualidade da água. Isso também vale para as populações: uns poucos baldes de pessoas são suficientes para obtermos um bom quadro geral.

Vamos agora voltar à questão colocada anteriormente de determinar quantas pessoas nos Estados Unidos tomam café da manhã todo dia. A primeira meia dúzia de pessoas que entrevistarmos (aleatoriamente) pode dar resultados com variação muito alta e o quadro talvez não fique claro. Mas após um número surpreendentemente pequeno de entrevistas, na realidade cerca de 30, surgirá um padrão. Será apenas um padrão e de modo algum nos permite predizer a probabilidade de que o próximo respondente a ser entrevistado diga que toma café ou que não toma. No entanto, ao chegarmos a 200 entrevistas mais ou menos, veremos que o resultado começa a se assentar e cerca de 80% e 90% das pessoas dizem que tomam café da manhã todo dia. Mesmo que você prossiga e entreviste mais algumas centenas de pessoas, o resultado não mudará muito. A maneira pela qual a variabilidade de uma amostra se estabiliza à medida que seu tamanho aumenta está ilustrado esquematicamente na Figura 10.1.

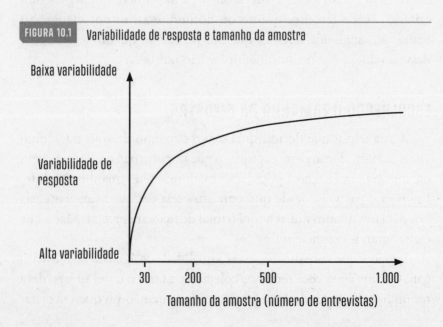

FIGURA 10.1 Variabilidade de resposta e tamanho da amostra

Como podemos notar na figura, quando a amostra ultrapassa 30 a consistência da resposta (ou seja, sua menor variabilidade) melhora acentuadamente. Acima de 30, passamos de pesquisa qualitativa para pesquisa quantitativa, e quando a amostra alcança 200 estamos definitivamente no território quantitativo. A área entre 30 e 200 entrevistas é acinzentada.

ERRO AMOSTRAL

Vale a pena repetir este princípio muito importante da amostragem aleatória – o tamanho da amostra necessário para dar um resultado preciso a um *survey* não tem relação com sua proporção em relação à população total; é o tamanho absoluto da amostra que importa. Não faz diferença se estamos pesquisando hábitos referentes ao café da manhã num país pequeno como a Irlanda, com população de apenas 5 milhões, ou num país como os Estados Unidos, com população de 330 milhões: uma amostra aleatória de 2 mil pessoas nos dará um resultado igualmente muito preciso nos dois países, variando 2,2% para mais ou para menos em relação ao resultado real (com níveis de confiabilidade de 95%).

O que significa "muito preciso"? Pelo fato de termos escolhido a amostra aleatoriamente, podemos declarar que o resultado é preciso, pelo menos dentro de certos limites. Esses limites são expressos em termos de confiabilidade ou certeza. Na maioria das amostras de pesquisa de marketing os limites de confiabilidade são dados no nível de 95%, o que significa que podemos estar 95% certos de que, se coletarmos essa amostra seguidas vezes, escolhendo entrevistar pessoas diferentes a cada rodada, obteremos um resultado similar. O resultado será similar apenas – não será exatamente igual. Isto porque haverá algum grau de erro em relação ao que seria conseguido se fizéssemos um censo completo. No entanto, com 2 mil entrevistas esse erro é de apenas 2,2% para mais ou para menos em relação ao valor obtido de um censo, o que, nas circunstâncias – não precisando entrevistar aqueles milhões todos de pessoas –, é muito bom.

Isto deve ter ficado claro. Uma amostra grande, selecionada aleatoriamente, é tudo o que precisamos, e não importa quantas

Amostragem e estatística

pessoas compõem a população total. Só que agora fica um pouco mais complicado, porque o nível de erro nem sempre é de 2,2% para mais ou para menos para um tamanho de amostra de 2.000; varia conforme a resposta real obtida. O ponto é que quando decidimos medir a proporção de pessoas que tomam café da manhã não sabemos qual será o resultado – esta é, afinal, a razão de realizarmos o *survey*. É possível que todos tomem café da manhã (ou ninguém), e neste caso isso logo ficaria evidente. Por exemplo, vamos imaginar que entrevistamos 500 pessoas fazendo uma pergunta estúpida como: "Você toma alguma bebida seja de que tipo for todos os dias?". Quando todas as 500 pessoas tivessem dito que sim, poderíamos estar bem seguros de que a próxima pessoa entrevistada responderia também que sim.

Agora imagine que entrevistamos 500 pessoas e perguntamos "Você toma chá todo dia?" e a partir desse *survey* concluímos que metade toma; ao chegarmos à entrevista número 501 não temos nenhuma certeza se a pessoa dirá que toma chá ou que não toma. Esta divisão 50/50 numa resposta a uma pergunta é o pior cenário, e quando 100% dão a mesma resposta sempre (ou 0%) temos o melhor cenário em termos de erro de amostragem.

Antes de realizar um *survey* não sabemos qual será o resultado, portanto, temos que assumir o pior cenário e estimar o erro supondo que 50% irão dar uma determinada resposta a uma pergunta. E os 2,2% para mais ou para menos que citamos para uma amostra de 2 mil é só isso – pressupõe que uma resposta a uma questão de um *survey* será de 50%.

Portanto, escolhemos o tamanho da amostra com base no pior cenário (50/50). Depois que o *survey* é concluído, temos um resultado. No caso da pergunta "Você toma café da manhã?", vimos que 90% das pessoas no *survey* dizem que tomam. Podemos então consultar tabelas ou calcular por meio de uma fórmula e saber qual é o erro que corresponde a esse número específico de 90%. A Tabela 10.1 mostra uma tabela pré-calculada [*ready reckoner*], que pode ser usada para checar o erro da amostra nos limites de confiabilidade de 95%. Procure na fileira superior a porcentagem 10% ou 90% (a proporção dos que dizem tomar café da manhã). Desça pela coluna da esquerda até o tamanho de amostra 2.000. Na intersecção de fileira e coluna você verá que o erro é dado como 1,3% para mais ou para menos. Ou seja, podemos ter 95% de certeza de que a verdadeira proporção de pessoas que tomam café da manhã (se entrevistássemos absolutamente todas) está entre 88,7% e 91,3%.

Se a entrevista fosse com apenas 500 pessoas, o erro na resposta "Você toma café da manhã?" seria de 2,7% para mais ou para menos, e de 1,9% para mais ou para menos se tivéssemos entrevistado 1.000 pessoas. Fica claro que quanto mais pessoas entrevistamos, melhor a qualidade do resultado, mas há retornos decrescentes. Quadruplicar a amostra geralmente dobrará a precisão de um determinado design de amostra.

A outra coisa importante de lembrar a respeito de tamanhos de amostras é que devem sempre ter sua precisão avaliada em termos do número de pessoas do grupo sendo examinadas – mesmo que seja um subconjunto do todo. Por exemplo, as 2.000 pessoas que entrevistamos para descobrir se tomavam café da manhã nos deram um resultado com o qual ficamos satisfeitos, com 1,3% para mais ou para menos no nível de confiabilidade de 95%. Mas se estivermos interessados nas possíveis diferenças entre crianças e adultos ou entre homens e mulheres, teremos que tomar cada subconjunto separadamente. Podemos examinar as mulheres respondentes na amostra (vamos assumir que há 1.000 mulheres de todas as idades no total) e ver que as mulheres adolescentes parecem ter menor probabilidade de tomar café da manhã do que as mulheres com mais de 18 anos. Digamos que o resultado mostre que apenas 70% das adolescentes tomam café da manhã em comparação com 90% das mulheres não adolescentes da amostra total. Será que podemos ter certeza de que a diferença entre essas duas respostas é significativa – que a diferença é real e que estaria presente toda vez que o *survey* fosse repetido com novas amostras? Antes de podermos responder isto precisamos saber quantas adolescentes estão na amostra. Na realidade, havia apenas 150 adolescentes entrevistadas em comparação com 850 mulheres não adolescentes (considerando que a amostra total de 2.000 pessoas contém 1.000 mulheres e 1.000 homens). Consulte a tabela de erros e veja qual a margem de erro para esses resultados.

Amostragem e estatística

TABELA 10.1 — Tabela pré-calculada para tamanhos de amostras

% QUE RESPONDEU A UMA PERGUNTA

Margem de erro com limite de 95% de confiabilidade

Tamanho da amostra	1% ou 99%	2% ou 98%	3% ou 97%	4% ou 96%	5% ou 95%	6% ou 94%	8% ou 92%	10% ou 90%	12% ou 88%	15% ou 85%	20% ou 80%	25% ou 75%	30% ou 70%	35% ou 65%	40% ou 60%	45% ou 55%	50%
25	4,0	5,6	6,8	7,8	8,7	9,5	10,8	12,0	13,0	14,3	16,0	17,3	18,3	19,1	19,6	19,8	20,0
50	2,8	4,0	4,9	5,6	6,2	6,8	7,7	8,5	9,2	10,1	11,4	12,3	13,0	13,5	13,9	14,1	14,2
75	2,3	3,2	3,9	4,5	5,0	5,5	6,2	6,9	7,5	8,2	9,2	10,0	10,5	11,0	11,3	11,4	11,5
100	2,0	2,8	3,4	3,9	4,4	4,8	5,4	6,0	6,5	7,1	8,0	8,7	9,2	9,5	9,8	9,9	10,0
150	1,6	2,3	2,8	3,2	3,6	3,9	4,4	4,9	5,3	5,9	6,6	7,1	7,5	7,8	8,0	8,1	8,2
200	1,4	2,0	2,4	2,8	3,1	3,4	3,8	4,3	4,6	5,1	5,7	6,1	6,5	6,8	7,0	7,0	7,1
250	1,2	1,8	2,2	2,5	2,7	3,0	3,4	3,8	4,1	4,5	5,0	5,5	5,8	6,0	6,2	6,2	6,3
300	1,1	1,6	2,0	2,3	2,5	2,8	3,1	3,5	3,8	4,1	4,6	5,0	5,3	5,5	5,7	5,8	5,8
400	0,99	1,4	1,7	2,0	2,2	2,4	2,7	3,0	3,3	3,6	4,0	4,3	4,6	4,8	4,9	5,0	5,0
500	0,89	1,3	1,5	1,8	2,0	2,1	2,4	2,7	2,9	3,2	3,6	3,9	4,1	4,3	4,4	4,5	4,5
600	0,81	1,1	1,4	1,6	1,8	2,0	2,2	2,5	2,7	2,9	3,3	3,6	3,8	3,9	4,0	4,1	4,1
800	0,69	0,98	1,2	1,4	1,5	1,7	1,9	2,1	2,3	2,5	2,8	3,0	3,2	3,3	3,4	3,5	3,5
1.000	0,63	0,90	1,1	1,3	1,4	1,5	1,7	1,9	2,1	2,3	2,6	2,8	2,9	3,1	3,1	3,2	3,2
1.200	0,57	0,81	0,99	1,1	1,3	1,4	1,6	1,7	1,9	2,1	2,3	2,5	2,7	2,8	2,8	2,9	2,9
1.500	0,51	0,73	0,89	1,0	1,1	1,2	1,4	1,6	1,7	1,9	2,1	2,3	2,4	2,5	2,5	2,6	2,6
2.000	0,44	0,61	0,75	0,86	0,96	1,0	1,2	1,3	1,4	1,6	1,8	1,9	2,0	2,1	2,2	2,2	2,2
2.500	0,40	0,56	0,68	0,78	0,87	0,95	1,1	1,2	1,3	1,4	1,6	1,7	1,8	1,9	2,0	2,2	2,0
3.000	0,36	0,51	0,62	0,71	0,79	0,87	0,99	1,1	1,2	1,3	1,5	1,6	1,7	1,7	1,8	1,8	1,8

Vemos que para adolescentes a margem de erro para este resultado é de 7,5% para mais ou para menos, ou que entre 62,5% e 77,5% das adolescentes tomam café da manhã. A margem de erro para mulheres não adolescentes é de 2% para mais ou para menos, ou seja, entre 88% e 92% das mulheres tomam café da manhã. Como as margens de erro não se sobrepõem entre esses dois resultados, podemos dizer que a diferença é estatisticamente significativa – podemos ter certeza de que o *survey* mostrou uma diferença real em termos do comportamento de tomar café da manhã entre esses dois subgrupos da amostra. Precisamos ter uma amostra total substancial pelo fato de que provavelmente vamos querer interrogar a amostra para comparar e contrastar as respostas de subgrupos. Cada subgrupo tem que ser encarado como uma amostra por direito próprio ao calcularmos o erro da amostra, portanto precisamos de número suficiente de respondentes nas subcélulas para obtermos uma resposta estatisticamente significativa.

Uma palavra final sobre o erro: você deve estar lembrado que dissemos que poucas amostras são extraídas da massa total da população; em vez disso, as amostras são selecionadas em estágios, escolhendo aleatoriamente uma região (por exemplo, um estado ou uma área política), e então uma amostra aleatória de subáreas dentro dessa região política, até que por fim são extraídos aleatoriamente os lares do registro eleitoral. Como resultado desse procedimento, a amostra de lares fica agrupada em pequenas áreas que podem ser contatadas de modo bem mais econômico para as entrevistas. Como a amostragem multiestágios é muito menos custosa de administrar do que uma amostra aleatória verdadeira, ela é amplamente usada em pesquisa de marketing sempre que procuramos amostras aleatórias da população total. A técnica pode ser usada com outras estruturas de amostras, assim como o registro eleitoral. Um problema com esta técnica, porém, é que o erro de amostragem é sempre crescente. Com efeito, um erro de amostragem adicional é introduzido a cada estágio do processo de amostragem, e isso precisa ser levado em conta ao selecionar o tamanho da amostra.

AMOSTRAGEM ALEATÓRIA E NÃO RESPOSTA

Do ponto de vista da amostragem, a não reposta é uma grande fonte de viés na amostra obtida. Seja qual for a razão, na prática é impossível coletar dados de cada um dos indivíduos que compõem uma amostra. Não será possível entrar em contato com alguns, pois podem ter se mudado ou falecido, e com certeza alguns irão se recusar a participar. Se os respondentes vivem em certas partes de um gueto, talvez não seja viável sequer abordá-los – é cada vez mais frequente que alguns entrevistadores se recusem a entrar em algumas áreas com fama de problemáticas. Se para uma amostra aleatória a taxa de resposta alcançada for, digamos, de 80% (que hoje na prática é considerada muito alta), a amostra originalmente obtida de 500 pessoas selecionadas será de apenas 400, e talvez os níveis de precisão com essa amostra menor também sejam baixos demais. Claro que o problema pode ser solucionado com uma substituição de amostra – pegar uma amostra complementar e fazer contatos até alcançar o número desejado de 500 entrevistas. No entanto, voltamos aos problemas de viés. Os não respondentes podem de uma maneira ou de outra diferir significativamente (em relação aos objetivos do estudo) daqueles que foram entrevistados, e os resultados, portanto, talvez não sejam representativos da população total. Com certeza alguns não respondentes diferem dos respondentes pelo próprio fato de se recusarem a participar de *surveys*, e isso pode muito bem ter grande relevância em pesquisas de intenção de voto ou em pesquisas atitudinais (isto é, os não cooperativos podem ter um determinado tipo de personalidade, que de modo geral tomam atitudes mais críticas).

A não resposta é um grande problema para os pesquisadores de marketing, principalmente porque as taxas médias de resposta a *surveys* vêm caindo a cada ano. Uma vantagem das amostras aleatória e pré-selecionadas no que diz respeito à não resposta é que pelo menos o nível de resposta alcançado num *survey* pode ser quantificado – com uma lista completa da amostra, os resultados do contato com cada potencial respondente podem ser logados. Além disso, em razão dos registros de contatos, é possível implantar procedimentos rigorosos de retorno [*call-back*] para aumentar a resposta: pode-se exigir que os entrevistadores voltem até três vezes em horários diferentes do dia a fim de tentar realizar a entrevista. Tais procedimentos não podem ser usados em amostragem por cotas (ou pelo menos sua implementação não está assegurada), que é o assunto da próxima seção.

AMOSTRAGEM POR COTAS

Na realidade, pouquíssimas amostras em pesquisa de marketing são de fato aleatórias, da maneira que descrevemos até aqui. Isto porque as amostras aleatórias são muito difíceis e caras de administrar. Para ter uma amostra aleatória, devemos ter a população inteira disponível para podermos fazer nossa seleção a partir dela. Na Europa, entrevistas em residências podem ser feitas presencialmente, indo a moradias que foram identificadas de alguma maneira sistemática e aleatória. Típico disso é um passeio aleatório no qual uma rua é aleatoriamente selecionada, uma casa é aleatoriamente selecionada nessa rua e depois o entrevistador tem instruções para entrevistar cada "n" casas e alternativamente descartar uma intersecção. Regras especiais irão cobrir blocos de apartamentos e o que se dever fazer quando os edifícios são não residenciais. Você já pode ver que isso vai se complicando e que há motivos para que as instruções deem errado.

Escolher a amostra a partir de um registro eleitoral contorna esse número "n" e o problema de esquerda-direita da rua, mas ainda pode haver distâncias consideráveis entre as casas escolhidas, o que encarece os custos.

E quem você deve entrevistar quando a porta é aberta? A noção antiquada de que haveria aí um "chefe de família" já foi abandonada há muito tempo, e hoje seria mais relevante incluir perguntas de avaliação para descobrir quem tem maior influência em uma atividade específica, como as compras de comida, a compra de um carro ou seja qual for o assunto do estudo.

Nos Estados Unidos são bem poucos os *surveys* porta a porta. O tamanho do país e os possíveis perigos associados a bater na porta de estranhos em áreas urbanas são duas boas razões disso. Assim, é mais provável que se utilize o telefone para entrevistar ou então que o *survey* seja feito on-line. No entanto, não existe um banco de dados perfeito de números de telefone, nem um painel perfeito de respondentes on-line. Um número significativo de pessoas não consta de diretórios e pode representar um grupo de respondentes com características especiais – mais velhos e mais ricos, com maior probabilidade de que sejam mulheres. Superar essas deficiências de qualidade da amostra leva a métodos inventivos, como a discagem digital aleatória para pesquisas por telefone (ao se encontrar um número real, a chamada é iniciada) ou selecionar um número aleatoriamente das páginas amarelas e mudar o último dígito, aumentando-lhe algum número (digamos que o número aleatoriamente selecionado do guia seja +1 972 735 0537, então ele é alterado acrescentando-se um ao último dígito e transformando-o em +1 972 735 0538). Tanto a discagem digital aleatória quando a discagem "plus 1" envolvem alto custo em ligações perdidas – para assinantes não residenciais ou números não existentes. Além disso, entre as razões pelas quais algumas pessoas escolhem ficar fora de listas sem dúvida destaca-se o fato de que não querem ser incomodadas por pessoas como entrevistadores de pesquisa de marketing, portanto as taxas de resposta serão ainda mais baixas do que entre lares listados. (As taxas de resposta em entrevistas telefônicas com consumidores são baixas em qualquer caso.)

Esses problemas de amostragem de telefones e de amostragem para entrevistas presenciais estão de certo modo ficando irrelevantes à medida que os *surveys* on-line ganham espaço. As entrevistas on-line agora predominam como método de trabalho de campo em quase todos os países desenvolvidos. Aqui, os problemas têm mais a ver com a qualidade dos membros dos painéis on-line (quem são essas pessoas que se inscrevem em painéis e buscam recompensas por preencher questionários?).

Vamos deixar de lado, por enquanto, o problema dos painéis on-line (ver Capítulo 15) e retomar o assunto da amostragem. Muitos dos problemas associados à amostragem aleatória são evitados ao trabalhar com amostras por cotas. A estrutura demográfica da maioria das populações é conhecida. *Surveys* prévias e dados do censo nos dizem quais são as divisões por gênero, idade, faixas de renda (ou classe social), geografia e muitos outros critérios-chave de seleção. Portanto, um meio mais simples e mais barato de obter uma amostra representativa é definir uma cota, para que os entrevistadores consigam um quadro que reflita a população sendo pesquisada. Preencher a cota fornece um mix de respondentes que reflete a população visada.

A maior parte do trabalho de campo hoje é controlada pelos computadores que guardam a amostra, que por sua vez é codificada de acordo com as diferentes características da cota. No caso das entrevistas por telefone, a amostra que é contatada é fornecida aos entrevistadores por meio de um programa de entrevistas por telefone assistidas por computador [*computer-assisted telephone interviewing*, CATI]. Quando se atinge o número de entrevistas exigido para certo grupo de respondentes (isto é, a cota), o computador interrompe o fornecimento de amostras para esse grupo. Em pesquisas com consumidores, demografias como gênero e faixas de renda (ou classe social) são parâmetros de cota comuns, e costumam estar interligados (por exemplo, cotas por grupos de idade para cada faixas de renda). A Tabela 10.1 ilustra isso. Em pesquisas que utilizam cotas, os respondentes são selecionados pela equipe de entrevistas para corresponder às características de cada célula (por exemplo, 12 respondentes do grupo de renda média a alta e com idades entre 18 e 24), até que todas as células sejam preenchidas. Na Tabela 10.2, as cotas mostradas são para uma amostra total.

TABELA 10.2 Exemplo de cotas interligadas

Idade	Faixa de renda alta	Faixa de renda de média a alta	Faixa de renda de média a baixa	Faixa de renda baixa	Total
18-24	2	12	8	11	33
25-44	12	19	18	16	65
45+	17	24	25	36	102
Total	31	55	51	63	200

Número de pessoas a serem entrevistadas em cada faixa de renda

Um problema prático com a amostragem por cotas é que os números requeridos dentro de um subgrupo (por exemplo, faixas de renda alta) podem ser suficientes para atender às necessidades do tamanho da amostra total, mas pequenos demais para fornecer resultados confiáveis a respeito de um subgrupo que seja de particular interesse. A solução comum para este problema é o *oversample* do subgrupo [aumentar o tamanho da amostra] (por exemplo, se o grupo de "fortes consumidores" é 10% da amostra, isso é aumentado para 25%) e os resultados são então ajustados de volta ao verdadeiro perfil da população no estágio de análise dos dados por meio do uso de técnicas de ponderação.

As amostras por cotas são muito usadas em pesquisa de marketing. Seu principal mérito na prática é o baixo custo: não há custos administrativos para pré-selecionar a amostra, a produtividade dos entrevistadores (entrevistas realizadas por dia) é mais alta, pois não estão fazendo o acompanhamento das não respostas iniciais, e a técnica pode ser usada com entrevistas on-line ou com entrevistas de baixo custo em shoppings ou na rua (onde obviamente a pré-seleção não é possível). No entanto, as desvantagens teóricas são consideráveis. Há o viés criado pelo fato de os respondentes serem selecionados pelos entrevistadores, que podem, conscientemente ou de outra forma, rejeitar potenciais respondentes que pareçam "difíceis". Além disso, como os não respondentes iniciais não são acompanhados, há um viés contra aqueles respondentes menos acessíveis – por exemplo, pessoas que trabalham muitas horas.

Depois há o problema do erro de amostragem não computável. Amostras por cotas, assim como as aleatórias, estão sujeitas, é claro, a erros de amostragem, mas neste caso não há uma maneira simples de calcular qual seria este erro. Com frequência, o erro de amostragem é calculado como se a amostra fosse aleatória, mas não há fundamento teórico para isso. Vários estudos têm comparado resultados de *surveys* por cota com os de *surveys* por probabilidade aleatória, e afirma-se que os dados de amostragens por cotas e de amostragens por probabilidade aleatórias são, em geral, comparáveis – a maioria mostra apenas pequenas diferenças entre tipos de amostras.

Como ocorre com sua aplicação a pesquisas quantitativas, a amostragem por cotas é amplamente usada para recrutar amostras qualitativas para discussões em grupos de foco e para entrevistas em profundidade. Num sentido bastante amplo, a intenção é cobrir uma amostra que seja amplamente representativa da população-alvo em termos de demografia, uso de produto ou mesmo de atitudes em relação a questões cruciais. No entanto, como não há a tentativa de quantificar a partir da pesquisa em nenhum sentido rigoroso, as questões e problemas do erro de amostragem não se aplicam. Mas os problemas do viés do entrevistador na seleção ainda precisam ser levados em conta.

AMOSTRAGEM EM MERCADOS *BUSINESS-TO-BUSINESS*

A pesquisa *business-to-business* lida com populações não de indivíduos, mas de organizações (empresas, entidades sem fins lucrativos, departamentos do governo e assemelhados). Surpreendentemente, não existe uma estrutura de amostra universal ou mesmo estruturas abrangentes para a maioria dos setores que se mostrem completas. Existem várias fontes para adquirir listas de empresas, incluindo grandes diretórios como o *Hoovers*. Embora sejam relativamente abrangentes, esses diretórios deixam de fora muitos negócios menores e fazem constar nomes de empresas que estão em campos não relacionados. Além disso, quando a pesquisa é sobre um setor da indústria (comumente referido como um "vertical"), a definição do setor relevante para os objetivos da pesquisa pode não corresponder às classificações usadas nas estruturas de amostragem.

Esses comentários podem dar a impressão de que não é possível obter uma amostra confiável em pesquisas *business-to-business*, mas isso seria exagerar o problema. Na prática, as amostras extraídas de tais diretórios e montadas a partir de diversas fontes, embora não totalmente isentas de viés, são boas o suficiente para a maioria dos propósitos. Há também outras questões importantes na pesquisa *business-to-business*, além das limitações da estrutura da amostra, particularmente as relacionadas com o fato de as empresas em termos de funcionários não serem de porte igual. Pegue, por exemplo, o setor químico. Num nível, pode haver desde uma pequena empresa que emprega uma ou duas pessoas e mistura substâncias químicas com um balde e um pedaço de pau, até empresas imensas como Ineos, DuPont, BASF e Dow. Na maior parte dos mercados *business-to-business* a distribuição de empresas segue a regra 80:20, ou "regra de Pareto": isto é, 20% das unidades respondem por 80% do mercado estudado. O fato de a maior parte dos setores serem dominados por um pequeno número de grandes empresas significa que é crucial incluí-las na amostra. Na realidade, o pesquisador deve obter (desde que os níveis de cooperação permitam) um censo das maiores empresas e uma amostra do resto (ver Figura 10.2).

Esta seleção de empresas específicas a entrevistar envolve julgamentos, embora haja alguns princípios-guia, como o número de funcionários, o faturamento e o domínio eventual de um setor vertical.

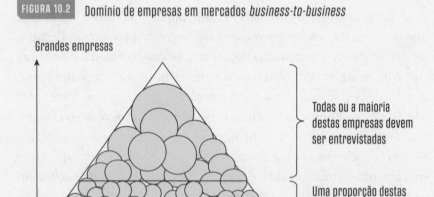

FIGURA 10.2 Domínio de empresas em mercados *business-to-business*

O pesquisador *business-to-business* precisa lidar não só com grandes diferenças no tamanho das empresas, mas também com complicações causadas pela natureza intrincada da unidade de tomada de decisão [*decision-making unit*, ou DMU]. Enquanto as decisões na maioria das residências são tomadas pelos parceiros e pelos filhos (ou mesmo por uma só pessoa), nos negócios há contribuições das áreas de compras, técnica, de produção e possivelmente de finanças e marketing. Essas contribuições mudam ao longo do tempo. Quando um produto está sendo especificado ou avaliado pela primeira vez, o time técnico provavelmente terá uma voz mais forte. Depois que o produto entra no estágio rotineiro de receber pedidos, o pessoal de compras e produção tem maior influência. Então, quem você deve escolher entrevistar? Em tese, você pode começar montando um quadro que envolva toda a diretoria e selecionar pessoas de cada grupo. No entanto, como muitas amostras *business-to-business* são pequenas (200 entrevistas já é um tamanho respeitável), as subcélulas de respondentes para uma tarefa em particular acabam sendo pequenas demais para ser analisadas em separado. Por essas razões, pesquisadores *business-to-business* podem fazer concessões e decidir concentrar as entrevistas em apenas um grupo, por exemplo, o grupo crucial para a tomada de decisão (felizmente, costuma haver uma pessoa que detém o maior poder de inclinar a balança numa decisão *business-to-business*).

USANDO A ESTATÍSTICA PARA DERIVAR A IMPORTÂNCIA DOS FATORES

A discussão até aqui neste capítulo foi sobre amostragem. A disponibilidade de ferramentas de software de processamento estatístico como a SPSS significa que os pesquisadores estão sempre procurando meios de espremer os dados para extrair mais sentido deles. Uma aplicação comum da qual os pesquisadores devem estar cientes é o uso de técnicas de regressão para definir a importância de diversos fatores avaliados nos *surveys* de satisfação do cliente.

Os *surveys* de satisfação do cliente têm dois componentes importantes: a medição da importância dos diversos fatores que compõem a oferta de uma empresa (por exemplo, entrega pontual, qualidade consistente, suporte técnico) e a satisfação com esses fatores ou atributos. No entanto, os pesquisadores estão constantemente atormentados com essa medição da importância, porque o que as pessoas dizem ser importante na escolha de um fornecedor pode não ser o que as deixa satisfeitas com ele. Sabemos disso porque quando tentamos correlacionar todos os atributos com a nota dada à satisfação geral, encontramos impulsionadores [*drivers*] de satisfação diferentes daqueles que as pessoas disseram ser importantes na sua escolha da marca ou fornecedor. Por exemplo, encontramos fortes correlações entre a satisfação geral e aspectos mais "suaves", como o serviço e fatores relacionados a pessoas. Esta alta associação entre alguns fatores individuais e a satisfação geral implica que eles têm significativa influência nesses números gerais.

Alguns pesquisadores acreditam que as medições de importância derivadas são mais relevantes que as respostas a perguntas diretas sobre o que é importante (importância declarada), já que os valores da importância derivada mostram onde pode haver melhoras que aumentem a avaliação de satisfação geral. No entanto, há perigos em ignorar a importância declarada. Embora ela possa não ser um guia completo para o que impulsiona a satisfação, contém requisitos básicos importantes que precisam ser fornecidos, num nível aceitável, por todo fornecedor. Na realidade, são fatores de higiene, e tipicamente incluem a qualidade do produto, o valor pelo dinheiro e a entrega rápida. Podem não impulsionar satisfação, mas sem dúvida determinam se você "entra no jogo" e se sua empresa antes de mais nada será escolhida como fornecedora. Esses fatores de higiene são importantes para capacitar um fornecedor a conseguir negócios, enquanto os fatores mais *soft* ou "suaves" que impulsionam satisfação são os que determinam se o negócio será mantido.

USANDO A ESTATÍSTICA PARA CHEGAR A SEGMENTAÇÕES BASEADAS EM NECESSIDADES

A segmentação consiste em ajustar o tamanho e a natureza dos subgrupos de uma população, e deve basear-se em qualquer número de características. Segmentos de consumidores podem ser identificados segundo demografias como gênero, idade, faixa de renda e local de residência. Podemos também identificar grupos de consumidores por suas diferenças psicográficas, não apenas por suas diferenças demográficas e de comportamento.

Os dados de classificação em questionários fornecem dados demográficos, enquanto as perguntas no corpo da entrevista determinam aspectos de comportamento e necessidades. A tabulação cruzada de dados decorrentes desses critérios permite ver as diferentes respostas entre grupos de respondentes. Isso é segmentação no nível mais simples, e todo pesquisador usa a seu modo as descobertas das tabulações de computador para definir grupos de respondentes.

No entanto, podemos usar técnicas estatísticas, em particular a análise multivariada, para propiciar que emerjam segmentos mais sofisticados. Num estudo de segmentação (ou mesmo num estudo de satisfação do cliente), pede-se aos respondentes para revelarem em que medida concordam com certo número de declarações. Ou que aloquem pontos a uma série de fatores, indicando sua importância. As respostas a essas questões determinam as necessidades e interesses dos respondentes. A possível combinação de diferentes agrupamentos das várias perguntas de um questionário de 1.000 entrevistas é literalmente da ordem de bilhões, e precisamos de alguns meios para criar combinações que tenham uma adequação natural.

Usando uma técnica conhecida como análise fatorial, os estatísticos podem descobrir quais grupos de atributos combinam melhor. Depois de realizar este agrupamento, em geral é possível ver temas comuns, como: pessoas que buscam preços baixos e poucos extras, pessoas que buscam muitos serviços e muitos adicionais e estão dispostas a pagar por eles, pessoas preocupadas com fatores ambientais e assim por diante. A análise fatorial reduz o grande número de atributos a um subconjunto menor, porém representativo. Esses subconjuntos recebem então rótulos, como "batalhadores por preços", "buscadores de serviços" e quaisquer outros termos que ajudem a equipe de marketing a saber exatamente a quem estão se dirigindo.

Os agrupamentos de necessidades obtidos por análise fatorial passam então por outras computações, que empregam uma técnica conhecida como análise de *cluster*. Esses fatores são inseridos na análise de *cluster*, cujos algoritmos rearranjam os dados em divisões que já foram especificadas e portanto determinam o quanto uma população se enquadra com exatidão nos diferentes agrupamentos.

A abordagem estatística a uma segmentação baseada em necessidades ficou muito popular, e com certeza é um importante recurso objetivo para encontrar maneiras mais interessantes e possivelmente mais relevantes de lidar com a base de clientes. No entanto, os gostos e necessidades das populações estão em constante mudança, e devemos estar sempre atentos a novos segmentos que podem não se mostrar mais do que como um pequeno ponto na atual tela do radar. Por exemplo, se a Guinness levasse adiante uma segmentação baseada em necessidades de seus clientes (principalmente idosos) na década de 1960, poderia não ter identificado a oportunidade de reposicionar a bebida como sendo jovem e na moda. Este segmento foi desenvolvido por uma série de perspicazes campanhas de marketing.

DICAS IMPORTANTES

- Verifique com o patrocinador do estudo o quanto o *survey* tem que ser preciso. Não faz sentido encomendar um *survey* grande e custoso se eles estão procurando apenas indicadores direcionais.
- Identifique a diferença entre amostras em mercados consumidores e mercados *business-to-business*. Em mercados *business-to-business* você terá interesse em compradores e especificadores dentro de empresas de diversos portes e em diferentes mercados verticais. Em mercados consumidores, terá maior interesse em obter um grupo representativo de consumidores ou potenciais consumidores.
- Ao definir o tamanho da amostra, parta de subcélulas de respondentes que sejam de interesse e certifique-se de ter pessoas suficientes em cada uma das células. O mínimo para uma subcélula num *survey* quantitativo é em torno de 50 pessoas. Assim, se quiser entrevistar homens e mulheres em quatro diferentes grupos etários precisará de um tamanho total de amostra de não menos de 400 pessoas.
- Use estatísticas sempre que puder extrair maior compreensão dos dados.
- Utilize as funções estatísticas do Excel que permitem a não estatísticos fazer tarefas simples como correlacionar dois conjuntos de dados. Por exemplo, correlacionar a pontuação de satisfação geral dos respondentes às pontuações que eles dão a aspectos individuais de um produto ou serviço mostra a "importância derivada" de cada um desses fatores individuais. Isso evita ter que perguntar às pessoas o quanto essas coisas são importantes na escolha de uma marca ou fornecedor.

RESUMO

Todo pesquisador de marketing precisa entender o básico da amostragem. Os únicos *surveys* que podem ser medidos em termos de sua precisão são os que se baseiam num censo ou na amostragem aleatória.

A amostragem nos permite pegar uma pequena proporção da população total e estabelecer um resultado que é representativo do todo.

A variabilidade nas respostas a uma pergunta do *survey* começa a se assentar após a conclusão de mais de 30 entrevistas. Quanto mais se exige um resultado preciso, maior tem que ser a amostra. O que importa é o tamanho absoluto da amostra. A amostra aleatória de 500 pessoas produzirá um resultado de *survey* sobre o qual podemos ter quase certeza (95% confiável) de que variará 4,5% para mais ou para menos em relação ao que seria alcançado entrevistando toda a população. Uma amostra quatro vezes maior dará um resultado com o dobro da precisão, porque há retornos decrescentes quando se aumenta o tamanho da amostra.

Há problemas práticos com as amostras aleatórias. A maioria dos *surveys* de pesquisa de marketing se baseia em amostras por cotas, que garantem que a composição da amostra tenha a mesma divisão geral que a população.

Mercados industriais e muitos mercados *business-to-business* exigem uma abordagem diferente à amostragem, pois os membros da população são de porte muito diferente (ao contrário do que ocorre em mercados consumidores). Há listas das empresas que compõem o mercado, estratificadas com base no porte ou em sua classificação industrial. A maioria dos setores é dominado por um pequeno número de empresas, portanto, entrevista-se o maior número possível delas, pois respondem por um consumo desproporcional dentro do setor.

A modelagem estatística é muito usada em pesquisa de marketing para derivar a importância de fatores que impulsionam a satisfação do cliente. Este tipo de análise mostra que questões mais "*soft*" como a amabilidade do time e a boa comunicação afetam a satisfação do cliente de modo mais positivo que alguns fatores de higiene, como preço, qualidade do produto e entrega.

A análise das descobertas quase sempre envolve comparar os resultados de diferentes segmentos (grupos de respondentes). Empregam-se técnicas estatísticas mais sofisticadas para descobrir segmentos baseados em necessidades. A análise fatorial é usada para destilar as muitas avaliações atitudinais em grupos de temas comuns. A análise de *cluster* é então usada para descobrir o tamanho desses segmentos dentro de uma população.

CAPÍTULO 11

ELABORANDO O QUESTIONÁRIO

POR QUE É TÃO DIFÍCIL ELABORAR UM QUESTIONÁRIO?

Fazer perguntas e obter as respostas certas nem sempre é tão simples quanto pode parecer. Quem inicia a carreira em pesquisa de marketing pode supor que a elaboração do questionário é um processo bem definido – que basta fazer as perguntas aos respondentes certos e obterá a melhor resposta. Mas o quanto isso pode ser de fato difícil? É verdade que qualquer um pode enfileirar uma série de questões e normalmente obterá uma resposta em algum formato, mas talvez não seja a resposta que procura.

A elaboração do questionário é uma das partes mais difíceis e importantes da pesquisa de marketing. Equivale à planta do arquiteto num projeto de construção – se a planta tiver algum erro, o edifício não ficará satisfatório. Mas do mesmo modo que dois arquitetos irão apresentar projetos bem diferentes para uma mesma construção, dois pesquisadores provavelmente nunca irão conceber o mesmo questionário. O design do questionário dá liberdade ao seu criador. Este capítulo traz as linhas gerais que definem o *framework* para a concepção dos questionários.

O PAPEL DOS QUESTIONÁRIOS

O questionário desempenha vários papéis importantes. Seu propósito principal é permitir extrair dados de um respondente. Serve como um "auxílio à memória" para o entrevistador, para que ele não precise decorar as perguntas. Dá consistência à maneira pela qual a entrevista é conduzida, especialmente porque é comum vários entrevistadores trabalharem ao mesmo tempo num projeto. Sem um questionário, as perguntas seriam feitas de maneira aleatória, a critério de cada indivíduo. Os questionários também têm papel importante na metodologia de coleta de dados. Eles permitem que as respostas sejam registradas de uma maneira consistente, o que facilita depois a análise de dados.

DIFERENTES TIPOS DE QUESTIONÁRIO

Um questionário pode ser administrado de três diferentes maneiras: por telefone, presencialmente ou por autopreenchimento (via correio ou on-line). Esses três métodos incongruentes requerem diferentes formatos de questionários (Quadro 11.1).

Questionários estruturados consistem em perguntas fechadas ou solicitadas (com respostas pré-definidas – ver a próxima seção), que exigem que quem projeta o questionário tenha ciência das possíveis respostas ou possa prevê-las. São usados em grandes programas de entrevistas (com mais de 30 e provavelmente mais de 200), realizadas por telefone, presencialmente ou por autopreenchimento, conforme o tipo de respondente, o conteúdo do questionário e o orçamento.

Questionários semiestruturados compreendem uma combinação de perguntas fechadas e abertas. São usados em pesquisa de marketing *business-to-business* quando é preciso acomodar uma grande gama de respostas diferentes de várias empresas. O uso de questionários semiestruturados permite a coleta de um mix de informações qualitativas e quantitativas. Podem ser administrados por telefone ou presencialmente.

Questionários não estruturados são compostos por questões de escopo mais livre, permitindo que os respondentes se expressem do seu modo. As perguntas são listadas numa ordem aparente, mas não são rígidas a ponto de escravizar o entrevistador a segui-las em todos os detalhes. Há flexibilidade suficiente para adotar linhas separadas de questionamento e sondagem, ou mesmo para construir novas linhas de questionamentos que não estejam no roteiro. Questionários não estruturados são usados em pesquisa qualitativa para entrevistas em profundidade (presenciais ou por telefone) e formam a base de muitos estudos realizados em mercados técnicos ou mais específicos.

DIFERENTES TIPOS DE PERGUNTA

As perguntas podem ser classificadas de várias maneiras. Uma distinção importante é entre perguntas abertas e perguntas fechadas.

| QUADRO 11.1 | Os três diferentes tipos de questionário |

Tipo de questionário	Área de utilização	Método de administração
Estruturado	Grandes estudos quantitativos	Telefone/presencial/on-line
Semiestruturado	Estudos qualitativos sobre consumo, estudos *business-to-business*	Telefone/presencial
Não estruturado	Estudos qualitativos	Discussões em profundidade por telefone/presenciais/em grupos

Perguntas abertas obtêm respostas livres, em geral coletadas exatamente do jeito que foram enunciadas pelos respondentes. Como estes têm a liberdade de expressar respostas do jeito que quiserem, esse tipo de questionamento é muito apropriado para pesquisa exploratória. Perguntas abertas também são usadas quando a gama de respostas possíveis não é conhecida de antemão e não pode ser classificada de modo rigoroso em pré-códigos.

Perguntas abertas criam problemas para os pesquisadores. Primeiro, elas são difíceis de avaliar, já que devem ser agrupadas antes que qualquer análise estatística tenha lugar. Segundo, os comentários devem ser coletados literalmente, o que significa que os entrevistadores devem tentar captar cada palavra do jeito que foi dita ou digitada num computador. Se a entrevista foi gravada e depois digitada, a penalização será a imensa quantidade de tempo que isso exige. Às vezes, digitar as respostas de uma entrevista a partir de uma gravação leva três vezes o tempo que dura a própria entrevista. Na maioria das entrevistas administradas as anotações feitas pelos entrevistadores são suficientes. Nesse caso, confia-se na habilidade do entrevistador de capturar a essência da resposta com o maior detalhamento possível sem acrescentar a própria interpretação daquilo que os respondentes de fato quiseram dizer.

O segundo estilo de pergunta é a fechada. Pode assumir a forma de perguntas com uma única resposta ou várias. As perguntas de resposta única, como o termo sugere, têm apenas uma resposta possível. O caso mais típico é a pergunta dicotômica que tem apenas duas opções possíveis, "sim" ou "não" (a resposta "não sei" também seria legítima). Muitas perguntas atitudinais são de resposta única, já que os respondentes têm que escolher uma resposta de uma lista predeterminada de atributos ou dentro de uma escala predeterminada.

Perguntas de múltipla resposta permitem aos respondentes mais de uma resposta e são tipicamente a respeito de consciência e uso, por exemplo, que marcas são conhecidas e que marcas são usadas. É bem possível que várias marcas sejam mencionadas.

A maioria das questões fechadas são do tipo que os respondentes recebem uma lista das potenciais respostas e escolhem a que for mais apropriada ao seu caso. As respostas pré-definidas são concebidas com base no senso comum e no conhecimento do setor, ou a partir das descobertas de uma pesquisa qualitativa ou de um estudo-piloto. Um princípio importante do design de questionários é que o pesquisador de mercado deve pensar em todas as respostas possíveis à pergunta antes que o *survey* seja realizado. E não são apenas todas as possíveis respostas que devem ser consideradas: a maneira como são verbalizadas como escolhas pelos respondentes também é crucial. A omissão de uma possível resposta na lista apresentada ao respondente ou o incorreto enquadramento da resposta no questionário podem afetar a qualidade do *survey*.

Em geral, as perguntas fechadas oferecem eficiências aos pesquisadores. São mais fáceis de analisar e costumam ser administradas e formuladas de modo mais rápido. Por isso são usadas em grandes amostras e em entrevistas de autopreenchimento. A consistência da categoria de respostas permite monitorar tendências ao longo do tempo, se forem usadas as mesmas perguntas.

As perguntas podem também ser classificadas segundo seu propósito. São elaboradas perguntas para coletar três tipos diferentes de informação: sobre comportamento, sobre atitudes e informações usadas para classificação. O Quadro 11.2 resume os três diferentes tipos de informações que podem ser coletadas e os *surveys* nos quais são usados.

QUADRO 11.2 Os três diferentes tipos de perguntas

Tipo de pergunta	Informação buscada	Tipos de *survey*
Comportamental	Informações sobre o que os respondentes compram, onde compram, quanto compram, com que frequência, em que grau mudam seus padrões de compras etc.	*Surveys* para descobrir tamanho de mercado, fatia de mercado, conhecimento e uso.
Atitudinal	O que as pessoas pensam dos produtos e dos fornecedores. A imagem e a avaliação de produtos e fornecedores. Por que as pessoas fazem o que fazem.	*Surveys* sobre imagem e atitude. Estudos de marcas. *Surveys* sobre satisfação e lealdade dos clientes.
Classificação	Informações utilizáveis para agrupar respondentes e ver como diferem uns dos outros, por exemplo, quanto a idade, gênero, classe social, localidade de residência, tipo de moradia, composição familiar.	Todos os *surveys*.

PERGUNTAS COMPORTAMENTAIS

Perguntas comportamentais são projetadas para descobrir o que as pessoas (ou empresas) fazem. Tais perguntas são muito importantes em pesquisa de marketing por serem um forte indicador de atitudes. Respostas a perguntas comportamentais podem ser mais robustas e críveis do que as respostas a perguntas atitudinais. Por exemplo, podemos perguntar por que a pessoa escolheu determinado tipo de carro e ela então responderá dizendo que o escolheu porque procura

Elaborando o questionário

acima de tudo confiabilidade e quer um carro que mantenha seu valor. Se então perguntarmos que tipo de carro ela tem e ela disser que tem um Lamborghini, podemos acreditar que seu comportamento é um indicador mais forte daquilo que a move do que a resposta que deu.

Como o termo sugere, perguntas comportamentais são feitas para compreender o que as pessoas fazem. Por exemplo, as pessoas frequentam cinema? Com que frequência vão ao cinema? Que tipo de filme assistem? Com quem vão ao cinema? Perguntas comportamentais determinam as ações das pessoas em termos do que elas têm comido (ou bebido), comprado, usado, visitado, visto, lido ou ouvido. Registram fatos e não opiniões, e nesse sentido são importantes, pois as opiniões podem mudar, enquanto o comportamento é mais estável.

Ligada a este assunto está a crescente importância da economia comportamental na pesquisa de marketing. Economistas comportamentais acreditam que as decisões não são necessariamente tomadas apenas com base na lógica, mas também na heurística – experiências que dão às pessoas uma regra para basear suas decisões. Estas decisões não racionais podem explicar por que as pessoas nem sempre fazem as coisas da maneira que pensamos que fazem. É claro, isto também pode ter a ver com ineficiências do mercado, no sentido de que não se pode achar que todo mundo tem pleno conhecimento de todos os fornecedores, todos os preços que praticam e todos os produtos que fornecem.

Perguntas comportamentais podem ser extremamente importantes para segmentar grupos de clientes. Como o comportamento reflete de maneira muito forte atitudes e demografia, ele fornece uma base sólida para agrupar clientes, de modo que os produtos que vendemos e as comunicações que os apoiam cheguem mais perto das necessidades das pessoas.

Exemplos de perguntas comportamentais:

Alguma vez você...?
Você costuma...?
Quem você conhece que...?
Qual foi a última vez que você...?

O que você faz com maior frequência...?
Quem faz...?
Quantos...?
Você tem...?
De que maneira você faz isso?
No futuro, você pretende...?

PERGUNTAS ATITUDINAIS

As pessoas têm opiniões ou crenças a respeito de tudo, de política a preceitos sociais, e também dos produtos que compram e das empresas que os fabricam ou os fornecem. Essas atitudes não são necessariamente certas, mas isso quase não é relevante, já que são as percepções que importam. As atitudes das pessoas afetam seu comportamento. Embora as atitudes sejam mais efêmeras que o comportamento, precisamos entendê-las, pois são o teste de tornassol que nos fala sobre as emoções.

Muitas pessoas negam o grau em que as emoções afetam seu comportamento, alegando serem consumidores racionais, movidos por fatos concretos, pela realidade apenas. Na prática, porém, as emoções têm imensa influência no comportamento de compras e mesmo os compradores *business-to-business* mais rigorosos não deixam suas emoções em casa quando vão trabalhar. As pessoas votam em políticos por achá-los atraentes. Escolhem produtos por acreditar que combinam bem com elas. Compram de fornecedores que imaginam que não criarão problemas para elas.

Pesquisadores exploram atitudes usando perguntas que começam com "Quem? O quê? Por quê? Onde? Quando? Como?", e com outras frases exploratórias do tipo "de que modo você explicaria...?". Exemplos de perguntas atitudinais:

Por que você...?
O que você pensa a respeito de...?
Você concorda ou discorda de...?
Como você avalia...?
O que é melhor (ou pior) para...?

É habitual usar escalas para medir atitudes. Perguntas com escalas usam uma seleção limitada de respostas, escolhidas para permitir medir uma atitude, uma intenção, uma opinião ou crença ou um comportamento de um respondente. Perguntas com escalas podem envolver números que permitam medições. Os números ajudam a comunicar aos respondentes o grau de sua concordância ou discordância em relação a uma pergunta feita, assim como facilitar a análise estatística dos dados finais.

Vamos discutir agora os tipos de escalas que podem ser usados para medir atitudes:

- escalas numéricas de avaliação;
- escalas de avaliação verbais;
- escalas semânticas diferenciais (usando adjetivos);
- classificação hierarquizada.

Escalas numéricas de avaliação

Numa escala numérica de avaliação os respondentes são solicitados a indicar sua atitude com um valor numérico. As escalas geralmente vão de 0 a 10 ou algo em torno disso. A pontuação menor costuma ser considerada uma associação baixa e a pontuação mais elevada, um alto nível de concordância ou associação com a atitude pesquisada. Essas escalas são particularmente úteis para pesquisadores de marketing, porque atribuem à atitude do respondente um número específico, evitando declarações verbais vagas do tipo "gosto muito disso".

P. Como você avaliaria a embalagem segundo as alternativas abaixo?

Muito prática			Nem um pouco prática	
5	4	3	2	1

Embora as escalas de avaliação numéricas não sejam a maneira pela qual indicaríamos a nossos amigos ou colegas o que achamos de determinada coisa, a maioria dos respondentes é capaz de lidar com elas.

Debate-se muito na comunidade de pesquisa que tipo de escala deve ser usada, se a de 4 pontos, 5 pontos, 7 pontos ou 10 pontos.

Uma escala de 5 pontos é comumente usada por ser simples, ter um ponto intermediário e refletir a escala Likert de cinco pontos, que usa palavras e faixas que variam de concordar fortemente a discordar fortemente. Também as escalas de 10 pontos são usadas com frequência em *surveys* de satisfação do cliente, por oferecerem aos respondentes um grau mais elevado de sensibilidade, já que contêm mais valores numéricos à escolha.

Para algumas perguntas, usa-se uma escala de 4 pontos, pois, nesse caso, não há uma opção para ficar "em cima do muro" ou dar uma resposta do tipo "nem sim nem não".

É importante que o pesquisador escolha uma escala adequada às perguntas e que possa ser usada várias vezes caso haja planos de realizar um estudo de rastreamento. Quando se passa de uma escala de 5 pontos num *survey* a uma de 10 pontos para a mesma pergunta no *survey* do ano seguinte, isso pode impedir uma comparação direta. Uma boa prática também é ter alguma consistência nas escalas usadas num questionário, de modo que os respondentes não tenham que ficar mudando de escalas nos diferentes pontos de ancoragem.

Na Europa de fala germânica, uma pontuação de 1 costuma ser considerado o melhor (ou bom), já que essa é a convenção usada para dar notas em trabalhos escolares. Não há problema em usar escalas nas quais um número maior seja considerado bom, mas a natureza da escala precisará ser bem enfatizada na hora da entrevista.

Escalas de avaliação verbais

As escalas de avaliação verbais são também conhecidas como escalas Likert, de Rensis Likert, o psicólogo americano que popularizou a escala psicométrica caracterizada pelas suas cinco opções. Por exemplo:

> **P. Em que medida você concorda ou discorda que o governo tem a inflação sob controle?**
>
> ○ Concordo fortemente
> ○ Concordo
> ○ Não concordo nem discordo
> ○ Discordo
> ○ Discordo fortemente

Do mesmo modo, uma escala de avaliação verbal poderia perguntar a respeito da probabilidade de você fazer determinada coisa. Por exemplo:

> **P. E qual seria a probabilidade de experimentar este produto?**
>
> ○ Muito provável
> ○ Bastante provável
> ○ Nem muito nem pouco provável
> ○ Pouco provável
> ○ Nada provável

Respostas a uma hipotética pergunta como esta não levam necessariamente a acreditar nelas. Quando alguém num *survey* de marketing é solicitado a dizer o quanto se sente inclinado a testar ou comprar um produto, isso difere muito da situação real de compra, na qual há o dispêndio de dinheiro. Em geral, as respostas a perguntas deste tipo provavelmente contêm algum exagero, pois as pessoas acham muito mais fácil dizer que estão inclinadas a testar ou comprar um produto quando se trata de uma entrevista de pesquisa de marketing do que numa situação real de compra. No entanto, as respostas ainda assim podem ser úteis, pois mostram qual grupo de respondentes está mais disposto em relação ao produto e, portanto, pode nos guiar para descobrir onde está nosso melhor alvo. Podemos também usar essas perguntas para investigar o grau em que as atitudes estão mudando – as pessoas estão agora mais inclinadas a testar o produto do que no *survey* anterior?

Uma variação da escala de avaliação verbal é apresentar aos respondentes um número de declarações com as quais eles têm de dizer se concordam ou não com elas. Por exemplo:

P. Vou ler algumas declarações de pessoas sobre o carro xxx. Você faria uma avaliação dentro de uma gama de 5 para apontar em que grau concorda ou discorda da declaração? Uma pontuação de 5 significa que concorda totalmente e uma pontuação de 1 que discorda totalmente. Uma pontuação de 6 indica que não sabe dizer.

	Discorda totalmente				Concorda totalmente	Não sabe dizer
É um carro que sinto prazerem olhar para ele	1	2	3	4	5	6
É um carro que espero que diga algo aos outros a meu respeito	1	2	3	4	5	6
É um carro com personalidade mas não é chamativo	1	2	3	4	5	6
Uma escolha racional de carro	1	2	3	4	5	6
Uma escolha emocional de carro	1	2	3	4	5	6
É o carro adequado mais barato que consegui achar	1	2	3	4	5	6
É um carro que eu curto dirigir em alta velocidade	1	2	3	4	5	6
É um carro que não chama muito a atenção	1	2	3	4	5	6
É um carro que tem uma personalidade feliz	1	2	3	4	5	6
É um carro que diz às pessoas que eu sou diferente	1	2	3	4	5	6

As respostas a essas perguntas poderiam ser usadas para segmentar clientes de acordo com sua atitude psicográfica em relação a carros.

Escalas semânticas diferenciais (escalas Osgood)

Uma variação na escala verbal/semântica é perguntar aos respondentes quais palavras descrevem melhor uma empresa ou produto. Os adjetivos podem ser positivos ou negativos e com frequência são opostos. Tais escalas são comumente conhecidas como escalas semânticas diferenciais e foram introduzidas por Charles Osgood, um psicólogo americano que lançou a hipótese de que podemos compreender as conexões e associações emocionais pedindo que as pessoas escolham entre palavras opostas. Por exemplo:

P. Gostaria de ler em voz alta algumas palavras que descrevem as pessoas. Você tem que escolher uma das palavras de cada par para se descrever. Se achar que nenhuma corresponde, escolha a que mais se aproxima. Você diria que é:

Introvertido	1	ou extrovertido	2
Tradicionalista	1	ou experimentador	2
Ligado na moda	1	ou indiferente à moda	2
Ambicioso	1	ou satisfeito	2
Não sociável	1	ou gregário	2
Intelectualizado	1	ou não intelectualizado	2

Este tipo de pergunta é usado por pesquisadores de marketing para descobrir quais são as conexões emocionais das pessoas com as marcas. Eis um exemplo:

P. Para cada par de palavras abaixo, por favor, indique se você acredita que o logotipo deste produto comunica mais uma palavra que a outra. Quanto mais próxima a escala estiver da palavra, com mais força ela é comunicada. O ponto neutro no meio significa que nenhuma das palavras é comunicada com maior força que a outra pelo logotipo.

				NEUTRO					
Especializado									Amplo
Clássico									Moderno
Ousado									Humilde
Premium									Custo-benefício
Produtos									Serviços
Dinâmico									Estável

Perguntas de classificação

Pesquisadores com frequência precisam descobrir qual é a ordem de importância de vários fatores de uma lista. Isso em geral é feito apresentando a lista e perguntando qual é o mais importante de todos, qual o segundo mais importante e assim por diante. Em perguntas de classificação em geral não é válido pedir que os respondentes classifiquem além dos três primeiros fatores, porque quanto menos importante é o fator, mais difícil é atribuir um nível de classificação a ele.

P. Vou mostrar um cartão no qual estão listados alguns fatores que poderiam ser importantes para você na escolha de uma combinação de herbicida e fertilizante. Por favor, examine a lista e diga qual é o fator mais importante para influenciar sua escolha. LEIA A LISTA. ALTERNE O INÍCIO. CLASSIFIQUE APENAS TRÊS FATORES.

E qual seria o segundo fator mais importante?

E qual seria o terceiro fator mais importante?

Fator	Classificação
Disponível no centro de jardinagem	_____
Preço competitivo	_____
Funciona em qualquer época do ano	_____
Elimina ervas e musgo	_____
Não é tóxico para crianças e pets	_____
Fabricado por empresa bem conhecida	_____

Perguntas de classificação que são lidas em voz alta não devem ser muito longas, senão os respondentes acabam esquecendo o que foi perguntado. Seis fatores na lista é mais ou menos o máximo quando a entrevista é administrada e lida em voz alta para os respondentes.

A classificação é um meio simples de determinar a importância atribuída a itens, e funciona bem para o fator mais importante e para o segundo. No entanto, pode ser enganosa para os itens de classificação mais baixa, porque embora apareçam mais para o final da lista, mesmo assim podem ser importantes para alguns respondentes.

PERGUNTAS DE CLASSIFICAÇÃO

Com muita frequência, clientes dizem que querem um *survey* rápido e que têm apenas três ou quatro perguntas que precisam ser respondidas. É quase certo que tenham esquecido da necessidade de fazer perguntas de classificação. Estas são as perguntas de Cinderela que têm importância crucial, pois nos permitem classificar e cortar os dados. Perguntas de classificação são usadas para montar perfis de respondentes ao determinar sua idade, gênero, classe social, onde moram, seu estado civil, tipo de moradia, número de pessoas da família e assim por diante. Em *surveys business-to-business*, são usadas para classificar o porte da empresa que está sendo entrevistada, a vertical setorial à qual pertence, a ocupação do respondente e a localização geográfica da empresa. As mesmas perguntas de classificação podem também ser usadas para controlar a cota de pessoas ou empresas que serão entrevistadas. A maioria das perguntas de classificação são factuais ou comportamentais.

Várias perguntas padrão aparecem sempre nos *surveys* de pesquisa de marketing. São elas:

➤ Gênero – Homem ou mulher.
➤ Idade – Num *survey* voltado ao público em geral sempre queremos saber a idade do respondente.

P. Em qual das seguintes faixas sua idade se encaixa?

Menos de 18	
18-24	45-54
25-34	55-64
35-44	65+

Estas faixas de idade são adequadas à maioria das análises demográficas que os países fazem de sua população.

Estado civil

Em geral, isso é perguntado dizendo simplesmente "Você é...?"

Solteiro
Casado
Viúvo
Divorciado
Separado

Nível socioeconômico [*Socio-economic grade*, SEG]

Esta é uma classificação peculiar dos pesquisadores de mercado do Reino Unido e foi desenvolvida pelo National Readership Survey para classificar leitores de jornais. Os respondentes são divididos de acordo com a ocupação do "chefe da casa". Assim, combina atributos de renda, instrução e status de trabalho. Além do nível social, os pesquisadores às vezes classificam os respondentes por faixa de renda ou estilo de vida. Estes *socio-economic grades* foram de uso amplo nos *surveys* britânicos do século 20, mas hoje são menos populares, já que a ocupação do "chefe da casa" ficou bem menos clara.

Em resumo, os *socio-economic grades* são:

A: Profissional, gestor de nível elevado
B: Gerente, administrador ou profissional de nível intermediário
C1: Supervisor, assistente ou profissional de nível mais baixo
C2: Trabalhadores manuais especializados
D: Trabalhadores manuais semiespecializados ou sem especialização
E: Pensionistas do estado, viúvos, trabalhadores eventuais ou de nível mais inferior

Esses graus costumam ser divididos em dois grupos, ABC1 e C2DE, considerados equivalentes à classe média e à classe trabalhadora, respectivamente.

Alternativamente, é formulada uma pergunta a respeito da renda do respondente ou da renda familiar. A questão é sensível, e pode ser colocada de maneira menos explícita usando a faixa de renda (o que precisará ser modificado conforme o público que está sendo entrevistado e o país em que as pessoas vivem).

?

P. Qual é a renda familiar anual da sua casa?

Menos de $25.000	$75.000 a $99.999
$25.000 a $49.999	$100.000 a $150.000
$50.000 a $74.999	Acima de $150.000

Verticais setoriais

Os países têm classificações padronizadas para tipos de negócios. Nos Estados Unidos, o NAICS (North American Industry Classification System, ou Sistema de Classificação de Setores da América do Norte) foi introduzido em 1997 (com revisões em 2002) para efeitos de regulamentações governamentais e relatórios do censo. Na Europa, as empresas são classificadas de acordo com sua Standard Industrial Classification (SIC). Com frequência, os pesquisadores condensam as várias divisões de maneira mais prática e são formados então grupos mais amplos, como:

- ➤ serviços profissionais (como advocacia, contabilidade, arquitetura, recrutamento etc.); serviços financeiros/investimento/setor imobiliário/seguros;
- ➤ marketing/pesquisa de marketing; propaganda/design/mídia;
- ➤ fabricação/engenharia/processamento/embalagem de produtos não alimentícios;
- ➤ produção/processamento de alimentos/serviços de bufê; entretenimento/restaurantes;
- ➤ TI/software/telecomunicações/eletrônicos;
- ➤ governo/setor público (excluindo educação e assistência médica);
- ➤ educação;
- ➤ assistência médica/medicina/farmacêutica;
- ➤ varejo;
- ➤ distribuição/logística/transportes/atacado;
- ➤ serviços públicos/energia; agricultura/mineração/silvicultura; setor voluntário;
- ➤ construção e negócios desse setor.

Em *surveys* do público em geral, pode ser relevante definir o nível de emprego dos respondentes. Por exemplo:

- ➤ trabalha período integral (mais de 30 horas por semana); trabalha meio expediente (8-30 horas por semana);
- ➤ trabalho doméstico (horário integral em casa);

- estudante (tempo integral); aposentado;
- temporariamente desempregado (mas procurando trabalho);
- permanentemente desempregado (por exemplo, cronicamente doente, com meios independentes).

Número de funcionários

O porte da empresa na qual o respondente trabalha pode ser classificado segundo o número de funcionários:

- único proprietário (sem funcionários);
- 1-9;
- 10-24;
- 25-99;
- 100-249;
- mais de 250.

Localização

Dependendo do escopo do *survey*, pode ser um país, um estado ou uma região mais ampla, como a Costa Leste dos EUA, o Centro do país ou a Costa Oeste.

AS TRÊS ETAPAS DA ELABORAÇÃO DE QUESTIONÁRIOS

Há três etapas para a elaboração de um questionário bem-sucedido:

- formular as perguntas;
- elaborar o leiaute do questionário;
- piloto e teste do esboço.

FORMULANDO AS PERGUNTAS

O pesquisador deve começar fazendo uma primeira lista de todos os pontos para os quais são necessárias respostas no *survey*. Ao fazer esta lista de perguntas o ponto de partida deve ser o documento da proposta, que indicará os objetivos do *survey* e as perguntas específicas que precisam ser feitas. O *briefing* do patrocinador do estudo pode também fornecer uma lista das perguntas principais.

Se um dos objetivos é avaliar a posição de um produto no mercado, deve ser formulada uma pergunta sobre o conhecimento e uso de diferentes marcas. Se o objetivo de um estudo é estabelecer a satisfação que as pessoas estão tendo com produtos, devem ser formuladas perguntas para descobrir o quanto os diversos fatores são importantes na escolha de um produto e o quanto as pessoas estão satisfeitas com o produto no que se refere a cada um desses fatores.

Ao preparar a lista de perguntas, é importante incluir perguntas de classificação, necessárias para fatiar e cortar dados.

Cada uma das perguntas na lista inicial deve ser submetida a uma boa análise para definir se é de fato vital para o *survey*. É muito fácil que nesse estágio de elaboração do questionário as coisas escapem ao controle e o questionário vá crescendo até ganhar um tamanho desproporcional. Um máximo razoável para um questionário que leve de 15 a 20 minutos para ser completado seria de 30 a 40 perguntas.

Os questionários tendem a se expandir à medida que vão sendo revisados pelo pesquisador de mercado e pelo patrocinador da pesquisa, e depois que uma pergunta é introduzida no questionário acaba sendo difícil removê-la. Questionários longos ameaçam a qualidade do estudo e podem levar as pessoas a não concluírem a entrevista, ou a "encher linguiça", isto é, os respondentes dão qualquer resposta às perguntas a fim de acelerar a entrevista e se livrar logo. Compensa começar o questionário com uma lista de perguntas o mais enxuta possível, sabendo que ela com certeza crescerá conforme for sendo revisada.

Depois que as perguntas foram esboçadas, devem ser desenvolvidas de forma mais precisa, levando em conta os seguintes pontos.

Certifique-se de que as perguntas estão isentas de viés

As perguntas ou as respostas pré-definidas não devem ter um enunciado que possa condicionar a maneira como o respondente irá se expressar. Exemplo de uma pergunta mal formulada:

P. Como você avaliaria sua recente experiência com o serviço oferecido pela empresa X?

○ Excelente
○ Muito bom
○ Relativamente bom
○ Regular

(Não foi concedida aos respondentes a oportunidade de dizer que acharam a experiência ruim ou muito ruim.)

Simplifique ao máximo as perguntas

As perguntas devem ser não apenas curtas, devem também ser simples. Perguntas que incluam várias ideias ou que na realidade são duas perguntas em uma irão confundir e serão mal compreendidas. Exemplo de uma pergunta mal formulada:

P. O que você sabe da empresa X e o que sente que eles fazem bem?

(O respondente talvez não responda ambas as partes da pergunta, e, de qualquer modo, as respostas depois ficarão difíceis de analisar.)

Tente manter as perguntas e as frases curtas. Nem sempre é possível, mas coloque como meta 20 palavras no máximo para cada pergunta.

Deixe as perguntas bem específicas

Palavras como "geralmente" ou "frequentemente" não têm um sentido específico e precisam de qualificação. Um erro comum é deixar os períodos de tempo vagos. Uma má pergunta é:

> **P. Com que frequência você vai ao supermercado?**
>
> ○ Muita frequência
> ○ Bastante frequência
> ○ De vez em quando
> ○ Raramente
> ○ Nunca

(Nunca saberemos a frequência com que o respondente vai ao supermercado, pois "muita frequência" pode ser todo dia para uma pessoa e para outra pode ser uma vez por semana.)

Evite jargão, abreviaturas e palavras incomuns

Não se deve supor que os respondentes conheçam palavras comumente usadas por pesquisadores. Evite jargão profissional, acrônimos e iniciais, exceto se forem de uso corriqueiro. Se a pesquisa, por exemplo, é um teste de sabores para um novo sorvete voltado para crianças, então o questionário deve usar a linguagem que as crianças utilizam normalmente.

Um questionário não é lugar para exercitar aptidões literárias, portanto, use palavras da fala habitual. Mesmo coloquialismos são aceitáveis, quando usados amplamente (mas alguns são estritamente regionais).

Evite perguntas que incluam uma negativa

As perguntas ficam mais difíceis de compreender quando são formuladas num sentido negativo. É melhor dizer "Alguma vez você...?" do que "Você nunca...?".

Não use palavras que possam ser mal-ouvidas

Isto é especialmente importante se a entrevista é feita por telefone. Se numa ligação você pergunta "Mas o senhor considera qual é a prioridade?", a pessoa pode ficar em dúvida e retrucar: "Se eu considero qual é *a pior idade*!?", ou seja, deve-se ter o cuidado de evitar possíveis ambiguidades que dispersem o foco da entrevista.

Não faça perguntas que estejam fora do quadro de referência do respondente

Uma das chaves de uma boa elaboração de questionário é pensar em cada possível resposta ao projetar cada pergunta. Por exemplo, se um dos objetivos é descobrir qual o consumo anual de leite dos consumidores, é melhor perguntar "Quantos litros de leite você compra numa semana típica?", em vez de "Quanto leite você compra num ano?". Faz mais sentido que seja o pesquisador que faça esse cálculo, multiplicando o valor da primeira resposta por 52, do que deixar isso a cargo do respondente.

Use faixas de resposta

A maioria dos dados coletados em *surveys* de pesquisa de marketing é analisada em faixas, portanto, pode ser mais fácil já fazer a pergunta em faixas. Por exemplo, "Quantos litros de leite você compra por semana?" pode ficar mais fácil colocando a resposta em faixas, como:

- Nenhum
- Menos de 1 litro
- Entre 1 e 4 litros
- Mais de 4 litros.

As faixas de resposta devem ser compatíveis com o contexto do *survey*. Por exemplo, a simples divisão no consumo de leite pode precisar ser fracionada em mais faixas quando tal nível de detalhamento for exigido na análise.

Perguntas que são sensíveis podem ser dessensibilizadas com faixas de resposta; é o caso de perguntas sobre a renda ou a idade, ou numa entrevista *business-to-business* a respeito do porte da companhia. Por exemplo:

P. Por favor, indique em que faixa de renda anual sua empresa se encaixa dentro das opções abaixo.

Menos de $200.000 $1.000.001-$3.000.000
$200.000-$500.000 $3.000.001-$10.000.000
$500.001-$1.000.000   Mais de $10.000.000

As categorias usadas em perguntas com respostas fechadas devem ser sequenciais e não podem se sobrepor.

É bem possível que as faixas pré-definidas não permitam todas as respostas concebíveis. Portanto, uma boa prática é permitir a opção de respostas outras/adicionais. Por exemplo:

P. Pode dizer que marca de ração canina você normalmente compra?
○ Barko   ○ Wuf   ○ Yummy   ○ Outra (qual?)

DICAS IMPORTANTES

- Antes de elaborar o questionário, examine a proposta e o *briefing* e faça uma lista de todas as perguntas que precisam ser respondidas.
- No início do questionário certifique-se de que você tem perguntas de triagem que excluam todos aqueles que não forem relevantes para a entrevista.
- Agora comece a pensar na formulação das perguntas. Lembre-se de que algumas questões precisarão ser divididas em três ou quatro perguntas separadas, a fim de se obter uma resposta.
- Ao desenvolver uma pergunta, reflita com cuidado sobre todas as possíveis respostas. Potenciais respostas podem se tornar códigos de resposta para a pergunta. Se você não consegue pensar nas respostas, provavelmente é a pergunta que está errada.

- Não tenha pressa em desenvolver o questionário. Retome no dia seguinte, se for o caso. Você voltará ao questionário com novos pensamentos se seu cérebro tiver trabalhado enquanto você estava afastado da tarefa.
- Tente tornar o questionário interessante, evitando excesso de escalas de classificação que podem soar entediantes aos respondentes e fazer com que não pensem o suficiente a respeito das respostas.
- Esteja preparado para ver o questionário passar por várias versões até que você e o patrocinador estejam satisfeitos. Mesmo assim, certifique-se de fazer um teste frio com algumas pessoas antes de lançá-lo definitivamente no campo.
- Verifique as instruções de roteamento, levando em conta que algumas perguntas podem ter sido acrescentadas e outras removidas.

AJUSTANDO O LEIAUTE DO QUESTIONÁRIO

O questionário vai exigir perguntas exploratórias para assegurar que apenas as pessoas relevantes participem do *survey*. Por exemplo, se o *survey* tem por objetivo descobrir as atitudes das pessoas quanto ao uso de um produto em particular, será preciso assegurar que os entrevistados de fato compram o produto regularmente. Neste caso, as perguntas exploratórias poderiam ser do tipo:

➤ Já ouviu falar do produto X?
➤ Você compra o produto X?
➤ Com que frequência compra o produto X?
➤ Quanto do produto X você compra por mês?

No caso de entrevistas feitas em painéis on-line não é possível obter nome e detalhes do endereço dos respondentes. Isso quer dizer que devem ser coletados dados contextuais e de classificação para certificar-se de que os respondentes são válidos. Pode ser apropriado incorporar ao questionário perguntas que assegurem que os respondentes são quem dizem ser.

Questionários administrados por telefone ou presenciais requerem espaço para coletar informação padrão, como nome e endereço do respondente, data da entrevista e nome do entrevistador. Quando possível, é útil colher detalhes de contato do respondente, para que as checagens de qualidade possam ser realizadas (como os retornos por telefone para checar se a entrevista foi feita corretamente). Num *survey* de telefone não há problema em coletar essa informação e o nome e endereço do respondente, seu número de telefone e outros detalhes que podem ser facilmente registrados. Alguns pesquisadores preferem colocar a informação "padrão" no início do questionário, enquanto outros a posicionam no final.

A introdução e a primeira pergunta são elementos-chave de qualquer questionário, pois lidam com obstáculos para conseguir a cooperação. Depois que uma entrevista é iniciada, há boa chance de que seja concluída. A introdução deve ser projetada para comunicar de maneira rápida e concisa a legitimidade do *survey* e conseguir a cooperação.

Às vezes as perguntas de classificação são feitas no início da entrevista, para garantir que os respondentes estejam qualificados (em outras palavras, servem como perguntas exploratórias). Se as perguntas de classificação não são necessárias para propósitos de triagem e houver muitas, talvez seja melhor colocá-las no final do questionário, caso contrário podem ser um incômodo para os respondentes que não entenderem por que estão sendo questionados.

A sequência das perguntas deve ser lógica e fazer sentido para o respondente. Quando se utiliza uma combinação de perguntas abertas e fechadas, é normal começar com a pergunta aberta e depois prosseguir com a pergunta estimulada ou fechada. Por exemplo, pergunta aberta: "O que você aprecia nesta marca de café?". Pergunta fechada: "Agora vou ler alguns aspectos dessa marca de café que outras pessoas disseram que apreciam. Depois que eu tiver lido em voz alta gostaria que você me dissesse qual desses aspectos influenciou mais você na sua escolha da marca".

Perguntas abertas às vezes vêm depois de perguntas fechadas, e a mais comum é a que pede mais feedback a partir da resposta do respondente – normalmente: "Por que você afirma isso?".

Uma combinação de tipos e estilos de perguntas, como perguntas abertas, perguntas fechadas e escalas, é algo que dá textura a uma entrevista e pode ajudar a manter o interesse do respondente.

Elaborando o questionário

Muitas entrevistas por telefone são realizadas usando questionários baseados em tela [*screen-based questionnaires*; ou CATI, de *computer-assisted telephone interviewing*, isto é, "entrevistas por telefone assistidas por computador") e o programa de computador faz um arranjo claro do formato. As perguntas de roteamento e as diferentes respostas são consideradas automaticamente e produzem perguntas diferentes. No entanto, ainda são usados muitos questionários em papel, e o leiaute e formato das perguntas precisa ser elaborado tendo em mente o entrevistador. Isso significa fornecer claras instruções quanto ao que fazer em cada pergunta e depois dela. Essas instruções normalmente são escritas em letras maiúsculas no questionário para diferenciá-las das perguntas que são lidas em voz alta. Os códigos de resposta devem ser claramente dispostos perto das respostas pré-codificadas.

Deve haver espaço adequado para anotar as respostas a questões abertas. A quantidade de espaço que foi reservada indica ao entrevistador o grau de profundidade da resposta que se espera obter.

ESTUDO PILOTO E PRÉ-TESTE DO QUESTIONÁRIO

Finalmente, o questionário está pronto para um piloto. Em muitos *surveys*, de meia dúzia a uma dúzia de entrevistas são suficientes para definir se o questionário realmente funciona. Na medida do possível, o piloto deve ser realizado nas mesmas condições do próprio *survey*. Uma pesquisa por telefone deve ser testada; e um questionário on-line deve ser testado intensivamente pelo pesquisador e por respondentes fictícios, antes de ser lançado efetivamente.

No piloto, o pesquisador procura verificar:

- compreensão (as perguntas fazem sentido como se pretendia?);
- linguagem e estrutura das frases (algumas palavras estão criando dificuldades?);
- facilidade de resposta (as respostas estão dentro da capacidade dos respondentes?);
- cooperação (todas as perguntas foram respondidas?);
- fluência (a entrevista flui com facilidade de um tópico a outro?);

- instruções (o entrevistador ou o respondente sabem o que fazer a seguir?);
- estética (no caso de um questionário on-line, verifique se ele tem uma aparência atraente e se é fácil de ler; será que o leiaute do questionário on-line vai funcionar num dispositivo móvel tão bem quanto num computador?);
- praticidade (a formatação facilita o trabalho dos entrevistadores?);
- a extensão da entrevista (ela toma tempo demais e sobrecarrega o respondente?).

É muito frequente que não haja tempo para testar um piloto, mas no mínimo o questionário deve ser testado em alguém da agência, de preferência alguém não envolvido no *survey*. Alguém que não tenha estado envolvido na elaboração do questionário pode fazer o papel de entrevistador, enquanto o criador do questionário observa. A pessoa encarregada de analisar o questionário deve também ter a oportunidade de aprová-lo antes que vá a campo, pois ele ou ela podem muito bem detectar problemas de código ou de roteamento [*routing*].

QUESTIONÁRIOS ESPECIAIS: ANÁLISE CONJUNTA (*CONJOINT ANALYSIS*)

A análise conjunta busca compreender como as pessoas fazem escolhas entre diversos produtos ou serviços, e é usada para identificar que combinações de aspectos as pessoas preferem e estão dispostas a pagar. Se perguntamos às pessoas de uma maneira convencional o que elas querem, é provável que a resposta seja a primeira coisa que vier à mente delas e talvez não reflita necessariamente o que de fato querem. Todas as escolhas envolvem fazer concessões e *trade-offs* [o quanto compensa valorizar um aspecto em detrimento de outro], já que o ideal raramente é possível, portanto, precisamos de uma abordagem que permita estimular essa tomada de decisão nas perguntas que formulamos.

A análise conjunta oferece um *framework* para fazer essas perguntas. A fim de desenvolver perguntas apropriadas, precisamos dividir os produtos e serviços em seus aspectos e benefícios, que denominamos atributos. Esses atributos podem ser apresentados em diferentes níveis

– alta qualidade/baixa qualidade; entregue em uma hora/entregue em uma semana, e assim por diante. São esses os atributos e os níveis de atributos que mostramos aos respondentes, para perguntar quais escolheriam.

A análise conjunta pega esses atributos e descrições de níveis de produtos/serviços e os combina de várias maneiras, apresentando-os aos respondentes para sua avaliação. Pede-se às pessoas que revisem as diferentes escolhas e conceitos e digam qual prefeririam comprar (se é que comprariam algum). No exemplo a seguir, há dois conceitos (envelope A e B) com três atributos e um preço em dois níveis. Qual você escolheria?

	Envelope A	Envelope B
Cor	Branco	Marrom
Fechamento	Cola	Autofechamento
Janela	Sem janela	Janela
Preço	$1,00	$1,20

Poderíamos facilmente acrescentar mais conceitos, como um envelope C, que tivesse o mesmo conceito de A exceto por ser marrom. O conceito D seria o mesmo de A exceto que teria autofechamento e assim por diante. Cada um teria um preço. A elaboração dos conceitos é um passo crucial num projeto conjunto, e exige-se tempo para ir reduzindo as opções até chegar às que de fato refletem decisões de compra.

Para chegar a resultados confiáveis num *survey* conjunto é aconselhável realizar pelo menos 100 entrevistas, e mais de 200 é o preferível. A maior parte dos *surveys* conjuntos é realizado on-line, e os respondentes visualizam os diferentes conceitos na tela de seu computador. Eles fazem suas escolhas e um software específico calcula um valor de utilidade para cada nível do atributo, comparando as escolhas e, portanto, os prós e contras que os respondentes levam em conta em suas respostas.

Um valor de utilidade total pode ser calculado para o envelope A e B, e com isso nos dirá qual é o preferido e por qual margem. (Os valores de utilidade neste exemplo estão entre colchetes e são simplesmente um índice – eles não somam 100.) Note que um preço mais baixo tem uma utilidade mais alta, já que tipicamente preferimos os bens mais baratos.

	Envelope A	Envelope B
Cor	Branco (25)	Marrom (15)
Fechamento	Cola (5)	Autofechamento (15)
Janela	Sem janela (10)	Janela (15)
Preço	$1,00 (30)	$1,20 (20)
Total	(70)	(65)

O exemplo que fornecemos do estudo do envelope é conhecido como conjunto baseado em escolha, pois o respondente avalia qual conceito, junto com todos os seus atributos, ele prefere. Há versões diferentes da análise conjunta, como o estudo conjunto adaptativo, usado quando o número de atributos é extenso demais para se usar a abordagem tradicional. O estudo conjunto adaptativo foca nos atributos que são mais relevantes para os respondentes, pegando apenas alguns atributos por vez.

Outra técnica que envolve *trade-offs* e que é comumente usada para descobrir o que é importante para as pessoas consiste em apresentar grupos de fatores que estejam sendo considerados; pede-se aos respondentes que indiquem o que, dentro daquele grupo, é o mais importante e o menos importante para eles. Mostra-se então mais fatores diferentes e pede-se de novo que digam qual consideram o mais e o menos importante na escolha de um produto. Os subconjuntos de fatores são apresentados dessa maneira até que todos tenham sido respondidos em diferentes combinações. Essa abordagem é conhecida como Escala de Diferença Máxima (Maximum Difference Scaling, MaxDiff) e foi desenvolvida por Jordan Louviere em 1987, quando lecionava na Universidade de Alberta. Um exemplo da maneira pela qual essas perguntas seriam apresentadas numa tela de computador foi extraída do site da Sawtooth:

?

Ao avaliar entre diferentes restaurantes de fast-food, dos quatro atributos mostrados aqui quais são o mais e o menos importante?

Mais importante		Menos importante
○	Preços razoáveis	○
○	Opções de comida saudável	○
○	Ter área de brinquedos	○
○	Banheiros limpos	○

Uma pergunta MaxDiff tem a vantagem de ser simples de compreender, e os resultados fornecem uma discriminação maior da importância dos fatores, especialmente quando há uma lista longa. O peso de importância atribuído a cada item é sempre fácil de interpretar, já que vai de 0 a 100 e totaliza 100.

O site da Sawtooth (www.sawtooth.com) é útil para informações adicionais sobre análise conjunta.

A análise conjunta é discutida com maior profundidade nos Capítulos 16 e 20.

GRIDS DE TRADE-OFF (SIMALTO - SIMULTANEOUS MULTI-ATTRIBUTE LEVEL TRADE-OFF)

Grids de *trade-off* [escolher um aspecto em detrimento de outro] são uma abordagem para coletar informações de respondentes que reconhecem que um cliente individual não pode ter tudo. Um *trade-off* é inevitável a fim de obter o melhor produto que alguém pode comprar. O *trade-off* clássico é entre preço e qualidade, mas, na prática, ao considerarmos a maioria das compras, fazemos *trade-offs* entre diferentes aspectos e níveis de serviço, e introduzimos também fatores emocionais, como as marcas. Os *grids* de *trade-off* são mais fáceis de administrar que os conjuntos, já que não requerem que o respondente examine 30 telas diferentes, cada uma com quatro ou cinco opções. O *grid* de *trade-off* pode ser completado on-line, ou a entrevista pode ser realizada por telefone se o *grid* for enviado por e-mail ao respondente. Depois que o respondente tiver o *grid* diante dele ou dela, o entrevistador pode passar às perguntas. Um exemplo simplificado de um *grid* de *trade-off* é mostrado no Quadro 11.3.

A técnica, desenvolvida pelo matemático John Green, é conhecida como SIMALTO, que é um acrônimo para *Simultaneous Multi-Attribute Level Trade-Off*. Em outras palavras, os respondentes recebem lotes de atributos diferentes com diferentes níveis de desempenho. Pede-se que digam quais preferem e que façam um *trade-off* confrontando-os, e assim simula-se o que fariam numa situação de compra.

Num *grid* de *trade-off* um produto ou serviço é descrito em termos de atributos e níveis, mais ou menos como se faz na análise conjunta. Um atributo descreve um aspecto genérico, como tempo de entrega ou o quanto um fornecedor demora para atender o telefone. Um atributo é composto por níveis: por exemplo, o tempo para atender o telefone tem quatro níveis no exemplo mostrado no quadro. Um produto ou serviço típico pode ser definido geralmente em termos de apenas 10–15 atributos, mas às vezes a lista pode chegar a mais de 50.

QUADRO 11.3 *Grid* SIMALTO de *trade-off*

Atributo	Níveis			
Tempo para atender o telefone	O telefone toca e toca	Sempre atende antes de 10 toques	Sempre atende antes de 6 toques	Responde sempre antes de 3 toques
Entregar como prometido	Só cumpre 30% do que promete	Cumpre 50% das promessas	Cumpre 80% das promessas	Sempre cumpre o que promete
Conhecimento do meu negócio	Não se interessa em saber a respeito do meu negócio	Não sabe nada, mas parece interessado em saber	Compreende os negócios em geral	Familiarizado com os detalhes do meu negócio
Qualidade da orientação	A orientação é pobre e pode estar incorreta	A orientação é factualmente correta, mas ajuda pouco	A orientação é precisa e útil, mas pode deixar de ver oportunidades melhores	A orientação é precisa e identifica novas possibilidades para o meu negócio

---

O respondente então completa certo número de tarefas relacionadas com o *grid*. Em geral, pergunta-se aos respondentes que nível de serviço estão recebendo no momento. Depois eles indicam que nível de serviço gostariam de receber, e por fim é dado a eles certo número de pontos para gastar indicando, de todas as melhorias que foram requisitadas, quais as que são realmente valorizadas.

Um aspecto útil de medir o desempenho por níveis descritos com palavras é que fica muito claro o que se pede. O resultado é uma compreensão detalhada dos pontos em que as pessoas gostariam de ver melhorias e quais deveriam ser essas melhorias.

RESUMO

Os questionários estão no cerne dos *surveys* de marketing. São os meios pelos quais podemos descobrir comportamentos e atitudes em relação a produtos e serviços. Sempre é necessário fazer perguntas exploratórias para classificar os respondentes para os propósitos da análise.

Os questionários podem variar, desde os altamente estruturados e usados em grandes *surveys* até os roteiros não estruturados de tópicos, usados em entrevistas em profundidade e grupos de foco.

As perguntas incluídas no questionário podem ser abertas ou fechadas. Perguntas fechadas são a norma nos questionários estruturados e são usadas para capturar dados comportamentais, atitudinais e de classificação.

Alguns tipos especiais de perguntas são usados para testar os valores que as pessoas conferem a diferentes atributos, e podem usar diferentes tipos de escalas. Escalas numéricas, escalas verbais e pontuações são usadas com frequência para determinar a importância dos diferentes atributos.

A análise conjunta utiliza sofisticados modelos para computar a utilidade ou valor conferidos a diferentes cenários de produtos. *Grids* de *trade-off* podem ser usados de uma maneira mais simples para descobrir onde podem ser introduzidas melhorias em produtos e serviços, e o quanto será pago por essas melhorias.

Em resumo, há 10 coisas a considerar ao elaborar um questionário:

❶ Pense nos objetivos do *survey*: isso assegura que o *survey* cubra todos os pontos necessários.

❷ Pense em como a entrevista será realizada: a maneira de realizar a pesquisa condiciona a estruturação das perguntas (questionários on-line precisam de uma construção diferente da usada nos questionários de uma entrevista administrada).

3. Pense na introdução e nas perguntas exploratórias: isso é muito importante para assegurar que se entreviste a pessoa certa e para capturar o interesse do respondente em participar do *survey*.

4. Pense no formato: o questionário deve fazer um uso eficaz do espaço em branco, de modo que seja claro e fácil de ler. Perguntas e opções de resposta devem ser apresentadas num formato padronizado, e onde for apropriado deve haver amplo espaço para escrever os comentários às perguntas abertas.

5. Pense no respondente: as perguntas devem ser formuladas de um modo que seja amistoso para o respondente, e o questionário não deve ser longo demais ou tedioso.

6. Pense na ordem das perguntas: elas devem fluir facilmente de uma para outra e ser agrupadas em tópicos dentro de uma sequência lógica.

7. Pense nos tipos de perguntas: uma combinação de diferentes estilos de perguntas cria interesse ao longo da entrevista.

8. Pense nas respostas possíveis enquanto pensa nas perguntas: se você não consegue prever o que os respondentes podem dizer, é bem provável que a pergunta esteja mal formulada.

9. Pense em como os dados serão processados: de que maneira os dados serão extraídos dos questionários e analisados? (Isso pode variar desde software proprietário usado por agências de pesquisa de marketing a uma planilha Excel.)

10. Pense nas instruções para o entrevistador e para o respondente: quem quer que esteja envolvido na entrevista precisa de orientação clara sobre o que fazer em cada estágio.

A elaboração de um questionário deve ser feita em três etapas: em primeiro lugar, definir as questões que precisam ser respondidas; depois, desenvolver as perguntas específicas na forma como serão colocadas, junto com os códigos de resposta apropriados; e, finalmente, testar o questionário para ter certeza de que funciona bem em termos de fluência, lógica e sentido.

CAPÍTULO 12

ENTREVISTA PRESENCIAL

Entrevistar pessoalmente o público em geral é o método tradicional – e ainda comum – de coletar dados para pesquisa de marketing. Ele compete com as pesquisas por telefone e on-line como método de coleta quantitativa de dados, embora tenha perdido terreno nos últimos anos para as entrevistas on-line e por telefone. Nos Estados Unidos, o problema da segurança do entrevistador tem eliminado a tradicional entrevista na rua e de porta a porta, que hoje está largamente restrita à segurança das salas especiais ou às proximidades de shopping centers.

Quer as entrevistas presenciais sejam realizadas em locais especiais ou num local de trabalho, elas têm um número de vantagens evidentes em relação ao grande método alternativo do telefone.

VANTAGENS DAS ENTREVISTAS PRESENCIAIS

Melhores explicações

Numa entrevista pessoal, o entrevistador pode ter uma compreensão mais profunda da validade da resposta. Numa situação presencial, é possível obter melhores explicações, já que o entrevistador tem como desenvolver um *rapport* com os respondentes, envolvendo-se com eles para tornar a entrevista mais próxima de uma conversa do que de um interrogatório. A linguagem corporal dos respondentes dá dicas adicionais à resposta. São possíveis explicações mais longas. Há muitas ocasiões, especialmente associadas à propaganda e pesquisa de produto, em que o entrevistador precisa expor amostras de produtos ou anúncios aos respondentes, e isso fica mais fácil de fazer em contatos presenciais.

Profundidade

Como decorrência do ponto acima, é mais fácil manter o interesse de um respondente por mais tempo numa entrevista presencial. O entrevistador pode lançar mão de amenidades sociais para manter o interesse na discussão quando há contato olho no olho com o respondente. É menor a probabilidade de que algo seja mal-ouvido ou mal compreendido. E as respostas podem ser dadas com explicações de maior profundidade.

Legitimidade

Os respondentes precisam sentir que o tempo que dedicam à entrevista está justificado. Se alguém se dá ao trabalho de vir encontrá-los presencialmente, isso implica que a entrevista está sendo levada a sério. Cara a cara com o respondente é possível fazer uma explanação mais abrangente do propósito do *survey*. As preocupações em relação à confidencialidade podem ser dirimidas mais prontamente do que com uma pessoa "anônima" do outro lado da linha telefônica. Um entrevistador numa rua movimentada pode mostrar sua identidade. Além disso, é mais difícil que um respondente se recuse a participar da entrevista estando olho no olho com o entrevistador do que quando está ao telefone e pode simplesmente cortar a ligação com um taxativo "não, obrigado".

Maior precisão

Numa entrevista presencial, o respondente tem tempo para refletir sobre as perguntas e dar uma resposta mais ponderada. Quando necessário, é possível mostrar produtos, e numa entrevista *business-to-business* é possível consultar um colega para confirmar alguma informação. O entrevistador está em melhor posição para julgar a precisão da resposta. Há outras dicas de linguagem corporal e de linguagem não corporal que podem enriquecer as respostas. Se a entrevista é realizada na casa de alguém, o entorno também conta alguma história a respeito do respondente. Se a entrevista é no local de trabalho, o escritório do respondente estará rodeado de apetrechos que fornecem excelente material e possivelmente acrescentarão autenticidade às respostas.

DESVANTAGENS DAS ENTREVISTAS PRESENCIAIS

Embora haja vantagens na entrevista presencial, ela também comporta algumas desvantagens.

Organização

Entrevistas presenciais são mais difíceis de organizar que as realizadas a partir de uma localização centralizada por telefone. Um *survey* presencial ao consumidor com 1.000 entrevistas precisa de cerca de 50 entrevistadores espalhados pelo país. Se o assunto do estudo é complexo, pode ser necessário contar com um *briefing* pessoal dos entrevistadores, e isso consome tempo e há custos em reunir todos eles. Ao final das entrevistas, os questionários precisam ser despachados em segurança para o escritório central no prazo estipulado. Um lote que não chegue pontualmente interrompe a análise. A entrevista pessoal com assistência de computador [*computer-assisted personal interviewing*, CAPI] evita os problemas de ter que coletar papel, mas o método tem a complicação adicional de lidar com computadores laptop e baixar dados.

É mais difícil fazer a supervisão de entrevistas presenciais do que de entrevistas por telefone. As entrevistas presenciais devem ter um supervisor comparecendo parte do tempo e também é preciso realizar verificações para assegurar a qualidade. Em geral, os entrevistadores presenciais trabalham por sua conta, e a qualidade de seu trabalho depende muito de seus escrúpulos. Entrevistas por telefone, feitas a partir de uma localização central e com constante supervisão eliminam esses problemas.

Custo

Entrevistas presenciais quase sempre são mais caras que as realizadas por telefone. Entrevistas em domicílio, baseadas em endereços pré-selecionados, são, por sua vez, mais caras que aquelas derivadas de uma quota. Em geral, as entrevistas de rua custam o mesmo que as entrevistas por telefone. Em alguns casos, as entrevistas de rua oferecem vantagens por permitirem mostrar cartões e outros recursos visuais, enquanto o telefone é preferido em outras situações, já que facilita a amostragem e conta com uma audiência maior.

A comparação entre a presencial e outros métodos de coleta de dados deve levar em conta todos os custos. A entrevista presencial pode usar entrevistadores recrutados pelo mesmo custo que (digamos) entrevistadores por telefone, mas o trabalho de campo envolve mais despesas. Também é preciso prever os custos para reunir as pessoas para *briefings*, os custos com supervisão adicional e despesas do próprio bolso para almoços, viagens, estacionamento e correio. Esses "extras", em alguns casos, podem equivaler ao custo do trabalho.

Em *surveys business-to-business*, a diferença entre o custo de entrevistas por telefone e presenciais é ainda maior. A entrevista presencial com um respondente nas empresas necessita ser marcada por telefone e isso, por si só, é similar em custo à própria entrevista por telefone. Na pesquisa *business-to-business* não é incomum ter que viajar (ida e volta) algumas horas para obter uma entrevista importante que às vezes dura apenas uma hora. O custo da viagem é considerável em comparação com o custo de uma chamada telefônica.

Normalmente uma boa média para entrevistas presenciais *business-to-business* é de uma ou duas entrevistas completas por dia, embora esse número possa subir para quatro ou cinco se elas forem todas num centro urbano. Contando o tempo gasto para marcar as entrevistas, realizá-las, redigir os *scripts* (roteiros) e fazer os arranjos de viagem necessários, entrevistas com visita custam 10 vezes mais que as realizadas por telefone – e isso supondo que ambas sejam feitas por entrevistadores do mesmo nível. Na realidade, as entrevistas por telefone costumam ser realizadas por pessoal especialmente treinado, que trabalha com remunerações de trabalho mais baixas que os consultores de pesquisa *business-to-business* que viajam para realizar as entrevistas presencialmente.

ENTREVISTAS DE RUA

O setor de pesquisa de marketing, no seu início, empregava mão de obra de baixo custo para realizar as entrevistas na rua. Eram bem poucas as casas que tinham telefone e o computador pessoal não havia sido inventado. Era comum ver entrevistadores em ruas movimentadas, com pranchetas na mão, olhando atentamente o fluxo de pessoas, procurando alguém para entrevistar e preencher sua cota. As entrevistas de rua ainda têm as aplicações a seguir:

- Quando pessoas na rua têm probabilidade de fazer parte do público-alvo: se o assunto do *survey* é comida ou compras, faz sentido fazer entrevistas perto de uma área de compras movimentada. *Surveys* sobre compras cobrem todos os dias da semana, incluindo fins de semana e fins de noite, para incluir todos os grupos de compradores. Embora não sejam exatamente "na rua", entrevistas deste tipo também são realizadas em aeroportos, estações de trem, postos de combustível em rodovias e grandes shoppings.
- Quando o questionário é curto e simples: ao usar um questionário curto (cinco minutos), supondo que as perguntas sejam aplicáveis à maioria dos passantes, um entrevistador pode concluir 30 entrevistas num só dia.
- Quando o questionário se refere a uma questão local: um *survey* que investigue um assunto local pode se mostrar adequado a entrevistas de rua – porque simplesmente pode não haver número suficiente de pessoas em painéis on-line que tenham condições de dar uma resposta referente ao local. Entrevistadores posicionados num núcleo urbano movimentado são capazes de coletar as visões das pessoas do lugar enquanto estas se deslocam indo e vindo do trabalho ou das compras.
- Quando o custo e o tempo são questões vitais: sempre que há sérias restrições de tempo e orçamento as entrevistas de rua se mostram vantajosas. São relativamente fáceis e rápidas de organizar em comparação com as visitas domiciliares e podem ser mais baratas que as entrevistas por telefone.

As limitações das entrevistas de rua:

- Quando a entrevista é muito longa e complicada: a rua não é um bom lugar para realizar entrevistas que exijam mais de 5 a 10 minutos. Pessoas carregando sacolas ou indo com pressa para casa não têm muita probabilidade de cooperar. É impossível medir esse fator de recusa de entrevista, mas às vezes fica óbvio, em razão do espaço em volta do entrevistador, que muitas pessoas ao vê-lo atravessam para o outro lado da rua.

➤ Quando é necessário mostrar ao entrevistado muitos apoios visuais à entrevista: é difícil mostrar esses apoios visuais ou cartões de estímulo numa entrevista de rua. Os respondentes podem estar sem seus óculos, a iluminação às vezes não é boa, a chuva ou o vento podem atrapalhar, e, se o comprador está com as mãos ocupadas, não terá como segurar os cartões para examiná-los.

➤ Quando os alvos a entrevistar podem não estar por ali: a rua não é o melhor lugar para obter entrevistas com pessoas que trabalham, pois por definição estarão provavelmente em suas mesas e escritórios quando as lojas estão abertas. Além disso, idosos que não têm facilidade para sair de casa, pessoas que estejam adoentadas e outras que não tenham interesse em compras não serão encontradas na rua disponíveis para entrevistas.

➤ Quando é necessário calcular a precisão dos resultados: entrevistas de rua podem não fornecer um corte representativo da população. Como observado acima, pessoas que trabalham em expediente integral podem ficar de fora da rede de entrevistas de rua. Portanto, é comum que essas entrevistas sejam realizadas em esquema de cotas, para assegurar que todos os grupos estejam incluídos nas proporções corretas. Amostras de cotas não permitem o cálculo do erro de amostragem.

ENTREVISTAS DOMICILIARES

As vantagens e desvantagens das entrevistas domiciliares são, em grande medida, decorrentes das apresentadas pelas entrevistas de rua. Mas mesmo assim vale a pena mencioná-las, para destacar os pontos fortes e fracos do método. Entrevistas nas casas (ou realizadas num centro de entrevistas/visualização) são adequadas a certas situações, como:

➤ Quando a entrevista é longa e complicada: uma entrevista de mais de 10 minutos precisa ser realizada num centro especializado em entrevistas ou na casa dos respondentes.

➤ Quando é preciso mostrar produtos ou apoios visuais: os apoios (cartões, anúncios, *storyboards* e produtos) precisam ser mostrados num ambiente controlado. Da mesma forma, demonstrações de produtos têm que ser feitas nas residências.

- Quando se emprega um método de amostragem probabilístico: a amostragem aleatória requer a seleção de residências ou pessoas de um distrito eleitoral, ou pode ser feito a partir de uma caminhada aleatória.
- Quando a amostra é formada por endereços especiais: é possível utilizar uma lista especial de pessoas como amostra. Podem ser clientes que tenham feito uso da garantia, pessoas que tenham solicitado informações a respeito de um produto, ou que leem certas revistas. Como a amostra é composta por endereços pré-selecionados, as entrevistas devem ser realizadas no domicílio (embora entrevistas por telefone também sejam uma possibilidade e em muitos casos são a melhor opção).
- Quando as perguntas têm uma natureza mais sensível: se as perguntas são de cunho pessoal ou sobre temas de alguma forma sensíveis, requerem um ambiente em que as pessoas possam se acomodar bem e sentir-se seguras para responder. Em entrevistas de rua ou por telefone talvez não haja tempo suficiente para construir *rapport* e permitir que as pessoas se sintam mais à vontade.
- Quando o entrevistador precisa verificar alguma coisa na casa ou no ambiente de trabalho: uma pesquisa sobre o que foi comprado pode requerer que o entrevistador de fato veja o produto. Às vezes é necessário anotar um número de série, verificar a marca ou examinar um recibo. Se, por exemplo, o entrevistador precisa de uma amostra de pessoas com equipamentos de combustível sólido, então essas pessoas podem ser facilmente localizadas andando por núcleos residenciais e procurando chaminés. Também é possível identificar andando pela rua os proprietários de vidraça dupla, de modelos específicos de carros, de certos tipos de portas de garagem e de alarmes contra roubo.

Entrevistas domiciliares têm algumas limitações:

- Quando o tempo e o custo são cruciais: as entrevistas domiciliares consomem tempo e são de realização custosa. Os entrevistadores precisam encontrar o dono da casa presente naquela hora, ou precisarão voltar algumas vezes até ter melhor sorte. As despesas são altas, e o número de entrevistas que podem ser feitas num dia é bem menor que na rua. Sete entrevistas domiciliares por dia já são uma bela façanha.

❯ Quando o ambiente doméstico pode influenciar a resposta: um *survey* realizado numa casa, explorando as atitudes de adolescentes em relação a drogas, pode sofrer viés por receio de que os pais estejam espreitando. Algumas pessoas podem não querer discutir assuntos pessoais como sexo, finanças, política ou religião quando existe a possibilidade de serem ouvidas por outras – mesmo que sejam seus companheiros. A rua é um local público, mas em certas circunstâncias pode oferecer maior privacidade que a casa.

ELABORAÇÃO DO QUESTIONÁRIO

O tópico da elaboração do questionário foi coberto em detalhes no Capítulo 11. As entrevistas presenciais, como abordado aqui, são uma técnica de pesquisa quantitativa e precisam de questionários estruturados com roteamento claro sobre a seleção de entrevistados e para o entrevistador.

A formatação do questionário é especialmente importante para entrevistas de rua, onde não é possível usar laptops e CAPI (*computer-assisted personal interviewing*, isto é, "entrevista pessoal assistidas por computador"). Os questionários devem ser projetados para serem fáceis de ler e preencher na iluminação às vezes insuficiente e confusa da rua, ou da porta de uma casa ou dentro das residências.

O questionário deve passar por uma fase piloto antes de ser utilizado. O ideal é que isso seja feito em campo, de modo que os problemas sejam identificados no ambiente em que as entrevistas serão realizadas. Como testar um piloto em campo é muito caro, em geral uma exploração intensiva de um piloto no próprio escritório costuma bastar, embora seja útil que o entrevistador não tenha estado envolvido na elaboração do questionário, porque será capaz então de identificar eventuais problemas que aqueles que estiveram mais envolvidos no assunto não detectaram.

TAXAS DE RESPOSTA A PESQUISAS DO TIPO *SURVEY*: UM PROBLEMA DO SETOR

Um dos maiores problemas enfrentados pelo setor de pesquisa de marketing é o declínio no nível de cooperação com *surveys*. Cada *survey* tem uma "taxa de sucesso", que mede as entrevistas bem-sucedidas em relação às que fracassaram. A razão de não se conseguir realizar a entrevista pode ser que a pessoa estava ausente de casa ou que houve uma recusa direta de participar. As taxas de sucesso variam conforme o *survey*, com alguns grupos do público sendo mais pesquisados que outros. No entanto, em muitos *surveys* essas taxas ficam abaixo de 50%. Isso deixa os pesquisadores preocupados com a validade de suas descobertas. Pessoas ocupadas que nunca estão em casa quando o entrevistador aparece ou que se recusam a participar do *survey* talvez tenham comportamentos e atitudes diferentes das dos entrevistados.

Os entrevistadores tentam entrar em contato com os respondentes em diferentes horas do dia, em dias diferentes. A praxe é repetir essas tentativas no máximo três vezes, quando então a entrevista com este respondente é abandonada. Depois que o contato é estabelecido, a entrevista é obtida (ou perdida) dependendo de vários fatores:

- ▶ *Aceitabilidade*: os respondentes precisam entender a razão pela qual a pesquisa está sendo realizada. Quanto mais forem capazes de justificá-la para si mesmos, maior a probabilidade de que os outros vejam a validade do *survey* e seu papel em contribuir. É mais provável que o *survey* seja visto como legitimado se a empresa ou organização patrocinadora for conhecida. O entrevistador também precisa ser visto como legítimo, e para esse propósito a maioria deve estar munida de cartões expedidos por organizações oficiais de pesquisa de marketing.

- ▶ *Incentivos financeiros*: os respondentes podem ter a oferta de incentivos financeiros (honorários) para participar do *survey*. Profissionais de medicina e pessoas que participam de grupos de foco quase sempre recebem algum incentivo financeiro. Dito isto, há fortes indicações de que cada vez mais pessoas nos negócios achem difícil aceitar um incentivo e que talvez aceitem ser entrevistados quando isso pressupõe uma doação à caridade.

- ▶ *Abordagem do entrevistador*: um entrevistador que pareça confiante, assertivo e profissional tem maior probabilidade de conseguir cooperação do que outro que pareça inseguro ou com uma atitude de quem se desculpa por solicitar a entrevista.

Entrevista presencial

O melhor é que as apresentações do *survey* sejam curtas e comuniquem rapidamente por que a pesquisa está sendo realizada. Elas precisam envolver os respondentes logo de cara, pois sabemos que depois que as primeiras perguntas foram respondidas a maioria das pessoas leva a entrevista até sua conclusão.

Ao final, os respondentes merecem um "muito obrigado". Às vezes, recebem um cartão que explica quem está realizando a entrevista e por quê. Quando as entrevistas são na rua, é prática normal pedir aos respondentes seu nome e endereço, para permitir que seja feita uma verificação de qualidade de uma pequena porcentagem das respostas (geralmente 5% a 10%). Tato, diplomacia e uma explicação especial podem ser necessárias, já que muitas pessoas resistem a dar seu endereço a um estranho.

A entrevista pode ter sido concluída, mas o entrevistador ainda não terminou. Ainda precisará fazer uma verificação final dos detalhes básicos. Todas as perguntas devem ser legíveis e ter sido respondidas. O nome do entrevistador, a data, e o nome e endereço dos respondentes devem ser verificados para confirmar que foram preenchidos. Finalmente, os questionários completados devem ser despachados. Enviar questionários a partir de um laptop é fácil se houver uma boa conexão com a internet. Quando há formulários que precisem ser enviados ao escritório-sede é normal fazer isto por entrega expressa ou correio registrado. Entrevistas e seus resultados são custosos e não se pode correr o risco de extravio.

TESTES DE EXPOSIÇÃO OU *HALL TESTS* (ABORDAGENS EM SHOPPINGS)

Abordagens em shoppings (*hall tests* ou "testes de exposição") são usados quando é necessário testar as reações das pessoas a um produto ou conceito e não é viável levar isso até as residências ou ser feito na rua. Por exemplo, produtos alimentícios ou bebidas precisam ser cuidadosamente preparados e apresentados na temperatura certa e nas condições certas para que se obtenha uma reação legítima.

Os *hall tests* (como costumam ser conhecidos na Europa) são assim chamados porque envolvem alugar uma sala ou local adequado próximo a um grande shopping center. No Reino Unido, muitos desses locais são salões de igrejas ("*church halls*"), daí o termo. Isso contrasta com os Estados Unidos, onde algumas empresas de pesquisa têm instalações especiais em shopping centers ou as alugam, e contratam entrevistadores para trabalharem ali. Essas instalações especiais estão disponíveis em toda a Europa.

As chamadas "clínicas" referem-se a um método similar em mercados *business-to-business*, onde um centro de visualização (às vezes, um hotel) é alugado para que os respondentes possam observar, testar e comentar produtos.

Num teste típico em shopping, meia dúzia de entrevistadores recrutam pessoas de um movimentado shopping ou das ruas próximas e as convence a ir até o local onde podem experimentar ou comentar um produto. Às vezes, elas são recrutadas previamente. O número de entrevistas que é possível concluir em um dia depende dos critérios de arregimentação dos respondentes e da extensão da entrevista. Se forem entrevistadas 50 pessoas por dia, o teste provavelmente será realizado durante três ou quatro dias, a fim de alcançar um tamanho de amostra de cerca de 200, e com isso ficar estatisticamente sólido. Os testes podem ser realizados em diferentes cidades para evitar algum viés regional.

O que é central para o propósito de realizar um *hall test* é a necessidade de mostrar algo aos respondentes. Em geral, é um produto, e *hall test* e testes de produto costumam ser vistos como sinônimos. No entanto, não é necessariamente assim. Os *hall tests* são usados também para testar embalagens e material de propaganda. Abordagens em shoppings e núcleos de grupos de foco são o local normal para entrevistas presenciais convencionais nos Estados Unidos, e cada vez mais também na Europa.

Quando um produto é submetido a um *hall test*, o objetivo é geralmente definir a aceitação, a preferência e as atitudes do consumidor. Com frequência, trata-se de um produto novo que os respondentes ainda não viram nas lojas. A pesquisa de marketing é realizada para medir a apreciação geral do produto e também para fazer uma limitada avaliação dele. Em muitos testes de alimentos, o foco está mais nas reações ao produto do que à marca, portanto costuma ser um "teste cego", com os respondentes ignorando que marca estão testando. Este tipo de teste de sabor é muito diferente da avaliação sensorial realizada por painéis de degustadores especialmente treinados, que aprenderam a oferecer visões de uma maneira que possibilite modificar a formulação do produto.

Na vida real, os produtos são comprados num contexto que envolve escolhas. A pessoa entra numa loja e escolhe uma barra de chocolate em vez de outra. No entanto, as pessoas normalmente comem apenas uma barra de chocolate por vez, portanto pode-se prever que haverá problemas se forem solicitadas a provar várias, uma após a outra. Por essa razão, testar um produto apenas (teste monádico) é considerado o melhor método quando se trata de comida ou bebida. O que ocorre é que o teste monádico é caro, porque requer contar com uma amostra grande, especialmente se for feita uma comparação entre dois produtos diferentes. Neste caso, metade da amostra testa um produto e a outra metade, o outro. Se cada respondente prova dois produtos sequencialmente (comparação dentro de um par) significa que é possível usar uma amostra com metade do tamanho (e com custo bem menor).

Produtos testados em um *hall test* devem poder ser avaliados neste ambiente artificial, e a maioria dos itens de comida e bebida cabe nesta categoria. Comer um biscoito de chocolate num salão não é diferente de comê-lo em casa. Da mesma forma, produtos cujas características principais podem ser vistas ou cheiradas, ou podem ser usados de maneira simples, cabem num *hall test*. Entre os produtos inadequados para *hall tests* estão os de higiene pessoal (desodorantes, por exemplo), produtos que precisem ser usados por determinada extensão de tempo (por exemplo, um sabão em pó) ou de maneira relativamente complexa (por exemplo, um limpa-vidros), ou quando seu uso simplesmente é impraticável no salão (por exemplo, um xampu).

Degustações de cerveja costumavam ser realizadas em salões, mas o ambiente para beber era tão diferente da norma que introduzia um viés no teste. Como resultado, a maior parte desses testes é realizada em bares ou clubes, onde os pesquisadores podem controlar a qualidade da bebida e a atmosfera envolve maior socialização, algo associado a se tomar cerveja.

Da mesma forma, produtos para os quais seja necessário um processo de condicionamento para que ganhem aceitação podem não ser adequados para *hall tests*, e isso cria problemas para certas bebidas e produtos alimentícios. Por exemplo, formulações de doces e de bebidas gaseificadas tendem a pontuar bem em *hall tests*, mas uma cerveja que pontue bem num teste deste tipo pode rapidamente perder apelo se tomada em quantidade, noite após noite. Quando um lugar para o teste não é adequado, deve-se pensar em testar o produto onde normalmente é consumido (em casa, no bar e assim por diante).

Hall tests são uma técnica quantitativa, e usam questionários estruturados ou semiestruturados, com respostas que são introduzidas diretamente em computadores na hora do teste, para que os dados sejam capturados imediatamente. O objetivo é fazer medições específicas a respeito de:

- *Aceitação*: o produto será considerado?
- *Preferência*: que produto é preferido?
- *Atitudes em relação a atributos*: um produto pode ser considerado como uma coleção de atributos: cor, textura, cheiro, gosto e assim por diante (e cada um desses itens pode ser subdividido). Quais as atitudes em relação a esses diferentes atributos em termos de satisfação ou preferências?

Além de serem usados para testes de produtos, os *hall tests* costumam ser usados também para testar embalagens. Para muitos produtos de consumo, a embalagem é um elemento principal na decisão de compra. Na realidade, pode chegar a ser a única maneira pela qual ele difere das marcas concorrentes. Portanto, acertar na embalagem é crucial.

Em geral, os testes de embalagens são realizados para um novo produto ou quando um produto estabelecido está sendo modificado. O objetivo costuma ser comparar alguns designs de embalagem, seja entre eles ou em relação aos da concorrência. Isso é feito mostrando maquetes o mais próximas possível das embalagens prontas. Como no teste de produtos, as embalagens são testadas quanto a atributos específicos – cor, legibilidade, o quanto é apropriada ao produto e assim por diante. As perguntas específicas a respeito da embalagem são estruturadas e costumam ser fechadas. Quando exigido, qualquer sondagem qualitativa sobre o conceito da embalagem já terá sido realizada em discussões de grupo prévias ao *hall test*.

Hall tests também têm um papel em pesquisas de propaganda. De novo, o objetivo é obter reações quantitativas a aspectos específicos de um anúncio, como o impacto de suas chamadas e o tipo de comunicação ou de memorização das chamadas e das imagens. Se a mídia de propaganda é a imprensa, é possível usar um *hall test* em razão da sua velocidade e praticidade, embora métodos alternativos possam ser preferidos (por exemplo, entrevistadores domiciliares ou de rua).

DICAS IMPORTANTES

- Use entrevistas presenciais quando achar que é o método mais conveniente, por permitir reunir as pessoas que você quer entrevistar num certo local (por exemplo, num shopping ou numa feira de exposições).
- Não considere recorrer à entrevista presencial se ela levar os entrevistadores a áreas em que possam correr riscos pessoais.
- Certifique-se de que haverá condições de fazer verificações de qualidade. Você precisará de supervisores para verificar e garantir que os entrevistadores estão nos lugares certos, entrevistando as pessoas certas e fazendo as perguntas certas.
- Se as entrevistas são feitas na rua, em shoppings ou feiras, certifique-se de que haja no máximo 20 perguntas, senão teremos entrevistas truncadas, porque os respondentes abandonaram a entrevista ou se recusaram a tomar parte dela.
- Mantenha as perguntas simples.
- Considere as circunstâncias em que as entrevistas serão feitas. Em certos locais (numa rua sob chuva ou vento) não é viável usar CAPI (*computer-assisted personal interviewing*), e questionários em papel serão mais adequados.
- Ao estimar quantas entrevistas podem ser feitas por dia por um entrevistador, leve em conta que os entrevistadores precisam de pausas e períodos de descanso. Cerca de 20 a 30 entrevistas por dia com um questionário curto é um máximo razoável que pode ser alcançado na rua ou em feiras e exposições. Quatro ou cinco entrevistas por dia é uma média razoável para entrevistas domiciliares.

RESUMO

Entrevistas presenciais são o padrão ouro no setor de pesquisa de marketing. Têm a vantagem de estabelecer um *rapport* com o respondente. O contato olho no olho e a observação da linguagem corporal podem dar dicas adicionais às respostas verbais. São excelentes para entrevistas em profundidade. No entanto, entrevistas presenciais em domicílio são relativamente raras hoje em dia. *Surveys* em larga escala costumam ser realizados on-line ou por telefone e, quando a profundidade é exigida numa pesquisa qualitativa, as entrevistas presenciais são feitas em centros especializados.

Entrevistas de rua foram por muitos anos o método tradicional de coletar dados de consumidores, mas hoje foram superadas pelos *surveys* por telefone e on-line, muito mais rápidos e menos caros. Entrevistas de rua envolvem numerosos problemas logísticos, entre eles o de convencer respondentes a reservar um tempo quando estão ocupados com sua rotina diária.

Entrevistas presenciais ainda são muito comuns em aeroportos e shoppings, onde é possível realizar até 30 entrevistas por dia por entrevistador, se elas tomarem apenas 5 a 10 minutos cada.

Entrevistas presenciais em locais especiais como salas, perto de shoppings, ainda são amplamente utilizadas para testes de produtos.

CAPÍTULO 13

ENTREVISTAS POR TELEFONE

POR QUE ENTREVISTAR POR TELEFONE?

O mundo em que vivemos hoje é muito diferente do mundo que conhecíamos há apenas meio século. A maioria das residências e estabelecimentos de negócios no mundo desenvolvido estão hoje conectados por uma rede telefônica, e em alguns países a densidade da penetração da telefonia celular alcança o ponto de saturação. Portanto, não surpreende que a entrevista por telefone tenha se tornado comum e superado a presencial como método de coleta de dados para pesquisas de marketing.

Entrevistas por telefone são, quase sempre, usadas em entrevistas menos complicadas, estruturadas. É comum a maioria das entrevistas com o público em geral durar cerca de 10 minutos, e, no caso de respondentes *business-to-business*, em torno de 20 minutos.

O telefone tornou-se o meio preferido para entrevistas administradas. Ele nos permite coletar informações rapidamente em uma ampla área geográfica com custos bem menores que os das entrevistas presenciais. As ligações telefônicas são feitas a partir de unidades centrais, com monitoramento mais fácil, feedback rápido aos entrevistadores e a capacidade de introduzir as informações diretamente nos computadores na hora da própria entrevista.

As maiores vantagens do telefone em comparação com a entrevista pessoal são a velocidade e o baixo custo – aspectos mais evidentes ainda na pesquisa de marketing *business-to-business*. Em circunstâncias favoráveis, é possível completar até cinco entrevistas por telefone em um dia, em comparação com apenas uma ou duas entrevistas presenciais.

Em pesquisa com consumidores, um entrevistador competente realiza, por dia, de 10 a 15 entrevistas de 10 minutos, mas as vantagens de tempo e custo das entrevistas por telefone não são tão nítidas neste caso. Se a comparação é entre entrevistas na rua ou em shoppings e entrevistas por telefone, então talvez haja pouca diferença tanto em tempo quanto em custo – na realidade, entrevistas em shoppings podem sair até mais baratas. Mas, na comparação com as entrevistas domiciliares, o telefone é mais rápido e mais barato, pois não se desperdiça tempo viajando entre os pontos de entrevistas.

ENTREVISTAS POR TELEFONE ASSISTIDAS POR COMPUTADOR (CATI)

Nas entrevistas por telefone, os computadores substituíram a prancheta e o questionário. Entrevistas por telefone normalmente são orientadas por um questionário exibido na tela de um computador. O entrevistador registra as respostas via teclado, digitando os números que correspondem às respostas pré-codificadas exibidas na tela. As CATI, portanto, reúnem as tecnologias do computador e do telefone para melhorar o desempenho e a qualidade da coleta de dados em pesquisas de marketing. As consideráveis vantagens oferecidas por entrevistas CATI são:

- O entrevistador fica livre para se concentrar na entrevista, pois as instruções de roteamento já foram resolvidas pela definição do *script* (roteiro) e pela programação.
- Os dados são inseridos diretamente e as transações subsequentes de processamento de dados ficam eliminadas. Custos e erros de digitação são reduzidos.
- O processo todo é agilizado, porque os dados são introduzidos à medida que vão sendo obtidos.
- O software gerencia a amostra de modo que as cotas sejam cumpridas.
- Em intervalos, ao longo do *survey*, o pesquisador pode consultar o computador para examinar os resultados.
- A análise dos resultados pode ser obtida imediatamente após a conclusão da última entrevista.

Há algumas desvantagens nas entrevistas CATI. Um questionário convencional em papel pode ser elaborado em pouquíssimo tempo e não requer ajuda de *experts* em roteiro, enquanto no caso do CATI elas são necessárias para fazer a conversão do questionário para a tela do computador. Obter um questionário que rode sem falhar num Sistema CATI pode exigir uns dois dias. É questionável se vale a pena usar a CATI se o projeto for um pequeno estudo com menos de 30 entrevistas.

Capturar respostas abertas num sistema CATI requer entrevistadores que tenham boa habilidade para digitar texto. Perde-se flexibilidade, já que não é tão fácil voltar a uma resposta na tela como é voltar atrás duas páginas no caso de um questionário em papel. Em geral, as CATI são mais adequadas a entrevistas estruturadas realizadas em grandes lotes, especialmente *surveys* nos quais todas as possíveis respostas tenham sido elencadas e possam ser listadas como respostas pré-codificadas.

A ARTE DE ENTREVISTAR POR TELEFONE: COMO REALIZAR UMA ENTREVISTA BEM-SUCEDIDA

Os princípios de uma entrevista bem-sucedida valem tanto para entrevistadores que usem um questionário em papel quanto um sistema CATI.

A introdução - evitar a recusa

O público em geral suspeita de ligações telefônicas não solicitadas, especialmente após anos recebendo aquelas ligações antipáticas de serviços financeiros ou de representantes que querem vender vidraças duplas, por exemplo. É compreensível que alguém cuja divagação é interrompida por um pesquisador de marketing querendo fazer perguntas sobre um assunto obtuso se mostre relutante em ajudar. Os respondentes são solicitados a abrir mão de seu valioso tempo para obter pouco em retorno. Convencer pessoas a participar de um *survey* é, portanto, de importância crucial, pois, como mencionamos, as taxas de resposta de menos de 50% podem significar que uma parte significativa da população, que tem visões e atitudes diferentes, foi negligenciada.

Estudos sobre a cooperação dos entrevistados mostram que os entrevistadores que são mais empolgados, confiantes, claros e agradáveis são os que têm maior sucesso. Conseguir isso ao telefone em apenas um ou dois segundos é um desafio. Na realidade, os momentos iniciais ao telefone têm importância crucial em determinar se será possível conseguir a entrevista ou não. Ajuda contar com algum "gancho" que interesse os respondentes, e comunicar isso o mais prontamente possível. Costuma haver outros pontos a superar e isso pode significar que a introdução irá se estender.

Em algum estágio antes que a entrevista tenha início o entrevistador deve dar uma indicação de quanto tempo se espera que a entrevista dure, e que mencione que tudo o que for dito será mantido como confidencial e que não será feita nenhuma tentativa de vender nada. Quanto mais coisas o entrevistador tentar enfiar na introdução e quanto mais tempo ela demorar, mais tempo terão os respondentes para pensar em razões pelas quais não se dispõem a participar. É vital, portanto, conseguir um envolvimento rápido. A abordagem do entrevistador realmente faz diferença:

- *Seja sempre assertivo e confiante*: os respondentes gostam de sentir que estão nas mãos de um profissional, alguém que é desembaraçado sem ser impositivo.
- *Crie confiança*: os respondentes se abrem quando confiam nas pessoas. Despertar confiança em poucos segundos é difícil, já que o entrevistador conta apenas com a voz e as palavras. Mas ambas podem ser boas armas se usadas corretamente. Caso contrário, resultarão numa recusa à entrevista. É bom ter um *script* (roteiro) pronto antes de ligar, para garantir que a apresentação seja, o quanto possível, a melhor no sentido de conseguir conquistar confiança e cooperação.
- *Respondentes não gostam de sentir que o fato de terem sido escolhidos é de algum modo injusto*: eles se sentem melhor ao saber que são parte de um *survey* de âmbito nacional, e que suas respostas realmente têm importância.
- *Relações promovem cooperação*: se uma ligação telefônica anterior resultou em contato com outro membro da família (ou com um colega de trabalho, no caso de um *survey* B2B), pode ser útil mencionar isso.

Mesmo com uma abordagem muito educada, podem surgir dificuldades:

- *A pessoa está sempre fora ou não dispõe de tempo*: de fato, algumas pessoas passam muito tempo fora, parece que é assim mesmo. Mas há certas horas em que é possível obter alguns minutos para uma entrevista. Membros da família ou um colega de trabalho (em entrevistas *business-to-business*) podem sugerir a melhor hora para ter acesso à pessoa.

▶ *O respondente está cansado de atender surveys*: algumas pessoas (especialmente respondentes em certas áreas de negócios) são incomodadas a toda hora por pesquisadores de marketing. Isso leva a adotar políticas de "*surveys*, não" ou a atender com um rude "Desculpe, não tenho interesse". Pesquisadores de marketing têm uma responsabilidade especial em tornar as entrevistas o mais interessantes possível. Deve ser feita uma tentativa de comunicar aos respondentes da maneira mais convincente possível que sua cooperação levará à melhoria de produtos e serviços.

Mesmo o melhor dos planejamentos não garante sucesso todas as vezes. É preciso contar com entrevistadores de considerável aptidão e tenacidade, capazes de fazer o número apropriado de ligações e obter cooperação. A proporção entre o número de telefones discados e o número de entrevistas obtidas varia consideravelmente, dependendo do tipo de *survey* e da qualidade das listas. Num *survey* curto com o público em geral, uma boa lista permite obter uma entrevista a cada cinco discagens. Num *survey business-to-business* é provável que seja necessário discar 20 números para conseguir uma entrevista. Portanto, fica claro que uma programação de entrevistas por telefone requer uma lista clara e atualizada de potenciais respondentes para que seja bem-sucedida.

A entrevista - manter o interesse

Na maioria dos casos, depois que os respondentes começam a entrevista, eles vão até o final. No entanto, não estamos sugerindo que a aceitação de levar adiante a entrevista seja uma conclusão óbvia; a execução da entrevista envolve um conjunto de habilidades.

O requisito crucial de uma entrevista é conhecer muito bem o questionário. A entrevista é uma espécie de *script* (roteiro) e as perguntas devem ser lidas exatamente da maneira que foram formuladas. Bons entrevistadores desenvolvem um estilo próprio, falam num ritmo moderado e com boa clareza e dicção. Mesmo que seja a última entrevista de um dia particularmente denso e cansativo, o entrevistador deve soar interessado. Na realidade, ele ou ela precisarão estar interessados, porque um bom entrevistador realmente precisa saber ouvir.

Embora o questionário seja um *script* (roteiro) e precise ser seguido à risca, há espaço para promover uma socialização mais fluente e introduzir incentivos verbais que indiquem que estamos ouvindo e temos interesse. A linguagem corporal por meio da voz torna-se ainda mais importante, já que não se conta com nada mais além dela para criar *rapport*.

O encerramento

Quando a entrevista se encerra, já terá se estabelecido um relacionamento com o respondente. Eles merecem um agradecimento por seu tempo e esforço, e pode ser apropriado pedir permissão para voltar a ligar se necessário, para esclarecer alguma das respostas. (Isso é mais importante em entrevistas *business-to-business*.)

DICAS IMPORTANTES

- Use entrevistas por telefone sempre que precisar alcançar grupos especiais de pessoas ou quando tiver uma lista de bons nomes de contato com os respectivos números de telefone.
- Gaste mais tempo e dinheiro elaborando boas listas de potenciais respondentes. Uma boa lista de respondentes irá diminuir o custo das entrevistas por telefone ao produzir uma taxa muito mais elevada de acertos.
- Esteja ciente de que pode haver variabilidade nas respostas obtidas de diferentes entrevistadores por telefone. É muito importante que todos os entrevistadores sejam treinados para seguir um padrão e que haja um monitoramento cuidadoso da qualidade.
- Há duas aptidões diferentes exigidas nas entrevistas por telefone – uma delas é necessária para convencer as pessoas a participarem do *survey* e a outra, para administrar a própria entrevista. Certifique-se de que os entrevistadores por telefone sejam treinados nessas duas aptidões.

- Passe instruções aos entrevistadores pessoalmente no início do projeto. Fique em contato com eles durante o projeto todo, perguntando como estão indo as coisas e o que estão descobrindo. Isso não será visto como interferência; ao contrário, haverá apreciação pelo fato de você estar cuidando do andamento do trabalho.
- Pense em motivar os entrevistadores com um bônus pela conclusão das entrevistas por telefone, mas tome cuidado para que isso não comprometa a qualidade do trabalho.
- Faça uma verificação constante da qualidade das entrevistas. Leia os *scripts* (roteiros) do entrevistador logo após as entrevistas terem sido concluídas. Isso é fácil com questionários em papel, mas também é possível com CATI. Faça isso especialmente no início de qualquer *survey* e dê um feedback construtivo aos entrevistadores.

LIMITAÇÕES DAS ENTREVISTAS POR TELEFONE

Vimos de que modo os muitos atributos positivos das entrevistas por telefone fizeram com que elas se tornassem o principal método utilizado em entrevistas administradas (quando os entrevistadores fazem as perguntas, em oposição aos *surveys* on-line, quando os respondentes fazem o autopreenchimento). No entanto, há ocasiões em que não é apropriado usar entrevistas por telefone.

Há situações em pesquisa de marketing em que precisamos que o respondente veja algo. Pode ser a explicação de um conceito cuja leitura seja extensa demais. Pode ser uma foto de um novo produto. Pode ser uma longa lista de fatores que poderiam influenciar a decisão do respondente de escolher determinado produto. Quando há mais de cinco ou seis fatores numa lista, é uma tarefa longa ler todos eles em voz alta e é difícil para o respondente manter todos na cabeça. Pesquisadores tentam superar esse problema "recrutando para a web". Durante a ligação telefônica os respondentes recebem um endereço da internet que deverão visitar, e no qual podem visualizar o material. Isso pressupõe, é claro, que os respondentes tenham fácil acesso a um computador. Num *survey* recente que buscava descobrir as atitudes das pessoas a novos tipos de panos de limpeza industriais, os respondentes eram convidados a ver uma página da internet. O *survey* falhou totalmente porque as pessoas encarregadas da limpeza podiam ser contatadas por telefone (sem dificuldade), mas raramente estavam sentadas diante de um computador.

Depois que os respondentes tinham o material exibido diante deles, a entrevista podia continuar. No caso de "recrutar para a web" não costuma haver uma interrupção da entrevista. Quando o material é enviado por e-mail aos respondentes pode exigir uma segunda ligação telefônica e isso sempre tem o risco de perder o pique da entrevista.

É sempre mais fácil dizer "não" por telefone. A pessoa pode facil-mente alegar que "Estou meio de saída" e então haverá pressão sobre o respondente para que acelere as questões finais. Entrevistas por telefone podem sempre ser afetadas por dispersões, seja um programa de tevê, pessoas que tocam a campainha ou, no caso de entrevistas de negócios, interrupções de colegas ou de reuniões pré-marcadas. Entrevistas por telefone são feitas normalmente de improviso, enquanto as entrevistas presenciais são pré-agendadas e, portanto, permitem que o respondente reserve algum tempo para participar.

O telefone como meio de entrevista pode enfrentar problemas em alguns países asiáticos. Alguns respondentes japoneses acham inaceitável a intrusão de um entrevistador desconhecido fazendo perguntas pes-soais e diretas. Neste caso, os *surveys* on-line serão preferíveis, embora talvez não proporcionem a profundidade que seria alcançada numa entrevista por telefone.

Ao redor do mundo, estamos mudando a maneira de usar o telefone. Telefones fixos são substituídos pelos celulares. As páginas amarelas, que listavam todo mundo que tinha um número de telefone, estão sendo rapi-damente eliminadas ou reduzidas de tamanho. Não existem diretórios das pessoas que têm celular, portanto, a amostragem aleatória usando entrevistas por telefone como meio de *survey* é muito mais difícil hoje em dia e está ficando restrita a *surveys* de clientes para os quais haja listas disponíveis.

As coisas são diferentes com os *surveys business-to-business*, pois os números de telefone das empresas são publicados e as listas são fáceis de obter. Não é que as pessoas nas empresas fiquem sentadas aguardando uma ligação de um entrevistador de pesquisa de marketing, mas, por outro lado, entendem que esta é uma parte válida das comunicações de negócios.

RESUMO

Entrevistas por telefone oferecem os benefícios da maior velocidade e menor custo, e sua qualidade é mais fácil de controlar que a das entrevistas presenciais. No entanto, todas as coisas têm um ciclo de vida, e as entrevistas por telefone estão sendo rapidamente substituídas pelas entrevistas on-line.

O telefone continuará sendo importante na pesquisa *business-to-business* e com o público em geral, quando há disponibilidade de listas de clientes com números de telefone.

O entrevistador por telefone precisa ter aptidões especiais. Ele ou ela precisa ser entusiasmado e conhecer bem o assunto a fim de conseguir a cooperação dos respondentes. Depois de obtida a concordância em realizar a entrevista, o entrevistador deve seguir o *script* (roteiro) e usar todas as suas aptidões de socialização para fazer a entrevista funcionar. É preciso que tenha tenacidade, pois precisará fazer um grande número de chamadas discadas para conseguir cada entrevista.

Requisitos-chave para uma entrevista por telefone bem-sucedida são:

- Compreender o assunto e o questionário antes de pegar o telefone.
- Verificar se a pessoa do outro lado da linha é a pessoa certa a entrevistar.
- Fazer uma apresentação amistosa, profissional, que dê ao *survey* legitimidade e funcione para desimpedir o caminho.
- Ser claro e conciso ao perguntar.
- Ouvir, e deixar isso evidente por meio de palavras de interesse e incentivo.
- Captar o que foi dito anotando, em vez de confiar em recursos de gravação.
- Perguntar para esclarecer respostas e sondar para ter uma compreensão mais profunda das respostas.
- Completar o questionário todo, verificando algumas respostas em relação a outras quando for o caso.
- Agradecer aos respondentes por seu tempo e pela valiosa contribuição, e deixar a porta aberta para que seja possível um retorno, caso necessário.

CAPÍTULO 14

QUESTIONÁRIOS DE AUTOPREENCHIMENTO

OS ONIPRESENTES QUESTIONÁRIOS DE AUTOPREENCHIMENTO

Questionários de autopreenchimento estão em todos os lugares que frequentamos. Estão nos saguões de hotéis. São entregues a nós em aeroportos. Enfiados na caixa de correio. Todos somos submetidos a questionários de autopreenchimento em algum momento, seja para verificar nossa satisfação com um produto ou serviço recém-adquirido, seja a empresa de utilidade pública local pedindo nossa opinião sobre seu serviço. Quantas vezes você já preencheu algum, não é? Mais importante que isso, quantos você ignorou? Vamos discutir neste capítulo os prós e contras dos questionários de autopreenchimento, mas sabemos que seu principal ponto vulnerável é uma taxa de resposta baixa (e com frequência imprevisível). Nosso foco por enquanto é nos questionários de autopreenchimento em papel, enviados pelo correio ou inseridos em revistas, ou deixados ao lado do cardápio num restaurante ou hotel. Há vários princípios na elaboração e execução desses questionários que se equiparam aos dos *surveys* baseados na internet. No entanto, como os *surveys* pela internet têm algumas considerações especiais, eles serão vistos em separado no Capítulo 15.

QUANDO USAR E QUANDO NÃO USAR QUESTIONÁRIOS DE AUTOPREENCHIMENTO

Questionários de autopreenchimento são uma ferramenta perfeita para o pesquisador autônomo. Um pesquisador solitário sentado diante de um computador pode mandar pelo correio um questionário a centenas de pessoas pelo custo de um selo (ou com custo zero, se enviado por e-mail).

Do ponto de vista dos respondentes, questionários de autopreenchimento podem ser um método preferido se eles têm dificuldades para encontrar um tempo para ficar ao telefone ou se valorizam muito a privacidade em suas respostas. Um dentista ou médico pode preencher o questionário na hora em que tiver um tempo vago. Um funcionário de uma empresa pode preencher o questionário de "satisfação dos funcionários" em casa e confiar que a resposta será confidencial e anônima.

Infelizmente, perguntas de avaliação longas e trabalhosas são um tema central para muitos *surveys* de satisfação, e os questionários de autopreenchimento podem ser completados mais rapidamente do que numa entrevista administrada, na qual cada atributo e declaração tem que ser lido em voz alta. Um questionário de autopreenchimento também oferece a chance de usar explicações pictóricas ou pode ser animado por escalas de rostos sorridentes ou zangados.

Questionários de autopreenchimento são um recurso útil para coletar dados de mais de um respondente numa mesma residência ou empresa. Por exemplo, um *survey* que busque descobrir o consumo semanal de comida em residências permitirá que dois parceiros de uma mesma casa se consultem, assegurando, assim, maior precisão no preenchimento do questionário. As pessoas podem responder sem pressa. Podem refletir em questões que exijam reflexão adicional. Permitem dar uma resposta mais ponderada do que na réplica espontânea e de improviso que é própria de uma entrevista administrada.

Apesar de suas muitas vantagens, também há desvantagens nos questionários de autopreenchimento. A principal é que eles geram taxas de resposta baixas e incertas, a não ser que o público esteja altamente envolvido ou haja alguma exigência legal de que o questionário seja preenchido (como ocorre com a maioria dos censos). Isso significa que a taxa de resposta de muitos questionários de autopreenchimento enviados pelo correio fica bem abaixo de 10% do total enviado. Nesses casos, é desconcertante constatar que 90% das pessoas que foram visadas no *survey* não responderam. Que certeza podemos ter de que as pessoas que responderam são representativas realmente do total? Será que os que responderam são aqueles que têm queixas a apresentar? Só poderemos saber disso se realizarmos verificações de controle usando a entrevista convencional e uma amostra composta por não respondentes, e este é um luxo raro. Quando já se prevê uma resposta muito baixa, isso quase sempre sugere que o *survey* teria melhor resultado com uma entrevista administrada.

Questionários de autopreenchimento não são adequados a todos os respondentes – por exemplo, os muito jovens, pessoas com dificuldades de aprendizagem, pessoas com problemas de letramento ou muito idosas.

Os questionários precisam "se virar sozinhos" – não há entrevistador presente que possa detectar uma questão que não tenha sido plenamente entendida. As perguntas devem ser o mais perfeitas possível, com um enunciado claro e instruções e espaço adequado para escrever as respostas. As perguntas que são respondidas "ticando quadradinhos" são mais fáceis de preencher e, portanto, é provável que predominem no questionário. O mais comum é que haja apenas uma ou duas questões abertas e estas costumam receber respostas pouco substanciais, porque escrever uma resposta livre demora mais e exige mais esforço do que apenas expressá-la verbalmente.

Também é importante que haja clareza na formatação e no leiaute do questionário. Um questionário diagramado profissionalmente consegue colocar mais perguntas na página e ainda assim manter espaços em branco, que o fazem parecer enxuto e claro.

Sugerimos que questionários de autopreenchimento são um instrumento para o pesquisador autônomo. Mesmo assim, ele consome bastante tempo para a organização, envolvendo papel, impressão, envelopes, colocação dos questionários nos envelopes e franquia no correio. Dobrar, colocar e despachar 1.000 questionários pelo correio é uma tarefa manual significativa.

PRINCÍPIOS PARA A ELABORAÇÃO DE QUESTIONÁRIOS DE AUTOPREENCHIMENTO

A importância da carta de apresentação

Questionários de autopreenchimento requerem uma apresentação e esta costuma ser feita na forma de uma carta de apresentação. A carta de apresentação é tão importante quanto o próprio questionário. Ela descreve as razões pelas quais a pesquisa está sendo realizada e planta um "gancho" que incentiva a resposta. A nota introdutória, como qualquer boa carta de vendas, busca persuadir o respondente a agir. Deve fazer isto rapidamente, para que, como na entrevista administrada, o respondente fique motivado a pegar uma caneta e começar a responder. Depois que começa, há boa chance de que o questionário seja completado.

Uma carta que seja endereçada a uma pessoa e mencione o nome dela terá maior impacto do que uma endereçada simplesmente ao "Morador da casa" ou ao "Responsável pelo setor de Compras". Uma carta personalizada tem maior poder de motivar alguém a preencher um questionário do que uma carta sem nenhum nome. Assegurar que a carta traga o nome certo e certificar-se de que foi escrito corretamente é um desafio, pois não há nada que incomode mais os respondentes que ver seu nome escrito errado – o que é fácil de acontecer, já que os bancos de dados costumam ser imprecisos nesse aspecto.

O primeiro parágrafo da nota introdutória deve fornecer garantias de que o *survey* é legítimo. Os respondentes precisam acreditar que seu tempo não será desperdiçado e que o *survey* será usado com propósitos de boa fé. Às vezes ajuda dizer que o *survey* está sendo realizado para melhorar produtos e serviços, e vale a pena ressaltar que a participação do respondente é crucial para o sucesso do *survey*, criando assim uma pequena carga de obrigação. Mesmo essas promessas podem soar vazias se os respondentes já participaram de outros *surveys* sem que isso tenha tido efeitos palpáveis. Muitos *surveys* que são enviados sem terem sido solicitados pelos respondentes requerem um incentivo material para encorajar a resposta. Pequenos gestos como incluir uma caneta podem ajudar, mas sorteios de prêmios ou recompensas monetárias produzem mais efeito.

A carta de apresentação que acompanha o questionário deve assegurar confidencialidade e dar instruções claras do que fazer a seguir. (Quase sempre é incluído um envelope de resposta pré-pago com a carta e o questionário de autopreenchimento, e deve-se mencionar isto nas linhas finais da carta.)

REGRAS DE OURO PARA ESCREVER UMA BOA CARTA DE APRESENTAÇÃO

- Escreva num estilo envolvente. Personalize a carta ao máximo. Seja claro. Seja breve.
- Explique o propósito do *survey* e por que razão o respondente foi selecionado – legitime isso e ofereça um gancho (se preciso, um incentivo material).
- Garanta que é fácil preencher o questionário.
- Se for possível, assegure que as respostas serão confidenciais.
- Dê instruções sobre o que fazer – como preencher e como enviar de volta.
- Agradeça ao respondente.

Decidindo quais serão as perguntas

O ponto de partida de todo questionário é decidir que perguntas precisam ser respondidas. No caso de um estudo feito para descobrir como as pessoas valorizam um produto ou serviço, não se deve supor que isso será resolvido com uma pergunta simples do tipo "Quanto você valoriza este produto?". Uma pergunta como esta precisa ser subdividida em várias partes, como:

- Você compra esse produto?
- Com que frequência compra este produto?
- Quais os produtos que você considera na hora da compra?
- Que produtos você escolhe?
- Quais são as razões dessa sua escolha?
- Por que descarta certos produtos?
- Quanto você paga pelo produto?

Essas questões todas juntas irão responder à questão maior: "Quanto você valoriza este produto?". Claro que elas não serão formuladas da maneira simplista com que foram listadas aqui e precisarão ser roteirizadas e formatadas com muito cuidado, que é o assunto das seções a seguir.

Questionários de autopreenchimento

Tipos de perguntas, redação e sequenciamento

A regra de ouro de toda elaboração de questionário é pensar em todas as possíveis respostas na hora de formular cada pergunta. A maioria dos questionários falha porque o pesquisador não procura ver as perguntas do ponto de vista do respondente. Por exemplo, um respondente teria dificuldade em responder à questão "Com que frequência você compra uma bateria para o seu relógio?" sem que lhe forneçam algumas linhas gerais quanto à frequência que é considerada razoável. Ou seja, se perguntamos aos respondentes com que frequência compram uma bateria para o seu relógio mas fornecemos opções de resposta pré-codificadas, terão facilidade bem maior para responder. Por exemplo:

> **Com que frequência você compra uma bateria para o seu relógio?**
>
> Pelo menos a cada seis meses ○
> Entre seis meses e um ano ○
> Entre um ano e dois anos ○
> Demoro mais de dois anos ○

Tecnicamente estes códigos de resposta se sobrepõem, mas no contexto da pergunta eles funcionam, porque se encaixam nas escalas de tempo aproximadas com as quais as pessoas compram baterias para seus relógios.

Depois que os respondentes respondem a primeira pergunta, há boa chance de que terminem de completar o questionário todo. Questões rotineiras simples levam os respondentes ao corpo central do questionário.

Perguntas abertas são mal respondidas em *surveys* de autopreenchimento. Perguntas que pedem explicações livres acabam tendo respostas inadequadas (e muitas vezes ilegíveis). Respostas típicas são "Porque é bom", "A gente sempre comprou", "Funciona bem" e outras do tipo, e não há oportunidade de descobrir por que é bom, por que as pessoas sempre compram o produto ou de que maneira o produto cumpre sua função.

Também não é possível fazer perguntas muito complicadas. Fica difícil as pessoas de uma residência dizerem quanto tempo gastaram em atividades de lazer ao longo do último ano. Parece claro que a pergunta inclui as férias, mas será que inclui também comer fora em restaurantes, ir ao cinema, fazer uma viagem ao litoral ou uma visita a uma biblioteca? O assunto é vago demais e os chefes da casa não sabem de cabeça os valores dos gastos anuais nessa área. O pesquisador terá alguma chance se a pergunta for sobre a frequência com que a pessoa se dedica a atividades de lazer específicas (e então o pesquisador poderá fazer as contas para chegar a uma estimativa de gastos).

Já ressaltamos que questionários de autopreenchimento bem-sucedidos devem ser fáceis de completar. Isso significa que sempre que possível as perguntas devem ter respostas pré-codificadas, que exijam apenas ticar num quadradinho ou circular um número. Perguntas pré-codificadas são adequadas a questionários de autopreenchimento pois poupam tempo do respondente para dar suas respostas. Perguntas usando escalas são altamente aplicáveis, porque podem ser completadas rapidamente ticando quadradinhos.

Roteamentos complicados podem criar confusão e levar a erros.

Finalmente, com questionários de autopreenchimento não é possível revelar informações de maneira controlada como se faz por telefone ou em visitas presenciais, porque os respondentes podem ler com antecedência e ficar sabendo que questões vêm a seguir.

DICAS IMPORTANTES

- Ao elaborar um questionário de autopreenchimento, simplifique tudo.
- Use instruções claras e diretas para que as pessoas saibam o que fazer e que pergunta responder em seguida.
- Coloque as perguntas em sequência lógica.
- As perguntas devem ser curtas e colocadas na linguagem do respondente.
- As primeiras perguntas no *survey* devem ser envolventes e fáceis de responder.
- Evite todas as possíveis ambiguidades.

- As medidas de períodos de tempo devem ser fáceis de compreender.
- Sempre que possível, acompanhe a pergunta com códigos de resposta (apropriados).
- Os códigos de resposta devem ser fáceis de completar, como quadradinhos para ticar ou números para serem circulados.
- Evite usar perguntas do tipo *grid* (matrizes) complicadas.
- Deixe espaço suficiente para permitir ticar o quadrado escolhido ou escrever a resposta.
- Certifique-se de saber quem completou o questionário incluindo para isso perguntas de classificação apropriadas.

Melhorar a aparência do questionário

A maioria das pessoas vê os questionários de pesquisa de marketing de autopreenchimento como "apenas outro formulário para preencher", e como não existe a obrigatoriedade de responder, corre-se o risco de que o formulário acabe no cesto de lixo, a não ser que capte o interesse do respondente. Um leiaute claro e atraente é mais importante no questionário de autopreenchimento do que no usado numa entrevista administrada.

Vale a pena pensar em entregar o questionário a um diagramador profissional. Um leiaute atraente e o uso hábil do espaço encorajam a pessoa a responder. O uso de cores e recursos gráficos melhora o questionário, tornando-o mais prazeroso de preencher. Sempre há exceções que comprovam a regra e um questionário de formatação simples, produzido por um estudante ou por um digitador convencional e antiquado, pode também despertar simpatia e interesse, e incentivar a resposta.

MELHORES PRÁTICAS NA ELABORAÇÃO DE QUESTIONÁRIOS DE AUTOPREENCHIMENTO

Pré-teste e pilotos de *surveys* postais

Todos os questionários devem passar por uma fase piloto, e isso é especialmente importante em questionários de autopreenchimento, porque depois de impressos e enviados não há como retificar um erro ou omissão. No mínimo, o pesquisador deve pedir que um amigo ou colega preencha o questionário, e ficar sentado junto à pessoa que estiver fazendo o teste, observando como ela vai preenchendo as perguntas.

Gestão e administração do projeto - planejamento, custos, prazos

O ponto de partida de qualquer *survey* é montar um cronograma daquilo que precisa ser feito, quando e por quem. *Surveys* pelo correio dependem de bancos de dados adequados que contenham os nomes e endereços corretos dos respondentes. Se as listas estiverem desatualizadas, se contiverem endereços inválidos ou se todas as pessoas da lista não forem alvos, o questionário cairá em terreno não fértil e as taxas de resposta serão baixas. O banco de dados precisa ser atual, exato e ter eventuais duplicações eliminadas. Parte das descobertas do estudo será uma análise da qualidade do banco de dados, medida pelos envelopes de "devolução ao remetente" ou, no caso de *surveys* pela internet, de entregas falhas.

Se a ideia é enviar vários milhares de questionários, pode valer a pena usar uma agência de envio para gerir a campanha.

A maioria das pessoas que respondem a questionários de autopreenchimento fazem isso logo depois que os recebem, portanto, a maior parte dos retornos vai chegar poucos dias após a remessa. Um lembrete potencializa o retorno, mas deve-se deixar um bom período entre os envios (uma ou duas semanas). Isso irá acrescentar mais duas semanas ao cronograma do *survey*. É preferível que os envios de lembretes cheguem depois que muitos já tiverem sido devolvidos. Isso talvez não seja possível se os retornos forem anônimos.

A maior parte dos *surveys* de autopreenchimento poderia ser encerrada depois de três semanas e, embora retardatários possam chegar ao longo das semanas seguintes, 95% das respostas positivas já terão chegado.

Natal, Páscoa e os meses de férias são épocas inadequadas para enviar questionários de autopreenchimento. Também vale a pena pensar em quando o correio irá chegar à porta dos respondentes.

A sexta-feira talvez seja um mau dia para entregar uma correspondência *business-to-business*, mas pode ser uma boa hora para um chefe de casa.

Um resumo do planejamento das tarefas do projeto num programa de envio é mostrado no Quadro 14.1.

Impulsionando a taxa de respostas

Há várias verificações que podem impulsionar sua taxa de resposta em qualquer *survey* postal.

INTERESSE

O fator isolado que influencia a taxa de respostas de um *survey* postal mais que qualquer outro é o interesse que os respondentes têm no assunto. Um *survey* postal feito com clientes tem probabilidade de alcançar uma taxa de resposta mais alta que outra com não clientes, pois há um interesse envolvido e já existe algum relacionamento entre os clientes e o patrocinador do estudo. Observamos taxas de resposta de mais de 50% quando os questionários são enviados a clientes altamente envolvidos (e satisfeitos).

Além disso, as taxas de resposta podem ser altas quando o assunto é um novo carro ou quando envolve uma empresa com alguma autoridade evidente, como uma companhia de utilidade pública. *Surveys* por autopreenchimento sobre satisfação dos funcionários geralmente alcançam taxas de resposta superiores a 50%. Em contraste, os respondentes que recebem questionários não solicitados pelo correio perguntando a respeito de um produto de baixo interesse geral terão menos de 5% de resposta.

QUADRO 14.1 Resumo das tarefas-chave no planejamento de um *survey* postal de autopreenchimento

Tarefas principais	Coisas a serem checadas
Comprar ou montar a lista de respondentes.	A lista respeita a LGPD (Lei Geral de Proteção de Dados)?
Obter orçamentos de gráficas para composição e impressão do questionário, carta de apresentação e envelope de resposta paga.	Verificar os custos de impressão. Verificar prazos de devolução.

Tarefas principais	Coisas a serem checadas
Elaborar o questionário e a carta de apresentação.	Obter a aprovação do cliente.
Testar o questionário observando meia dúzia de colegas preenchendo-o. Corrigir o questionário.	Eles entendem as perguntas? Seguem bem as instruções? Acharam fácil?
Encomendar material impresso personalizado: envelopes a serem expedidos, papel timbrado, envelopes de resposta pagos, questionário.	Verificar o número de autorização do envelope de resposta pago. Verificar se os envelopes têm o tamanho certo para conter o questionário respondido e o conjunto das peças a enviar.
Contratar uma agência de postagem para dobrar, inserir e enviar pelo correio ou...	Verificar o custo de terceirizar. Verificar o tempo de devolução.
Se for *survey* interno, preparar a máquina de franquia e informar a equipe que irá ajudar na digitação e preenchimento dos envelopes.	Lembrar que o Correio oferece um serviço de franquia postal para grandes quantidades de envios. Verificar uma amostra do trabalho de cada pessoa para ver se está sendo realizado corretamente.
Enviar os questionários.	As taxas de resposta são mais altas para questionários recebidos na segunda-feira, e mais baixas para os recebidos na sexta.
Informar a equipe que lida com a correspondência entrante sobre os requisitos para abrir (ou não abrir) os questionários devolvidos.	Existe a necessidade de verificar os questionários devolvidos para conferir o domicílio do respondente?
Controlar o número de respostas por dia para determinar quando encerrar o *survey*.	Avalie processar os dados duas semanas após reenviar um lembrete.

MANTENHA O QUESTIONÁRIO CURTO

Quanto mais curto o questionário, maior a probabilidade de ser completado e devolvido. Se você dispuser com cuidado 40 perguntas dos dois lados de uma folha A3 (dobrada para compor quatro páginas de A4) conseguirá a aparência de um questionário mais curto do que um que tenha 20 perguntas espalhadas em seis páginas. No entanto, o número de perguntas não influencia as respostas tanto quanto o fator interesse, e há muitos exemplos de questionários longos, de 12 páginas, que conseguiram altas taxas de resposta.

ANONIMATO

Surveys de autopreenchimento que permitem anonimato costumam ter taxas de resposta mais elevadas que aquelas em que os respondentes precisam se identificar, mas muito depende das circunstâncias. Em muitos *surveys business-to-business*, os respondentes identificam-se de bom grado, já que confiam que a pesquisa está sendo feita de boa fé e não é uma tentativa sub-reptícia de vender algum produto ou serviço.

Os moradores querem ter certeza de que seus nomes não serão vendidos a empresas de *mailing*, e que não sofrerão pressões de vendas em seguida. O problema cada vez maior do *spam* ("lixo eletrônico") deixou as pessoas muito resistentes a fornecer seu endereço de e-mail (ver Capítulo 15: *Surveys* on-line).

PROPAGANDA PRÉVIA

Uma carta prévia alertando as pessoas que há um *survey* sendo planejado e que logo será enviado também impulsiona uma melhor taxa de resposta. Há outro tipo de propaganda que também pode ajudar; por exemplo, em *surveys* de satisfação de funcionários, uma boa maneira de impulsionar as respostas é afixar cartazes pela empresa pedindo que as pessoas respondam. Uma newsletter da empresa pode ser um excelente veículo para uma pré-propaganda a respeito do *survey*.

SEGUNDO ENVIO

Um segundo envio pode também melhorar as taxas de resposta. Se, por exemplo, o primeiro envio rende uma resposta de 25%, um segundo envio pode trazer mais 10% a 15%. O pesquisador precisa, portanto, avaliar se é melhor fazer um segundo envio aos não respondentes e aceitar essa redução na taxa de resposta, ou fazer um envio a uma nova amostra, da qual pode ser obtida uma nova resposta de 25%.

INCENTIVOS

O uso de incentivos aumenta as taxas de respostas. Incentivos podem tomar a forma de uma promessa de melhores produtos, de melhora no serviço ou um sorteio de algum presente, como uma quantia de dinheiro, uma viagem de férias ou um carro. Em *surveys business-to-business*, doações à caridade podem ser mais apropriadas em alguns países. Em geral, sorteios funcionam melhor como incentivo do que recompensas pessoais. Sorteios custam o mesmo, não importa o número de pessoas que participem do estudo, enquanto as recompensas pessoais crescem linearmente com o número de participantes e podem ser difíceis de prever. Além disso, alguns poucos grandes prêmios em dinheiro ou alguns bons presentes mantêm os custos transacionais mais baixos para a empresa de pesquisa de marketing, já que poucas pessoas precisam ser contatadas para o envio de seus prêmios. A diferença no nível total de taxas de resposta entre usar sorteios em vez de recompensas individuais é mínima. Para mais informações sobre este assunto visite o site da Market Research Society e consulte o tópico MRS Regulations for Administering Incentives and Free Prize Draws.

RESUMO

Vivemos num mundo inundado por *surveys* e muitos nos sentimos vítimas de questionários que não fazem sentido ou são entediantes ou longos demais. Não é de admirar, portanto, que as pessoas que recebem questionários de autopreenchimento prefiram ignorá-los e que as taxas de resposta sejam baixas. Quando há um relacionamento forte com um público-alvo, as taxas de resposta são altas, e em *surveys* de satisfação dos funcionários costumam superar 50%.

Atualmente os *surveys* on-line têm substituído muitos dos questionários de autopreenchimento em papel. No entanto, os questionários em papel ainda são muito usados para verificar a satisfação dos clientes, por exemplo, de hóspedes de hotéis, passageiros de linhas aéreas e por quem frequenta seminários e eventos. Trabalhadores em chão de fábrica não têm acesso a computadores, e se estiverem testando algum produto no local de trabalho, um questionário em papel é uma das melhores maneiras de capturar suas opiniões.

Questionários de autopreenchimento são ideais para o pesquisador autônomo, pois prescindem de uma força de entrevistadores para trabalho de campo. São os mais adequados para *surveys* com muitas escalas de avaliação, que poderiam revelar-se tediosas numa entrevista administrada.

A chave para elaborar bons questionários de autopreenchimento é imaginar as dificuldades que os respondentes podem enfrentar no preenchimento e levar isso em conta ao formular as questões. Perguntas claras e simples com respostas fechadas e quadradinhos para ticar são ideais para questionários de autopreenchimento.

Uma carta de apresentação envolvente que crie interesse e ofereça um incentivo para a resposta é tão importante quanto o questionário para gerar nível elevado de respostas.

A organização de um *survey* postal requer forte aptidão para gerir o projeto, a fim de assegurar que a administração e o envio corram conforme planejado.

A **chave** para elaborar bons questionários de **autopreenchimento** é imaginar as **dificuldades** que os respondentes podem enfrentar no preenchimento e levar isso em conta ao formular as questões.

CAPÍTULO 15

SURVEYS ON-LINE

OS CICLOS DE VIDA DOS MÉTODOS DE PESQUISA

O leitor deste livro deve ter notado como as técnicas de entrevista, assim como ocorre com a maioria dos produtos, têm um ciclo de vida. A pesquisa de marketing começou com observação. As entrevistas presenciais então se tornaram a norma. Elas foram superadas pelo telefone e agora temos a pesquisa on-line. Observação, telefone e coleta de dados presencial encontraram suas áreas preferenciais, mas a pesquisa on-line está em ascensão.

O uso de computadores para contatar respondentes começou com a difusão dos e-mails, no final da década de 1990. A primeira aplicação dos *surveys* on-line começou por volta da virada para o século 21, quando as listas de endereços de e-mail ficaram amplamente disponíveis. Os pesquisadores não demoraram a ver que esta era uma maneira nova e mais barata de entrar em contato com respondentes, enviando um questionário on-line para que preenchessem. Tudo o que o pesquisador precisava fazer para realizar um *survey* era obter uma lista razoável de endereços de e-mail, projetar um questionário de autopreenchimento, enviá-lo por e-mail e aguardar as respostas.

A novidade da mídia significou que num primeiro momento as taxas de resposta eram relativamente altas. O custo desses *surveys* era praticamente zero e eles podiam ser concluídos em questão de dias. Não é de se admirar que tenham decolado com força total. Não demorou muito para que se abusasse da mídia e as pessoas fossem inundadas com uma requisição atrás da outra para participarem de *surveys* on-line. Ferramentas do tipo "*do it yourself*" (DIY) permitiram que qualquer um projetasse sua própria pesquisa on-line, enviada por meio de um banco de dados. Então as taxas de resposta despencaram e hoje um pesquisador, se tiver sorte, consegue 2% de resposta para uma requisição não solicitada de participar de um *survey* on-line. Em menos de cinco anos, o *survey* on-line enviado por meio de um banco de dados geral estava quase morto.

ENVIANDO *SURVEYS* ON-LINE

A capacidade de coletar informações de modo rápido e barato usando um *survey* on-line é de valor considerável para quem se lança nisso na base do "*do it yourself*", e, se for usada do jeito certo, as taxas de resposta podem ser aceitáveis. A tarefa foi facilitada para o pesquisador autônomo pela disponibilidade de pacotes de software baratos, projetados especialmente para *surveys* on-line, como o SurveyMonkey. Esses pacotes permitem que praticamente qualquer pessoa, sem treinamento, elabore questionários para *surveys* on-line. O software permite desenhar o questionário com diferentes formatos de perguntas e respostas e com um botão "enviar" no final do questionário que, ao ser clicado, manda o questionário preenchido de volta ao pesquisador e para um "receptor" para análise. A partir deste ponto, os dados agrupados podem ser analisados usando o software residente do pacote (a maioria permite análises bastante abrangentes) ou exportados para o Excel ou o SPSS para análise estatística.

Com ferramentas deste tipo, os *surveys* on-line são um método ideal para pesquisas internas com funcionários. A maioria das pessoas nas empresas tem um endereço de e-mail, e com a rápida entrega de um questionário on-line e a facilidade de ser completado e devolvido, um *e-survey* faz mais sentido do que usar questionários em papel. Em tais circunstâncias, um *survey* on-line com funcionários para medir seu grau de satisfação de trabalhar na empresa pode facilmente alcançar taxa de resposta de mais de 50%.

É o envolvimento forte do respondente com o assunto do estudo que gera taxas de resposta. Isso significa que uma lista de endereços de e-mail de clientes valorizados pode produzir uma resposta respeitável. Os endereços de e-mail provavelmente serão precisos e os respondentes podem ser convencidos de que uns poucos minutos de seu tempo para dar um feedback sobre seus pensamentos sobre como o desempenho do fornecedor irão reverter em seu próprio benefício.

Os problemas ocorrem com os *surveys* on-line que visam um público mais amplo e quando os endereços de e-mail foram comprados de uma agência de listas. É provável que até metade desses endereços sejam imprecisos e, portanto, não gerem nenhuma resposta. Não há um jeito fácil de montar um banco de dados de e-mails a partir do zero que seja grande e abrangente. As pessoas relutam muito em compartilhar seus endereços de e-mail, pois entendem que fazer isso pode sujeitá-las no futuro a um fogo cerrado de e-mails indesejados.

O CRESCIMENTO DOS PAINÉIS ON-LINE

Houve um tempo em que os pesquisadores de marketing iam para a rua, prancheta na mão, e selecionavam o público, filtrando os exigidos para o *survey* com algumas perguntas simples. Se os custos permitissem, os pesquisadores de mercado podiam sair com suas pranchetas numa caminhada aleatória, e escolher as casas em que iriam bater à porta. Havia algumas variações desses temas. Quem controlava o *survey* determinava cotas de certos tipos de respondentes que seriam escolhidos para serem entrevistados, e um exército de entrevistadores era despachado pelo país para encontrar essas pessoas e administrar suas perguntas.

Ao longo das duas últimas décadas, essas abordagens mudaram radicalmente. Hoje considera-se caro e perigoso demais usar um exército de entrevistadores para confrontar pessoas na rua ou na porta de suas casas. As entrevistas podem ser realizadas de um jeito mais rápido e mais barato on-line. O único problema é encontrar um público on-line adequado. Não há bancos de dados de endereços de e-mail que possam ser vasculhados para encontrar pessoas. A boa notícia para pesquisadores de marketing é que há muitas pessoas que se dispõem a participar de *surveys* de pesquisa de marketing, ou porque gostam de responder perguntas e/ou porque recebem uma pequena remuneração para fazer isso.

Cresceu então um setor em torno de provedores de painéis. Alguns são painéis do público em geral. Outros são específicos de certas geografias. Alguns são especializados em certas áreas comerciais, com respondentes para *business-to-business* ou para a área médica. Empresas de painel cobram de seus clientes (que normalmente são agências de pesquisa de marketing) uma quantia previamente acertada pela conclusão de certo número de questionários. As empresas de painel conhecem o perfil de seus membros, e na hora de indicar custos podem fazer uma estimativa razoável de quantos membros de seu painel irão responder e que incentivos serão oferecidos a eles para induzi-los a isso.

As empresas de painel montaram seus bancos de dados de respondentes dispostos a participar anunciando e recrutando pessoas dispostas a entrar em *surveys* por qualquer razão que seja. O que começou como grupos formados por nichos de pessoas expandiu-se, e hoje há painéis com centenas ou milhares de potenciais respondentes. As pessoas que aderem a um painel são solicitadas a responder certo número de perguntas que podem então ser usadas para incluí-las em determinados *surveys* pelo fato de terem a idade certa, o gênero certo, fazerem parte do grupo de renda visado ou nutrirem interesse pelo assunto em pauta. Públicos especializados podem ser recrutados de painéis que contenham vegetarianos, gamers, proprietários de pequenos negócios e assim por diante. Empresas de pesquisa de marketing podem trabalhar junto com proprietários de painéis para comprar acesso aos seus recrutados por uma soma relativamente pequena em comparação com o que ocorria na antiga entrevista com prancheta.

Os membros de painéis permanecem anônimos aos pesquisadores e, portanto, atendem aos requisitos legais da Lei Geral de Proteção de Dados, exigida pela União Europeia. Tudo isso pode soar como se fosse uma verdadeira ruptura dentro do setor de pesquisa de marketing – e em grande parte é isso. Os custos da pesquisa de marketing de campo foram significativamente reduzidos e a velocidade com que os *surveys* podem ser realizados aumentou significativamente. Mas há um aspecto negativo. O anonimato dos membros do painel significa que é relativamente fácil para eles participarem de um *survey* não estando plenamente qualificado para isso. Por exemplo, envia-se uma solicitação aos membros do painel perguntando se alguém gostaria de participar de um *survey* de pessoas que tenham recentemente comprado certo tipo de produto. Pessoas no painel que estejam ansiosas em participar de um *survey*, talvez pelo pequeno pagamento que irão receber por isso, podem decidir fazê-lo mesmo sem terem feito a necessária compra do produto. E podem facilmente inventar umas quantas respostas.

Os pesquisadores de marketing que elaboram o *survey* e recorrem ao painel sabem quanto tempo mais ou menos leva para os respondentes preencherem um *survey* on-line. Se o *survey* está programado para durar 20 minutos e algumas pessoas gastam apenas 5 a 10 minutos para o concluírem, elas se tornam suspeitas. Os pesquisadores podem também introduzir perguntas cruzadas nos questionários. Num *survey* memorável, eu precisava entrevistar contadores com experiência internacional, a fim de testar o conhecimento deles sobre grandes empresas de auditoria contábil. Uma pergunta anterior pedia que os respondentes declarassem sua qualificação em contabilidade, e uma subsequente, em outra parte do questionário, perguntava que qualificações eram consideradas as melhores para gestão contábil e quais as mais adequadas para contabilidade financeira internacional. Essas são perguntas simples de responder para qualquer um que tenha o conhecimento financeiro de praxe, mas difíceis para aqueles que superestimaram suas qualificações na primeira pergunta. Desse modo foi possível filtrar um número significativo de respondentes e ter maior confiança de que participaram apenas os aptos.

Em alguma parte do questionário os respondentes podem ser solicitados a fornecer detalhes demográficos, e estes são verificados em etapa posterior para ver se sofreram alteração. Ao se examinar as respostas individuais, fica logo muito claro se alguém inventou suas respostas ou se, ao contrário, foi honesto. E, por fim, é fácil localizar respostas em que o respondente simplesmente fez um voo rasante pelas perguntas, marcando sempre a mesma alternativa de resposta a fim de chegar logo ao final e ganhar seus pontos de recompensa. Isso é chamado de *flatlining* (dar a mesma resposta seguidas vezes), e tais respostas são descartadas. Desse modo, os pesquisadores que elaboram os *surveys* tentam filtrar e excluir quaisquer intrusos.

Em alguns *surveys business-to-business* (em que as recompensas por participar do *survey* são relativamente generosas) não é incomum que até metade dos respondentes seja formada por recrutados inadequados.

Todas essas preocupações têm alguma validade e, no entanto, os estudos com painéis on-line têm se mostrado confiáveis em seus resultados. As projeções de pesquisas eleitorais são quase todas realizadas on-line e geralmente são bastante precisas. Quando os *surveys* são feitos com uma combinação de métodos, como telefone e on-line, os resultados de ambas as fontes são muito similares. Ao que parece, os painéis on-line funcionam bem.

> *Surveys* on-line usando painéis de pesquisa de marketing oferecem várias vantagens:
> - São relativamente baratos. O custo de uma entrevista on-line concluída por uma empresa de painel provavelmente equivale a menos da metade do método mais barato seguinte (que costuma ser o de entrevistas por telefone).
> - As respostas geralmente são bem ponderadas e de alta qualidade. O *survey* on-line elimina o viés do entrevistador. Os respondentes leem as perguntas e levam o tempo que for necessário para pensar nas respostas. Isso contrasta com uma entrevista administrada, em que há sempre a possibilidade de que a pergunta possa não ter sido lida na íntegra ou que tenha sido mal interpretada pelo respondente. Num *survey* on-line, o respondente pode examinar uma longa lista de pontos de consideração que seria difícil ou impossível ler por telefone.
> - São mais rápidos de realizar. Em geral, as respostas do *survey* on-line retornam em dias e às vezes em poucas horas. Compare isso com uma entrevista administrada, que requer às vezes uma dúzia de entrevistadores por telefone diligentemente discando números, esperando chegar aos respondentes e persuadi-los a participar da entrevista. O tempo de trabalho de campo para *surveys* por telefone pode chegar a três semanas se os respondentes são difíceis de contatar, enquanto respondentes de painel retornam seus questionários em questão de dias.
> - Não exigem grandes recursos. Usar um painel on-line é como usar uma organização de trabalho de campo. Um consultor de pesquisa de marketing pode conceber e realizar um *survey* substancial sem muita infraestrutura ou recursos.

- É fácil realizar *surveys* internacionais. Organizar um *surveys* internacional usando entrevistas por telefone é complicado, e requer falantes nativos que talvez precisem trabalhar em fusos horários diferentes. Controlar a qualidade desses diferentes entrevistadores pode ser um problema para as empresas de pesquisa de marketing. Empresas de painel estão ampliando seus bancos de dados para cobrir vários países. Não há problema em realizar um estudo simultaneamente nos Estados Unidos, na Rússia e na China, e ter os resultados em poucas semanas.

ORGANIZANDO UM *SURVEY* ON-LINE

Como em qualquer estudo de pesquisa de marketing, é preciso haver um patrocinador, isto é, um cliente que solicita os dados que serão o assunto do estudo no *survey* on-line. Qualquer um que encomende um *survey* on-line deve estar ciente das limitações da ferramenta, pois certas expectativas não serão atendidas.

A pesquisa on-line não pode ser usada quando há um número limitado de respondentes. Ela é mais adequada a pesquisas com o público em geral do que com compradores especializados *business-to-business*. A pesquisa on-line não é a melhor abordagem para entrevistas com pessoas muito idosas ou adoentadas, que muito provavelmente não terão acesso a computador. Por outro lado, a pesquisa on-line funciona bem em *surveys* que visam descobrir o que as pessoas comem no café da manhã, já que esta atividade é realizada por 90% da população.

Da mesma forma, estudos on-line não fornecem *insights* profundos. São uma ferramenta de autopreenchimento adequada para respostas dadas ticando quadradinhos. Mas se o assunto da pesquisa puder ser dividido numa série de perguntas que forneçam *insights*, então um estudo on-line pode fazer o trabalho. Por exemplo, a pesquisa on-line é uma abordagem perfeita para descobrir o que leva as pessoas a escolher certos produtos quando se utiliza uma pergunta MaxDiff – quando os respondentes precisam examinar certo número de telas que mostram dezenas ou mais de fatores que podem influenciar sua escolha de um produto (ver Capítulo 11). Tais perguntas são tediosas de ler em voz alta por telefone, mas são ideais para um *survey* on-line no qual o respondente pode ler rapidamente a pergunta, escolher uma resposta e seguir adiante. *Surveys* on-line são ideais também para estudos conjuntos, nos quais os respondentes têm que olhar várias telas de ofertas e escolher as que julgam mais adequadas ao seu gosto.

A empresa de pesquisa de marketing orientará o patrocinador do *survey* quanto ao que pode ou não ser alcançado on-line. A partir disso, torna-se responsabilidade da empresa de pesquisa de marketing cuidar da elaboração apropriada do questionário para o estudo. O questionário começa como um documento Word, que pode ser discutido e emendado por todas as partes até todos ficarem satisfeitos. A elaboração do questionário deve seguir os princípios dos questionários de autopreenchimento vistos no Capítulo 14.

O questionário está agora pronto para ser passado para HTML, formato adequado para exibição numa tela de computador. Utilizam-se ferramentas de software proprietário para fazer essa conversão a partir do Word, e os desenvolvedores pedem um dia ou dois para preparar um primeiro esboço de um questionário contendo cerca de 40 perguntas.

Os analistas de pesquisa também serão solicitados a programar o roteamento de perguntas de modo a permitir que os respondentes percorram o questionário de acordo com a maneira como tiverem respondido. Esse roteamento funciona muito bem em *surveys* on-line, pois formata as perguntas especificamente para as necessidades das pessoas. Do ponto de vista do respondente, as perguntas são fluentes e lógicas. Do ponto de vista do pesquisador, o roteamento permite pequenas incursões de estudo em perguntas que podem ser muito específicas para um reduzido número de pessoas. No entanto, o roteamento de perguntas pode ser complicado e a versão final precisa ser testada várias vezes para se ter certeza de que cada fluxo de respostas leva os respondentes exatamente ao lugar certo do questionário.

Os analistas de pesquisa também precisam formatar as perguntas de modo a torná-las atraentes. Por exemplo, uma pergunta pode ter o objetivo de descobrir quanto as pessoas se dispõem a gastar por um produto particular. Uma opção fácil é apresentar aos respondentes uma série de preços, variando de um valor baixo a um valor alto, com quadrados que serão ticados para indicar o preço que seria pago. O desenvolvedor pode deixar as perguntas mais fáceis de completar e com aparência mais atraente usando uma escala deslizante que permita ao respondente arrastar um controle por uma escala até o preço que quer indicar. Analistas de pesquisa sabem o que pode e o que não pode ser obtido na programação e sua opinião é importante para a elaboração final do questionário.

Se o *survey* é multinacional e cobre línguas diferentes, os analistas de pesquisa também estarão envolvidos em providenciar a sobreposição das traduções nos questionários. Uma das primeiras medidas do *survey* será enviar para a tela o questionário com a língua apropriada.

Depois que a elaboração do *survey* é concluída, o pesquisador de marketing deve testar a versão on-line do questionário várias vezes, para verificar se não há erros nas próprias perguntas, e particularmente no roteamento. Isso significa concluir várias entrevistas de teste, fazendo escolhas diferentes de respostas, a fim de garantir que ele funcione em qualquer situação. É um aspecto bastante tedioso do projeto da pesquisa, mas não deve ser ignorado.

O questionário está agora pronto para um pré-lançamento. Deve ser enviado à empresa de painel, que manda um convite para preenchimento do estudo a um pequeno número de membros e verifica então se todos os aspectos do questionário estão funcionando e, o mais importante, tem uma ideia das proporções dos membros do painel que irão responder. No momento em que a empresa de painel forneceu o preço do trabalho deve ter feito uma estimativa da incidência (isto é, da proporção) de respondentes que estariam aptos a tomar parte do estudo. Até o estudo ser realmente realizado isso permanece como estimativa, e é possível que diferentes preços de entrevistas tenham sido dados para os diversos níveis de incidência. Quando o questionário é enviado a membros do painel, então, sim, é obtido um valor efetivo da incidência.

O pré-lançamento é uma oportunidade para fazer acertos finais no questionário, embora a maior parte desses acertos deve ter sido feita no estágio de edição. É a ocasião para se certificar de que tudo funciona bem. Basta apenas um dia ou dois para o pré-lançamento, e em seguida o *survey* entra no ar. A empresa de painel solta o questionário em lotes a seus muitos milhares de membros e os retornos geralmente fluem com muita rapidez. Em questão de dias as cotas do *survey* terão sido alcançadas e os resultados estarão disponíveis para análise. No decorrer deste trabalho de campo o pesquisador de mercado pode exportar os dados a qualquer momento para o Excel ou outra ferramenta a fim de iniciar a análise preliminar.

Compreensivelmente, o patrocinador da pesquisa e o pesquisador de mercado terão seu interesse aumentado à medida que os resultados vão chegando, e para esse propósito os membros da TI da equipe podem desenhar um painel de controle com vários mostradores, indicando as medições principais conforme o trabalho de campo prossegue.

GRUPOS DE FOCO ON-LINE

Realizar grupos de foco convencionais é difícil quando o público-alvo é pequeno e muito disperso. É este o caso especialmente de alguns mercados *business-to-business*. Essas populações difíceis de acessar podem reunir-se em convenções ou ao participarem de feiras, e tais eventos às vezes criam as circunstâncias adequadas para reunir um grupo. No entanto, raramente o tempo dessas feiras e convenções bate com o cronograma de uma pesquisa, e assim, na maioria das vezes, somos impedidos de usar grupos de foco presenciais.

Imagine agora uma sala de bate-papo de um site na qual o moderador reúne esse público-alvo disperso. Os participantes são recrutados por telefone ou pela internet e convidados a participar do grupo de foco on-line numa determinada data. Geralmente reservam-se dois dias para a discussão, durante os quais os respondentes visitam o fórum para ver as perguntas que foram colocadas e as respostas dadas por outros participantes, e acrescentam suas próprias visões. Trata-se de um fórum de visões compartilhadas que evolui com o tempo.

É possível também reunir outros tipos de grupos de foco on-line em tempo real. Nesses grupos de foco em tempo real os participantes são recrutados para aderir e entrar on-line ao mesmo tempo. Um moderador então coloca as perguntas em tempo real e as pessoas dão suas respostas. Esses grupos de foco em "tempo real" são mais espontâneos, mas têm limitações, pois as pessoas aguardam que respostas sejam dadas. É mais difícil ter todo mundo disponível exatamente ao mesmo tempo, o que significa que esses grupos são mais difíceis de organizar que os grupos de foco on-line que se estendem por um ou dois dias.

Os custos de realizar grupos de foco on-line são muito similares aos dos grupos de foco presenciais. Embora não se tenha que pagar por um local, os moderadores precisam supervisionar os fóruns durante uns dois dias, e isso gera um custo adicional de trabalho. Além disso, os respondentes precisam de incentivos para participar do grupo on-line, como ocorre com os grupos de foco presenciais.

Claramente, num grupo "virtual" as restrições logísticas associadas à geografia deixam de pesar. Os respondentes podem ser reunidos de todos os pontos do país (na realidade, do mundo inteiro) para participar das discussões. Isso significa que nos mercados com um público muito disperso (o que é o caso de muitos mercados *business-to-business*) há uma nova oportunidade de reunir respondentes com um interesse similar.

A experiência mostra que, depois que os respondentes concordam em participar da discussão, eles se dispõem de bom grado a fazer o login duas, três ou mais vezes enquanto o grupo existe (geralmente, dois dias), fornecendo talvez duas horas de comentários em cada dia. Compare isso com um grupo de foco convencional de 90 minutos com oito respondentes, cada um contribuindo em média com apenas 10 minutos.

Um grupo on-line gera tipicamente cerca de 10 mil a 12 mil palavras e a transcrição disto fica disponível imediatamente após a conclusão do grupo. Isso é similar ao número de palavras geradas por grupos de foco convencionais, embora haja uma diferença significativa: o resultado de um grupo de foco on-line tem comentários mais pertinentes. As pessoas dão mais valor às palavras digitadas que às que são ditas – e há muito menos conversa mole no texto!

Grupos on-line possibilitam um tempo de reflexão quando se trata de considerar perguntas e assuntos introduzidos pelo moderador. Enquanto um grupo presencial leva não mais do que duas horas, colocando pressão no moderador e nos respondentes para cobrir os

Surveys on-line

assuntos rapidamente, o grupo de foco on-line estende-se por uns dois dias, com os respondentes entrando e saindo da discussão a seu bel prazer. Isso oferece um tempo valioso de reflexão, aumentando as chances de os respondentes dizerem "o que realmente pensam" em vez de darem declarações precipitadas.

Importante também é que o software do grupo de foco on-line permite que os respondentes sejam identificados individualmente com facilidade bem maior do que no grupo presencial. Os respondentes de tipo diferente (por exemplo, clientes e não clientes) podem ficar juntos no mesmo grupo, e pesquisadores e clientes que assistem ao debate sabem quem é quem. Na realidade, ao final do grupo, a transcrição pode ser selecionada por respondente ou por empresa, o que significa que grupos de foco on-line oferecem maior granularidade de resposta que suas contrapartidas presenciais.

Mais respondentes podem participar de grupos de foco on-line (geralmente até 20, e às vezes mais), o que significa que é possível incorporar um elemento quantitativo de questionamento e análise. O software de grupo de foco on-line permite "votações", que são efetivamente mini *surveys* de perguntas escolhidas, nas quais os respondentes só podem ver as respostas de outras pessoas depois que eles mesmos fazem sua contribuição.

Deve ser reconhecido que há limitações à variedade de estímulos que podem ser usados em discussões on-line. Essencialmente, estamos restritos a exibir os estímulos na tela do computador (os estímulos podem então, é claro, ser imprimidos pelos respondentes), mas para objetos físicos que desejamos que sejam tocados pelo público, sentidos ou cheirados, deve ser arranjado algum tipo de contato tangível entre o respondente e o estímulo.

Não obstante, grupos de foco on-line são eficazes em fornecer aos respondentes estímulos visuais na tela. As perguntas podem facilmente incluir imagens, links a sites e documentos; na realidade, podem incluir links a clipes de vídeo, arquivos de som e outros arquivos multimídia. Quanto às próprias perguntas, os respondentes podem olhar para os estímulos o tempo que quiserem e com a frequência que desejarem, levando o tempo que for para avaliar suas visões antes de expressá-las.

DICAS IMPORTANTES

- Tenha muita cautela quando realizar um *survey* on-line usando um banco de dados com endereços de e-mail adquiridos de uma agência de listas. Se conseguir 2% de resposta já terá tido sorte.
- Empresas de painel têm acesso a bons respondentes e o tamanho de seus painéis cresce o tempo todo. Mas esteja preparado para receber até 20% de respostas de pouca qualidade, que precisarão ser descartadas. Você detecta a baixa qualidade ao ver que as pessoas levam um tempo muito inferior para completar sua entrevista, ou clicam nas mesmas alternativas em várias respostas seguidas, ou dão respostas inconsistentes.
- Faça uma verificação diária das entrevistas concluídas à medida que vão chegando. Exclua as que tenham qualidade suspeita e repasse os números de ID à empresa de painel, pedindo para que enviem substitutos.
- Painéis são um meio excelente de realizar pesquisas internacionais de maneira rápida e eficaz.
- Os questionários usados em entrevistas on-line devem estar isentos de falhas. (Você pode levar adiante uma entrevista administrada mesmo com algum eventual erro, porque o entrevistador pode cuidar disso.)
- Torne o questionário on-line interessante. Quanto mais interativo ele for, mais você manterá o respondente interessado no assunto.
- Cuide do roteamento. Você não vai querer chegar ao final do trabalho de campo e descobrir que um número de respondentes foram roteados de modo incorreto e perderam um monte de questões relevantes.
- Certifique-se de definir cotas sobre o número de respondentes de certo tipo de que você precisa, e de que estes passem por uma triagem minuciosa por meio das perguntas iniciais.

COLETANDO INFORMAÇÕES DE UM SITE

Surveys usando empresas de painel não são a única maneira de obter dados on-line. Há muito a aprender daqueles que visitam um site de empresa. O Google Analytics pode monitorar os visitantes de um site, fornecendo estatísticas que mostram de onde vieram, que páginas do site visitaram e quanto tempo permaneceram no site. Estas informações são muito úteis e podem ser obtidas com facilidade e de graça por profissionais de marketing, não apenas por *experts* em TI. Isso tem aplicações óbvias para *market intelligence*, apontando que áreas do site são as mais e as menos populares, conforme indicado pelo número de *hits* e pelo tempo que as pessoas passam em cada página.

Embora a análise da web conte uma história, isso não nos permite traçar um perfil muito detalhado dos visitantes ou obter feedback a respeito do quanto as pessoas gostam ou não daquilo que veem no site. Para isso, precisamos de um questionário mais convencional.

Todos conhecemos bem os questionários que aparecem na tela para pedir apenas dois minutinhos de nosso tempo quando visitamos certos sites. Estes questionários são completados por poucas pessoas (uma taxa de resposta de 2% para esses questionários "*pop-up*" que aparecem de repente na tela já pode ser considerada muito boa), mas eles podem fornecer um feedback bastante útil por baixo custo. Não precisam estar ali o tempo todo e podem ser usados periodicamente, como uma sondagem para ajudar a entender de que modo o site pode ser melhorado.

O GOOGLE E A ASCENSÃO DO PESQUISADOR "FAÇA VOCÊ MESMO" (DIY)

Surveys on-line sem dúvida moldarão o futuro do setor de pesquisa de marketing. Eles reduziram a importância das agências de trabalho de campo intensivo e colocaram poder nas mãos do designer de pesquisa de marketing. Um único pesquisador de marketing pode agora controlar e gerir um programa de campo multinacional, aproveitando os recursos de outras organizações, como as empresas de painel, que dão acesso a respondentes.

Pesquisadores "*do it yourself*" provavelmente serão auxiliados no futuro pelos *surveys* do Google voltados ao consumidor. Com seu acesso a bilhões de pessoas, o Google permite que pesquisadores realizem *surveys* muito curtos (10 perguntas no máximo), com excelentes resultados por um custo baixo. Entre 10 centavos de dólar a 3 dólares por resposta, 1.000 questionários preenchidos significam que a pesquisa de 2 mil dólares é agora uma realidade.

MOBILE SURVEYS

Na discussão acima sobre *surveys* on-line, partiu-se da suposição de que os respondentes completarão a entrevista num computador. Na realidade, qualquer pessoa com acesso a um tablet ou celular pode participar de um *survey* on-line, e o principal problema é garantir que o formato da página encaixe bem na tela pequena do celular. Questionários simples enviados para smartphones provavelmente serão cada vez mais importantes.

As perguntas também podem ser enviadas a celulares no formato SMS. De novo, isso cria dificuldades em razão do reduzido tamanho da tela e das limitações em termos da facilidade para responder às perguntas. Além disso, não existem listas de números de celular disponíveis gratuitamente e há muitas restrições para o uso dos números de celular impostas pelas leis de proteção de dados. No entanto, alunos que entram em universidades podem fornecer seus números de celular ao se matricularem, e estes podem ser usados pela universidade para realizar um *survey* rápido e simples.

USANDO A INTERNET PARA FAZER PERGUNTAS

Num *survey* recente sobre o futuro da energia de biomassa (pense em estações de energia que queimam madeira), foi feita uma varredura do assunto na internet. Esta é uma história bem documentada, com muitas partes interessadas que querem pressionar em favor da energia de biomassa por ela ser uma fonte sustentável de energia. Foram identificados contatos pela internet com organizações ao redor do mundo e realizadas "conversações" por e-mail. As pessoas se mostraram interessadas e dispostas a entrar na conversação pela internet, e dedicaram muito tempo e esforço para fornecer informações de apoio. Isso não é entrevistar no sentido convencional, mas é uma ferramenta útil para pesquisadores, que possibilita acesso rápido e barato a *experts* do mundo inteiro.

RESUMO

O setor da pesquisa de marketing mudou radicalmente nos últimos 50 anos, com uma transição da entrevista presencial para entrevistas por telefone e mais recentemente para *surveys* on-line.

Os "primórdios" da pesquisa on-line envolviam enviar questionários de autopreenchimento para endereços de e-mail. A rapidez e simplicidade da abordagem levou a uma indulgência excessiva e como resultado as taxas de *surveys* por e-mail não solicitadas alcançam taxas de resposta muito baixas. Exceções são os *surveys* com funcionários e com clientes que possuem alto envolvimento com os respondentes.

A maior parte da pesquisa on-line hoje é realizada por meio de empresas especializadas de painéis, que recrutam pessoas para participarem de *surveys*. As empresas de painel preservam o anonimato de seus respondentes e a experiência mostra que podem ser obtidas respostas de alta qualidade. Pesquisas realizadas dessa maneira são geralmente mais rápidas e mais baratas que as coletadas por quaisquer outros meios. Isso deu origem a uma nova safra de analistas de pesquisa que preparam *surveys* on-line tornando-os atraentes, interessantes e fáceis de completar.

A internet tem criado outras oportunidades para a pesquisa on-line. Grupos de foco podem agora ser criados on-line e isso permite que os pesquisadores reúnam respondentes dispersos por uma ampla área geográfica. A qualidade dos grupos de foco on-line é alta e os respondentes oferecem visões bem ponderadas e equilibradas durante os dois dias em que esses grupos ficam ativos.

Podemos ter a expectativa de que a internet traga ainda mais mudanças ao setor de pesquisa de marketing. No futuro haverá mais *surveys* realizados por celular.

Podemos esperar que o Google aprimore mais sua oferta inicial de *surveys* baratos, curtos e rápidos para uma audiência muito mais ampla.

A **internet** tem criado outras oportunidades para a pesquisa on-line. Grupos de foco podem agora ser criados on-line e isso permite que os pesquisadores reúnam **respondentes dispersos** por uma **ampla** área geográfica.

CAPÍTULO 16

ANÁLISE DE DADOS

Ao final de um projeto de pesquisa de marketing, após a conclusão do trabalho de campo, os dados obtidos devem ser analisados. Quando o pesquisador de marketing se defronta com uma pilha de dados, não é incomum que sinta uma espécie de "paralisia diante da análise".

A maioria dos *surveys* de pesquisa de marketing de 200 ou mais entrevistas é introduzida no computador e analisada por algum software proprietário que simplifique a análise cruzada. Isso produz tabelas que mostram os números e porcentagens de pessoas que responderam a cada questão em relação à amostra completa, assim como os resultados para grupos de interesse especial, por exemplo, respondentes homens versus respondentes mulheres, diferentes grupos etários e faixas de renda e assim por diante. Esta análise cruzada das perguntas pode ser facilmente realizada em planilhas Excel. A Tabela 16.1 mostra uma página típica de um conjunto de tabelas de análise cruzada. São resultados de uma de várias perguntas feitas num *survey* sobre leitura de uma revista corporativa, enviada aos clientes. A coluna Total mostra que, dos 176 respondentes, a maioria folheava a revista e não lia nenhum artigo. Examinando os *cross-breaks* ["cortes transversais"] ou *banners* que analisam os resultados para certos grupos de respondentes, não há diferenças óbvias entre os grupos setoriais, mas parece que empresas pequenas e respondentes mais jovens têm maior probabilidade de ler a revista (ou de ignorá-la). Após alguns minutos examinando os dados, a tabela não parece mais tão intimidante, já que os padrões de resposta passam a ser mais aparentes e nos permitem fazer observações e chegar às descobertas.

Vamos voltar às tabulações cruzadas depois de examinarmos os princípios de análise de perguntas fechadas.

TABELA 16.1 Tabulação cruzada de um estudo de leitura de uma revista interna

Página 51 Estudo de leitores de uma revista interna – JN229

Tabela 13 (continuação)

P14 Qual das declarações a seguir descreve melhor o grau em que você pode ter examinado a revista?

Base: Todos os que receberam a edição de julho de *A Revista*

	Total	P56 Qual é a natureza principal de seu negócio								Número de funcionários						Idade			
		Manu-fatura	Distri-buição	Varejo	Serviços	Gov.	Setor de lazer	Agri-cultura	Outro	Menos de 25	25–50	51–150	151–250	251–750	750+	Menos de 35	35–44	45–54	55+
Base	176	76	8	3	27	32	8	2	14	30	23	43	14	25	40	28	49	58	40
Li mais da metade	9 / 5%	3 / 4%	1 / 13%	0 / 0%	1 / 4%	2 / 6%	0 / 0%	0 / 0%	2 / 14%	3 / 10%	1 / 4%	2 / 5%	0 / 0%	2 / 8%	1 / 3%	3 / 11%	2 / 4%	2 / 3%	2 / 5%
Li uns dois artigos	38 / 22%	17 / 22%	2 / 25%	1 / 33%	5 / 19%	8 / 25%	0 / 0%	0 / 0%	2 / 14%	8 / 27%	5 / 22%	6 / 14%	1 / 7%	5 / 20%	13 / 33%	9 / 32%	12 / 24%	13 / 22%	4 / 10%
Li um artigo	15 / 9%	7 / 9%	0 / 0%	0 / 0%	2 / 7%	3 / 9%	1 / 13%	0 / 0%	2 / 14%	3 / 10%	1 / 4%	5 / 12%	0 / 0%	2 / 8%	4 / 10%	2 / 7%	4 / 8%	7 / 12%	2 / 5%
Folheei mas não li nada detalhadamente	62 / 35%	28 / 37%	3 / 38%	1 / 33%	9 / 33%	13 / 41%	2 / 25%	0 / 0%	4 / 29%	8 / 27%	10 / 43%	21 / 49%	7 / 50%	7 / 28%	8 / 20%	8 / 29%	17 / 35%	20 / 34%	16 / 40%
Ainda não li, mas acho que uma hora vou ler	35 / 20%	14 / 18%	1 / 13%	0 / 0%	6 / 22%	3 / 9%	4 / 50%	2 / 100%	4 / 29%	2 / 7%	5 / 22%	5 / 12%	5 / 36%	7 / 28%	11 / 28%	2 / 7%	10 / 20%	12 / 21%	11 / 28%
Não li e não tenho intenção de ler	15 / 9%	6 / 8%	1 / 13%	1 / 33%	3 / 11%	3 / 9%	1 / 13%	0 / 0%	0 / 0%	6 / 20%	1 / 4%	4 / 9%	0 / 0%	1 / 4%	3 / 8%	3 / 11%	4 / 8%	3 / 5%	5 / 13%
Não respondeu	2 / 1%	1 / 1%	0 / 0%	0 / 0%	1 / 4%	0 / 0%	0 / 0%	0 / 0%	0 / 0%	0 / 0%	0 / 0%	0 / 0%	1 / 7%	1 / 4%	0 / 0%	1 / 4%	0 / 0%	1 / 2%	0 / 0%

ANÁLISE DE PERGUNTAS FECHADAS

Uma pergunta fechada é uma pergunta que requer que os respondentes escolham uma das respostas apresentadas a eles na entrevista. Vamos começar com uma pergunta fechada que requer uma única escolha – apenas uma resposta pode ser escolhida dentre cinco opções que estão na pergunta.

> **P.** Qual a probabilidade de você comprar um carro novo nos próximos dois anos? Você diria que é (LEIA A ESCALA. DÊ UMA RESPOSTA APENAS):
>
> ○ Muito provável
> ○ Provável
> ○ Nem provável nem improvável
> ○ Improvável
> ○ Muito improvável

Foram entrevistadas 200 pessoas neste *survey*, e as respostas podem ser apresentadas citando apenas o número de pessoas que deram cada resposta – muito provável: 50, bem provável: 80 e assim por diante. No entanto, é melhor apresentar os resultados de maneira mais formal, como na Tabela 16.2. Ela dá as respostas como porcentagens, em vez de números, mas o número total de respostas nas quais as porcentagens se baseiam – a base ou tamanho da amostra – também é registrado. A inclusão da base numa tabela é essencial ao apresentar os dados do *survey*, pois indica a precisão ou robustez do resultado. Outro ponto a considerar sobre a Tabela 16.2 é que ela tem um título claro, e diz quais respondentes estão incluídos – neste caso, a amostra toda, isto é, todos os respondentes.

Porém, talvez seja útil apresentar os dados de apenas uma parte da amostra, por exemplo, para aqueles respondentes que têm carro próprio, em oposição aos que dirigem carros da empresa. A fim de obter este subgrupo, filtramos e excluímos aqueles que dirigem o carro da empresa (ver Tabela 16.3).

TABELA 16.2 Probabilidade de comprar um carro novo nos próximos dois anos (todos os respondentes)

Probabilidade de comprar	%
Muito provável	25
Provável	40
Nem provável, nem improvável	14
Improvável	18
Muito improvável	3
Total	100
Base	200

TABELA 16.3 Probabilidade de comprar um carro novo nos próximos dois anos (os que dirigem carros da empresa)

Probabilidade de comprar	%
Muito provável	40
Provável	0
Nem provável, nem improvável	25
Improvável	30
Muito improvável	5
Total	100
Base	100

Em quase todas as pesquisas de marketing quantitativas, precisamos comparar os resultados de diferentes grupos de pessoas. A Tabela 16.4 mostra uma análise cruzada simples que compara a probabilidade de compra entre os que têm carros particulares e os que dirigem carros da empresa, junto com uma fragmentação da amostra inteira; os dados para todos os respondentes (total), de carros particulares e da empresa, são mostrados em colunas separadas. Dois pontos a destacar é que as cifras na coluna para os que dirigem carros da empresa são as mesmas da Tabela 16.3, e que a base – o número de respondentes relevantes – é mostrada para cada coluna. A inclusão de uma base para cada coluna é muito importante para avaliar a confiabilidade em fazer comparações entre subgrupos da amostra – neste caso, os dois subgrupos, de quem dirige carros da empresa e dos proprietários de carros particulares, têm cada um bases de 100, e com esse tamanho de amostra a faixa de erros amostral é alta (ver Capítulo 10).

Na Tabela 16.4, a análise cruzada foi muito simples. Ela pode ser bem mais complexa – por exemplo, a probabilidade de comprar poderia ser submetida a uma análise cruzada para qualquer número de agrupamentos demográficos, como idade, sexo e faixa de renda. Este tipo de análise é quase padrão na maior parte das pesquisas de marketing com consumidores. Seria possível fazer outras análises cruzadas interessantes, usando qualquer outra pergunta incluída no questionário (por exemplo, no *survey* examinamos o número de quilômetros percorridos na direção, e isso poderia ter influência na probabilidade de comprar um carro novo).

TABELA 16.4 Probabilidade de comprar um carro novo nos próximos dois anos (por quem dirige carros da empresa e quem tem carro particular)

Probabilidade de comprar	Total %	Dirigem carros da empresa %	Proprietários de carros particulares %
Muito provável	25	40	10
Provável	40	0	80
Nem provável, nem improvável	15	25	5
Improvável	18	30	5
Muito improvável	2	5	0
Total	100	100	100
Base	200	100	100

A pergunta que usamos é do tipo escala, e uma maneira comum de apresentar as respostas deste tipo de pergunta é por meio de pontuações

(pontuações médias), como mostrado na Tabela 16.5. Cada pontuação (mostrada para cada coluna) é uma média ponderada dos valores numéricos atribuídos às respostas pré-codificadas (+2 para "Muito provável", +1 para "Provável" e assim por diante) e dos números de respondentes que deram cada resposta. A pontuação média resultante no exemplo indica a probabilidade média de compra para a amostra toda e para as subamostras tanto de quem dirige carros da empresa quanto para os donos de carros particulares; é mais fácil fazer as comparações quando temos apenas um número em cada coluna para olhar, em vez da distribuição inteira das respostas pela escala. Na tabela, os proprietários de carros particulares aparecem como tendo maior probabilidade de comprar do que os que dirigem carros da empresa – uma pontuação média de +0,95 em comparação com +0,40.

Uma pontuação média é apenas uma forma de média – uma maneira de descrever uma distribuição com uma única medida de localização. No entanto, ao interpretar dados é importante também considerar sua dispersão em torno da média. O desvio padrão é a medida mais comumente utilizada, e é um passo intermediário para calcular a dispersão na população da qual a amostra foi extraída – isto é, o erro padrão, que pode, por sua vez, ser usado para estimar o erro amostral ou comparar duas medições (por exemplo, de diferentes subamostras) em termos de importância estatística. O software especializado em análise de dados calcula automaticamente as pontuações médias e outros dados estatísticos como o desvio padrão e o erro padrão. A Tabela 16.5 inclui tanto o desvio padrão quanto o erro padrão.

No entanto, interpretar apenas dados em escalas de pontuações médias envolve alguns riscos, e o exemplo (forçado) na Tabela 16.5 ilustra isso. A comparação entre as pontuações médias de quem dirige carros da empresa e de quem tem carro particular sugere que são os donos de carros particulares que têm maior probabilidade de comprar um carro novo. Porém, se olharmos para a distribuição de respostas veremos que, entre os que dirigem carros da empresa, 40% dizem que é "muito provável" que comprem, em comparação com apenas 10% dos donos de carros particulares, e a pontuação média mais alta entre os donos de carros particulares deve-se, em comparação com os que dirigem carros da empresa, ao fato de que um número menor deu como resposta "Improvável/Muito improvável". Qual dessas duas maneiras de interpretar os dados é uma indicação melhor das futuras intenções de compra? Seja qual for a resposta, é claro que a interpretação baseada somente em pontuações médias tem limitações, e que deve ser encarada apenas como uma maneira útil de resumir dados.

TABELA 16.5 Probabilidade de comprar um carro novo nos próximos dois anos (por quem dirige carros da empresa e por proprietários de carros particulares)

Probabilidade de comprar	Total %	Dirigem carros da empresa %	Proprietários de carros particulares %
Muito provável (+2)	25	40	10
Provável (+1)	40	0	80
Nem provável, nem improvável (0)	14	25	5
Improvável (–1)	18	30	5
Muito improvável (–2)	3	5	0
Total	100	100	100
Pontuação média	+0,66	+0,40	+0,95
Desvio padrão	1,14	1,39	0,59
Erro padrão	0,08	0,14	0,06
Base	200	100	100

Fazer inferências a partir de uma amostra para uma população requer que esta amostra seja representativa – em outras palavras, que reflita a população quanto às suas características. Com frequência, porém, a amostra de entrevistas que conseguimos não é representativa, e pode ficar aquém ou exagerar em sua representação dos grupos populacionais. Às vezes isso pode ser intencional, para incluir números adequados de respondentes para cada grupo importante (para permitir fazer comparações significativas estatisticamente). A Tabela 16.6 mostra as respostas de outro *survey*, desta vez perguntando às pessoas se elas têm um tipo particular de utensílio doméstico – que elas responderam dizendo "sim" ou "não". Estes resultados foram então submetidos à análise cruzada com o tipo de ocupação do imóvel (ocupantes proprietários e inquilinos).

Como podemos ver, dentro da mesma amostra, ocupantes proprietários e inquilinos responderam ambos por 50% da amostra. No entanto, entre a população mais ampla da qual veio a amostra sabe-se (de outras fontes) que na realidade apenas 25% são inquilinos e este grupo está, portanto, super-representado na amostra (e os ocupantes proprietários, por sua vez, sub-representados). Isso foi planejado para fornecer um adequado número de ambos – 100 em cada grupo –, porque uma amostra representativa de 200 teria gerado apenas 50 inquilinos, que é um número muito baixo para efeitos de análise. Em razão da configuração da amostra, a coluna total ("não ponderada") não será, portanto, uma indicação confiável da posse de utensílios em relação à população inteira. Uma solução é calcular uma coluna total ponderada. Isso se faz multiplicando as respostas dos ocupantes proprietários por um fator de ponderação, acrescentando isto às respostas de inquilinos multiplicadas por outro fator de ponderação, e então refazendo a porcentagem dos valores somados para obter a coluna ponderada.

Neste exemplo, a ponderação foi um cálculo simples baseado em uma variável apenas – o tipo de ocupação do imóvel. Na prática, porém, a amostra pode diferir da população em vários aspectos importantes (por exemplo, idade e gênero, assim como tipo de posse do imóvel) e diversas variáveis podem ter que ser usadas na ponderação para replicar uma amostra representativa. Esta é uma tarefa simples, que o software de análise de mercado realiza com facilidade.

TABELA 16.6 Posse de um utensílio por tipo de ocupação do imóvel: totais ponderados (todos os respondentes)

Tem o utensílio?	Total não ponderado	Ponderado	Ocupantes proprietários %	Inquilinos %
Sim	43	51	60	25
Não	57	49	40	75
Total	100	100	100	100

Tem o utensílio?	Total não ponderado	Ponderado	Ocupantes proprietários %	Inquilinos %
Base	200	200	100	100
Amostra (%)		100	50	50
População (%)		100	75	25
Fator de ponderação			1,50	0,50

ANÁLISE DE DADOS DE PERGUNTAS ABERTAS

Até aqui tratamos da análise de perguntas fechadas. Mas os questionários costumam incluir perguntas abertas do tipo mostrado a seguir. Em princípio, cada resposta a uma pergunta destas é única. As respostas dadas por apenas nove respondentes aparecem logo em seguida à pergunta.

P. Por que você não compraria um carro novo nos próximos dois anos?
NÃO ESTIMULE. REGISTRE LITERALMENTE.

Código	Resposta
1	Meu carro atual é muito confiável.
2	Não tenho dinheiro para comprar um carro novo.
3	Eles perdem valor muito rápido e meu carro atual está bom.
4	Minha vida está meio indefinida atualmente.
5	Temos cachorros e eles estragariam logo um carro novo.
6	Somos só nós dois em casa, não faz falta mais um carro.
7	Acho que no futuro vão oferecer mais descontos.
8	Posso arrumar um carro no meu emprego.
9	Não sei bem.

Com apenas nove respostas é fácil ler todas elas e fazer algumas generalizações (ou não). No entanto, se forem, digamos, 100 respondentes, cada um dando as próprias razões para não pretender comprar um carro novo, é bem mais difícil ou impossível ver algum padrão comum. O que precisamos fazer é organizar as respostas individuais similares em grupos. Isto é ilustrado a seguir.

Cada grupo de respostas recebe um código, que é introduzido no computador para efeitos de análise. O processo de categorizar respostas individuais dadas a questões abertas é chamado de codificação, e a lista de códigos é uma estrutura de códigos.

Como podemos ver no exemplo, um respondente individual (3) pode dar uma resposta que se encaixe em dois grupos. Agrupar respostas individuais desse modo envolve certo julgamento – no exemplo, três respostas foram agrupadas como tendo "razões financeiras". No entanto, uma delas menciona não ter como bancar um carro novo, a outra fala em depreciação e a terceira cita a possibilidade de obter descontos melhores no futuro. Pode ser mais útil agrupar essas três de maneiras diferentes (por exemplo, problemas com preços altos, depreciação). Não existe uma abordagem considerada absolutamente certa ou errada; tudo depende do uso que se irá fazer da informação.

Código	Grupos de respostas	Respondentes incluídos
1	Satisfação com o carro atual	1, 5, 6, 3
2	Razões financeiras	2, 3, 7
3	Incerteza no emprego	4
4	Pode usar o carro da empresa	8
5	Não sabe	9

Deve ficar claro a partir desta breve discussão que produzir a estrutura de códigos mais apropriada requer habilidade e uma compreensão holística do projeto. É um trabalho para o pesquisador encarregado do projeto e não deve ser deixado para a equipe de preparação de dados, pois eles podem não ter conhecimento de todos os objetivos do estudo.

O resultado deste tipo de codificação pode ser apresentado como na Tabela 16.7. Neste caso, a tabela mostra as respostas de 70 respondentes (ou seja, daqueles que não pretendem comprar). Note que a coluna não totaliza 100%; isto por causa das respostas múltiplas – alguns respondentes dão razões para não comprar o carro que se encaixam em duas ou mais categorias. É claro que tabelas mostrando este tipo de respostas codificadas a perguntas abertas podem incluir também análises cruzadas.

A codificação de perguntas abertas em pesquisa de marketing é uma atividade bastante problemática. A própria estrutura de códigos às vezes se revela inadequada e produz um resultado da análise de dados que leva a uma interpretação falha e possivelmente a conclusões erradas. Além disso, mesmo que a estrutura de códigos tenha sido bem projetada, o próprio processo de codificação pode ser mal realizado – toda resposta deve ser relacionada à estrutura, deve-se selecionar o grupo "correto" e atribuir o código correspondente. Este trabalho costuma ser realizado pela equipe administrativa (a equipe de preparação dos dados), que às vezes tem pouca ou nenhuma compreensão dos objetivos gerais da pesquisa, e mesmo com a aptidão certa e o treinamento eficaz podem ocorrer erros.

TABELA 16.7 Razões para não considerar comprar um carro novo (aqueles que não consideraram)

MOTIVO	%
Preço alto/não tem como pagar	55
Satisfação com o carro atual	35
Alta depreciação/seguro alto	21
Incerteza no emprego	15
Não sabe	10
Total	*
Base	70

*Multirresposta, portanto, a coluna não totaliza 100.

Perguntas abertas exigem codificação, que, como temos visto, é trabalhosa (portanto, custosa) e depende muito de julgamento. Este tipo de problema não ocorre com perguntas fechadas. Assim, o pesquisador deve ponderar bem no estágio da elaboração do questionário se as perguntas abertas são realmente necessárias, e ter certeza de que usá-las não será algo que deriva apenas de uma negligência em pensar mais e testar possíveis respostas até chegar a uma boa pergunta pré-codificada. Na maioria das pesquisas quantitativas, geralmente é melhor manter as perguntas abertas no mínimo absoluto.

ANÁLISE DE RESPOSTAS NUMÉRICAS

Um tipo final de análise simples é o das perguntas que produzem respostas na forma de valores numéricos. Por exemplo:

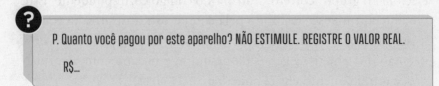

P. Quanto você pagou por este aparelho? NÃO ESTIMULE. REGISTRE O VALOR REAL.

R$...

As respostas individuais podem ser listadas, colocadas em ordem (por exemplo, por valores decrescentes) e depois classificadas em intervalos, como ilustrado na Tabela 16.8 – um software de análise cuidará de fazer este trabalho mais árduo. Como veremos, os intervalos não são de faixas iguais, e isso é proposital, já que a maioria das respostas cai na estreita faixa de US$ 340-345. As respostas às perguntas poderiam ter sido registradas em intervalos pré-codificados, mas, como não se sabe quais seriam as prováveis respostas, pode-se acabar usando os intervalos errados – por exemplo, US$ 340-350 daria conta de dois terços de todas as respostas e não indicaria se a maioria tenderia ao topo ou à parte de baixo dessa faixa.

TABELA 16.8 Valor pago pelo eletrodoméstico (por quem comprou nos últimos dois anos)

Valor pago $	%
Menos de 300	3
Entre 301-340	19

Valor pago $	%
Entre 340-345	54
Entre 345-350	13
Mais de 350	7
Não sabem/não lembram	4
Total	100
Base	58

Além de mostrar a distribuição de valores numéricos por intervalos (como na Tabela 16.8), seria possível também usar várias estatísticas para descrever as respostas, incluindo medidas de localização (medidas descritivas como a média, mediana e valores modais) ou medidas de dispersão (mostrando a variabilidade na faixa de resultados, usando medidas como o desvio padrão). Estas medidas costumam ser úteis ao extrapolar da amostra para a população total (por exemplo, depois de calcular o consumo médio de um produto na amostra, o consumo da população total pode ser estimado multiplicando essa média pela população inteira conhecida).

NOTA SOBRE A VALIDAÇÃO DOS DADOS

Verificar a qualidade dos dados é vital em todos os estágios do processo da pesquisa de marketing. As coisas podem dar errado se entrevistamos a pessoa errada. Podemos deixar de fazer a ela a pergunta correta. No geral, porém, o processo de controle de qualidade garante que não ocorram tais erros, ou que sejam detectados logo e corrigidos. É na análise de dados que os erros cometidos podem não ser detectados. Depois que as informações são introduzidas no computador, elas são programadas pela equipe de processamento de dados e devolvidas como tabelas. Um erro na programação das tabelas pode passar despercebido, por exemplo, se o executivo da pesquisa de marketing trabalhou até tarde da noite para concluir o projeto no prazo. Muitos erros profundamente embaraçosos no trabalho de pesquisa de marketing ocorrem na análise de dados. As coisas que podem dar errado neste estágio são:

> Usou-se o tamanho errado da base (número de respondentes numa célula). Por exemplo, nas tabelas de análise de dados, os respondentes que disseram "não sei" devem ser incluídos ou não? Num *survey* de satisfação do cliente pode haver um número de potenciais clientes entrevistados; eles devem ser incluídos na análise ou estamos interessados apenas nas visões de clientes reais?

> Os códigos de resposta são invertidos. Numa pergunta que inclui escalas (como de 1 a 10, onde 1 é desimportante e 10 é muito importante), pode acontecer alguma troca, e os resultados apresentados serem exatamente o oposto do que deveria ser.

> O valor da média fica desalinhado por causa de uma resposta indevida. Alguns *surveys* permitem respostas abertas sobre quantidades consumidas. Pode acontecer que alguém introduza um valor com um número de zeros excessivo, e isso eleva demais a média aritmética. Por esta razão, pesquisadores às vezes utilizam a mediana (metade das respostas fica acima desse valor e a outra metade, abaixo) ou o valor modal (o valor mencionado com maior frequência) em vez da simples média aritmética.

> Aconteceu um *flatlining* (chute). Às vezes os respondentes querem se livrar logo da entrevista e dão as mesmas respostas repetidas vezes (o que é particularmente evidente em questões que pedem avaliação).

Pode ser difícil identificar esses erros, e então o analista segue adiante às cegas, tentando racionalizar aquela resposta estranha. Uma regra de ouro é: "se uma resposta parece muito peculiar, isso provavelmente justifica um exame mais detido, porque ela provavelmente é peculiar de fato".

O primeiro passo para verificar e validar respostas é obter uma exportação de dados na forma de planilha. Neste documento constam todas as respostas, fileira por fileira. As colunas mostram as perguntas. Pela planilha o analista pode fazer uma varredura das colunas e fileiras de dados e localizar coisas que se destaquem como incomuns. A planilha também permite ao analista checar contagens de respostas e pontuações médias. Se estas não batem com as tabulações cruzadas, talvez seja bom ter uma conversa com a equipe de processamento de dados.

Isso levanta a questão do quanto os pesquisadores de marketing precisam ser habilidosos em manipular dados brutos. Uma boa familiaridade com o Excel certamente é uma vantagem, incluindo a capacidade de produzir tabelas-pivô para selecionar, contar e resumir dados da planilha. Há outros meios de trabalhar os dados, como importá-los para um SPSS (originalmente, Statistical Package for the Social Sciences, ou Pacote Estatístico para Ciência Sociais) para realizar testes e análises adicionais.

DICAS IMPORTANTES

- Planeje a análise de dados no início do projeto. A especificação da análise e a programação das tabulações de dados podem ser preparadas antes que o trabalho de campo seja concluído.
- Faça uma previsão de quantos cortes transversais serão exigidos na análise para que você não tenha depois que esperar que a equipe de processamento de dados forneça cortes adicionais de dados.
- Não confie cegamente nas tabulações de dados – elas podem estar erradas. Faça uma exportação de dados para o Excel. Coloque as mãos na massa nos detalhes dos dados, a fim de compreendê-los realmente.
- Procure padrões de dados que façam sentido, e também padrões que não façam sentido. Se algo não parece certo, vale a pena examinar com mais detalhes. Provavelmente está errado.
- Não deixe tudo para a última hora. Como a maioria das outras coisas no processo de pesquisa de marketing, é bom olhar os dados pelo tempo que for preciso. Uma análise apressada provavelmente será uma análise pouco aprofundada.
- Examine os primeiros 30 comentários literais ao analisar respostas abertas. Use-os para desenvolver códigos para a sua estrutura de códigos.
- Esteja preparado para refinar a estrutura de códigos conforme você analisa os comentários literais. Se um de seus códigos é "Outros comentários" e contém mais de 10% do total de respostas, revise-os e faça uma realocação deles ou crie novos códigos.

ANÁLISE MULTIVARIADA

A análise cruzada permite relacionar duas variáveis, ou "dimensões", a serem examinadas – por exemplo, a probabilidade de comprar um carro novo, como na Tabela 16.4. O relacionamento entre três dimensões pode (embora com maior dificuldade) ser examinado também numa tabela; podemos, por exemplo, pegar os quilômetros rodados por ano como uma terceira dimensão na Tabela 16.4 e ter esse dado – tanto para quem dirige carros da empresa como para quem tem carro próprio – em subcolunas de três categorias de quilômetros rodados (por exemplo, menos de 10 mil quilômetros por ano, de 10 mil a 20 mil quilômetros por ano e acima de 20 mil quilômetros por ano).

No entanto, por que parar com apenas três variáveis? Investigar relações entre quaisquer variáveis pode valer a pena e produzir um modelo (uma representação da realidade restrita a algumas variáveis selecionadas, mas cruciais) que ofereça *insights* úteis sobre como um mercado funciona, e, portanto, dê orientação a um marketing eficaz. O relacionamento entre mais de duas ou três variáveis é o resultado da análise multivariada. A maior difusão dessas técnicas deve-se em parte ao fato de a mecânica de realizar complexas operações estatísticas ter ficado muito facilitada pela ampla disponibilidade de softwares amigáveis ao usuário, como o SPSS.

Os conceitos e técnicas estatísticos subjacentes à análise multivariada estão além do escopo de uma introdução geral como a deste livro, e vamos nos limitar aqui meramente a apontar duas importantes aplicações: a segmentação e a análise de preferência.

O planejamento de marketing agora se baseia muito mais na segmentação; a era dos mercados de massa está ficando para trás e cada vez mais as estratégias se voltam para influenciar segmentos específicos de mercado ou nichos. Os segmentos podem ser definidos como grupos-alvo com características comuns. Tradicionalmente, a demografia tem sido critério dos agrupamentos-padrão usados para segmentação. No entanto, podemos criar segmentos agrupando pessoas de acordo com fatores mais subjetivos e especialmente segundo suas necessidades – e essas coisas são determinadas por pontuações de perguntas atitudinais na entrevista. Ao usar perguntas apropriadas, podemos obter qualquer número dessas variáveis atitudinais, mas surge então a questão sobre como elas podem ser usadas para agrupar consumidores em segmentos homogêneos, baseados em necessidades comuns, que poderão então ser abordados por diferentes táticas de marketing. Duas técnicas multivariadas usadas para estas segmentações são a análise fatorial e a análise de *cluster*.

A análise fatorial foca nos próprios atributos das atitudes e os reduz a um número menor de fatores componentes: isto é, agrupamentos atitudinais que, com base nas respostas, parecem estar empiricamente ligados.

Já o foco da análise de *cluster* são os próprios respondentes. Como o termo sugere, eles são reunidos em grupos relativamente homogêneos com base em suas atitudes em relação ao produto. No mercado de bebidas, por exemplo, um *cluster* ou agrupamento pode ser o dos que preferem bebidas caracterizadas por atributos descritos como "sofisticados", enquanto outro *cluster* pode compartilhar atitudes relacionadas com os efeitos de embriaguez dos produtos. Os *clusters* costumam receber nomes criados para ajudar a orientar o não especialista (por exemplo, "apreciadores de vinhos" e "beberrões") (ver também Capítulo 10).

Um dos maiores desafios enfrentados pelos pesquisadores de mercado é descobrir o que é realmente importante para as pessoas nas suas decisões de compras. Nas entrevistas, perguntamos às pessoas o que é importante para elas, mas com frequência a resposta rápida que recebemos está relacionada com questões óbvias e mensuráveis, como preço, desempenho do produto ou entrega. Claro que essas coisas são importantes, mas sabemos que, mesmo que as pessoas aleguem ser movidas por preço ao escolher um fornecedor ou marca, muitas vezes elas permanecem leais a essa marca por anos, embora tenham surgido vários produtos mais baratos. Algo mais deve estar influenciando essas pessoas, e elas não estão expressando isso.

Uma alternativa a simplesmente perguntar e obter o aspecto importante "declarado" é ligar as preferências por produtos ou marcas (que podem ser construções puramente artificiais de feixes de atributos) à maneira em que são descritas pelos respondentes (em termos de atributos). A importância dos atributos é depois derivada dos dois conjuntos de dados no estágio da análise. Uma técnica multivariada amplamente usada para conseguir isso é a análise conjunta, que calcula "valores de utilidade" para atributos. A análise *trade-off* é uma variante disso, e tem por base as preferências que os respondentes indicam para pares de atributos. Um benefício importante da análise conjunta é que ela permite ao pesquisador realizar simulações e prever o efeito provável de mudar os atributos e, portanto, os componentes de um mix de produto. Isso pode incluir o efeito propiciado por mudanças no preço; a análise conjunta costuma ser usada para estudos de preços (ver também o Capítulo 11).

A análise multivariada é também empregada em previsão estatística, com o relacionamento entre uma variável dependente (o que há para prever: por exemplo, tamanho do mercado, participações de marcas) ligada a um número de outras variáveis e possivelmente considerando lapsos de tempo (o efeito das mudanças que levam certo tempo para se expressar na variável dependente). Com frequência, esta previsão é feita com outros dados além dos produzidos em pesquisa primária (por exemplo, usando variáveis macroeconômicas publicadas), embora possa ser uma técnica útil na análise de programas de pesquisa contínuos.

Toda análise multivariada, e nesse sentido toda análise de pesquisa de marketing, busca representar características principais de mercados e de que maneira elas se relacionam entre si. Em outras palavras, a análise de dados é uma forma de construção de um modelo estatístico que nos ajuda a entender como os mercados funcionam, e pode muitas vezes ser usada para prever os efeitos de certas ações de marketing ao propor perguntas do tipo "e se". Mas o resultado precisa ser interpretado, particularmente para beneficiar os tomadores de decisão para os quais essas técnicas podem ser um mistério. Em contrapartida, requer uma real compreensão do que está sendo feito com os dados, e do que o resultado realmente significa. A análise multivariada, portanto, requer mais do que a mera familiaridade com a terminologia. Nem sempre podemos depender de *experts* em estatística para interpretar o resultado da análise de uma maneira que se revele útil e prática. Finalmente, deve-se ter em mente que a análise mais sofisticada não é necessariamente a melhor. Uma simples análise cruzada com frequência produz resultados adequados, que os tomadores de decisão podem se sentir confiantes em utilizar.

ANÁLISE QUALITATIVA DE DADOS

Na pesquisa qualitativa, as amostras são menores que nos *surveys* quantitativos, e os dados são mais sutis e complexos. É mais provável, por exemplo, que as questões sejam abertas e o entrevistador tenha estimulado respostas completas. Além disso, a entrevista ou discussão pode ser não estruturada, com a sequência e até a gama de tópicos variando de um respondente a outro.

Alguns dos tipos de análise de dados já discutidos para a pesquisa quantitativa podem ser usados também na pesquisa qualitativa. No entanto, codificar respostas abertas raramente é apropriado, porque isso faria perder muitos detalhes, e então é mais usual listar e comparar respostas completas.

Se o número de respostas for relativamente pequeno, talvez seja suficiente apenas ler as partes relevantes dos questionários ou outros registros. Também costuma ser útil colocar as respostas literais numa planilha Excel, junto com um código ou identificador que permita selecioná-las por diferentes tipos de respondentes. Com frequência, no relatório da pesquisa é apropriado acrescentar citações literais de respondentes individuais, e este tipo de seleção facilita isso. Há alguns pacotes de software disponíveis cujo objetivo é ajudar o processo de selecionar e analisar dados qualitativos por meio da contagem da frequência de menção de diferentes palavras ou séries de palavras. No entanto, a quase infinita gama de palavras e combinações de palavras que podem ser usadas para responder uma questão já impõe limites a isto. Quando há gravações de entrevistas ou de grupos de foco – e isto é uma prática comum em pesquisa qualitativa –, considera-se geralmente boa prática transcrevê-las e fazer as análises com este material. Ficará óbvio que, embora as entrevistas gravadas sejam um meio altamente eficiente de capturar o que é dito na entrevista, elas geram depois muito trabalho adicional, e esta é uma das razões pelas quais a pesquisa qualitativa é mais cara.

Pesquisadores qualitativos têm ainda que depender de mergulhar nos *scripts* (roteiros) para ler detidamente as transcrições e fazer anotações dos pontos mais destacados. Isso mostra a dificuldade de realizar pesquisa qualitativa com mais de (digamos) 30 entrevistas. Com este número ou mais, a abundância de entrevistas começa a deixar as coisas menos nítidas e há a tendência seletiva de lembrar mais das últimas entrevistas ou das que causaram maior impacto.

A análise da pesquisa qualitativa depende das aptidões dos profissionais envolvidos e particularmente da interpretação que fazem dos dados. É pouco provável que dois pesquisadores qualitativos apresentem resultados idênticos de seus grupos de foco ou das entrevistas em profundidade. E tampouco vão analisar e interpretar os dados do mesmo jeito. Esta é uma área da pesquisa em que o pesquisador que tiver realizado o trabalho de campo deve estar profundamente envolvido na análise, interpretação e apresentação, caso contrário muita coisa irá se perder.

SEMIÓTICA E PESQUISA QUALITATIVA

Semiótica é o uso de sinais e códigos e dicas obtidos em pesquisa qualitativa e que podem ser usados para ganhar maiores *insights* sobre o quanto as coisas são significativas para os consumidores. Ela se baseia em como comunicamos ideias não apenas com palavras, mas com imagens, música e todos os sentidos. A semiótica não diz respeito tanto às perguntas que fazemos, mas à maneira como analisamos os dados que já temos, particularmente colocando o assunto do estudo dentro do contexto mais amplo da cultura em que ele se encontra.

Muitos consumidores alegam que "já sabem do que gostam", "você recebe o que você vê". Os consumidores com frequência desconsideram o impacto das marcas em suas decisões de compras. Mas a semiótica defende que não somos tão autodeterminados como gostaríamos de pensar e que somos programados pela cultura na qual vivemos.

A definição de cultura é muito ampla, envolvendo tudo a que estamos expostos em nossa vida social, privada e pública. Ela leva em conta o efeito que televisão, jornais, internet, amigos, família e conhecidos do trabalho exercem sobre aquilo que pensamos. Somos, em essência, coletivamente programados a adotar uma posição cultural, e isso afeta nossa visão da vida.

O profissional em semiótica procura ver além do consumidor e captar a bagagem cultural, e disso obtém *insights* sobre comportamentos e atitudes.

As entrevistas em profundidade são uma das ferramentas que os pesquisadores usam para entender a psicologia do indivíduo, suas atitudes, percepções e emoções. O profissional em semiótica considera os resultados dessas entrevistas, mas está mais interessado nos fenômenos culturais, nas comunicações da mídia que moldam essas atitudes, e nas percepções e emoções que resultam disso. Em outras palavras, a semiótica tem uma visão do alto do assunto e o examina a partir de fora para dentro, e não de dentro para fora. Procura sinais, códigos e pistas que forneçam esse entendimento cultural.

A semiótica pode ser usada em diferentes estágios da pesquisa qualitativa. Por exemplo, antes de lançar uma campanha publicitária, o profissional em semiótica pode desenvolver uma análise dos recursos culturais aos quais o público-alvo está sujeito e usá-los para montar uma hipótese para a campanha de anúncios que serão testados em entrevistas em profundidade ou em discussões de grupos de foco. A semiótica pode ser usada também após as entrevistas em profundidade, fornecendo as referências culturais que ajudam a explicar as descobertas.

RESUMO

O produto final do trabalho de campo são os dados. Em estudos quantitativos, a equipe de preparação de dados codifica e introduz os dados no computador, e o software proprietário permite que uma pergunta seja analisada em relação a outras. Esta análise cruzada é central para a tarefa do pesquisador de determinar diferentes padrões de reação nos diversos grupos de pessoas.

A análise de perguntas abertas requer talento, e é custosa, já que todas as respostas devem ser colocadas em uma estrutura de código especialmente elaborada.

Vem sendo feito um uso cada vez maior de técnicas estatísticas e de modelagem que oferecem maiores *insights* sobre os dados. A análise multivariada é usada para demonstrar relações entre dados e para identificar segmentos e mostrar como as pessoas determinam a importância de diferentes aspectos quando estão escolhendo produtos ou serviços.

A análise de dados qualitativos é gerida principalmente pelo pesquisador que conduziu os grupos de foco ou as entrevistas em profundidade. Usando as gravações das entrevistas e as transcrições dos grupos, o pesquisador qualitativo extrai as descobertas e desenvolve conclusões lançando mão de poucas ferramentas de análise, ou mesmo de nenhuma.

PARTE QUATRO

USANDO A PESQUISA DE MARKETING

CAPÍTULO 17

USANDO A PESQUISA DE MARKETING PARA SEGMENTAR MERCADOS

O maior desafio do profissional de marketing sempre foi como obter mais de menos. Quando o orçamento para promoções é limitado, as organizações devem ter a disciplina de focar seus recursos nas partes de seus mercados em que o retorno do investimento é maior. Este processo de descobrir, estruturar e atender a estes bolsões de oportunidade é a essência da segmentação de mercado.

Evidências da segmentação podem ser encontradas a toda hora. O corredor de cereais de um supermercado tem dezenas de opções das diferentes variedades – cada uma voltada a um público muito específico. Há produtos em cores vivas, açucarados, dirigidos a crianças. Cereais orgânicos e com alto teor de fibras e granola tentam atrair os mais ligados em alimentos saudáveis. Barras de cereais e produtos com embalagens especiais buscam atender àqueles que "estão com pressa" ou têm um estilo de vida agitado. Marcas de renome internacional competem com uma série de produtos com marcas lançadas pela própria rede varejista, num reconhecimento de que diferentes grupos da população têm rendas maiores ou menores.

Subjacente a cada um desses grupos de produtos há um fator comum – que pode ser a idade, as necessidades, os comportamentos ou a renda disponível. A segmentação é a arte e a ciência de identificar essas similaridades e desenvolver uma estratégia de marketing para atendê-las.

POR QUE USAR A SEGMENTAÇÃO DE MERCADO?

A miríade de opções de cereais matinais disponível aos consumidores num supermercado não é fruto de um desejo altruísta dos fabricantes de apelar aos gostos de todos, mas sim do imperativo mais prosaico de maximizar o lucro. O marketing segmentado é quase sempre mais eficaz comercialmente do que o marketing de massa (isto é, quando todos são visados de maneira uniforme). Isto ocorre porque:

- Compradores estão mais propensos a selecionar produtos e serviços que pareçam ter sido elaborados em função de seus requisitos.
- Empresas podem se sair melhor "**achando um atalho**" em seu marketing se sua mensagem tiver ressonância e for transmitida pelos canais relevantes.
- Empresas podem ser **seletivas** e atacar apenas aquelas partes do mercado que sabem ser mais lucrativas para elas. Escolher exatamente com quem a empresa deseja (ou não deseja) fazer negócio é talvez o mais importante princípio de segmentação.
- Algumas organizações podem ter uma **vantagem competitiva** em atender partes específicas do mercado. Por exemplo, companhias aéreas nacionais do tipo "*flag-carrier*", isto é, companhias aéreas que têm acesso a *slots* para pouso nos *hubs* mundiais mais populares, estão bem posicionadas para atender às necessidades de quem viaja a negócios. Em contraste, empresas aéreas econômicas com bases em aeroportos municipais ou regionais de custo menor têm uma vantagem apelando a quem viaja de avião levando em conta principalmente o preço da passagem.
- A segmentação estimula a **inovação**. Quando os requisitos de um segmento não são adequadamente atendidos, ter uma estrutura para definir o que o mercado quer ou precisa permite catalisar esforços para preencher essas lacunas.

TIPOS DE SEGMENTAÇÃO DE MERCADO

Um mercado pode ser segmentado de diversas maneiras, num contínuo que vai do simples ao complexo. A seguir, descrevemos algumas das abordagens (ou "bases de segmentação") mais comuns.

Segmentação geodemográfica

Na versão mais simples, uma empresa pode escolher segmentar mercados com base na localização. Por exemplo, uma multinacional pode ter diferentes estratégias de mercado para países ou regiões específicos.

As abordagens **demográficas** capturam características observáveis e mensuráveis sobre indivíduos ou unidades de compras, que podem ter implicações sobre como uma oferta é percebida (idade, renda familiar, grau de instrução ou ocupação). Essas variáveis podem ser examinadas individualmente, ou podem ser combinadas e formar descrições compostas de um público-alvo (como "profissionais jovens, ricos" ou "operários de meia-idade"). No marketing ao consumidor, é comum a demografia ser usada como base para definir grupos de estágios de vida que correspondam a requisitos específicos. Por exemplo, fabricantes de automóveis direcionam seus modelos mais baratos, menores e com mais estilo a condutores mais jovens, recém-qualificados, enquanto visam aposentados com produtos e mensagens que falem de praticidade, confiabilidade e economia de combustível.

A interface de localização e perfil de consumidor dá origem às abordagens **geodemográficas**, nas quais agregados específicos de características demográficas combinam-se entre si. Intenções de voto costumam estar vinculadas a idade e classe social, portanto, uma campanha de um partido político para um cargo público analisará detidamente a composição demográfica de uma área eleitoral específica. As frases de efeito e as políticas então promovidas para o eleitorado de cada região têm por base sua composição demográfica. Mensagens sobre escolas e creches são enfatizadas onde há alta incidência de famílias, e será dada maior ênfase em assistência médica e pensões nas áreas com populações mais idosas.

Vários provedores de pesquisa de marketing e de informações de marketing desenvolveram *frameworks* de segmentação que descrevem populações de bairros ou segundo o código postal. A Acorn (no Reino Unido) e a PRIZM (nos Estados Unidos) são dois desses esquemas comercialmente disponíveis, e cada um dispõe de cerca de 60 ou 70 diferentes segmentos. Essas informações, anexadas aos bancos de dados de consumidores e de marketing de uma empresa, ajudam a promover produtos e serviços nesses locais.

Segmentação comportamental

Costuma-se dizer que ações falam mais alto do que palavras. Isso vale também para a disciplina da segmentação de mercado. Os hábitos e comportamentos observáveis de um comprador podem ser preditores muito fortes de suas necessidades subjacentes. A análise do comportamento de alguém é especialmente poderosa, pois revela *insights* dos quais os respondentes de uma pesquisa não conseguem lembrar nem sabem expressar por meio dos *surveys* convencionais.

Varejistas há muito tempo reconheceram o valor de garimpar comportamentos de compra. Muitos supermercados usam cartões de fidelidade para incluir os padrões de compra de um cliente e o tipo de uso que faz da loja ao acessá-los. Esses enormes bancos de dados transacionais internos são então analisados por meio de complexas técnicas de modelagem estatística para categorizar os consumidores em segmentos. Essas informações são usadas para orientar promoções e ofertas especiais, elaboradas sob medida para grupos específicos de compradores.

Segmentações comportamentais tendem a ser altamente "dinâmicas", já que o tamanho e a natureza dos segmentos estão em fluxo constante, reagindo aos dados mais recentes. Este dinamismo é ainda mais acelerado pelos rápidos desenvolvimentos das tecnologias digitais. Marcas e provedores de marketing digital (como o Google) têm acesso a uma imensa quantidade de dados constantemente atualizados, relativos ao comportamento on-line dos indivíduos. A agências de pesquisa de marketing estão agora usando também aplicativos especializados para coletar dados sobre o uso on-line das pessoas que optaram por participar de pesquisas. Os dados coletados dessas técnicas de *mensuração passiva* formam a base para segmentação, com frequência como um complemento de uma pesquisa baseada em *surveys*.

Num nível muito mais simples, as empresas podem também escolher segmentar seus mercados com base no status de compra de um cliente. Aqueles que são clientes correntes, leais, podem ser agrupados e tratados de modo diferente em relação a clientes que acabaram de ser perdidos, ou cujo volume de compras vem decrescendo ao longo do tempo. Para clientes comprometidos, o principal objetivo do profissional de marketing é tirar bom proveito de sua lealdade – por exemplo, estimulando-os a indicar a marca a um amigo ou parente. Para clientes que se afastaram, a empresa quer entender como ganhar esse segmento de volta.

Segmentação baseada em atitudes e em necessidades

Possivelmente a segmentação mais difícil de alcançar e de implementar é a que se baseia nas opiniões e necessidades do comprador. A segmentação baseada em necessidades é notoriamente desafiadora porque os requisitos ou crenças de um indivíduo mudam a toda hora (na realidade, podem até mudar de um dia para outro). As necessidades do cliente são também muito difíceis de deduzir à distância, o que complica alocar clientes correntes ou potenciais a algum segmento, a não ser que façamos perguntas diretamente a eles.

Apesar de todas as potenciais armadilhas, as abordagens a partir de necessidades e atitudes costumam ser as mais poderosas. A marca que tem maior capacidade de apelar às emoções e preocupações mais profundamente assentadas do mercado é a que frequentemente sai vencedora.

As segmentações baseadas em pesquisa têm sido classicamente formuladas a partir das respostas dadas a *surveys* de uma série de afirmações atitudinais, com as quais os respondentes concordam/discordam, que têm o intuito de ir além da superfície das atitudes do usuário final ou comprador. Este feedback é registrado numa escala Likert de 5, de 7 ou de 10 pontos, como no exemplo a seguir.

Uma desvantagem significativa desta abordagem é que os respondentes podem dar respostas similares às diversas declarações, o que limita o escopo para criar segmentos distintos. Na realidade, são bem poucas as segmentações que se baseiam apenas em atitudes. O mais frequente é usar as atitudes em combinação com outras variáveis, como a demografia e os comportamentos, para dar aos esquemas de segmentação descritiva mais caráter ou "personalidade".

QUADRO 17.1

Declaração	Discorda totalmente	Discorda	Não concorda nem discorda	Concorda	Concorda totalmente
Produtos de marca têm melhor qualidade	☐	☐	☐	☐	☐
Prefiro comprar produtos pela internet	☐	☐	☐	☐	☐
Tento procurar opções com sustentabilidade ambiental	☐	☐	☐	☐	☐

Ao segmentar as **necessidades** de um mercado, é típico medir isso por meio de exercícios de *trade-off*. Em qualquer decisão de compra, os compradores têm um ou dois critérios de compra inegociáveis, alguns de importância secundária e outros que quase não "merecem ser levados em conta". Para testar isto num *survey*, identifica-se e avalia-se uma lista de 5 a 10 critérios de compra, usando uma classificação simples ou por meio de uma escala de soma constante ou de perguntas com atribuição de pontos – como no exemplo a seguir:

> Abaixo há uma lista de fatores que outras pessoas consideram importantes ao escolher uma marca. Por favor, gaste 100 pontos nesses fatores para indicar qual a importância que eles têm para você. Pode gastar seus pontos em quantos aspectos preferir, sejam eles muitos ou bem poucos.

A lista de fatores de compra testada pode se basear tanto em avaliações do pesquisador e de seu cliente, como ser informada por pesquisa exploratória anterior, baseada em métodos qualitativos (como entrevistas em profundidade ou grupos de foco).

A pergunta em escala de soma constante é bem adequada a exercícios de segmentação baseados em necessidades, porque obriga os respondentes a fazer compensações entre seus diferentes requisitos, de uma maneira que simula as decisões de compras tomadas no mundo real. Quando a amostra tem tamanho suficiente, os dados coletados a partir desta pergunta podem ser aplicados a análises de *clusters*, a fim de identificar respondentes com padrões de resposta similares. Os segmentos resultantes tendem a ser caracterizados por alta pontuação ou por apenas um ou dois dos fatores, o que lhes confere um perfil diferenciado e claro. A pergunta de soma constante também pode ser usada em *surveys* que tenham uma amostra reduzida, já que os padrões comuns de resposta podem ser deduzidos qualitativamente mesmo numa tabela ou planilha. (Ver Quadro 17.2.)

QUADRO 17.2

Fator	Pontos
Preço	....
Disponibilidade	....
Gama de funções do produto	....
Confiabilidade/qualidade	....
Reputação da marca	....
Assistência pós-venda e suporte ao produto	....
Experiência anterior com o produto	....
Estética	....
Total	**100**

Trade-offs baseadas em necessidades podem também ser medidos usando outras técnicas estatísticas: por exemplo, perguntas MaxDiff (ver Capítulo 11) às vezes são altamente eficazes para propósitos de segmentação, especialmente quando é preciso avaliar uma lista mais longa de necessidades ou benefícios.

Segmentações de negócios

Muito do que acabamos de ver trata da segmentação de mercados consumidores. Mas muitas empresas *business-to-business* usam princípios similares para segmentar seus mercados. Em vez de demografia, a empresa B2B tipicamente segmenta com base nas chamadas características "firmográficas", como:

> o **porte** da empresa (julgado pelo número de funcionários, pelo faturamento, por vendas ou margens de lucro);
> a **vertical do setor** da empresa;
> o **canal** usado para atender o cliente (clientes atendidos por meio de intermediários ou agências costumam ser separados dos clientes ao quais se vende diretamente);
> o **crescimento potencial** futuro de uma conta (mesmo clientes pequenos podem ser considerados estrategicamente importantes se a sua trajetória de crescimento está em melhor posição em relação ao resto do mercado).

Os maiores clientes de uma empresa B2B costumam ser poucos, mas de alta complexidade. Adotar uma abordagem segmentada, sustentável, com contas grandes costuma ser inviável, já que os requisitos dessas empresas são específicos demais para serem generalizados sob rótulos amplos. Por isso, muitas empresas *business-to-business* recorrem a gestores principais de contas, exclusivos para atender esses clientes, deixando as técnicas de segmentação para dividir e conquistar suas empresas menores de "cauda longa".

Assim como nos mercados consumidores, as abordagens comportamentais e baseadas em necessidades estão sendo cada vez mais adotadas por empresas B2B. O pesquisador deve, porém, cuidar para não confundir as visões e preferências pessoais do tomador de decisões de negócios com as de seu empregador.

Segmentações híbridas

Cada uma das abordagens que acabamos de descrever tem vantagens e desvantagens. Técnicas baseadas em necessidades são poderosas, mas difíceis de implementar, enquanto as técnicas orientadas por demografia são simples, mas facilmente copiadas pela concorrência. As empresas estão fazendo uso cada vez maior de segmentações híbridas, que combinam os melhores aspectos de cada abordagem.

Uma maneira eficaz de estruturar esses diferentes métodos de segmentação é alinhá-los num *grid*, no qual a intersecção de diferentes grupos de necessidades, comportamentos e demografia define os próprios segmentos. O exemplo do Quadro 17.3 baseia-se na segmentação adotada por uma empresa aérea de baixo custo americana. Seu esquema combina comportamento ao voar (nas colunas) com as principais necessidades de diferentes grupos de passageiros (nas fileiras):

QUADRO 17.3

Necessidades de uma companhia aérea	Comportamento quanto ao voo		
	Frequente	Ocasional	Grupos
Preços bem baixos	***Segmento A:** "Me leve até lá sem cobrar caro"	Segmento C: "Vou usar qualquer aérea que faça o trajeto"	*Segmento D: "Ajude-me com meu grupo de viagem"
Poucos atrasos e problemas no aeroporto	***Segmento B**: "Me leve até lá rápido"		
Comida a bordo e outros supérfluos	**Segmento E**: "Me dê uma experiência melhor"		
Funcionalidades para classe executiva ou 1ª classe	**Não atendido por essa companhia aérea econômica, portanto, irrelevante**		

Chave
*Alta prioridade para a empresa aérea (alta vantagem competitiva)

É digno de nota que a empresa aérea escolhe não atender certas necessidades (como oferecer funcionalidades para classe executiva ou primeira classe) porque isso não faz parte de seu modelo de negócios. A empresa prioriza apenas três segmentos do mercado nos quais tem a maior vantagem competitiva – isto é, atender as necessidades de viajantes frequentes e coordenar agendamentos de grupos. Para o viajante ocasional ou aqueles que buscam uma experiência de melhor nível, a empresa não é necessariamente melhor que seus concorrentes, então não comercializa ativamente para esses segmentos (embora uma empresa de baixo custo possa não visar alguns segmentos, como os viajantes a negócios, ela aceita de bom grado reservas deles se escolherem voar com ela – e por que não?).

ABORDAGENS QUALITATIVAS/BASEADAS EM JULGAMENTO

Costuma-se supor (incorretamente) que as segmentações só podem ser desenvolvidas a partir de bases de dados grandes, quantitativas. No começo deste capítulo descrevemos a segmentação como arte e como ciência, pois o pesquisador costuma usar boa dose de senso comum e julgamento para garantir que a segmentação tenha utilidade prática.

Há circunstâncias nas quais uma segmentação plena, quantitativa, não é possível – por restrições de orçamento, pela escassa disponibilidade de dados de mercado ou porque a empresa tem pequeno número de clientes. Nesses casos, há várias opções:

1. **Usar métodos de pesquisa qualitativa.** Ao entrevistar um número pequeno de compradores num mercado, geralmente é possível identificar os principais motivadores que configuram o comportamento do mercado e a escolha de fornecedores. O roteiro de discussão usado deve cobrir cada uma das principais bases de segmentação descritas acima.

2. **Promover visões dentro da empresa cliente ou de parceiros do canal.** Muitas empresas *business-to-business* forjam relacionamentos muito fortes com seus clientes por meio de suas equipes de vendas diretas. Também é comum as empresas atenderem seus mercados apenas por meio de parceiros do canal. Nestes casos, obter feedback daqueles que atendem clientes no corpo a corpo pode ser um atalho muito eficaz para chegar à segmentação de mercado. Feedback interno/de canal costuma ser obtido com entrevistas em profundidade, *surveys* de autopreenchimento (realizados on-line) ou grupos de foco com pessoal de vendas.

3. **Usar apenas o julgamento.** Esta abordagem dispensa totalmente pesquisa primária e se apoia na *expertise* do consultor de pesquisa de marketing, junto com contribuições de seu cliente. Para desenvolver estas abordagens costumam ser usadas sessões de workshop com equipes na empresa do cliente. Estes julgamentos a priori sobre como um mercado é segmentado podem também ser desenvolvidos

a partir de tradição histórica. É importante, porém, que quaisquer hipóteses sejam periodicamente desafiadas por pesquisas.

MÉTODOS QUANTITATIVOS

A abordagem mais comum ao desenvolvimento de segmentação é realizar uma pesquisa quantitativa *ad hoc*. Embora a maioria dos projetos seja concebida para o propósito expresso de desenvolver uma segmentação, *surveys* de satisfação do cliente e de uso e atitude (U&A) podem também servir para prover os dados necessários.

Surveys típicos de segmentação de consumidores têm amostras de tamanho relativamente grande. Amostras de 10 mil ou mais são comuns em estudos internacionais de segmentação B2C. É necessário um grande número de entrevistas para desenvolver modelos estatísticos robustos de divisão do mercado, e para assegurar o maior número possível de rotas analíticas a perseguir. Em *surveys* quantitativos de segmentação B2B, recomenda-se trabalhar a partir de uma base de pelo menos 300 entrevistas.

O questionário desenvolvido para a segmentação costuma ser moldado por uma pesquisa qualitativa anterior. Isto assegura que todas as bases de segmentação potencialmente relevantes (como atitudes, necessidades e comportamentos) sejam incluídas. Além das variáveis de segmentação, o *survey* deve também incluir variáveis descritivas que permitam realizar perfis detalhados dos segmentos quando estiverem finalizados. Estes serão usados para moldar a estratégia *go-to-market* desenvolvida para cada segmento, e podem incluir detalhes a respeito de:

> os canais preferenciais de mídia/promocionais;
> onde os produtos e serviços são adquiridos;
> que fornecedores eles têm probabilidade de considerar;
> posicionamento/opinião da organização cliente.

Analisando os dados: técnicas estatísticas usadas na pesquisa de segmentação

Depois que os dados são coletados pelo *survey*, eles são analisados usando uma variedade de técnicas estatísticas, a fim de determinar o modelo mais prático ou mais estável. Todas estas abordagens são multivariadas, pois são examinados diversos *inputs* de respostas simultaneamente para produzir o resultado necessário. Esta análise é feita por meio de um pacote estatístico especializado (como o SPSS). As técnicas estatísticas mais comuns usadas para segmentação são:

- **Análise fatorial.** Descobre os vínculos comuns existentes entre as perguntas. Por meio desta análise, é possível destilar diversas variáveis e chegar a um número menor de dimensões, relacionadas, mas não observáveis, chamadas "fatores". Estes fatores são os elementos que melhor descrevem os principais temas ou *drivers* de um mercado. Por exemplo, a partir de uma série de 20 ou 30 perguntas do tipo concordo/discordo, apenas três ou quatro fatores irão emergir como estatisticamente significativos. A análise fatorial raramente é usada sozinha como um meio de segmentação, sendo mais comum usá-la como um *input* de uma *análise de cluster*
- **Análise de *cluster*.** Esta análise procura revelar grupos naturais ou padrões similares de resposta dentro de uma gama de variáveis de *input*.

O exemplo abaixo mostra alguns *clusters* definidos com base em dois *inputs*: o grau de interesse em potenciais serviços futuros e a renda disponível do respondente. Os limites dos padrões de resposta serão em certa medida nebulosos, e, portanto, o programa de *clustering* busca encontrar o melhor ajuste para situar a linha de demarcação.

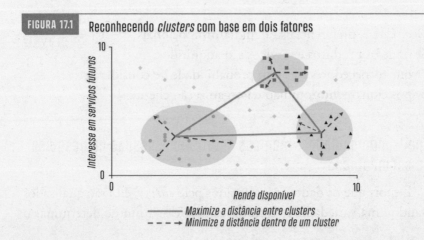

FIGURA 17.1 Reconhecendo *clusters* com base em dois fatores

Ele faz isso tentando maximizar a distância entre os diferentes grupos de respostas, ao mesmo tempo em que assegura que os próprios *clusters* mantenham um tamanho relativamente pequeno. A análise de *cluster* é, por sua própria natureza, um processo de tentativa e erro. Para tentar encontrar a melhor solução, talvez seja necessário testar muitas dezenas ou mesmo centenas de diferentes combinações de *inputs*. Como parte deste processo de experimentação, talvez seja preciso pegar as variáveis das respostas cruas do questionário e colocá-las em grupos menores e mais simples – por exemplo, a idade é com frequência dividida em apenas três ou quatro categorias nas segmentações por demografia.

Além de usar dados de resposta das perguntas, às vezes é útil construir também uma variável dependente para ser analisada pelo algoritmo de *clustering*. Isto envolve a criação de uma pontuação composta que use *inputs* de várias perguntas. No exemplo acima, "interesse em serviços futuros" poderia ser o nível médio de interesse de cada respondente (de 0 a 10) em vários conceitos diferentes de serviços. Utilizar uma variável dependente na segmentação é eficaz porque ela pode ser diretamente associada a objetivos do cliente (por exemplo, a identificação de segmentos que representem uma boa oportunidade comercial).

Há vários tipos de análise de *cluster* normalmente usados em pesquisa de marketing. Entre eles estão:

> *clustering* K-means;
> *clustering* em 2 passos;
> *clustering* de classe latente;
> *clustering* hierárquico;
> análise de conjuntos de *clusters*.

Cada uma destas técnicas tem suas vantagens para lidar com problemas particulares de segmentação, e o mais amplamente usado é o *clustering* de classe latente [*latent class modelling*, LCM]. As técnicas de classe latente usam uma mistura de modelos estatísticos e podem analisar tipos de variáveis de *input* muito diferentes. Isto é especialmente útil para segmentações que combinem demografia, comportamentos e necessidades.

INCORPORANDO COM SUCESSO A SEGMENTAÇÃO NA ORGANIZAÇÃO-CLIENTE

Depois de concluídas a coleta de dados e a análise estatística, talvez o maior desafio em qualquer iniciativa de segmentação ainda permaneça: assegurar que seja adequadamente implementada. No restante deste capítulo, esboçaremos as principais características de segmentações bem-sucedidas, e alguns dos obstáculos importantes que podem precisar ser superados dentro da empresa cliente.

Cinco princípios das segmentações bem-sucedidas

Para garantir que seja bem-sucedido, o *framework* final de segmentação deve ser avaliado pelos seguintes critérios:

1. **Distinção do segmento.** Cada segmento deve ter uma "personalidade" clara e distinta. Caso contrário, isso sugere que o segmento talvez não exista dentro do mercado em questão.

2. **Reconhecimento do segmento.** Quando é difícil enquadrar um cliente atual ou potencial dentro de um dos segmentos, devem ser desenvolvidos outros segmentos mais facilmente reconhecíveis. A incapacidade de aplicar ou associar segmentos a dados ou processos internos é uma das razões mais frequentes de falhas nas segmentações.

   A análise inteligente pode auxiliar na tarefa de identificar segmentos. Usando a análise discriminante, podemos criar um "algoritmo de alocação" para predizer a categorização de clientes novos ou existentes, desde que tenhamos respostas a um número seleto de perguntas do *survey*. Esses *inputs* são às vezes chamados de "perguntas matadoras" [*killer questions*]. Uma agência pode desenvolver uma ferramenta de alocação ou "tipificação" para uso pelo cliente, similar à do exemplo a seguir:

③ Durabilidade do segmento. Segmentos devem ser válidos por longo tempo, ou pelo menos pelo tempo que for exigido pela estratégia de marketing da empresa, porque os *frameworks* de segmentação podem levar anos para se estabelecer.

④ Tamanho do segmento. Primeiro, não deve haver segmentos demais. É um exercício muito oneroso definir e implementar um plano de marketing para mais de seis ou sete grupos distintos.

Em segundo lugar, segmentos devem ser apropriadamente dimensionados no sentido de não dar conta de uma porção da população muito grande ou pequena demais. Se um único segmento, por exemplo, corresponde a mais de 50% de um mercado, isso sugere que talvez seja necessário um refinamento maior. Do mesmo modo, segmentos muito pequenos, como nichos, são difíceis de atender de forma lucrativa.

⑤ Segmentos viáveis. Os segmentos precisam ser descomplicados e fazer sentido. Se as implicações de vendas e marketing de um segmento não são suficientemente claras, talvez seja o caso de usar uma taxonomia diferente.

Em projetos de segmentação, comunicação é tudo

Mesmo os estudos de segmentação preparados com maior zelo podem ser comprometidos por um planejamento ou comunicação insuficientes. A alta direção do cliente deve apoiar o processo de segmentação desde o início para que a estratégia de marketing funcione.

Tensões tribais e políticas dentro de uma empresa podem criar forte resistência à segmentação, vindo de certas funções, especialmente das equipes de vendas diretas. O pessoal de vendas pode se mostrar defensivo por acreditar que eles entendem profundamente tudo o que há para saber a respeito de suas contas.

CAPÍTULO 17

FIGURA 17.2 Ferramenta de alocação de segmentos

B2B International

Ferramenta de alocação de segmentos

Perguntas relativas a perfil

Quais as principais atividades de sua empresa?	Varejo e atacado
Quantos funcionários ela tem?	250 +
Quanto, mais ou menos, sua empresa gasta?	Mais de 500 mil libras
Por favor, indique seu papel na empresa. Qual é seu cargo?	Contas/finanças/ gestão das contas

Segmento previsto — **Serviços gerais**

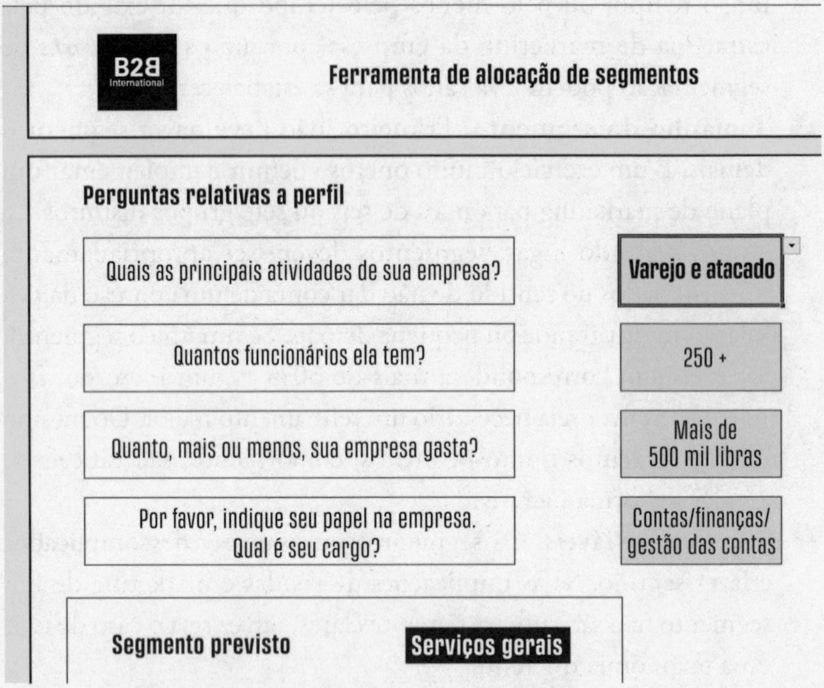

A segmentação é vista como uma estrutura vaga demais e geral demais, que fracassa em captar as propriedades singulares de seus clientes. Essa resistência pode ser mitigada ao envolver as equipes de vendas desde o início no processo de elaboração da segmentação, e tranquilizá-los em relação aos benefícios gerados em marketing mais lucrativo e no design de serviços.

É vital que a segmentação seja iniciada com um claro objetivo de marketing ou operacional. Com muita frequência os projetos de segmentação são encarados de modo equivocado, como uma panaceia para resolver todos os problemas da empresa. As segmentações mais bem-sucedidas são aquelas que focam em resolver um número definido de objetivos, como otimizações de efetividade de marketing, desenvolvimento de produto ou prestação de serviços. Para o pesquisador, isto é especialmente pertinente, pois as principais escolhas na elaboração do projeto devem estar apoiadas naquilo que o cliente deseja alcançar. Realizar um workshop com todos os *stakeholders* no início de um estudo de segmentação é a melhor maneira de assegurar isto.

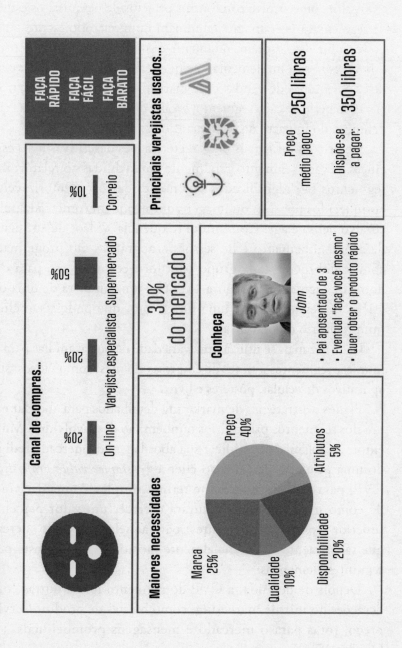

FIGURA 17.3 Exemplo de um perfil de segmento; os desvinculados

Usando a pesquisa de marketing para segmentar mercados

Dando vida aos segmentos

Assim como ocorre com outros projetos de pesquisa, os estudos de segmentação geralmente culminam num relatório escrito ou em PowerPoint. Isso, porém, raramente é suficiente para assegurar que o *framework* seja implementado e que realmente se trabalhe a partir dele. As equipes de vendas e de marketing precisam ter descrições claras do perfil de cada segmento, e a alta direção espera por uma clara definição do impacto da segmentação sobre a estratégia.

Descrições informais ou caracterizações descritivas mais específicas de cada segmento geralmente são incluídas no relatório. Os segmentos são identificados por nomes curtos, memorizáveis, e enriquecidos por sons ou imagens que evoquem como cada público-alvo pensa e age. Com muita frequência, vídeos de entrevistas de acompanhamento e de sessões etnográficas são programados com membros de cada grupo para fornecer um rosto para cada nome de segmento. A Figura 17.3 traz uma amostra de uma descrição de segmento por uma única foto, que pode ser incluída num relatório de pesquisa.

Cada vez mais se utiliza uma variedade de outras mídias para comunicar segmentos a times de empresas clientes, como vídeos, sites, aplicativos de celular, pôsteres e livros.

Planos e estratégias de marketing detalhados para abordar cada um dos segmentos prioritários também são desenvolvidos. Muitas empresas acham útil codificar sua abordagem de mercado redigindo uma proposta de valor ao cliente [*customer value proposition*, CVP] para cada segmento. Em termos simples, é uma declaração de como uma empresa procurará oferecer um valor percebido superior (aos dos concorrentes) para aquelas partes do mercado que são atraentes e potencialmente lucrativas. É composta pelos seguintes elementos:

Depois de definida, a CVP do segmento leva a outras considerações no mix de marketing, como ofertas de produto/serviço, preço, rotas para o mercado e mensagens promocionais. (Ver Quadro 17.4)

QUADRO 17.4

Componente da CVP	Respostas para cada segmento
Público-alvo	Quem é o segmento?
Valor	O que o segmento valoriza?
Superior	Qual o ponto de vendas característico da empresa para este segmento?
Lucro	O segmento pagará um valor *premium* por produtos/serviços superiores?
Título do *banner*	Qual o "*pitch* de elevador" para este segmento?

DICAS IMPORTANTES

- Certifique-se de comunicar a todos os *stakeholders*, desde o início, os objetivos e resultados da segmentação.
- Comece com um objetivo claro da segmentação. Continue revisitando-o, para garantir que não haja um aumento no "escopo do projeto".
- Avalie realizar pesquisa qualitativa ou exploratória para entender melhor o mercado antes de desenhar o questionário principal.
- Tenha uma ideia clara de qual será sua principal "base" de segmentação antes de elaborar o estudo (isto é, necessidades, comportamentos, demografia). Se precisar combinar diferentes tipos de abordagens à segmentação, avalie estruturá-las num *grid*.
- O questionário deve conter tantas perguntas descritivas/de perfil quanto possível, para garantir a adequada categorização dos segmentos.
- Use tipos de perguntas que sejam bem adequados à análise de *cluster* ou fatorial. A escala Likert funciona bem para atitudes, enquanto as perguntas de escala de soma constante são boas para segmentações baseadas em necessidades.
- Ao realizar *clustering*, comece com uma abordagem simples e construa a partir dela: excesso de estruturas de segmentação acabam criando excessiva complexidade.

- Durante o processo todo, tenha em mente a aplicação final da segmentação. Desafie a si mesmo com a pergunta "como o cliente será capaz de usar isto?". Se não conseguir responder claramente, talvez precise reconsiderar sua abordagem.
- Certifique-se de que seus segmentos são fáceis de compreender. Dê "vida" aos segmentos nos relatórios e outros recursos entregues ao cliente por meio de "descrições informais" ou *personas* relativas ao público-alvo relevante.

RESUMO

A segmentação é uma arma extremamente poderosa no arsenal do profissional de marketing. Uma boa segmentação ajuda a melhorar o retorno sobre o investimento em despesas de marketing e fornece uma estrutura estratégica para a empresa desenvolver e manter sua posição de mercado.

Toda segmentação precisa começar com um objetivo claro, pois os objetivos da iniciativa irão determinar fortemente o desenho do estudo de pesquisa. Uma das principais considerações é se a segmentação será baseada em dados demográficos, firmográficos, comportamentos, atitudes ou necessidades. A seleção ótima dessas diferentes "bases" de segmentação tende a decorrer da experimentação e de uma referência constante às ferramentas de marketing à disposição do cliente.

A pesquisa de segmentação é muitas vezes empreendida como um exercício quantitativo, mas às vezes é apropriado usar técnicas qualitativas (por exemplo, em mercados B2B, onde o número de clientes é menor). Na realidade, algumas empresas podem basear sua estrutura de segmentação apenas numa combinação de julgamento, dados internos e o auxílio de consultores externos.

As segmentações quantitativas quase sempre envolvem o uso de amostras de grande porte e de técnicas estatísticas avançadas, multivariadas, como a análise de *clusters*. Talvez sejam necessárias muitas dezenas ou centenas de iterações de análises de *cluster* para chegar a uma solução ótima. Bons segmentos são aqueles que se mostram distintos, reconhecíveis, duráveis, de tamanho adequado e viáveis na prática.

Após a análise, as segmentações são usadas para definir a estratégia de marketing. Os segmentos recebem nomes curtos, memorizáveis e são disseminados ao longo da empresa cliente usando vários recursos de comunicação multimídia. É importante que o cliente possa identificar claramente os segmentos que são sua alta prioridade, bem como "desmarcar" quaisquer grupos que ela decida não atender. Uma proposta de valor ao cliente [*customer value proposition, CVP*] é então redigida para cada um dos segmentos para definir o público-alvo e resumir e substanciar por que um potencial cliente deve comprar o produto ou serviços da empresa.

CAPÍTULO 18

USANDO A PESQUISA DE MARKETING PARA MELHORAR O POSICIONAMENTO DA MARCA

Segundo estimativas, até 30% do valor de mercado das ações das maiores corporações é atribuível à marca. Isto faz sentido quando consideramos o papel das marcas em facilitar as decisões de compra no nosso cotidiano: quando todos os demais fatores racionais – como preço e características – já foram considerados, influências intangíveis como a marca tendem a ser decisivas.

Marcas são atalhos que codificam uma imensa quantidade de informações a respeito dos valores das organizações e ao que um cliente deve esperar delas. Vamos pegar o setor automotivo como exemplo. Desenvolvimentos em engenharia e tecnologia significam que a maioria dos carros atuais têm níveis similares de desempenho, economia e confiabilidade. Para alcançar o máximo em economia de escala, muitos dos veículos do Grupo Volkswagen são baseados num chassi comum para as diferentes faixas oferecidas. A Volkswagen diferencia habilmente esses veículos, similares no aspecto mecânico, por meio de marcas: Skoda e SEAT exercem apelo aos consumidores conscientes do valor, a marca Volkswagen vende a si mesma como a escolha do homem comum que integra o mercado de massas, enquanto Audi posiciona-se claramente como uma marca de prestígio.

Apesar de um SEAT Leon, um Volkswagen Golf e um Audi A3 serem substancialmente o mesmo carro, o Audi sustenta um preço adicional de pelo menos 20% em relação ao SEAT. Uma gestão inteligente da marca permite à VW maximizar as vendas de seus produtos ao maior número possível de segmentos, ao mesmo tempo que obtém um adicional de preço daqueles que "compram" os valores e experiências oferecidos por suas divisões de maior prestígio.

A Volkswagen só é capaz de gerir seu portfólio desse modo por meio de um monitoramento cuidadoso e um cultivo de suas marcas. De acordo com isso, a pesquisa de marketing é uma ferramenta extremamente importante para ajudar as empresas a estabelecer e manter sua posição de marca ao longo do tempo. A pesquisa é usada durante todo o ciclo de vida de uma marca, desde a sua criação até o ponto em que precisa ser reenergizada, retirada ou subordinada a outra identidade corporativa (ver Figura 18.1). Cada uma dessas áreas do ciclo de vida da marca será tratada neste capítulo, e faremos ainda um exame de como a pesquisa pode ser usada para estabelecer o valor último de uma marca (ou sua *brand equity*, "valor de marca").

FIGURA 18.1 O ciclo de vida da marca

A PESQUISA NA CRIAÇÃO (E RECRIAÇÃO) DE UMA MARCA

Marcas são criadas o tempo todo. É fácil pensar em marcas apenas como identidades corporativas exclusivas de uma grande organização. Na realidade, a grande maioria das marcas é de produtos, criadas toda vez que uma nova oferta ou proposta é lançada pela empresa-matriz.

A fabricante de bens de consumo Unilever, por exemplo, vende bens sob pelo menos 400 diferentes marcas no mundo inteiro, e muitas novas marcas de produtos são constantemente acrescentadas ao portfólio.

Mas marcas não são privilégio apenas de multinacionais: qualquer nova empresa, grande ou pequena, tem interesse em construir uma identidade que, com o tempo, seja reconhecível, diferenciada e tenha uma visão claramente articulada. Marcas fortes podem também ser formadas muito rapidamente: muitas das empresas mais conhecidas de hoje em dia, como Google, Facebook e Alibaba, são empresas de tecnologia cujas marcas foram criadas nos últimos 10 a 20 anos.

No mundo corporativo, a maioria das empresas e marcas de produtos são desenvolvidas com a assistência de um consultor especializado em estratégia de marca. O trabalho desses consultores costuma ser em parte criativo e em parte movido por pesquisa, e o elemento pesquisa pode ser empreendido internamente ou em conjunto com uma empresa especializada em informações de marketing.

A pesquisa que contribui para a criação de marca costuma ter foco em sondar os *stakeholders* envolvidos quanto às suas ambições e planos para a marca. Para que uma marca recém-criada seja bem-sucedida a longo prazo ela deve se alinhar com a direção que o pessoal-chave pretende levá-la. Técnicas de pesquisa qualitativa, como entrevistas internas em profundidade, grupos de foco e sessões de workshop, são usadas para obter essas opiniões e estabelecer onde se posiciona o consenso. As perguntas feitas como parte desses exercícios costumam ser projetivas e diretas, e cobrir tópicos como:

- ⯈ **Ambições para a marca** – O que ela deve defender, qual sua "grande mensagem", como ela irá se diferenciar da concorrência.
- ⯈ Pensar no **público-alvo pretendido** para a marca e em como ela deve levar essas pessoas a pensar e sentir. O que a marca "promete" ao mercado?
- ⯈ Como deve ser a **"arquitetura" das marcas** em desenvolvimento – por exemplo, ao criar uma nova marca de produto, ela deve ser claramente "vinculada a" ou patrocinada pela marca corporativa ou marca mãe?
- ⯈ Visões a respeito da **identidade visual da marca** – qual deve ser seu logo, onde sua imagem será vista, e como será.

Além de opiniões internas, durante o processo de criação da marca deve haver lugar às vezes para pesquisa externa com o público-alvo visado, a fim de validar quaisquer pressupostos e identificar onde possa haver eventuais lacunas. De novo, métodos qualitativos, em pequena escala, tendem a ser usados para este propósito.

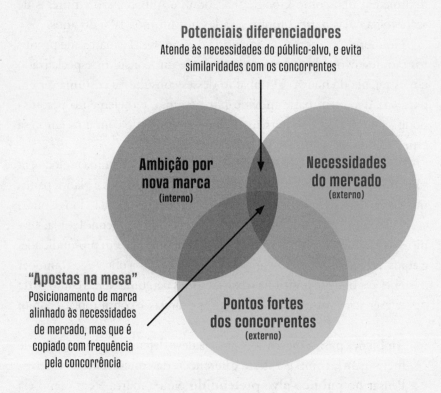

FIGURA 18.2 Vendo uma marca por diferentes ângulos

Ao avaliar as posições no mercado pode ser prudente traçar o perfil da imagem de marca dos outros *players*. Uma *desk research* do posicionamento corporativo de grandes ou potenciais concorrentes tem custo baixo, e é um meio muito eficaz de compreender como qualquer nova marca pode se posicionar no quebra-cabeça do mercado. Lacunas no mercado podem ser mais facilmente identificadas depois de alinhar sistematicamente a imagem corporativa, declarações de posicionamento e valores de marca dos diversos concorrentes. Ver uma marca a partir do ponto de vista desses diversos ângulos (ambição, necessidades de mercado e forças dos concorrentes) está ilustrado na Figura 18.2.

Estas atividades de pesquisa são *inputs* vitais para o trabalho do estrategista de marca. Elas ajudam a definir o rumo de uma nova marca que se alinhe tanto às ambições dos *stakeholders* internos quanto às necessidades do mercado, ao mesmo tempo em que evitam o perigo de gerar marcas que pareçam "banais" e tenham basicamente o mesmo aspecto das demais.

De vez em quando as organizações podem querer mudar uma marca existente (quer seja o nome, o posicionamento ou a identidade visual). Deve-se notar também que muitos dos processos acima descritos são igualmente relevantes quando se trata de fazer uma revitalização periódica da marca (ou ao promover seu *rebranding*).

PESQUISANDO NOVAS IDENTIDADES VISUAIS

A formulação de uma nova marca ou a renovação da marca existente será acompanhada por várias identidades visuais potenciais que precisam ser testadas. O aspecto central disto é o logo da marca, que quase sempre é extensivamente pesquisado antes de ser lançado no mercado. O mais comum é que a pesquisa de logo seja empreendida quantitativamente, a fim de avaliar cientificamente qual dos visuais da concorrência tem maior apelo no mercado. Os métodos usados para testar logotipos são muito similares àqueles empregados para testar o conceito de produtos.

A avaliação de designs concorrentes num *survey* geralmente é estruturada de uma das maneiras seguintes:

- **Teste de comparação de pares.** É um esquema direto de pesquisa no qual duas potenciais rotas de design são testadas lado a lado ao longo de toda a amostra. Vence a que obtém mais feedback favorável.
- **Testagem monádica.** Cada respondente dá sua opinião a respeito de apenas uma opção de design aleatoriamente escolhida durante o *survey*. Desde que haja uma amostra suficientemente grande e comparável para cada design testado, é possível medir diferenças de opinião estatisticamente significativas.

A testagem monádica é considerada o meio mais justo de testar visuais de marca: ela replica o mundo real, no sentido de que apenas uma marca é vista por vez. Ela também elimina qualquer viés criado quando o tratamento visual é comparado com alguma outra alternativa que esteja sendo testada (como o logo já existente, que pode sempre vencer pelo efeito de ser o vigente). No aspecto negativo, a testagem monádica requer amostras maiores, e, portanto, é comparativamente mais cara.

➤ **Testagem protomonádica.** Combina um teste monádico (um por vez) com uma comparação de par feita num momento posterior da entrevista. Misturar elementos de ambas as elaborações de pesquisa é como criar uma rede de segurança caso uma das abordagens não sugira claramente uma opção vencedora.

➤ **Testagem monádica sequencial.** É aplicar uma série de testes monádicos consecutivos a cada respondente (cada design é testado individualmente, um por vez). Este método é usado para manter os custos baixos, já que vários designs são avaliados por respondente. Registra-se o design que cada respondente testa primeiro, para que os dados ainda possam ser analisados como num teste monádico puro.

Os critérios que podem ser medidos como parte de um exercício de teste de logo/identidade visual são:

➤ aspecto geral, como **favorável**/agradável;
➤ grau em que a identidade visual **se alinha aos valores de marca desejados**;
➤ se o logo é **associado** à marca/categoria;
➤ como o logo é **percebido no contexto** (isto é, na embalagem do produto, no ponto de venda, num site de empresa).

MONITORANDO A SAÚDE DA MARCA

Para que uma marca preencha adequadamente seu propósito de impulsionar as vendas e a lucratividade de uma empresa, seu desempenho deve ser monitorado ao longo do tempo. A praxe é que essa medida seja feita com referência ao *framework* do *funil da marca*. (Figura 18.3)

O bom desempenho de uma marca no início do funil é considerado um pré-requisito para conseguir vendas e clientes leais. Por exemplo, é muito improvável que alguém se torne um usuário de uma marca (e com certeza não um usuário *consciente*) se já não tiver consciência dela, familiaridade ou desejo de considerá-la.

O modelo é chamado de funil porque supõe-se que os potenciais compradores dentro de um mercado irão desistindo em vários estágios. Portanto, embora possamos esperar que a consciência de algumas marcas seja muito alta, quando aplicamos os filtros de familiaridade e consideração, os que usam a marca serão apenas uma fração dos que a conhecem.

Cada um dos estágios do funil pode ser medido como parte de um programa de rastreamento da marca. Este é um *survey* encomendado regularmente para que uma marca entenda se o desempenho dela está atendendo às expectativas em comparação com outras no mercado. As medições a seguir são os componentes padrão de um estudo de rastreamento quantitativo de marca:

➤ **Consciência.** Os respondentes são primeiro questionados a respeito da *consciência espontânea*. Esta envolve nomear, ter consciência *top of mind*, enumerar todas as marcas que se associam a uma categoria particular de produtos ou serviços. Em *surveys* de autopreenchimento (como os *surveys* on-line), estas respostas são introduzidas na forma de texto livre e em seguida codificadas para análise. A *consciência espontânea* é encarada como uma indicação muito boa do sucesso de uma marca, porque está relacionada ao grau em que uma marca se tornou sinônimo de sua categoria. Com relação a isto, alguns *surveys* medem também a marca que é mencionada primeiro em base espontânea.

Em seguida, a consciência é medida de maneira *estimulada* – seja com o entrevistador lendo os nomes das marcas, ou mostrando-as ao respondente num *survey* de autopreenchimento. Quaisquer menções espontâneas já registradas são geralmente excluídas da lista. As consciências estimulada e espontânea são então somadas, para produzir uma métrica conhecida como *consciência total*. (Figura 18.4.)

> **Familiaridade (pergunta feita àqueles que têm conhecimento).** Este estágio busca medir a "qualidade" da consciência que a pessoa tem da marca (desde ter ouvido falar do nome, até ser "muito familiar"). A familiaridade é o que distingue uma marca de ser apenas um rótulo para ser um localizador mais significativo para auxiliar nas decisões de compra.

> **Consideração (pergunta feita àqueles que têm consciência).** A marca está entre aquelas que o mercado consideraria seriamente comprar? Para muitas das compras, apenas três ou quatro marcas entram no *conjunto considerado* pelo tomador de decisão. Ou seja, estar entre estas três ou quatro tem importância vital.

Alguns *surveys* podem também buscar compreender quaisquer marcas que *nunca* seriam consideradas – em razão de experiências anteriores negativas ou por sua escassa reputação ou por um posicionamento inapropriado.

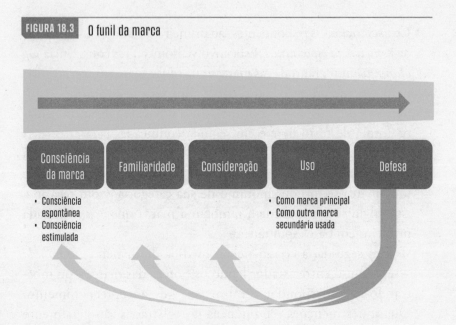

FIGURA 18.3 O funil da marca

> **Uso.** Embora uma marca possa medir apenas suas cifras de vendas, o uso é uma métrica de longo prazo muito importante de ser

rastreada de forma independente. Compreender a dinâmica das marcas concorrentes que estão sendo usadas e a fatia relativa de mercado que detêm são dois resultados que apenas os dados internos não são capazes de responder. Às vezes, o uso secundário é questionado, especialmente em mercados B2B, nos quais é comum o uso de vários fornecedores.

Costuma-se estabelecer uma faixa de tempo para assegurar que o entrevistado responda apenas com relação a compras feitas recentemente (por exemplo, nos últimos 3, 6 ou 12 meses).

➤ **Defesa (pergunta feita apenas aos que usam).** É útil compreender o quanto uma marca está cumprindo suas promessas. Isso pode ser feito tanto recorrendo a uma pergunta de satisfação, como perguntando ao comprador qual a probabilidade de ele recomendar a marca a outros (numa escala de 0 a 10). Aqueles que dão uma pontuação de 9 ou 10 são então vistos como "defensores" da marca.

Embora o funil da marca pareça linear, a defesa é um ciclo de feedback muito poderoso, que pode ajudar a reforçar positivamente os primeiros estágios do funil (como mostrado pelas setas na Figura 18.3). Aqueles que falam bem de uma marca aumentam seus níveis de consciência, a tornam mais familiar aos outros ou incentivam pessoas a considerá-la no futuro.

Depois de coletadas todas as medições do *survey* de rastreamento da marca, elas são apresentadas na forma de um funil, com todas as grandes marcas do mercado mostradas numa única visão (Figura 18.5):

Os valores porcentuais para cada fase estão na base do mercado inteiro. Isto permite uma análise sistemática da taxa de perda entre diferentes estágios do funil (como mostrado nas figuras ovaladas). Transições marcadas por uma seta ascendente ou descendente indicam o desempenho da marca em relação a seus pares. Por exemplo, se sabemos que uma marca é considerada, mas não é usada, é provável que isto se deva a problemas de disponibilidade, preço ou pelo fato de a oferta não estar sintonizada com as necessidades. Perguntas diagnósticas para avaliar as razões de desistir da marca entre estágios do funil costumam figurar em questionários de rastreamento de marcas.

FIGURA 18.4 Avaliando o conhecimento total da marca

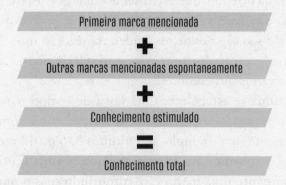

FIGURA 18.5 Exemplo: Quatro marcas comparadas num funil da marca

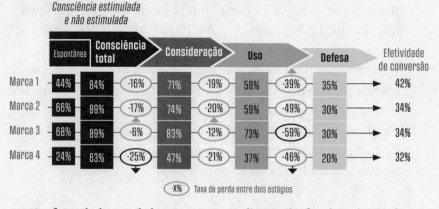

A efetividade geral de conversão ao longo do funil pode também ser medida. Trata-se da porcentagem daqueles que têm conhecimento de uma marca e que depois se tornam defensores dela ou usuários. De muitas maneiras, é uma medida do sucesso dos esforços de construção de marca de uma organização.

OUTROS TÓPICOS EM ESTUDOS DE MONITORAMENTO DA MARCA

Além de medir itens do funil, os *surveys* de rastreamento de marca também são usados para monitorar vários outros aspectos do desempenho de uma marca. Entre os tópicos adicionais que tendem a ser incluídos em rastreamentos de marca estão:

- **Conhecimento de propaganda.** Que marcas foram vistas em promoções? Que forma de propaganda foi lembrada? Quais eram as mensagens? Essas comunicações alteraram a visão que o respondente tem da marca? Desde que o respondente não saiba quem é o patrocinador do estudo, monitorar mudanças nessas medidas é um bom indicador da efetividade e do alcance da propaganda.
- **Canal de compras.** Onde eles compraram a marca? Quando isto é combinado com informações sobre as marcas usadas, dá importantes indicações sobre a estratégia de canais dos concorrentes.
- **Comportamento durante a decisão de compra.** Para aqueles que fizeram uma compra recentemente, pode-se pedir que os respondentes relatem algumas das ações que fizeram até a aquisição. O comprador buscou informações on-line? Procurou os produtos numa loja varejista? Levou em conta a opinião de outras pessoas? Essas informações têm imenso valor para ajudar profissionais de marketing a compreender onde a marca deveria ser proeminente a fim de influenciar positivamente o desfecho da compra a seu favor.
- **Padrões de troca.** O comprador tem intenção de permanecer fiel à marca? Quais são as mudanças previstas no comportamento de compras? Monitorar isto regularmente pode dar um alerta precoce de que o comprador está prestes a desertar para outros concorrentes.
- **Perfil do público.** Monitorar a marca costuma estar fortemente ligado à segmentação de uma organização. De acordo com isto, muitos *surveys* de rastreamento fazem muitas perguntas de perfil (sobre demografia/firmografia, atitudes e comportamentos), a fim de conseguir uma compreensão atualizada de seus principais públicos-alvo.

ELABORAÇÃO DA PESQUISA EM ESTUDOS DE MONITORAMENTO DA MARCA

Ao elaborar um programa de rastreamento de marca, o pesquisador deve ter em mente várias considerações metodológicas importantes. A primeira é: com que **frequência** o *survey* deve ser realizado. Isto tende a variar de cada mês a cada dois anos. Esta programação de pesquisa de rastreamento de marca deve levar em conta a época em que se prevê que as atividades promocionais diminuirão. Por exemplo, fabricantes de bens de consumo que fazem campanhas de publicidade regularmente se beneficiarão de um rastreamento mais frequente. Ao contrário, uma empresa que embarque num grande exercício de reposicionamento de marca só pode ser capaz de executar isto plenamente ao longo de um período de vários anos. Neste caso, pode ser mais adequado realizar um rastreamento anual.

A próxima questão crucial é a da **consistência** metodológica. As perguntas feitas de uma onda (ou iteração) de pesquisa de marca à seguinte costumam ser as mesmas ou bem similares. Com muita frequência, a validade dos exercícios de rastreamento é comprometida quando o cliente ou pesquisador altera as perguntas, o que impossibilita a comparação com dados previamente coletados. Isso se aplica não apenas ao enunciado das perguntas, mas também às alternativas de respostas que são mostradas aos respondentes (incluindo o número de opções de resposta apresentadas).

Em muitos casos, o *survey* de rastreamento de marca deve ser "cego". Em outras palavras, o patrocinador do estudo não deve ser revelado aos respondentes. No mínimo, precisa ficar oculto até o final do *survey*, para minimizar qualquer viés – particularmente em termos de perguntas sobre conhecimento de marcas. Ligado a isto, é prudente tornar aleatória a ordem das listas de respostas de marcas para que a empresa por trás da pesquisa não receba um destaque indevido (por exemplo, sendo a primeira marca da lista). Em certos mercados, porém, às vezes é difícil recrutar uma amostra adequada sem antes revelar o patrocinador.

Em projetos de monitoramento de marca, o tamanho da amostra deve ser suficiente para detectar estatisticamente quaisquer mudanças de uma onda para outra. Se a margem de erro de uma amostra de rastreamento é maior que a mudança esperada nas medições que serão feitas, então é preciso fazer mais entrevistas.

O ideal é que a amostra seja desenhada de modo a excluir participantes anteriores do *survey* de futuras ondas do *survey* de rastreamento. Isto evita que eles saibam quem é o patrocinador da pesquisa, e assegura que suas respostas não terão viés pelo fato de terem completado várias vezes o *survey*. Há mercados, porém, em que o grupo de respondentes relevante é pequeno demais para que se possa fazer exclusões da amostra em todas as futuras iterações. Nesses casos, é mais comum que a exclusão vigore por um dado período de tempo ou por determinado número de ondas de pesquisa.

Uma maneira de lidar com o desafio de manter tamanhos de amostra adequados é agrupar algumas ondas para fins de relatório. Por exemplo, várias iterações do *survey* podem ser reportadas em esquema anual, semestral ou trimestral. Para atenuar quaisquer mudanças nas medições da saúde da marca, é possível usar "médias rolantes" de ondas sequencialmente sobrepostas, como no exemplo a seguir:

→ Onda 1 e 2
→ Onda 2 e 3
→ Onda 3 e 4

A pesquisa com *surveys* de rastreamento de marca pode ser complementada proveitosamente com *insights* de pesquisa provenientes de outras fontes. O monitoramento de menções a marcas nas mídias sociais é hoje amplamente praticado por organizações B2C, fornecendo *insight* em tempo real das percepções de marcas qualquer que seja o contexto on-line em que sejam experimentadas. Usando análise textual e semântica, um software especializado pode caracterizar automaticamente o sentimento geral de comentários em sites das mídias sociais como positivos ou negativos, em termos bem amplos. O sentimento líquido em relação a uma marca (assim como o número de menções a ela) pode ser analisado ao longo do tempo por meio de painéis on-line ou outras ferramentas de relatórios.

POSICIONAMENTO DA MARCA

Já observamos antes neste capítulo que as marcas mais bem-sucedidas são aquelas que de fato defendem algo. Embora muitas marcas tenham progredido e se tornado mais que um mero rótulo ou localizador para decisões de compra, só as de um grupo seleto conseguiram assumir uma personalidade – isto é, um conjunto de valores ou princípios associado à marca de maneira exclusiva e positiva.

O posicionamento corrente de marca de uma organização pode ser expresso claramente dentro da estrutura chamada de *escada de marca* (Figura 18.6). Podemos saber a partir de pesquisa de monitoramento de marca se ela é conhecida ou tem probabilidade de ser considerada.

Mas será que ela alcança mesmo um padrão aceitável quando chega aos três primeiros degraus da escada?

Antes de embarcar em qualquer pesquisa de posicionamento de marca, é vital conhecer os valores que os compradores consideram mais relevantes. Métodos associativos e projetivos são geralmente usados para avaliar isto. Algumas técnicas são tomadas de empréstimo do mundo da psicanálise, como a associação livre de palavras ou ideias que vêm à mente quando se pensa numa marca. Os respondentes podem também ser solicitados a abstrair a imagem de uma marca e trazê-la a outros domínios: Que tipo de roupa esta marca usaria? Que tipo de música ela ouviria? Que animal ela seria?

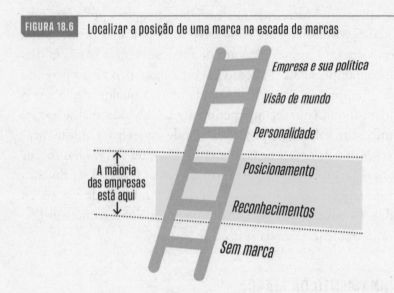

FIGURA 18.6 Localizar a posição de uma marca na escada de marcas

Metáforas são expressões muito poderosas, em nosso contexto, a respeito de como os compradores se sentem subconscientemente a respeito de uma marca ou categoria. Num método comumente usado, chamado de Técnica Zaltman de Gerar Metáforas [Zaltman Metaphor Elicitation Technique, "método ZMET"], os respondentes de uma pesquisa são convidados a expressar seus pensamentos sobre uma marca na forma de imagens. O participante do estudo seleciona estas imagens de uma gama de estímulos materiais, como revistas e jornais. As imagens escolhidas e as racionalizações do sujeito da pesquisa são então analisadas tematicamente para chegar aos valores subjacentes que estão sendo expressos.

Depois de concluída esta auditoria de posicionamentos relevantes de marca, testa-se esse alinhamento das marcas a cada um deles por meio de pesquisa quantitativa. A lista de valores de marca que é avaliada geralmente consiste tanto em atributos racionais quanto em atributos baseados em fatores mais emocionais. A Figura 18.7 mostra alguns exemplos de posicionamentos virtuosos que podem ser testados como parte da pesquisa de marca.

Estes atributos de marca são então avaliados adicionalmente para medir sua importância para o mercado. Dentro do questionário quantitativo, o respondente é solicitado a classificar os três ou cinco melhores posicionamentos de marca que são mais importantes para ele na hora de tomar decisões de compra.

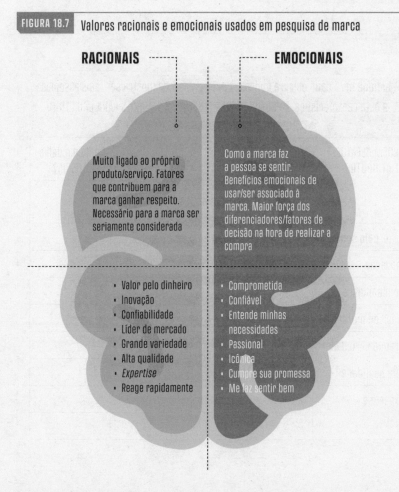

FIGURA 18.7 Valores racionais e emocionais usados em pesquisa de marca

RACIONAIS

Muito ligado ao próprio produto/serviço. Fatores que contribuem para a marca ganhar respeito. Necessário para a marca ser seriamente considerada

- Valor pelo dinheiro
- Inovação
- Confiabilidade
- Líder de mercado
- Grande variedade
- Alta qualidade
- *Expertise*
- Reage rapidamente

EMOCIONAIS

Como a marca faz a pessoa se sentir. Benefícios emocionais de usar/ser associado à marca. Maior força dos diferenciadores/fatores de decisão na hora de realizar a compra

- Comprometida
- Confiável
- Entende minhas necessidades
- Passional
- Icônica
- Cumpre sua promessa
- Me faz sentir bem

A partir disso, solicita-se que os participantes digam, das marcas que conhecem, quais eles associam a cada um dos posicionamentos. A seguir, um exemplo de uma pergunta usada para este propósito:

Existem variações desta pergunta. Às vezes, pede-se que os respondentes nomeiem apenas uma marca, vista como a mais associada a cada posicionamento, o que resulta numa clara distinção entre as marcas. De forma alternativa, é possível usar uma escala numérica de 1 a 10 para medir o grau em que cada marca testada se encaixa numa imagem particular. É importante incluir sempre a alternativa "nenhuma", pois pode haver poucas ou nenhuma marca no mercado que no momento esteja associada a um posicionamento. Conhecer estes atributos de marca incontestáveis é em si um *insight* importante e pode detectar posicionamentos "oceano azul", pelos quais os estrategistas anseiam.

QUADRO 18.1

? P. Indique para cada palavra ou frase qual das marcas mostra ser mais associada a esta característica. É POSSÍVEL FAZER MÚLTIPLAS SELEÇÕES PARA CADA LINHA.

ORDEM ALEATÓRIA DE ATRIBUTOS	MOSTRE APENAS MARCAS QUE O RESPONDENTE CONHEÇA					Nenhuma delas [EXCLUSIVA]
	Marca W	Marca X	Marca Y	Marca Z	...	
Valor pelo dinheiro						
Inovação						
Confiabilidade						
Líder de mercado						
Grande variedade						
Alta qualidade						
Expertise						
...						

Ao considerar a importância dos diferentes atributos de marca e alinhá-los ao grau de associação a uma marca específica, é possível derivar uma avaliação, no estilo matriz, dos pontos fortes da marca, das suas fragilidades e das áreas a serem melhoradas:

Um exemplo é mostrado na Figura 18.8, na página seguinte. Aqui vemos que a Marca X precisa melhorar a extensão em que é percebida como ágil, inovadora e entregando valor pelo dinheiro. Essas são propriedades muito procuradas que esta marca é menos apta a entregar ou comunicar.

É claro que nesta matriz está ausente uma terceira dimensão – a concorrência da Marca X. Nenhuma marca existe no vácuo e precisa incluir o posicionamento atual de seus pares. O objetivo último de uma marca é encontrar valores que ela possa chamar de seus. Para isto, um resultado analítico muito útil dos dados associados à marca, é o mapa da marca. Ele exige uma análise de correspondência, uma técnica estatística multivariada que avalia a extensão relativa em que as marcas estão ligadas a seus atributos. Faz isso normalizando o efeito do conhecimento de marca. Se não for desafiada, a marca mais conhecida no mercado acabará sendo a mais intimamente associada a diferentes posicionamentos em termos absolutos. Depois que este efeito é removido, a análise estatística plota as diferenças nos níveis de associação num espaço bidimensional:

Marcas e posicionamentos de marca são plotados com referência a um ponto central (mostrado como um sinal de adição na Figura 18.9, também conhecido como "origem"). Marcas e posicionamentos de marcas que estão afastadas da origem podem ser encaradas como as mais diferenciadas. No exemplo, podemos ver que a Marca X está altamente associada a "Excelência do serviço" e que isto difere claramente dos outros *players* do mercado. Os ovais sombreados em torno de cada marca denotam as associações mais próximas. Elas são determinadas ao esboçar uma linha imaginária entre as plotagens da marca e a origem: quaisquer posicionamentos próximos dessas linhas são assumidos como associados.

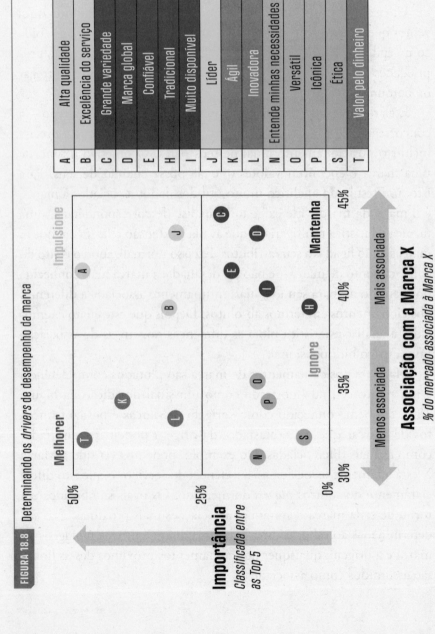

FIGURA 18.8 Determinando os *drivers* de desempenho da marca

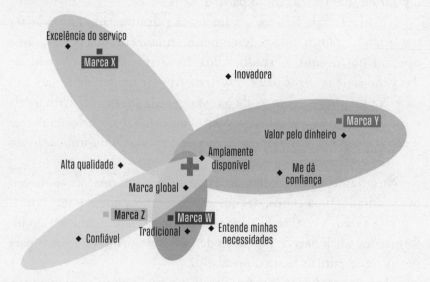

FIGURA 18.9 Avaliando posicionamentos de marca num mapa de marca

No exemplo dado, alguns posicionamentos de marca são vivamente contestados, como "Marca global" e "Amplamente disponível". Outros, como "Inovadora" e "Alta qualidade" ainda não foram reivindicados pela Marca X ou seus concorrentes. Como estratégia potencial, a Marca X pode, portanto, desejar reivindicar o rótulo de ser vista como "Inovadora" antes que a Marca Y faça isso primeiro.

VALOR DE MARCA E *BRAND EQUITY* (EQUIDADE OU VALOR DE MARCA)

Se uma marca tem sucesso em se tornar bem conhecida, procurada e tiver prestígio, seu valor inevitavelmente se refletirá nas contas da empresa-mãe. Mesmo em mercados de consumo altamente comoditizados, organizações como a Apple e a Richemont (a *holding* por trás de nomes de artigos de luxo como Cartier e Jaeger) podem esperar ter lucros líquidos de 20% ou mais com o apoio da força de suas marcas. Rivais com marcas de menor valor não serão capazes de conseguir nada que gere este mesmo ágio. Atualmente é prática muito disseminada usar pesquisa de marketing e análises financeiras. Isto se tornou ainda mais pertinente agora que muitas empresas cotadas na Bolsa destacam o valor de suas marcas como parte de seus ativos.

No nível mais básico, a valorização de uma marca pode ser pesquisada examinando o desempenho financeiro de empresas que operam no mesmo mercado. Uma comparação da lucratividade das vendas de *smartphones* e *tablets* da Apple (no patamar mais alto da faixa de preços) com as da Samsung e da fabricante chinesa da faixa econômica Xiaomi irá revelar o ágio relativo que cada marca é capaz de gerar. Por extensão, isto deveria dar uma indicação do valor de cada marca.

No entanto, este tipo de análise depende de informações confiáveis dos resultados financeiros, das quais nem sempre podemos ter certeza. Por esta razão, a análise financeira costuma ser acompanhada de informações adicionais de pesquisas de monitoramento de marcas para preencher eventuais lacunas nos dados.

Além das medições de marca descritas neste capítulo, pesquisadores de mercado desenvolveram várias ferramentas para auxiliar na medição do patrimônio de marca. Uma destas técnicas é chamada de *Brand-Price Trade Off* (ou BPTO).

A BPTO faz o que diz: mede o inter-relacionamento do preço que os compradores se dispõem a pagar por diferentes marcas quando as diferentes opções estão alinhadas. A BPTO é uma forma simplificada de análise conjunta que apresenta aos respondentes de um *survey* uma série de cenários de compra hipotéticos (como na Figura 18.10, abaixo).

As marcas e preços são mostrados num rodízio aleatório (dentro de uma gama pré-definida) para testar a probabilidade de aquisição pelos compradores. Várias iterações da pergunta, com diferentes conjuntos de marcas e preços, são apresentadas por um programa especializado de *surveys*. A marca mais valiosa é aquela selecionada mesmo quando apresentada com um preço mais alto que o das concorrentes. Outra maneira de expressar isto é dizer que a marca (mais que o preço) tem forte influência, ou utilidade, na decisão de compra. Os "valores de utilidade" derivados deste exercício protagonizam então a avaliação da marca.

FIGURA 18.10 Leiaute de perguntas para uma *trade-off* entre marca e preço

A BPTO é eficaz com bens ao consumidor embalados e em mercados de *commodities* nos quais os produtos são ostensivamente iguais. Em outras circunstâncias, pode-se pensar em usar todo um exercício conjunto que inclua outros atributos além da marca e do preço.

DICAS IMPORTANTES

- Defina o estágio do ciclo de vida e as circunstâncias da marca que será pesquisada. É uma marca nova sendo desenvolvida? É uma marca madura que talvez precise ser renovada? A marca opera num mercado altamente competitivo no qual seu desempenho precisa ser continuamente monitorado? A elaboração da pesquisa necessária em cada uma dessas situações será bem diferente.
- Use a pesquisa qualitativa para responder a questões fundamentais como: Quais são as marcas mais significativas? As marcas próprias (produtos com a marca do supermercado, por exemplo) desempenham um papel? Que atributos estão associados a cada uma das principais marcas? De que maneira os principais *players* do

mercado se posicionam? Que valores de marca são importantes para os compradores deste mercado?
- Defina os objetivos da marca antes da pesquisa: O objetivo é reposicionar a marca? Neste caso, em que direção? O objetivo é criar ou consolidar marcas? O tema do estudo é uma marca de produto ou uma marca corporativa?
- Ao testar novas identidades visuais para uma marca, certifique-se de que o seu design de pesquisa permite uma comparação justa. Avalie testar logos e outros elementos primeiro isoladamente em relação a outras opções (isto é, usando um design monádico).
- Ao planejar um exercício de rastreamento de marca, defina de antemão qual será a metodologia e tente mantê-la nas subsequentes iterações do estudo. Fica difícil monitorar com precisão os dados ao longo do tempo se o questionário, a estrutura de amostra e as cotas estiverem sempre mudando.
- Certifique-se de que os tamanhos de amostras sejam suficientes para detectar mudanças significativas nas medições da saúde da marca.
- Ao monitorar marcas, use a estrutura de funil de marcas para ter uma visão panorâmica do mercado e depois use perguntas adicionais ou estudos em profundidade para entender melhor questões específicas como o posicionamento da marca.
- Ao avaliar o posicionamento da marca, tente medir tanto os fatores racionais quanto os emocionais, pois cada um tem papel sutilmente diferente em moldar as decisões de compra.

RESUMO

Marcas são atalhos poderosos que ajudam os compradores a tomarem suas decisões de compra num mundo sobrecarregado de escolhas. Marcas fortes permitem às empresas cobrarem um ágio pelas ofertas da marca, de uma maneira que não é explicada apenas por fatores racionais. Por isso, o valor da marca é cada vez mais reconhecido nos balanços das maiores corporações do globo. Uma das maiores responsabilidades dos profissionais de marketing é manter e fazer crescer o valor e a efetividade desses ativos tão importantes.

A pesquisa de marketing é uma ferramenta essencial para qualquer negócio que tenha um portfólio de marcas significativo. A pesquisa contribui em todos os pontos de ciclo de vida da marca para assegurar que os ajustes corretos sejam feitos durante a jornada.

Quando uma marca é criada ou renovada, os pesquisadores trabalham juntos com estrategistas de marca para assegurar que as visões dos *stakeholders* internos estejam alinhados às necessidades e expectativas do mercado. Esta base de evidência irá cobrir questões como identidade visual, *slogans*, arquitetura de marca, assim como a "promessa" da marca. Uma pesquisa de marketing bem executada pode também identificar novas possibilidades de posicionamento – especialmente aquelas que os concorrentes ainda não identificaram.

Se uma marca experimenta turbulência durante sua vida, os destinos da empresa que a abriga sem dúvida também serão abalados. Portanto, cabe às empresas checarem sistematicamente a saúde de suas marcas a intervalos regulares. O monitoramento da marca tem sido um elemento básico do setor de pesquisa de marketing desde a década de 1970, e ainda é a principal ferramenta de profissionais de marketing para avaliar os sinais vitais de conhecimento, familiaridade, consideração, uso e defesa.

Estudos de monitoramento de marca costumam ser empreendimentos complexos. O pesquisador precisa ser rigoroso na aplicação de um bom design do estudo e ser capaz de reagir prontamente, e de maneira criativa, às circunstâncias mutáveis do mercado em que a marca opera.

CAPÍTULO 19

USANDO A PESQUISA DE MARKETING PARA MELHORAR A SATISFAÇÃO E A LEALDADE DO CLIENTE

DEFININDO SATISFAÇÃO E LEALDADE DO CLIENTE

Satisfação do cliente é uma indicação do quanto um indivíduo ou empresa se sentem satisfeitos com determinada marca, oferta ou aspecto de uma oferta. Em geral, a satisfação é expressa em relação às expectativas alimentadas pela marca ou oferta. Por exemplo, uma marca que falha em entregar o que prometeu provavelmente receberá uma pontuação baixa de satisfação.

Lealdade do cliente é diferente de satisfação. A lealdade é uma indicação da intenção de permanecer com uma marca ou fornecedor em particular. Isto não deve ser confundido com inércia, algo comum em mercados onde existe uma dificuldade percebida de mudar ou nos quais se prevê que há inconveniências em mudar de marca ou fornecedor. Software e bancos são exemplos de mercados nos quais a inércia é comum. Neles, as pessoas costumam aderir a um fornecedor não necessariamente por uma alta satisfação ou lealdade a ele, mas pelo esforço que preveem despender para efetuar uma mudança. A inércia pode também ser um *driver* mais forte que a lealdade em mercados onde os fornecedores são vistos como indiferenciados e nos quais, portanto, não se percebe nenhum benefício em mudar – é o que ocorre no mercado de energia.

A IMPORTÂNCIA DA SATISFAÇÃO E DA LEALDADE DO CLIENTE

São bem poucas as marcas que têm um monopólio efetivo do mercado. Isso significa que os fornecedores precisam trabalhar duro para manter seus clientes satisfeitos, caso contrário, eles podem mudar para outra marca da qual esperam obter maior satisfação.

Vale examinar as estatísticas a seguir, publicadas pela empresa de consultoria Bain & Company:

➤ Uma redução de 5% na taxa de defecção de clientes certamente irá gerar um aumento nos lucros que em certas circunstâncias pode chegar a duplicá-los.
➤ Um cliente pode ter probabilidade quatro vezes maior de mudar para um concorrente se o problema for relacionado a serviço, em vez de a preço ou produto.
➤ Adquirir um novo cliente pode custar seis ou sete vezes mais do que manter um cliente existente.

Fica, portanto, claro que aumentar a satisfação e a lealdade do cliente é benéfico financeiramente, gerando menor rotatividade de clientes e maior lucratividade. Além disso, maiores níveis de satisfação e lealdade aumentam o prestígio da marca e se traduzem numa força de trabalho mais feliz, criando oportunidade para aumentar preços e obter lucratividade ainda maior.

AVALIANDO A SATISFAÇÃO E A LEALDADE DO CLIENTE POR MEIO DA PESQUISA DE MARKETING

A pesquisa de marketing é uma ferramenta útil para medir a satisfação e a lealdade do cliente. Ao elaborar um programa de satisfação e lealdade do cliente, é preciso levar em consideração os seguintes fatores:

➤ público-alvo;
➤ metodologia;
➤ assunto;
➤ interpretação;
➤ ações pós-pesquisa.

Público-alvo

Para certo número de produtos e serviços – especialmente em mercados *business-to-business* –, há mais de um indivíduo a pesquisar, já que pessoas diferentes se envolvem com a marca. Algumas envolvem-se na hora de especificar a compra, outras enquanto a compra é feita, e outras ainda quando os produtos ou serviços são usados. Pisos comerciais, por exemplo, são vendidos por distribuidores, especificados por arquitetos, são instalados por empreiteiros e usados por proprietários e inquilinos de edifícios. Os níveis de satisfação e lealdade podem diferir entre públicos variados, e entre as diversas funções dentro da mesma organização. No caso de pisos comerciais, responsáveis pela instalação, zeladores e inquilinos podem todos avaliar sua satisfação com o piso de formas diferentes, mas todas essas visões podem ser válidas e úteis. Determinar quem deve ser pesquisado é, portanto, importante ao conceber um programa de satisfação e lealdade do cliente.

O público-alvo para a pesquisa poderia também se basear no relacionamento das pessoas com a marca sendo medida. Não é incomum incluir tipos diferentes de "clientes" num estudo. Por exemplo:

- clientes ativos;
- clientes perdidos (aqueles que passaram para outra marca);
- clientes inativos (aqueles que deixam de comprar durante um tempo, mas que não foram perdidos necessariamente para outro concorrente);
- clientes em potencial (nos quais sua satisfação e lealdade serão medidas em relação às marcas concorrentes).

Metodologia

Este é um livro sobre pesquisa de marketing e o presente capítulo tem foco nos *surveys* estruturados, em como eles podem entregar um programa de satisfação e lealdade do cliente. Mas não devemos ser preciosistas a ponto de usar apenas a pesquisa de marketing para testar satisfação e lealdade. Entre outras medições óbvias podemos ter:

- **Volume de vendas.** Note, porém, que volumes podem aumentar e diminuir por outras razões que não a satisfação do cliente. Por exemplo, uma redução de preços pode gerar aumento nas vendas;

e quando os concorrentes lançam novos produtos ou reduzem seus preços isso pode fazer as vendas caírem.

- **Reclamações dos clientes.** Estas fornecem importantes *insights*, embora possam refletir apenas as visões de uma minoria mais barulhenta.
- **Feedback eventual** por meio de parceiros de canal e força de vendas. Como ocorre com as reclamações de clientes, este feedback deve ser levado em conta, mas nem sempre é representativo. E pode também ter um viés, por exemplo, se a equipe de vendas propositalmente distorce ou exagera o feedback do cliente.
- **Resenhas** (on-line ou por meio de cartões de garantia). Avaliar o número de estrelas e ler comentários nas resenhas da Amazon, por exemplo, dá uma boa indicação da satisfação em relação a um produto. No entanto, não representam a base total de usuários, pois refletem o feedback de apenas uma parte da população, aqueles que escrevem resenhas.
- **Redes sociais e blogs.** Várias ferramentas de software permitem avaliar o conteúdo das redes sociais e de outros sites. Pode-se capturar feedback das percepções e sentimentos em relação a uma empresa específica (incluindo sua marca e produtos), que indica a satisfação e lealdade do cliente. Embora o monitoramento das redes sociais seja um processo importante para compreender as visões a respeito de um mercado (especialmente para marcas de mercados consumidores de massa), é mais útil para avaliar percepções de marca ou produto do que medir os níveis de satisfação e lealdade do cliente e as explicações por trás delas.

Apesar de úteis, as fontes citadas podem não fornecer uma visão geral da satisfação e lealdade. Uma amostra mais representativa da base de clientes pode ser obtida por meio de um programa estruturado de satisfação e lealdade do cliente. Isto geralmente envolve uma pesquisa quantitativa, na qual uma amostra de tamanho robusto fornece medições estatisticamente significativas e na qual a análise cruzada por demografia é capaz de destacar grupos de clientes que exijam atenção especial. A seguir, apresentamos aplicações típicas, junto com os prós e contras dos principais métodos de pesquisa.

SURVEYS ON-LINE

Uso típico:

➤ para obter medições quantitativas quando há suficientes endereços de e-mail disponíveis;
➤ úteis para capturar o *benchmark* e monitorar dados de uma onda a outra.

Prós:

➤ baixo custo;
➤ fáceis de administrar;
➤ mais práticas, pois os respondentes podem preenchê-las quando for mais conveniente;
➤ taxa de preenchimento mais rápido do que outros métodos;
➤ permitem mostrar fotos e diagramas quando necessário.

Contras:

➤ taxas de resposta mais baixas;
➤ fadiga do respondente é mais provável de ocorrer, o que pode levá-los a responder com pressa de terminar ou gerar *flatlining* (chute) etc.;
➤ o comentário aberto tem qualidade inferior ao das entrevistas administradas (por exemplo, por telefone);
➤ certos públicos não podem ser alcançados on-line em número suficiente.

SURVEYS POR TELEFONE

Uso típico:

➤ para obter medições quantitativas com alguns *insights* qualitativos e/ou quando não há suficientes endereços de e-mail para optar por um método on-line;
➤ úteis para capturar *benchmark* e monitorar dados de uma onda a outra.

Prós:

➤ maior profundidade de *insight* possível por meio de sondagens do entrevistador;
➤ respostas mais claras do respondente em comparação com questionários de autopreenchimento, como resultado da administração feita pelo entrevistador;
➤ alto controle sobre a amostra.

Contras:

- dificuldade de alcançar certos públicos por telefone (especialmente em mercados já muito pesquisados, como o americano);
- entrevista mais longa que a on-line;
- pode haver viés do entrevistador (diferentes estilos de entrevistador, por exemplo, às vezes afetam as respostas).

SURVEYS EM PAPEL

Uso típico:

- para capturar medições quantitativas de públicos difíceis de alcançar quando não se dispõe de suficientes endereços de e-mail e os contatos telefônicos podem não ser disponíveis;
- úteis para chegar a públicos com menor probabilidade de participar de *surveys* on-line, como a população idosa, etnias específicas, trabalhadores em chão de fábrica etc.;
- úteis para capturar *benchmark* e monitorar dados de uma onda a outra.

Prós:

- custo relativamente baixo;
- fáceis para o pesquisador de mercado do tipo "faça você mesmo";
- mais práticas para os respondentes, que podem preenchê-los na hora em que for mais conveniente;
- permitem mostrar fotos e diagramas quando necessário.

Contras:

- tipicamente têm taxas de resposta menores que o telefone;
- custos adicionais de logística e de impressão dos questionários; de postagem, se forem enviados e devolvidos pelo correio; e de entrada de dados;
- em comparação com *surveys* on-line e por telefone, são geralmente mais curtas em extensão para evitar fadiga do respondente, o que significa que capturam menos dados;
- pode haver dificuldade em entender a caligrafia do respondente.

Quando a pesquisa de satisfação e lealdade do cliente compreende *surveys* regulares para propósitos de monitoramento (como medir melhoras ao longo do tempo), a composição da amostra deve ser muito similar entre uma onda e outra, garantindo comparações entre as informações; caso contrário, as diferenças nas amostras podem resultar de haver muitas pontuações mais baixas ou mais altas, em vez de indicarem mudanças genuínas no desempenho.

Surveys repetidos não devem ser feitas com excessiva frequência, pois isso pode desestimular os respondentes a responder, por nem bem terem acabado de participar da pesquisa anterior. Além disso, leva tempo para que as melhoras apareçam e para que as mudanças positivas sejam identificadas pelos clientes. A maioria das empresas espera pelo menos 6 a 12 meses entre as ondas. Alguns *surveys* são baseados não numa escala de tempo definida, mas em eventos dos clientes. Estes *surveys* de "pulso" mantêm uma verificação regular da saúde da marca. *Surveys* deste tipo são desencadeados por um evento específico, como uma solicitação de uma pessoa de vendas, uma entrega, um voo, umas férias, uma visita a um hotel. São *surveys* relativamente curtos e focados apenas na satisfação com um evento recente. Se sua utilização for exagerada, os respondentes irão ignorá-los e os níveis de resposta ficarão muito baixos.

Às vezes pode ser exigida uma pesquisa qualitativa antes ou depois da pesquisa quantitativa. Pode ser uma entrevista em profundidade por telefone ou um grupo de foco para explorar os atributos que forem necessários incorporar ao questionário quantitativo, ou para obter maior profundidade de *insight* após as descobertas quantitativas.

Assunto

A satisfação é medida em termos gerais em relação à marca ou fornecedor, assim como para atributos específicos, a fim de indicar onde é possível exigir melhoras. Os respondentes podem ser solicitados a dar uma pontuação numa escala de 5, 7 ou 10 pontos, na qual quanto mais elevada a pontuação, maior a satisfação. Escalas de dez pontos oferecem maior discriminação, permitindo que os respondentes escolham a partir de uma gama mais razoável de números. Na realidade, a maioria dos clientes tende a escolher pontuações de 6 ou mais numa escala de 10 pontos (o que faz sentido, pois se os produtos ou serviços fossem tão ruins a ponto de atrair pontuações abaixo de 6 numa escala de 10, não teriam resistido muito tempo no mercado).

Exemplos de atributos comuns testados em *surveys business-to-business* são listados no Quadro 19.1.

Em relação a qualquer atributo detalhado que alcance uma pontuação baixa de satisfação (como 6 ou menos numa escala até 10), é aconselhável fazer uma pergunta aberta para captar feedback sobre as razões de uma pontuação tão baixa.

QUADRO 19.1 Atributos comuns em *surveys* de satisfação do cliente *business-to-business*

Oferta de produto	Serviço e apoio ao cliente
Confiabilidade	Disponibilidade de representantes
Facilidade de uso	Responsividade dos representantes
Durabilidade	Conhecimento dos representantes
Vida útil	Profissionalismo dos representantes
Linha de produtos	Solução de problemas
Qualidade Consistência	Serviço pós-venda Assistência técnica
Cobertura por garantia	
Design/aparência	
Pedido e entrega	**Relacionamento de negócios**
Prazos de entrega	Reputação da marca
Pontualidade da entrega	Facilidade de fazer negócios
Rapidez da entrega	Grau de solicitude
Preço e pagamentos	
Valor pelo dinheiro	
Preço competitivo	
Custo total em uso	
Condições de pagamento	

A pergunta feita com maior frequência aos respondentes de *surveys* de lealdade do cliente é: o quanto é provável que eles recomendem a marca ou fornecedor a um amigo ou colega numa escala de 0 a 10. Isto indica em que medida se pode esperar que os clientes atuem como defensores em favor de uma marca ou fornecedor. Defesa e lealdade estão fortemente correlacionadas. Os dados de classificação são importantes nos *surveys* de satisfação e lealdade do cliente para a análise cruzada das descobertas e para identificar as relações entre demografia, firmografia e fatores comportamentais e o nível geral de satisfação e lealdade. Dados de classificação são extremamente poderosos, pois mostrarão áreas de pontos fortes e pontos fracos de uma marca quanto a satisfação e lealdade. Exemplos de dados de classificação comuns capturados em *surveys* ao consumidor e B2B são mostrados no Quadro 19.2.

Interpretação

As pontuações de satisfação do cliente são reunidas para análise na forma de pontuações médias. Numa escala de 10 pontos, pontuações de 9 e acima são excelentes, 8 e 9 são boas, 7 a 8 são médias e vulneráveis, e pontuações abaixo de 7 são ruins. Pontuações de 7 a 8 são consideradas médias porque é relativamente fácil uma empresa alcançar um 7, mas é difícil ter uma pontuação mais elevada. Acima de 7, uma diferença de apenas 0,2 é considerada digna de nota, e estatisticamente significativa quando o tamanho da base é $n = 300$ ou maior. Uma melhora de, digamos, 7,8 para 8,0 de uma onda para a seguinte deve ser elogiada. A maioria dos *surveys* de satisfação do cliente produz um resultado que fica em algum lugar do corredor entre 7 e 9 (numa escala de 10).

QUADRO 19.2 Dados de classificação comuns de serem capturados em pesquisa de satisfação e lealdade do cliente

Dados do consumidor	Dados da empresa
Gênero	Setor
Idade	Número total de funcionários
Estado civil	Número de funcionários no local
Etnia	Faturamento anual
Renda familiar anual	Função do indivíduo na empresa
Número de pessoas na casa	Gasto total no produto/serviço
Status de emprego	Consumo total no produto/serviço
Profissão	Marca básica utilizada

Dados do consumidor	Dados da empresa
Localização geográfica	Extensão do relacionamento com cada marca
Gasto total no produto/serviço	Localizações geográficas
Consumo total do produto/serviço	Número de sites/locais
Marca básica usada	Idade da empresa

É possível obter mais *insights* por meio da análise das pontuações mais altas, isto é, a porcentagem de respondentes que deram a nota máxima (análise do topo) ou as duas pontuações mais altas (análise das duas posições mais altas). Estas porcentagens de posições altas podem ser mais reveladoras que as pontuações médias, que às vezes contêm o viés produzido por uma proporção de pontuações muito baixas e/ou muito altas, especialmente se o tamanho da base tende mais para o lado pequeno. Além disso, se uma empresa está buscando oferecer excelência aos clientes, ela procura agradá-los, e a análise do topo claramente indica a extensão em que isso está sendo feito.

As pontuações detalhadas de satisfação devem ser interpretadas dentro do contexto daquilo que é importante para os clientes. Em outras palavras, os fatores considerados mais importantes é que devem ser priorizados quando se avalia o desempenho da satisfação. Isto pode ser alcançado plotando todas as pontuações detalhadas de satisfação numa matriz como o gráfico da Figura 19.1, junto com pontuações importantes para cada atributo, também medidas numa escala de 10 pontos. Qualquer atributo que pontue 8 e acima é considerado importante, e uma taxa de satisfação de 7,5 é um limiar mínimo típico ao se avaliar níveis de satisfação. Atributos que caem no quadrante superior esquerdo são importantes, mas têm desempenho relativamente ruim em satisfação, portanto este quadrante reflete áreas cruciais a serem melhoradas. Atributos no quadrante superior direito são aqueles que obtêm alta importância e pontuações de satisfação, e são áreas nas quais um forte desempenho precisa ser mantido.

FIGURA 19.1 Plotando importância detalhada e pontuações de satisfação para identificar áreas onde agir (Cada ponto numerado é um atributo - aspecto do produto - que pontuou em termos de importância e satisfação).

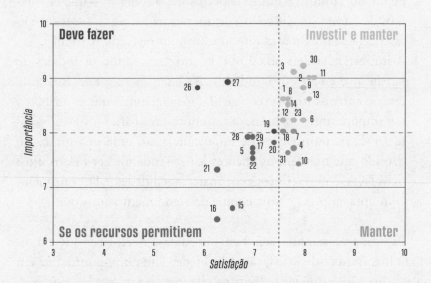

Pode ser entediante para os respondentes ter que classificar a importância de um número muito grande de atributos num *survey*, além de fornecer as pontuações detalhadas sobre satisfação. Pode-se evitar exigir perguntas de pontuação sobre a importância, assumindo então que os níveis de importância serão definidos derivando a importância por meio da técnica estatística da análise de correlação. Em vez de perguntar o quanto os atributos são importantes, é possível inferir a importância de cada um correlacionando a pontuação de satisfação detalhada à satisfação geral, o que indica quais atributos impulsionam a satisfação geral. O resultado deste exercício é uma lista de coeficientes de correlação, isto é, pontuações que indicam a força relativa que um atributo tem de impactar a satisfação geral.

Dicas sobre quando usar importância declarada e importância derivada

➤ A importância declarada é o nível de importância que as pessoas dizem associar a uma marca em particular. A importância declarada é útil para compreender o que atrai os clientes a uma marca. Normalmente as pessoas dirão que os atributos mais importantes que examinam ao escolher uma marca são preço, disponibilidade, qualidade do produto e outros aspectos nessa linha. É o que chamamos de fatores higiênicos ou de apostas na mesa [*tablestakes*]. São essenciais se uma marca quer operar num mercado particular.

➤ A importância derivada é obtida correlacionando os índices de satisfação com atributos individuais e a satisfação geral. Uma forte relação entre os atributos e a satisfação geral indica que os atributos são importantes – pelo menos, importantes para promover satisfação. Essas pontuações de importância são uma boa indicação daquilo que mantém os clientes leais. Tendem a ser os atributos mais leves, como reputação da marca, facilidade de fazer negócios com uma empresa e uma equipe de atendimento amistosa.

Para que uma marca seja bem-sucedida é necessário que ela tenha altos índices de satisfação e lealdade. Uma boa pontuação em satisfação não é suficiente, pois os clientes podem ser levados com facilidade para os concorrentes. A pontuação em "probabilidade de recomendar" é a métrica mais importante na pesquisa de lealdade. Além da pontuação média, o resultado desta questão leva à Pontuação Líquida de Promotor [Net Promoter Score, ou NPS] – uma medida de lealdade desenvolvida por Fred Reichheld, da Bain & Company e Satmetrix. Pede-se que os respondentes classifiquem uma marca ou fornecedor numa escala de 0 a 10. "Promotores" são aqueles que dão pontuação 9 ou 10 numa escala até 10, isto é, são os defensores da marca ou fornecedores que provavelmente irão recomendá-los. "Detratores" são aqueles que classificam a marca ou fornecedor com nota 6 ou abaixo, já que é improvável que recomendem a marca ou fornecedor e podem até espalhar comentários negativos no boca a boca. Aqueles que dão pontuações 7 ou 8 são considerados "Passivos", pois o mais provável é que não façam nada em termos de defender pois têm uma visão neutra. (Note que não há diferença nos resultados se forem utilizadas escalas de 1 a 10 ou de 0 a 10 – pois o extremo inferior da escala é usado por clientes que na verdade estão dizendo "Não estou nem um pouco feliz".)

O Net Promoter Score é simplesmente a porcentagem de detratores subtraída da porcentagem de promotores. O melhor resultado possível é 100 (todos são promotores) e o pior possível é -100 (todos são detratores). Um NPS de 0 é ruim, de 20 é bem típico, e de 30 ou mais é bom.

Empresas nos EUA que estão entre as melhores em termos de pontuação de NPS são a Apple, a Amazon e a Southwest Airlines (todas com um NPS de mais de 60).

O Net Promoter Score é amplamente usado no mundo inteiro por centenas de marcas. É considerado uma métrica que orienta o crescimento, pois os promotores de clientes compram mais, continuam fiéis a uma marca por mais tempo, indicam-na a amigos e colegas e dão feedback sobre melhorias no produto. Uma empresa que quiser superar seus concorrentes na sua proporção de promotores provavelmente irá aumentar sua fatia de mercado.

Ações pós-pesquisa

A pesquisa de satisfação e lealdade do cliente só é útil se impulsionar ações. Algumas ações são ajustes rápidos, como melhorias na comunicação; outras podem propiciar mudanças de longo prazo, como novas oportunidades de produtos. A lista a seguir ajudará a garantir que *surveys* de satisfação e lealdade dos clientes não acumulem poeira:

➤ Os índices de satisfação do cliente podem variar dependendo do momento em que o *survey* é realizado. Um *survey* que aconteça logo depois que um cliente acaba de ligar para uma central de serviços pode obter uma boa pontuação caso o centro tenha lidado bem com a ligação e prometido uma solução. Mas se o problema não foi satisfatoriamente resolvido por uma equipe operacional, o cliente pode ter ficado decepcionado. Vale pena pensar em quanto tempo se deve esperar para realizar a pesquisa, a fim de obter uma visão equilibrada do cliente. Do mesmo modo, o *survey* não deve ocorrer muito tempo depois do envolvimento com o cliente, senão ele pode ter esquecido como foi.

➤ Determine os principais *drivers* de satisfação e dê prioridade a eles. Onde o bom desempenho deve ser mantido? E quais são as ações cruciais exigidas nos aspectos em que a satisfação é baixa em atributos importantes? Focar apenas nas áreas mais importantes costuma ter impacto significativamente maior do que tentar melhorar tudo ao mesmo tempo.

▶ Defina alvos a respeito do quanto irá melhorar em atributos específicos. Evite traçar um objetivo ambicioso demais e falhar em alcançá-lo na próxima onda de pesquisa. Se possível, estabeleça *benchmarks* que definam metas realistas, comparando o desempenho com o de outras unidades de negócios, por exemplo, ou com marcas concorrentes.

▶ Crie um plano de ação e identifique quem ou que departamento é responsável pelas ações. As pessoas precisam assumir responsabilidade por promover melhorias.

▶ Defina prazos para cada ação; sem um prazo final definido, a mudança pode não ocorrer.

▶ Procure compreender os perfis de cliente dos promotores e dos detratores. A segmentação está sempre no cerne de um bom marketing e talvez haja entre os detratores um público descontente que não é o mais adequado para a marca ou produto. Vise mais o tipo de cliente promotor, a fim de aumentar a satisfação e a lealdade com a marca.

▶ Melhorar a satisfação e lealdade do cliente deve ser algo entranhado na cultura da empresa. Uma mudança positiva feita por alguns funcionários talvez seja sabotada pelas ações de outros dentro da mesma empresa. Todos precisam estar sintonizados em melhorar a satisfação e a lealdade do cliente.

DICAS IMPORTANTES

- Seja meticuloso em manter listas de clientes com bons detalhes de contato para gerar alta resposta aos *surveys* de satisfação e lealdade do cliente.
- Só realize um *survey* de satisfação e lealdade do cliente se houver dentro da empresa um genuíno compromisso de melhorar produtos e serviços. Você precisa da adesão da alta direção.

- Faça os clientes saberem que ao participar do *survey* não ficarão à mercê de pressões de vendas. Conceda anonimato se for solicitado.
- Agradeça aos clientes por participarem do *survey* e, quando possível, ofereça-lhes feedback.
- Mantenha o foco do *survey* firmemente na satisfação e lealdade do cliente. Não caia na armadilha do "já que estamos aqui...", que acaba acrescentando um monte de perguntas adicionais.
- Não sobrecarregue os clientes com excesso de *surveys* de satisfação e lealdade do cliente.
- Os clientes ficam frustrados quando não veem nenhuma melhora em seus produtos e serviços; portanto, certifique-se de que seus *surveys* geram ações.
- Deixe correr tempo suficiente entre um *survey* e outro para que suas ações possam ser reconhecidas no mercado.

RESUMO

A satisfação do cliente mede a extensão em que os clientes estão contentes com a marca, suas ofertas ou aspectos de seus produtos ou serviços.

A lealdade do cliente é uma indicação da intenção dos clientes de se manterem fiéis a uma marca ou fornecedor particular.

Um cliente que não muda de fornecedores não pode apenas por isso ser considerado um cliente leal, pois talvez seja por inércia, em vez de indicar um cliente satisfeito que quer permanecer fiel à marca ou fornecedor por muito tempo.

A maior parte da pesquisa de satisfação e lealdade do cliente é de natureza quantitativa, já que tamanhos robustos de amostra geram medições estatisticamente significativas e viabilizam analisar dados de subgrupos (com isso indicam onde e com quem as ações devem ser empreendidas). Conduzir a pesquisa on-line, por telefone ou em papel depende de vários fatores, como a disponibilidade de suficientes registros para entrar em contato com clientes, o número de perguntas a serem feitas e o orçamento disponível para a pesquisa (o custo do *survey* telefônico é maior que o das entrevistas on-line).

A satisfação do cliente precisa ser avaliada dentro do contexto daquilo que é importante para os clientes, pois isto prioriza as ações a serem realizadas. Há duas maneiras de medir o que é importante para os clientes:

- A importância declarada captura pontuações de importância detalhadas que indicam o que atrai os clientes. Atributos relacionados a preço, disponibilidade e qualidade costumam gerar altas pontuações na importância declarada.
- A importância derivada correlaciona as pontuações da satisfação que as pessoas têm com os atributos individuais que elas procuram numa marca à sua satisfação geral em relação a ela. Isto indica quais atributos geram satisfação e, portanto, como manter clientes. Geralmente, atributos mais *soft*, mais suaves, como reputação da marca, facilidade em fazer negócios com a empresa e equipe de atendimento amistosa são fortes *drivers* de satisfação.

A pontuação Net Promoter Score é uma ferramenta para medir a lealdade, e se baseia nas proporções de clientes que agem como promotores da marca ou como detratores dela. Acredita-se que os líderes de lealdade num setor superam seus concorrentes num ritmo significativamente mais rápido, já que promotores compram mais, ficam com a marca por mais tempo, recomendam a marca a outras pessoas e sugerem melhorias.

A **lealdade** do cliente é uma indicação da **intenção** dos clientes de se manterem **fiéis** a uma marca ou fornecedor particular.

CAPÍTULO 20

USANDO A PESQUISA DE MARKETING PARA DEFINIR O PREÇO ÓTIMO

A IMPORTÂNCIA DO PREÇO

O mix de marketing divide os componentes de uma oferta em: produto, preço, praça (canais para o mercado) e promoção. Os profissionais de marketing precisam tomar decisões bem fundamentadas em informações a respeito de cada um desses itens, mas parece que o preço é, destes quatro Ps, o mais importante de compreender.

O preço é aquilo que se paga em troca dos outros três Ps e também uma medida do valor que o público-alvo confere à oferta. O preço é não só uma decisão de marketing crucial; é uma decisão de negócios fundamental. Existem apenas três maneiras de uma companhia aumentar seu lucro: vender mais, cortar custos ou aumentar os preços. Um estudo bem conhecido da McKinsey descobriu que, para uma empresa de médio porte, um aumento de 1% no preço gera um aumento de 8% no lucro operacional.

Logicamente, as empresas precisam conceber estratégias abrangentes para chegar ao preço certo. Na realidade, a decisão de quanto cobrar costuma ser negligenciada pelos tomadores de decisões estratégicas, mal implementada pelas equipes comerciais ou delegada a pessoas inexperientes. Estima-se que apenas 1% a 2% dos grandes negócios do Reino Unido, Estados Unidos e Alemanha têm políticas de preços escritas, em comparação com mais de 70% que têm planos promocionais por escrito. O pessoal de vendas tende a ser incentivado por receitas, não por preços, e as empresas são muito melhores em medir a receita que os funcionários geram – em vez do lucro.

Embora a pesquisa de marketing de preços esteja se tornando mais comum, ainda corresponde a menos de 10% dos projetos realizados, o que é uma demonstração adicional de que as empresas não enfatizam nem compreendem o preço suficientemente.

O QUE QUEREMOS DIZER COM PREÇO?

Ao pesquisar ou estabelecer preços é essencial ser claro sobre o que estamos nos referindo. Algumas das definições são explicadas a seguir.

PREÇO DE LISTA VERSUS PREÇO DE TRANSAÇÃO

Em muitas situações de compra (especialmente em mercados *business-to-business*) o preço de lista é na prática um ponto de partida para negociação, e é mais alto que o preço real que é pago. Os descontos são oferecidos com base em fatores como compras no atacado, frequência de compras e relacionamento de negócios.

QUADRO 20.1

Preço de lista	O preço anunciado por uma oferta, como comunicado por um site de negócios ou lista de preços
Preço de transação	O preço efetivamente pago por uma oferta após negociações e descontos

PREÇO EM DIFERENTES ESTÁGIOS DA CADEIA DE SUPRIMENTO

O preço de um produto aumenta à medida que ele se movimenta pela cadeia de suprimento – por exemplo, um fabricante pode vender seu produto a um distribuidor, que acrescenta sua margem antes de revendê-lo a um cliente final, por um preço mais alto.

QUADRO 20.2

Preço de venda do fabricante [*manufacturer's selling price*, MSP]	O preço que o fabricante cobra do cliente final, distribuidor, atacadista ou de outro cliente pelo produto
Preço no atacado, preço do distribuidor ou preço comercial	O preço cobrado por um atacadista ou distribuidor (que geralmente adicionam uma margem ao preço que pagaram ao fabricante ou a outro fornecedor)
Preço no varejo	O preço cobrado por um varejista (que tipicamente irá acrescentar margem ao preço que pagou ao seu fornecedor)

QUADRO 20.3

Preço bruto	Preço, incluídas as taxas de vendas
Preço líquido ou preço básico	Preço, excluídas as taxas de vendas

O IMPACTO DAS TAXAÇÕES

Na maior parte dos países, os produtos e serviços incluem um tributo sobre vendas, que é acrescentado ao preço do produto ou serviço. Às vezes o comprador pode solicitar o ressarcimento da taxa de vendas. Tributos sobre vendas ou de valor agregado chegam em vários países a 20% ou mais; portanto, é crucial compreender se foram adicionados, ao coletar informações sobre preços.

EQUACIONANDO PREÇO E VALOR

O preço é um meio importante pelo qual os clientes comparam os produtos e serviços com os da concorrência. Em um grupo de fornecedores que faça parte do conjunto considerado pelo cliente, alguns podem ter o apoio de uma marca forte, ou de serviços *premium*, garantias e que tais, e com isso carregam um ágio substancial. Outros fornecedores podem

CAPÍTULO 20

Usando a pesquisa de marketing para definir o preço ótimo

oferecer produtos de baixo custo, sem quaisquer serviços incluídos. Os clientes identificam a diferença entre essas ofertas e o valor pelo dinheiro que representam. Um produto caro com muitos adicionais pode ser visto como oferecendo um valor pelo dinheiro tão justo quanto outro que seja mais barato e tenha menos supérfluos. No mundo perfeito de um economista, todos esses produtos iriam gravitar em direção a um ponto na linha de equivalência de valor que cruza em diagonal de 45 graus partindo de onde as coordenadas X e Y se encontram.

FIGURA 20.1 Preço percebido, benefícios percebidos e a linha de equivalência de valor [*value equivalence line*, VEL]

No entanto, alguns fornecedores são percebidos como caros levando em conta os poucos benefícios que oferecem, e neste caso ficam do lado esquerdo da linha, e pode-se prever que perderão fatia de mercado (marca 4, na Figura 20.1), enquanto outros podem ser considerados de preço econômico, com vários benefícios, e, portanto, pode-se esperar que ganhem fatia de mercado (marca 5, na Figura 20.1). Saber onde uma empresa se encontra na linha de equivalência de valor é um requisito importante para montar uma estratégia de marketing. Uma companhia posicionada do lado direito da linha de equivalência de valor tem a opção de deixar o preço e os benefícios do jeito que estão e desfrutar de um crescimento na fatia de mercado ou então aumentar os preços e obter maior lucro. Da mesma forma, uma empresa do lado esquerdo da linha de equivalência de valor sabe que deve oferecer mais benefícios para ser bem-sucedida ou deve reduzir o preço para poder competir.

DEFININDO O PREÇO DE ACORDO COM OS OBJETIVOS DO NEGÓCIO

QUADRO 20.4

Objetivo do negócio	Estratégia de preços	Definição da estratégia de preços
Maximizar fatia de mercado ou receita	Preço de entrada	Preço baixo para atrair o maior número possível de clientes
Receita e lucros previsíveis	Preço mais custo	Acrescentar um valor fixo ao custo de prover a oferta
Receita e lucros previsíveis	Preço competitivo	Basear preços no que a concorrência está cobrando
Maximizar lucros	Preço ajustado ao valor	Preço baseado no valor que o cliente percebe na oferta
Maximizar lucros e construir marca exclusiva	Ágio no preço	Preço alto possivelmente reduzindo fornecimento a fim de maximizar a margem por cliente
Maximizar lucros e oferecer escolha ao cliente	Preço opcional	Cobrar pela oferta básica e depois acrescentar extras
Maximizar receita	Preço por lote	Oferecer descontos pela compra de mais de um produto ou benefício
Maximizar lucros	Reduzir preços	Começar cobrando um preço alto daqueles que se dispõem a pagar. Aos poucos, reduzir o preço para vender a grupos com menor poder aquisitivo

Usando a pesquisa de marketing para definir o preço ótimo

O ponto de partida para definir preços é compreender o objetivo geral do negócio. Queremos maximizar as vendas? Queremos maximizar os lucros? Ou queremos aumentar a fatia de mercado? É quase impossível conseguir todos esses objetivos ao mesmo tempo. A maioria das empresas persegue lucros a longo prazo; a curto prazo elas podem priorizar a maximização das vendas ou da fatia de mercado e se preparar para baixar os preços, a fim de alcançar um desses objetivos. Mas reduzir o preço para aumentar as vendas ou a fatia de mercado pode resultar em queda nos lucros – seja em razão de custos de distribuição, propaganda e outros que incidem quando se quer alcançar mais clientes, ou simplesmente porque a redução de custo não tem como contrapartida conseguir suficientes clientes adicionais. Pode também alimentar a expectativa de mais reduções no futuro.

Uma empresa que não usa seus objetivos de negócios como ponto de partida para sua estratégia de preços invariavelmente definirá mal seus preços e prejudicará o negócio. A seguir, um resumo de como os diferentes objetivos de negócios moldam diferentes estratégias de preços.

USANDO A PESQUISA DE MARKETING PARA DEFINIR O PREÇO ÓTIMO

Existem três grandes categorias de pesquisa de preço:

1. pesquisar os preços atuais de um mercado;
2. pesquisar o preço potencial que poderia ser cobrado por uma oferta (seja para entrar no mercado, seja ao considerar elevar os preços de uma oferta existente);
3. pesquisar o valor dos diferentes aspectos de uma oferta.

A maioria das pesquisas de marketing de preço usa metodologias quantitativas, pela simples razão de que o resultado – um nível de preço empiricamente justificado – é uma medida quantitativa.

Pesquisa dos preços atuais de um mercado

Ao decidir o preço ótimo de uma oferta é recomendável pesquisar o preço de quaisquer ofertas similares no mercado. Isso permite traçar um quadro dos nossos potenciais preços em relação àqueles das ofertas existentes e decidir se devemos nos alinhar. Pesquisadores de marketing têm três maneiras principais de descobrir os preços de mercado existentes:

- Pesquisa on-line de **listas de preços** de fabricantes e distribuidores.
- **"Comprador misterioso".** Aqui o pesquisador faz o papel de um potencial cliente e entra em contato com o fornecedor. Este trata o pesquisador como se fosse outro possível cliente e compartilha preços e especificações.
- **Entrevistas com clientes.** O pesquisador de marketing entra em contato com compradores do produto ou serviço e pergunta quanto estão gastando e quais são suas atitudes em relação aos preços.

A vantagem de explorar os preços atualmente cobrados é que são preços factuais, relativamente fáceis de detectar, e normalmente são prova de que as empresas estão ganhando dinheiro com eles. A desvantagem é que os preços atuais podem colocar nossas expectativas num nível baixo demais. A maioria das empresas estipula muito mal os preços e "deixa dinheiro na mesa" ao focar no crescimento da receita em vez de no lucro, ou fracassa em reconhecer o que diferentes clientes valorizam. O risco de basear seus preços no de seus concorrentes é você repetir os erros de outros fornecedores.

PESQUISANDO O PREÇO POTENCIAL QUE É POSSÍVEL COBRAR

Análise de Van Westendorp

A análise de Van Westendorp identifica o preço ótimo para lançar uma nova oferta ao perguntar aos potenciais clientes que preço eles achariam caro demais e que preço achariam muito barato. As respostas a estas duas questões são plotadas e o ponto do preço ótimo é a interseção das duas linhas – o ponto no qual a proporção de pessoas que dizem que é caro demais iguala a proporção das que dizem ser muito barato.

Em muitos casos são feitas mais duas perguntas: a que preço a oferta começa a ficar cara e leva o respondente a considerar seriamente se vai comprá-la ou não; e a que preço o produto se torna uma pechincha. Como ilustrado na Figura 20.2, essas perguntas permitem ao pesquisador plotar os pontos de caro demais e barato demais (o ponto de redução marginal e o ponto de aumento marginal).

O método Van Westendorp é simples e oferece resultados precisos. Com apenas 50 entrevistas pode-se obter uma resposta confiável. A ferramenta pode ser aplicada em entrevistas por telefone, mas é mais bem usada em *surveys* on-line, nas quais os respondentes podem ponderar melhor o que pensam dos diferentes preços. O resultado pode servir como base para entrar no mercado ou como base para mudar a proposta de valor, a fim de passar a cobrar mais ou menos.

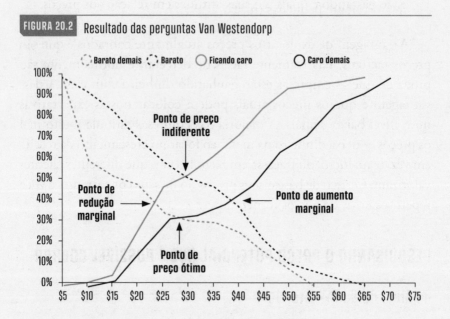

FIGURA 20.2 Resultado das perguntas Van Westendorp

Análise Gabor Granger e elasticidade de preço

O método Gabor Granger identifica o preço ótimo a cobrar por uma oferta existente perguntando a potenciais clientes quanto provavelmente pagariam para comprar a oferta oferecida a preços diferentes. Costumamos começar com as perguntas de preço alto, e baixar o preço gradualmente, até que o respondente diga que compraria por aquele preço. Uma preocupação óbvia ao fazer as perguntas desse modo é que o respondente pode imaginar que o preço será reduzido continuamente e esperar até que atinja o patamar mais baixo. Na realidade, a maioria dos respondentes joga limpo e os resultados são confiáveis. Plotar preços com base nestas perguntas permite gerar uma curva de demanda e ver o quanto é possível fechar negócio nos diferentes níveis de preços. O diagrama abaixo mostra uma oferta que 97% do mercado provavelmente compraria se o preço fosse de $15, enquanto apenas 5% compraria se fosse de $40. Esses valores nos permitem calcular a receita total a cada ponto de preço – e o preço ótimo é o ponto no qual se faz mais receita – neste caso, por volta de $25.

A pergunta Gabor Granger é simples e pode ser aplicada com amostras relativamente pequenas (mas o ideal é pelo menos 50). Os dados também podem ser usados para calcular a elasticidade da demanda – as implicações sobre a receita de baixar ou aumentar os preços.

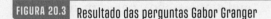

FIGURA 20.3 Resultado das perguntas Gabor Granger

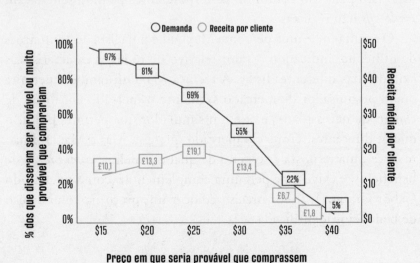

PESQUISANDO O VALOR DE DIFERENTES ASPECTOS DA OFERTA

Clientes não compram produtos ou serviços; compram benefícios que esses produtos ou serviços propiciam. Portanto, uma empresa que queira extrair o máximo valor de seus clientes precisa compreender o que representa valor para esses clientes, e que valor eles atribuem a cada benefício. Isto permite que o negócio cobre dos diferentes clientes (ou grupos de clientes) preços diferentes com base nos benefícios que eles recebem. A MaxDiff e a análise conjunta são técnicas de *trade-off* que se mostram ideais para quem quer definir a composição precisa de sua oferta, simular a provável lucratividade de diferentes ofertas ou identificar segmentos-alvo.

MaxDiff

Um estudo MaxDiff mostra a um público-alvo combinações de três a cinco atributos e pergunta, para cada combinação de fatores, qual a preferida e qual a menos apreciada, como mostrado na Figura 20.4. Ao elaborar a lista é essencial agrupar características em torno de alguns temas, de modo que – por exemplo – os benefícios funcionais e os benefícios emocionais não apareçam na mesma lista. Isto para não confundir os respondentes pedindo que façam *trade-offs* não realistas.

O resultado de uma pergunta MaxDiff é uma lista de pontuações de utilidade, indicando o valor relativo de todas as características exibidas nas diferentes listas. A técnica MaxDiff também permite que o pesquisador de mercado segmente o mercado em torno de *clusters* de necessidades e crie um simulador que permita prever o que os diferentes setores do mercado querem. Mas a MaxDiff não fornece uma resposta a respeito de qual é a melhor *combinação* de benefícios, e exige uma pergunta complementar (como no método Gabor Granger), se for preciso colocar um preço na combinação de benefícios identificada.

FIGURA 20.4

Examine a lista de 5 características que podem influenciar sua escolha de um notebook para uso em seu negócio. Indique qual o fator mais importante e qual o menos importante.

Mais importante	Característica	Menos importante
○	Longa vida útil da bateria	○
○	Pouco peso	○
○	Máximo desempenho	○
○	Estilo atraente	○
○	Aspectos de segurança	○

As entrevistas MaxDiff podem ser realizadas on-line ou – desde que as listas não tenham mais que cinco características – por telefone (com mais de cinco os respondentes esquecem que aspectos fazem parte do *trading off*). A técnica não precisa de uma amostra quantitativa grande – 50 entrevistas podem dar resultados claros.

Análise conjunta

Enquanto a MaxDiff requer que os respondentes comparem os possíveis componentes individuais de uma oferta, na *análise conjunta* eles devem comparar conjuntos agrupados de benefícios uns com os outros segundo um preço determinado. Com esta técnica uma empresa busca definir em que deve consistir sua oferta, avaliando sua viabilidade no mercado e seu preço de entrada.

Na *análise conjunta baseada em escolha*, um respondente pode ser questionado nos seguintes termos: Você prefere "um voo que oferece pouco espaço para as pernas, custa $250 e faz uma escala" ou "um voo que tem muito espaço para as pernas, custa $500 e é direto"? E em seguida responde várias outras perguntas similares com diferentes combinações de benefícios. Depois que um número estatisticamente significativo de respondentes (em geral 200 ou mais) respondeu perguntas sobre múltiplas preferências, a importância relativa de todos os atributos pode ser estipulada e se constrói um simulador conjunto. O simulador permite ao pesquisador simular a demanda de mercado e a provável receita das diferentes ofertas com diferentes pontos de preço. A análise conjunta mostra não apenas a importância relativa dos diferentes atributos; também identifica a melhor combinação de atributos.

Na Figura 20.5, três variantes de uma impressora desktop foram comparadas usando a análise conjunta. O Produto 2 é claramente o vencedor, com 48% de preferência, depois que os respondentes consideraram a marca, a capacidade de imprimir dos dois lados do papel, e o preço do equipamento.

FIGURA 20.5

	Produto 1	Produto 2	Produto 3
Marca	Marca A ☑	Marca B ☑	Marca C ☑
Frente ou frente e verso	Apenas frente ☑	Frente + Frente e verso ☑	Apenas frente ☑
Preço da impressora	£499 ☑	£599 ☑	£599 ☑
Preço do cartucho	£35 ☑	£35 ☑	£35 ☑
Funções adicionais	Só imprime ☑	Só imprime ☑	All-in-one ☑
Fatia de preferência	32% ☑	48% ☑	20% ☑

Análise conjunta adaptativa

A análise conjunta adaptativa busca obter uma entrevista mais eficaz e envolvente variando as opções apresentadas aos respondentes, com base nas preferências que estes expressam. Cada entrevista foca no aspecto e nos níveis preferidos do respondente. Mais sobre análise conjunta no Capítulo 11.

SIMALTO

SIMALTO é a sigla de *Simultaneous Multi-Attribute Level Trade-Off* [*Trade-off* Simultâneo de Nível de Multiatributos]. Esta técnica é ideal para um negócio examinar a melhor maneira de melhorar a oferta. Apresenta-se aos respondentes um *grid* de diferentes atributos que vão melhorando da esquerda para a direita. Pede-se às pessoas que indiquem que nível do produto ou serviço estão recebendo atualmente e que nível gostariam de receber, e então elas têm um número de pontos para gastar nas diferentes melhorias, o que indica de que maneira avaliam essas melhorias (são os números que aparecem no canto direito inferior de cada quadrado na grade). (Ver Quadro 20.5.)

O resultado da técnica SIMALTO permite ver que níveis de serviço as pessoas estão recebendo no momento e que nível gostariam de receber (nível desejado). Os pontos que elas gastam para passar de um nível a outro indicam o valor que dão a essas melhorias e podem ser convertidos em valores monetários. O SIMALTO pode ser uma alternativa útil à análise conjunta em *surveys business-to-business*, porque pode acomodar uma variedade maior de atributos (a SIMALTO lida com até 20 atributos enquanto o máximo da análise conjunta é de cerca de 7 atributos) e com amostras de tamanho menor (em tese, entrevistando apenas um respondente é possível obter um resultado significativo num *survey* SIMALTO). Ver mais sobre a SIMALTO no Capítulo 11.

Análise BPTO (*Brand-Price Trade-Off* ou *Trade-Off* Marca-Preço)

A análise BPTO é útil em qualquer situação em que haja forte interesse no inter-relacionamento marca-preço de uma oferta. É adequada a categorias nas quais as ofertas sejam similares e a marca seja fator determinante por trás da tomada de decisão. Os respondentes do *survey* veem uma série de produtos ou serviços de marca ao mesmo tempo, cada um com um preço associado – geralmente são mostradas de três a cinco "ofertas" por vez. Pergunta-se aos respondentes qual das ofertas apresentadas exerce maior apelo num hipotético cenário de compra.

Os dados de preferência de marca e preço são então analisados estatisticamente para derivar as fatias de mercado previstas para cada marca em diferentes pontos de preço e a influência relativa do preço e da marca na tomada de decisão. Leia mais sobre a *trade-off* entre marca e preço no Capítulo 18.

QUADRO 20.5

Atributo	Nível 1	Nível 2	Nível 3	Nível 4
Capacidade da empresa de lidar com os casos	Eles operam no limite, quase sempre com capacidade total	Trabalham com cerca de 80%-90% da capacidade e conseguem lidar com algum trabalho adicional	Sempre têm capacidade à mão e podem lidar com um grande fluxo de negócios	São rápidos em instalar capacidade para atender quase qualquer nível de negócios
	10	30	40	50
Aptidão para entregar o trabalho no prazo	Você nunca sabe quando entregarão e parece que leva um tempo enorme	Entre 60%-70% dos casos cumprem o prazo que solicitamos	80%-90% dos casos ficam perto do prazo solicitado	Todos os casos são entregues pontualmente, sempre, sem falha
	0	5	15	35
Baixo custo	Seus preços estão no nível que me faz pensar se posso bancar ou não	São caros, mas acho que vale a pena	Definem preços alinhados ao resto do mercado	Os preços deles são os de melhor valor pelo dinheiro no mercado
	5	10	20	30
Atendimento amistoso	Não se mostram prestativos nem amistosos quando você pede que façam algo	São um pouco frios e é preciso insistir para que ofereçam apoio em serviços	São amistosos e dão apoio em serviços, mas parecem muito sobrecarregados	Sempre de bom-humor, retornam na hora, entendem as necessidades do cliente
	5	10	20	25

Atributo	Nível 1	Nível 2	Nível 3	Nível 4
Acesso ao pessoal que realiza o trabalho de fato	É difícil ter acesso a alguém e, se não estão disponíveis, não retornam sua ligação	É difícil conseguir falar com alguém, mas são solícitos em retornar suas ligações	Você consegue falar com pessoas com facilidade durante o expediente, e eles retornam as ligações	Você consegue contato sempre com alguém que sabe do seu caso, a qualquer hora, de dia ou de noite
	0	10	20	40

OS DESAFIOS DE PESQUISAR PREÇOS

Devemos reconhecer que há desafios envolvidos em pesquisar preços. Primeiro, a questão de se o preço que um respondente declara estar disposto a pagar reflete a realidade. Muitos pesquisadores de marketing acreditam que os respondentes exageram ao declarar sua disposição de pagar e, portanto, aplicam uma porcentagem de desconto às respostas eles dão, para que reflitam melhor a realidade.

Uma limitação de toda pesquisa de marketing de preço é pressupor que o comportamento em relação a preços é racional. Uma das coisas que desafia esse pressuposto é o fenômeno do *framing* [enquadramento]. Ele indica a influência das expectativas criadas em relação aos preços. A empresa que lança um produto barato ou entra num mercado com preço baixo tem dificuldades depois para aumentar os preços. Ao contrário, o negócio que já entra com preço alto pode sempre reduzir seus preços, e mesmo assim acaba muitas vezes com um ponto de preço final mais alto que o da empresa que começa com preço baixo.

Similar ao *framing* é o fenômeno da "ancoragem", que ocorre na realização da pesquisa. A faixa de preço adotada e os primeiros valores mostrados podem influenciar percepções daquilo que seja apropriado, barato ou caro, especialmente em mercados nos quais os preços são em grande medida desconhecidos, como no caso de bens comprados com rara frequência ou muito especializados.

Pode-se argumentar que o preço "ótimo" é um conceito simplista. Ele ignora o papel dos acréscimos opcionais, por exemplo. No setor automobilístico, um modelo de carro geralmente é oferecido com centenas de variações na cor, opções de tipo de rodas, estofamento e tecnologia, e assim por diante. Isso tira um pouco do sentido da pergunta "Quanto custa uma BMW Série 3?", já que em tese existem centenas de modelos Série 3 e, portanto, centenas de preços.

Embora "preço" transmita a noção de transferência de dinheiro do comprador ao vendedor, não leva em conta a transferência de benefícios financeiros na outra direção. Imagine duas opções de bomba industrial, que levam litros de água a uma fábrica. A Bomba 1 custa $50 mil e a Bomba 2, significativamente mais cara, custa $150 mil. Mas a Bomba 2 dura o dobro do tempo, requer metade de períodos de inatividade e bombeia água 50% mais rápido. Cada um destes três pontos tem um benefício financeiro mensurável, que pode muito bem compensar o preço maior. Embora a Bomba 2 tenha preço maior, pode ter um custo menor em uso.

Nos últimos anos temos visto em muitos mercados a polarização dos clientes em direção a "muito sensível ao preço" e a "*premium*", com poucos clientes ocupando a faixa intermediária. Isso torna muito importante o preço segmentado, já que os fornecedores buscam apresentar ofertar Gold, Silver e Bronze a diferentes partes da base de clientes.

Pelo fato de a informação sobre preço estar mais disponível, vemos na maioria dos mercados os clientes tornarem-se cada vez mais exigentes, muitos deles insistindo em receber mais e pagar menos. Isso nos traz à regra fundamental para o preço ótimo: não tenha medo de cair fora. Nenhum preço que reduz o lucro pode ser descrito como "ótimo".

DICAS IMPORTANTES

1. A maioria das pessoas comete o erro de definir um preço muito baixo por seu produto. Vendedores voltam de visitas ao cliente relatando que os compradores reclamam que os preços são altos demais (porque é isso que os compradores são pagos para dizer!). Vale a pena desafiar sua estratégia de preços e questionar: "Será que não estou deixando dinheiro na mesa?" [isto é, será que não estou deixando de ganhar dinheiro?].

② Sempre que possível faça uma correção "científica" de seus preços (o quanto possível) usando ferramentas como Gabor Granger ou Van Westendorp. A análise conjunta e a técnica SIMALTO também podem ajudá-lo a entender o valor de seus produtos e serviços.

③ Todos os clientes podem ser agrupados em segmentos que terão atitudes diferentes em relação a preço e valor. Certifique-se de que sua estratégia de preços seja projetada para atender às necessidades desses diferentes segmentos.

④ Lembre-se de que há mais de uma maneira de otimizar o valor de uma oferta além apenas do preço. Considere a possibilidade de alterar o tamanho da embalagem, a garantia, os níveis de desconto e as condições de pagamento. Todos eles afetam bastante a percepção de preço.

⑤ Mantenha um registro das alterações de preço e das vendas para que, com o tempo, você crie um banco de dados que o informe sobre a elasticidade de preço de seus produtos ou serviços.

CONCLUSÕES

Cobrar o preço ótimo tem imenso impacto na lucratividade do negócio. Um aumento de 1% no preço de uma oferta pode aumentar os lucros da empresa em até 8%.

O preço de uma oferta muda dependendo das negociações, do ponto na cadeia de suprimento e se ele é taxado ou não.

Os públicos-alvo dispõem-se a pagar o preço que, na sua visão, reflete o valor dos benefícios sendo entregues. Se uma empresa quer cobrar mais, precisa aumentar as percepções do cliente quanto ao valor oferecido.

No longo prazo, as empresas tendem a focar em maximizar o lucro e se dispõem a aceitar menos clientes em troca de um preço mais alto. A curto prazo seus objetivos podem ser maximizar a fatia de mercado ou a receita, e recorrem à redução dos preços (e dos lucros) a fim de conseguir isso.

Os preços vigentes no mercado podem ser examinados por meio de uma pesquisa on-line das listas de preços, por meio de compradores misteriosos ou de entrevistas com os clientes.

A metodologia Gabor Granger envolve perguntar a um público-alvo em que medida as pessoas gostariam de comprar uma oferta por pontos de preço diferentes, e então construir uma curva de demanda. O preço ótimo é o ponto no qual a receita alcançada é a mais elevada.

Segundo a metodologia Van Westendorp, o ponto de preço ótimo é quando a proporção de pessoas que dizem que uma oferta é cara demais iguala a proporção das que dizem que é muito barata.

Várias técnicas de *trade-off* analisam valor e preço. A análise conjunta é a mais eficaz para encontrar o ponto de preço ótimo e permite desenvolver um simulador da demanda para diferentes ofertas a diferentes preços.

O **preço** de uma **oferta** muda dependendo das negociações, do ponto na **cadeia de suprimento** e se ele é taxado ou não.

CAPÍTULO 21

USANDO A PESQUISA DE MARKETING PARA ENTRAR EM UM NOVO MERCADO

A pesquisa de marketing é usada pelos negócios a fim de fornecer informações para a tomada de decisão. Ela fornece evidências objetivas que podem desafiar a intuição, as ações impulsivas, as suposições e emoções, e o que se julga saber, assegurando que as decisões se baseiem em critérios racionais, claramente justificados. Quanto mais uma decisão é estrategicamente importante ou envolve dinheiro, maior o risco para a empresa, e mais importante se torna a pesquisa de marketing para gerenciar esse risco.

Entrar num novo mercado é um dos maiores riscos e um dos maiores investimentos que uma empresa pode assumir. As recompensas financeiras de uma entrada bem-sucedida num novo mercado podem chegar a bilhões de dólares; inversamente, uma entrada malsucedida pode levar ao desperdício de bilhões de dólares. Portanto, o ROI (*return on investment,* ou "retorno sobre o investimento") de uma pesquisa a respeito de entrada no mercado pode ser imenso.

POR QUE ENTRAR EM UM NOVO MERCADO?

A decisão de entrar num novo mercado pode ser entendida por meio da matriz Ansoff. Em seu artigo "Strategies for diversification" [Estratégias para diversificação], Igor Ansoff declarou que há quatro estratégias que empresas adotam para aumentar sua receita e seus lucros.

A matriz Ansoff (Figura 21.1) examina a estratégia de crescimento plotando produtos e serviços, existentes ou novos, em relação a mercados, existentes ou novos. Por "mercados" nos referimos a públicos-alvo distintos – por exemplo, diferentes setores ou países.

A abordagem mais segura ao crescimento costuma ser a **penetração de mercado** – tentar vender mais e mais os produtos existentes para o mercado-alvo atual da sua empresa. Uma estratégia de crescimento baseada em **desenvolvimento de produtos** envolve fornecer novos produtos aos seus mercados existentes, e é mais bem-sucedida quando as necessidades dos clientes estão em mudança. A estratégia de **diversificação** é a estratégia de crescimento mais arriscada. Consiste em visar um público com o qual você não tem familiaridade, e com uma oferta que você não vendeu previamente, portanto, é algo difícil de fazer certo.

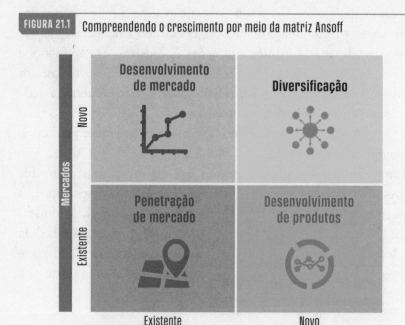

FIGURA 21.1 Compreendendo o crescimento por meio da matriz Ansoff

Ansoff refere-se à entrada num novo mercado com uma oferta já existente como **desenvolvimento de mercado**. Isso ocorre normalmente quando uma empresa sente que suas aspirações de crescimento não podem ser alcançadas apenas com seu mercado atual. Se existem outros mercados com necessidades similares, talvez haja uma oportunidade de vender uma oferta similar a um novo grupo de clientes. Esta estratégia é o foco principal deste capítulo.

Portanto, a razão primordial que leva as empresas a entrarem num novo mercado é que **elas querem aumentar a receita e a lucratividade**. A entrada no mercado funciona melhor quando o produto ou serviço já está tendo bom desempenho e é possível identificar novos mercados com necessidades similares.

DESAFIOS AO ENTRAR EM UM NOVO MERCADO

Muitos dos desafios para entrar num mercado dependem do modo escolhido para entrar nele. Há também vários desafios universais. Eles estão resumidos no *framework* de distância CAGE, desenvolvida por Pankaj Ghemawat da Universidade de Navarra e pela Escola de Negócios IESE de Barcelona. O *framework* identifica quatro diferenças entre países que constituem desafios ao fazer negócios e que devem ser exploradas a fundo num estudo de pesquisa para entrada no mercado.

QUADRO 21.1 *Framework* de distância CAGE

Tipo de desafio	Descrição e exemplo
Cultural	Normas sociais, história, língua e crenças religiosas afetam o comportamento e os hábitos das pessoas. Por exemplo, na China há maior tendência a fazer negócios fora do ambiente de trabalho (num jantar, jogando golfe) do que no Ocidente. É fácil uma pessoa de negócios ocidental ofender ou perder um negócio ao recusar um convite para socializar, sendo que a intenção deles é evitar obrigar a pessoa a dispor de seu tempo pessoal.
Administrativo e político	Questões históricas ou políticas entre o país sede e o país visado têm forte efeito sobre o grau de facilidade de entrar num novo mercado. Quando os dois países têm (por exemplo) a mesma moeda, leis similares, compreensão similar da lei e dos laços históricos, as chances de sucesso no mercado visado são bem maiores. Por exemplo, empresas dos EUA e da Commonwealth britânica têm forte tradição de investir nestes países.

Tipo de desafio	Descrição e exemplo
Geográfico	Quando o país-alvo é geograficamente próximo do país sede, tem fortes vínculos de transporte e infraestrutura e um clima moderado, é mais fácil e mais barato fazer negócios. Por esta e outras razões empresas canadenses têm maior probabilidade de fazer negócios nos EUA do que em outras partes.
Econômico	A distância econômica inclui disparidades de riqueza entre o país sede e o país alvo, e de disponibilidade de recursos financeiros e humanos. Empresas ocidentais costumam ter que se esforçar para vender seus produtos pelo mesmo preço ou nas mesmas quantidades em países em desenvolvimento, já que as pessoas nesses países não têm o mesmo poder aquisitivo.

FORMAS DE ENTRAR EM UM NOVO MERCADO

A entrada no mercado pode assumir várias formas. Em geral, esta expressão descreve uma situação na qual o fornecedor estabelece uma presença física, como um escritório ou fábrica, num novo país, e coloca funcionários neste país. Entrar num novo setor dentro do próprio país pode também ser visto como entrada no mercado. Vamos aqui focar na entrada no mercado no sentido geralmente entendido de entrar num novo país, para definir e resumir em seguida os prós e contras dos diferentes métodos de entrada no mercado.

Exportação

DEFINIÇÃO
❯ Vender e entregar produtos de um país em outro.

VANTAGENS
❯ Não exige investir em novos escritórios ou fábricas.
❯ Propicia bom controle de qualidade, já que os produtos continuam a ser manufaturados no local de origem.
❯ É uma boa maneira de avaliar a demanda e os desafios de mercado antes de investir mais pesadamente.

DESVANTAGENS E DESAFIOS

➤ Dificuldade de ser reativo; dificulta também a solução de problemas e o apoio técnico.

➤ Dificuldade em controlar as pessoas que vendem os produtos (por exemplo, distribuidores e varejistas), pois não são funcionários diretos.

➤ A distância dificulta entender o que o cliente quer.

➤ O tempo de entrega dos produtos pode ser longo.

➤ Dificuldade para convencer potenciais clientes de que você conhece o mercado, de que é próximo deles ou se importa de fato com eles.

➤ Pode ser difícil exportar certas coisas que requerem serviço localizado ou acompanhamento presencial (por exemplo, serviços de cabeleireiro).

Montar um escritório de vendas

DEFINIÇÃO

➤ Criar uma entidade legal, empregando uma pessoa de vendas e realizando atividades de vendas (incluindo faturamento) no país visado.

VANTAGENS

➤ Desenvolve forte compreensão das necessidades de mercado ao ter um funcionário atendendo clientes.

➤ Exige investimento bem menor do que estabelecer uma presença mais abrangente, como montar uma fábrica.

➤ Ter uma empresa legalmente registrada é visto por muitos clientes como algo que dá maior credibilidade, em comparação com a exportação.

➤ Aumenta a probabilidade de a empresa focar no mercado.

➤ É uma boa maneira de testar o mercado antes de investir fortemente.

➤ É relativamente fácil retirar-se do mercado se a entrada não for bem-sucedida.

DESVANTAGENS E DESAFIOS

- Escritórios de vendas geralmente têm apoio técnico limitado, o que significa que sua reatividade e capacidade de resolver problemas são dificultados por isso.
- Em muitos mercados, os escritórios de vendas têm menor credibilidade do que operações plenamente assentadas.
- O estabelecimento de uma entidade legal gera custos administrativos e com impostos, tanto no país de chegada quanto no de origem.
- Gera despesas gerais mais elevadas do que a exportação.
- Costuma haver limitações quanto ao número de pessoas que um escritório de vendas pode empregar.
- Não há garantia de que possa ser obtido algum lucro.
- Geralmente é necessário haver supervisão do país sede por vários anos antes que o escritório de vendas consiga operar por conta própria.

Montar uma WFOE (*Wholly Foreign Owned Enterprise*, ou Empresa de Propriedade Totalmente Estrangeira)

DEFINIÇÃO

- Montar uma empresa de propriedade integral da sede, localizada em outro país, geralmente com operações e apoio em vez de apenas uma equipe de vendas. O termo WFOE é usado para empresas montadas por estrangeiros na China. Existem diferentes regulações para montar empresas de propriedade estrangeira em diferentes países. Os comentários a seguir são generalidades aplicáveis à maior parte desses países.

VANTAGENS

- Desenvolve sólida compreensão das necessidades do mercado pelo fato de ter funcionários que fazem contato direto com os clientes.
- Aumenta a credibilidade junto aos clientes locais.
- Não costuma ter limites quando ao número de pessoas que a empresa pode empregar.

➤ Aumenta a probabilidade de a empresa colocar foco adequado no mercado.

DESVANTAGENS E DESAFIOS

➤ É cara.

➤ O tempo que demora para começar a gerar lucros costuma ser de três anos ou mais e às vezes não gera lucro algum.

➤ Grande variedade de pessoal necessário, abrangendo vendas, operações, marketing e apoio técnico – e o recrutamento em um mercado desconhecido é difícil.

➤ A supervisão do país sede costuma ser necessária por vários anos antes que a WFOE ande sozinha.

Formar uma *joint venture*

DEFINIÇÃO

➤ Comprar ações de uma empresa que já atua no mercado-alvo ou montar uma nova companhia de propriedade compartilhada com outra organização.

VANTAGENS

➤ A empresa parceira provavelmente tem um bom conhecimento do mercado.

➤ Aumenta a credibilidade junto aos clientes locais.

➤ Geralmente não há limitações quanto ao número de pessoas que a empresa pode empregar.

➤ A empresa tem maior probabilidade de focar adequadamente no mercado.

DESVANTAGENS E DESAFIOS

➤ É cara.

➤ Dificuldade de exercer controle sobre uma empresa que não é de propriedade totalmente sua (especialmente se a participação é inferior a 50%).

- O tempo que demora para começar a gerar lucro pode ser de cinco anos ou mais, e geralmente não chega a ter lucro.
- É muito difícil encontrar uma empresa com os recursos certos e que "encaixe" perfeitamente.

O PAPEL DA PESQUISA DE MARKETING NA TOMADA DE DECISÃO DE ENTRADA EM UM MERCADO

Por que realizar pesquisa para entrada no mercado?

Este capítulo começou declarando que a pesquisa para entrada no mercado pode oferecer grande retorno sobre o investimento, seja ao validar uma oportunidade lucrativa ou descobrindo que não há uma oportunidade, o que evita desperdiçar dinheiro. As principais razões para realizar uma pesquisa de entrada no mercado são:

- ajudar a decidir se é o caso de entrar num mercado particular;
- determinar a melhor maneira de entrar no mercado;
- determinar o que é realista conseguir e definir os alvos de acordo;
- formar a base de um plano de negócio.

Desenvolver uma lista de mercados-alvo

Antes de realizar ou encomendar pesquisa, as empresas devem refletir sobre quais mercados podem atender em termos realistas e quais querem atender. Por exemplo, se uma empresa americana não tem nenhum registro de vendas na China, nunca recebeu qualquer interesse por sua oferta da China, não sabe nada a respeito da China e não tem nenhum funcionário naquele país, pode chegar à conclusão de que obter sucesso na China é algo que não tem qualquer fundamento real.

De modo similar, se Luxemburgo tem apenas meio milhão de habitantes e a Alemanha tem mais de 80 milhões, uma empresa pode decidir que, sejam quais forem as complexidades envolvidas, a Alemanha sempre será uma proposta mais atraente. É muito mais econômico e útil pesquisar um pequeno número de países de forma detalhada do que distribuir os recursos de pesquisa em dezenas de países. Se a empresa for sensata, criará uma lista de países interessantes antes de iniciar a pesquisa de marketing.

INFORMAÇÕES REQUERIDAS EM UM ESTUDO PARA ENTRADA NO MERCADO

As empresas precisam conhecer e entender na medida do possível os seguintes aspectos antes de entrar num novo mercado:

1 o porte e a natureza da oportunidade;
2 as ameaças, crescimento e tendências do mercado;
3 o cenário competitivo;
4 a estrutura da cadeia de suprimentos.

1. O porte e a natureza da oportunidade

DIFERENTES MEDIÇÕES DO TAMANHO DO MERCADO

A dimensão da oportunidade costuma ser referida como "tamanho do mercado", e para isso há várias definições. O **tamanho total do mercado** pode ser definido como *o volume ou valor total de uma oferta particular vendida no mercado, em dado ano e num determinado ponto da cadeia de suprimento.*

O tamanho total do mercado (às vezes chamado de Mercado Total Disponível – *Total Available Market*, ou TAM) pode, portanto, ser expresso tanto em unidades vendidas como no valor financeiro das unidades vendidas (na moeda escolhida). Uma vez que a empresa tenha conhecimento das vendas totais por ano ou das ofertas similares à sua, pode começar a conhecer o potencial de vender a própria oferta. Portanto, uma empresa com receita de mais de $10 bilhões em seu país pode rapidamente perder interesse em um mercado alvo que tenha um valor de TAM de apenas $500 mil.

No entanto, um grande tamanho total de mercado não significa necessariamente uma grande oportunidade. Grandes porções do mercado podem não estar dispostas ou serem incapazes de comprar uma oferta da empresa, e ela por sua vez pode não se dispor ou não ter condições de atendê-las. Aqui entram em jogo duas definições adicionais de tamanho de mercado.

O *serviceable available market* **(SAM)**, ou **mercado acessível**, refere-se a uma parte do mercado que pode ser atendida com o canal de vendas existente da empresa. Uma empresa que vende café em xícaras por meio de *coffee shops* teria uma visão de seu SAM como a receita total de todas as xícaras de café vendidas da mesma maneira. Café moído empacotado em supermercados seria parte do mercado total para café, mas não faria parte do SAM porque o canal de vendas é outro. O SAM é útil para uma empresa que tem um canal de vendas estabelecido e quer se manter neste canal de vendas. O SAM integra o tamanho total de mercado.

Pode-se dizer que a medida mais útil do tamanho de mercado é o **tamanho do segmento de mercado**, ou **tamanho do mercado-alvo**. Isso se refere à parte do SAM que:

> a empresa quer atender;
> provavelmente está interessada na oferta da empresa;
> provavelmente está disposta e é capaz de pagar pela oferta da empresa.

O tamanho do segmento de mercado pode ser bem menor que o TAM ou o SAM. Provavelmente é o caso quando uma empresa ocidental procura vender em um país em desenvolvimento como a China. Com frequência, o mercado total para uma oferta tem valor de bilhões de dólares, embora 95% do mercado não se disponha ou seja incapaz de pagar preços ocidentais, o que significa que o tamanho do segmento de mercado – a única parte do mercado na qual a empresa pode ganhar algum dinheiro – é de apenas 5% do total. Portanto, um mercado que à primeira vista parece lucrativo pode resultar pouco atraente para a empresa ocidental.

PESQUISANDO E CALCULANDO O TAMANHO TOTAL DO MERCADO

O tamanho total do mercado pode ser calculado de quatro maneiras:

- **Lado da demanda.** Identificar o número de potenciais clientes e multiplicar pela média estimada (ou mediana) de gasto destes clientes. O número de clientes potenciais costuma constar de bancos de dados de negócios; estimar o gasto médio geralmente requer entrevistar uma amostra do mercado representativa.
- **Lado da oferta.** Identificar as empresas que fornecem aos clientes (por meio de pesquisa on-line ou conversando com um corte transversal de clientes) e estimar sua receita no mercado-alvo, antes de somar essas cifras estimadas de receita.
- **De cima a baixo.** Descobrir o tamanho do mercado para um mercado do qual o seu faz parte (geralmente por meio de pesquisa de relatórios publicamente disponíveis), e estimar que proporção desse "mercado-pai" o seu mercado representa (geralmente reunindo as visões de *experts* do setor). Por exemplo, o número de carros na estrada e a distância anual percorrida por esses carros pode permitir estimar o mercado para reposição de pneus.
- **Por meio de um substituto.** Chegar ao tamanho de mercado por meio de um mercado "paralelo" e fazer uma estimativa com base em fatores que impulsionem o tamanho de mercado em ambos os países. Por exemplo, o tamanho do mercado para carros novos no Reino Unido nos permitiria estimar o tamanho de mercado para carros novos em algum outro país. Para isso precisaríamos de um substituto apropriado. Por exemplo, se pudéssemos supor o mesmo dispêndio com carros tanto no Reino Unido como no país-alvo, poderíamos calcular o tamanho de mercado no país-alvo pelo fator substituto de população (um valor prontamente disponível). A simples multiplicação da população no país-alvo pelo gasto com carros no Reino Unido nos daria um tamanho de mercado aproximado.

Todas as metodologias são passíveis de erro, portanto, os pesquisadores de marketing tendem a calcular o tamanho do mercado por meio de um par de fatores substitutos diferentes antes de chegar a uma conclusão definitiva sobre o tamanho total do mercado.

2. Identificar ameaças, crescimento e tendências de mercado

Entre as ameaças de mercado estão questões como produtos substitutos com a popularidade em alta, concorrentes que podem entrar no mercado ou instabilidade econômica. As ameaças podem ser macro ou microeconômicas, e vir de qualquer ponto do mercado. Identificar ameaças requer uma pesquisa de marketing exaustiva: nas informações publicamente disponíveis; em *surveys* com clientes; com fornecedores; com distribuidores; em entrevistas com *experts* do setor. Tendências do setor podem surgir por várias razões, desde uma mudança no gosto até um crescimento econômico subjacente. De novo, são necessárias entrevistas que cubram o mercado para identificar todas estas questões.

3. O cenário competitivo

Antes de entrar num mercado, é crucial compreender a concorrência. Quais são os seus pontos fortes e fragilidades? Como eles irão reagir à entrada da sua empresa no mercado? Quantos concorrentes estão em cena? Qual o tamanho deles?

As 5 Forças de Porter (Figura 21.2) é uma ferramenta útil para avaliar qualitativamente cinco aspectos interligados do cenário competitivo. A força central, a Rivalidade Competitiva, é uma avaliação do mercado atual – quantos concorrentes há, o que os diferencia e o quanto sua base de clientes é leal? As quatro forças que impactam a Rivalidade Competitiva têm todas elas o potencial de mudar o cenário competitivo. Novos participantes podem fazer baixar os preços ou entrar com uma oferta diferenciada que incentive os clientes a desertar. Produtos substitutos podem tornar as ofertas existentes obsoletas. O equilíbrio de poder entre fornecedores e compradores pode elevar os preços no mercado (quando o poder do fornecedor aumenta relativamente) ou reduzir o número de ofertas disponíveis (quando o poder do fornecedor diminui relativamente). Uma pesquisa ao longo da cadeia de suprimentos e com *experts* do setor, seguida por uma análise qualitativa, permite que o complexo tópico do ambiente competitivo seja plenamente compreendido antes de se tomar uma decisão de entrar no mercado.

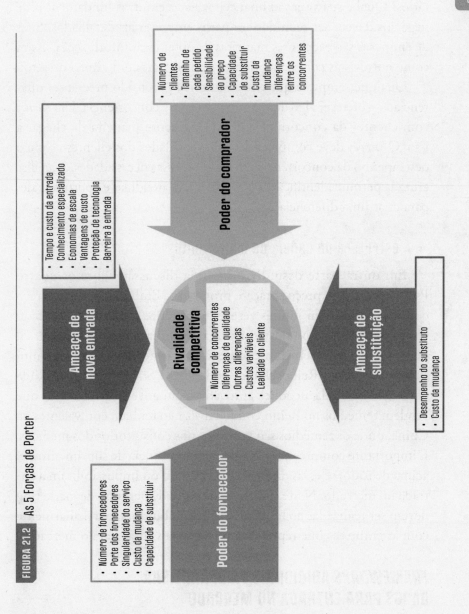

FIGURA 21.2 As 5 Forças de Porter

Usando a pesquisa de marketing para entrar em um novo mercado

Um novo entrante de qualquer mercado deve ter uma compreensão detalhada da concorrência. Quem são eles? Quantos são? Quantas pessoas empregam? Em que localidades estão? Quem são os proprietários? Qual é sua situação financeira? Estes e outros fundamentos de negócios devem ser reunidos em perfis empresariais detalhados. Sites de empresas são excelentes maneiras de obter essas informações, assim como entrevistas com concorrentes e entrevistas com *experts* do setor.

Qualquer empresa que entre num novo mercado precisa ser diferenciada – oferecer algo de valor melhor que a concorrência. Um *survey* com clientes da concorrência é uma excelente maneira de chegar a isso. O *survey* deve compreender as necessidades dos clientes-alvo e o desempenho da concorrência em relação a essas necessidades. A análise cruzada permite identificar necessidades não atendidas e oportunidades para criar uma diferenciação.

4. A estrutura da cadeia de suprimentos

Em outra parte deste livro há uma discussão sobre os quatro Ps – de produto, preço, praça e promoção. Embora produto, preço e promoção possam muitas vezes ser aplicados a um novo mercado com alguns pequenos ajustes, a praça costuma ser um desafio difícil de superar. Uma bebida alcoólica que é vendida livremente num supermercado no Reino Unido, pode ter na Suécia que ser vendida em lojas de bebida alcoólica aprovadas pelo governo. Farmácias que vendem remédios no Reino Unido talvez não tenham equivalentes na China, onde os remédios são vendidos nos consultórios dos médicos. É importante compreender as diferenças na cadeia de suprimentos, e, acima de tudo, se essas diferenças dificultam ou impossibilitam a entrada no mercado. Neste caso, as entrevistas de pesquisa de marketing devem ser realizadas ao longo da rede distribuidora, particularmente com as empresas que representam potenciais rotas para o mercado.

FRAMEWORKS ADICIONAIS PARA ANALISAR DADOS PARA ENTRADA NO MERCADO

Mencionamos antes neste capítulo a estrutura CAGE e as 5 Forças de Porter como ferramentas úteis para avaliar oportunidades de entrada no mercado. A seguir, são descritos outros *frameworks* usados para transformar as descobertas de um estudo para entrada no mercado numa clara decisão para dar esse passo.

Análises PEST e PESTLE

A análise PEST é uma estrutura de análise da situação que permite identificar os desafios e tendências de mercado. Pode ser vista como uma lista de verificação de desafios e tendências que talvez estejam presentes no mercado, e que deveriam ser pesquisados por meio de *desk research* e entrevistas ao longo da cadeia de suprimentos e também com *experts*. Esta estrutura identifica quatro grupos de temas: políticos, econômicos, socioculturais e tecnológicos. Uma versão estendida desta estrutura é a análise PESTLE, que acrescenta fatores legislativos e ambientais à lista de considerações.

Análise SWOT

A análise SWOT é um *framework* orientado à ação que avalia a decisão de entrada no mercado no contexto de fatores relacionados à empresa (fatores internos) e de questões relacionadas ao mercado (fatores externos). Os fatores internos são as forças e fraquezas. Eles podem ser entendidos com base em *surveys* com clientes potenciais, assim como por meio da própria visão de um negócio sobre onde ele tem bom desempenho e onde seu desempenho é fraco. Os fatores externos são denominados oportunidades e ameaças, e identificados por meio de entrevistas ao longo da cadeia de suprimentos e com *experts*, assim como com base nas experiências de oportunidades e ameaças da própria empresa. A análise SWOT ajuda o pesquisador de mercado a definir estratégias para uma bem-sucedida entrada no mercado, como ilustrado a seguir.

QUADRO 21.2 Análise PESTLE

P	Política	Refere-se à filosofia política e a ações dentro de um mercado, assim como ao nível de estabilidade política
E	Econômica	Política econômica, estabilidade econômica e crescimento econômico
S	Sociocultural	Normas sociais no mercado-alvo, particularmente atitudes sociais em relação à categoria de produto em questão
T	Tecnológica	Atitude em relação a tecnologia e propensão a adotar tecnologia no mercado-alvo
L	Legal	Legislação no mercado-alvo, aplicação da legislação e probabilidade de mudanças na legislação.
E	*Environmental* (**Ambiental**)	Questões como o clima, o tempo e a localização geográfica, relacionadas ao mercado-alvo

QUADRO 21.3 Análise SWOT

		S *Strengths* (**Forças**)	**W** *Weaknesses* (**Fraquezas**)
O	*Opportunities* (**Oportunidades**)	Estratégias que usam pontos fortes para maximizar oportunidades **Exemplo:** *Forte promoção de seus prazos rápidos de entrega num mercado em que o padrão de entrega seja baixo*	Estratégias que minimizam as fragilidades aproveitando as oportunidades **Exemplo:** *Ampliar a gama de produtos quando o mercado pede algo mais*
T	*Threats* (**Ameaças**)	Estratégias que usam pontos fortes para minimizar ameaças **Exemplo:** *Agressiva promoção de uma marca forte num mercado comoditizado*	Estratégias que minimizam as fragilidades e evitam ameaças **Exemplo:** *Afastar-se de segmento focado demais em preço para que você o atenda economicamente*

DICAS IMPORTANTES

1. A não ser que você consiga realisticamente atender um novo mercado e deseje atendê-lo, não há razão para pesquisá-lo.
2. Antes de realizar ou encomendar uma pesquisa de marketing em países vistos como potenciais alvos, faça uma lista dos mercados com base no fato de parecerem atraentes (em porte, tendências, concorrência e no canal para o mercado) e onde sua empresa poderia ter uma vantagem competitiva.
3. Concentre-se no mercado atendível disponível e não se disperse ou fique animado demais com o mercado total disponível.
4. Não se preocupe em chegar a uma estimativa do tamanho do mercado precisa demais, pois isso é custoso e espúrio. Simplesmente determine se o mercado tem um tamanho aproximado capaz de acomodar os objetivos de sua empresa.
5. Não tente abraçar o mundo ao conceber uma estratégia para entrada no mercado. Concentre sua pesquisa de marketing onde suas chances de sucesso forem maiores. Em planos futuros, use o que aprendeu numa entrada no mercado bem-sucedida.
6. Use *frameworks* estabelecidos como as 5 Forças de Porter, SWOT e PEST para avaliar as oportunidades dentro de novos mercados.

RESUMO

As empresas entram em novos mercados para aumentar a receita e o lucro além do que alcançam no mercado doméstico. Utiliza-se pesquisa de marketing para definir as oportunidades dentro de um novo mercado e, se forem positivas, prover os *insights* que levem a uma penetração bem-sucedida.

Uma empresa ao entrar num novo mercado provavelmente enfrentará vários desafios, pelas diferenças de cultura, política, geografia e economia.

Entrar num novo mercado pode ser via exportação; montando um escritório de vendas/representação; criando uma *wholly foreign owned enterprise*, WFOE (empresa totalmente estrangeira); ou uma *joint venture*. Exportar é visto como o menor risco, e a WFOE, como arriscada, mas com maior retorno potencial.

A pesquisa de marketing é vital para identificar novas oportunidades de mercado. É usada para avaliar o tamanho e a natureza da oportunidade, em particular para mostrar o *serviceable available market* (SAM) em relação ao *total available market* (TAM). É o *serviceable available market* (mercado acessível) que a maioria das empresas usa para identificar a oportunidade.

A pesquisa de marketing também mostra as ameaças e oportunidades de um mercado. As ameaças decorrem da concorrência, de situações econômicas adversas e de diferenças culturais que não podem ser reconciliadas. As oportunidades existem quando há lacunas no mercado que não foram atendidas pela concorrência e se as previsões econômicas são favoráveis. As análises SWOT e PEST são úteis para realizar essa avaliação.

Finalmente, uma empresa deve pesquisar a fundo a cadeia de suprimentos antes de desenvolver um plano de entrada no mercado.

A **pesquisa de marketing** é usada para **avaliar** o tamanho e a natureza da **oportunidade**, em particular para mostrar o *serviceable available market* (SAM) em relação ao *total available market* (TAM).

CAPÍTULO 22

USANDO A PESQUISA DE MARKETING PARA TESTAR A EFETIVIDADE DA PROPAGANDA

OS DIFERENTES TIPOS DE PROPAGANDA

O mix promocional é um dos quatro Ps. Compreende propaganda, relações públicas (RP), promoção de vendas, marketing direto e vendas pessoais.

A propaganda é a promoção paga de uma marca, produto ou serviço, e um investimento importante para a construção do valor da marca. Há diferentes tipos de plataformas de propaganda, e os principais canais são os seguintes:

- **Propaganda na televisão e rádio:** comerciais com extensão que vai de poucos segundos a minutos.
- **Infomerciais:** São comerciais de TV longos, com informação detalhada sobre o produto anunciado, como em demonstrações, testemunhos de usuários e aval de terceiros, tendo a meta final de incentivar quem assiste a fazer uma compra de impulso, por telefone ou on-line.
- **Propaganda impressa:** anúncios numa mídia impressa portátil, como jornal, revista ou folheto.
- **Propaganda dentro de loja:** Anúncios numa loja física, como sinalizações e *displays* em prateleiras, gráficos de piso e monitores de TV.
- **Propaganda on-line:** otimização em motores de busca (como *pay per click*), *displays* (como *banners* e anúncios em prédios), *e-mail marketing*, redes sociais (como Instagram, Facebook, YouTube e LinkedIn), celular e vídeo.

> **Propaganda em *outdoors*:** grandes anúncios em áreas de muito trânsito e concentração de gente, como em ruas movimentadas e shoppings.

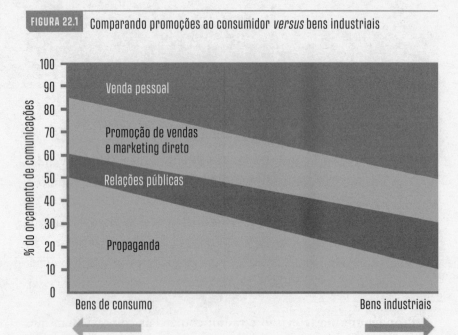

FIGURA 22.1 Comparando promoções ao consumidor *versus* bens industriais

Há várias outras plataformas de propaganda, como o *merchandising* (por exemplo, quando uma marca é destacada num programa de TV mas não como uma propaganda explícita), o cinema, a rua e a propaganda aérea (balões infláveis [*blimps*]), entre outras.

Como mostrado na Figura 22.1, a propaganda é muito mais comum em mercados de consumo do que em mercados industriais. Marcas voltadas a consumidores dispõem de orçamentos de propaganda bem mais substanciais e com um público-alvo bem maior, que pode ser alcançado por meio de comunicações de massa ao mercado.

POR QUE TESTAR A EFETIVIDADE DA PROPAGANDA?

As maiores empresas gastam tipicamente 2% da sua receita em propaganda. Os setores automotivo, farmacêutico e o varejo estão entre os que mais gastam em propaganda, movidos pelo frequente lançamento de novos produtos e pela necessidade de se diferenciar da concorrência. A empresa P&G é a que mais gasta em propaganda e teve uma despesa de 7,3 bilhões de dólares apenas em 2020. Com um gasto tão alto em propaganda, os que a patrocinam precisam assegurar que seus orçamentos sejam aplicados de modo eficaz. Como afirmou o político e comerciante John Wanamaker: "Sei que metade da minha propaganda é desperdiçada, mas não sei qual das metades é". A pesquisa de marketing ajuda as empresas a compreender o quanto a propaganda está funcionando, para que o gasto promocional seja maximizado e se evitem erros custosos.

Antes de conceber e lançar uma campanha publicitária, é importante considerar a meta da campanha, já que a propaganda pode atender a vários propósitos. Um anúncio pode falhar em sua efetividade não porque seja ruim, mas porque o canal utilizado para a comunicação ou mensagem não foi o adequado ao objetivo da propaganda.

De um ponto de vista mais abrangente em relação à marca, a efetividade de uma marca pode ser medida avaliando a proporção daqueles que a conhecem e que se tornam seus defensores. Isto é discutido no Capítulo 18, especificamente na Figura 18.5. A efetividade da marca mede a perda em número de pessoas que começam tendo consciência de uma marca, passam a considerar comprá-la, utilizam-na e finalmente a recomendam a outros. A efetividade da marca é a porcentagem mostrada na extrema direita do funil da marca da Figura 18.5.

O Quadro 22.1 fornece exemplos de como a propaganda pode ser usada em cada estágio do funil da marca, e os diferentes propósitos que a propaganda tem em cada estágio, dos esforços de longo prazo para a construção da marca às táticas de curto prazo voltadas a desencadear uma compra por impulso.

A propaganda que produz níveis maiores de desempenho ao longo do funil da marca pode ser considerada eficaz. Para muitas marcas – especialmente aquelas com uma fatia de voz relativamente pequena – níveis crescentes de consciência têm um impacto positivo ao longo do restante do funil da marca, particularmente na efetividade da marca.

QUADRO 22.1 Propaganda ao longo de cada estágio do funil da marca

	Objetivo principal da propaganda	Exemplos de campanhas publicitárias
Consciência	Aumentar a consciência da marca	Um *banner* para que a marca seja notada entre um público específico; um anúncio impresso comunicando o compromisso da marca com sustentabilidade; um *outdoor* anunciando uma loja próxima
Consideração	Comunicar o diferencial da marca para que entre no conjunto a ser considerado	Um comercial de TV sobre um remédio; um anúncio de rua sobre um novo carro; uma campanha informativa por e-mail sobre um software de segurança em TI
Uso	Realçar pontos atraentes e *drivers* de valor da marca para que seja escolhida para compra	Ação em ponto de venda para promover oferta "compre um e leve dois"; infomercial demonstrando um produto em uso
Defesa	Construir a marca para reforçar sua posição e seus pontos fortes	Uma campanha de e-mail para incentivar repetição de compra; comercial de TV mostrando o mais recente smartphone

DICAS IMPORTANTES

- Não espere demais de um anúncio. Às vezes são necessários vários anúncios para criar impulso e gerar reconhecimento e lembrança (*recall*).
- Assegure consistência na imagem da marca e na voz da marca em todos os anúncios. Isso garante que a marca continue diferenciada e reconhecível.
- Não conclua que um anúncio falhou porque os resultados no funil da marca pouco mudaram ou seu desempenho caiu. Outros fatores afetam a efetividade da marca e estão fora do controle da marca, como distribuidores, pressão de marcas alternativas, e o fato de a concorrência aumentar seu esforço promocional e roubar *share of voice*.

COMO TESTAR A EFETIVIDADE DA PROPAGANDA

Qualquer que seja o método de pesquisa empregado, existem quatro medidas importantes da efetividade da propaganda que devem ser avaliadas na pesquisa de marketing:

- **ressonância** (ela é atraente, isto é, ressoa no indivíduo);
- **relevância** (ela é relevante para o indivíduo/empresa);
- **é adequado à marca** (combina com identidade de propaganda da marca);
- **clareza** (é clara em termos da mensagem e do design).

O uso de pesquisa qualitativa para testar o anúncio

A pesquisa qualitativa é às vezes usada para explorar as visões que o mercado tem sobre o conceito de um anúncio e avaliar se a mensagem, o conteúdo e o design são os melhores para os objetivos da propaganda. Isto é feito geralmente por meio de grupos de foco ou comunidades on-line, nos quais a dinâmica de grupo estimula o debate e, portanto, gera *insights* mais interessantes. Isto dá ao anunciante a oportunidade de refinar o anúncio, bem como otimizar a campanha quanto às melhores mídias para veiculá-la. A seguir, alguns exemplos de tipos de perguntas feitas na pesquisa qualitativa:

- Qual a principal mensagem que este anúncio comunica a você?
- O que este anúncio quer que você saiba ou faça?
- Qual a primeira coisa que chamou sua atenção no anúncio?
- O quanto o anúncio é claro?
- Qual é a relevância deste anúncio para você/sua empresa?
- Qual o maior apelo que este anúncio exerce em você?
- Este anúncio muda suas visões a respeito da marca ou produto?
- O quanto o anúncio é adequado à marca do jeito que você a conhece?
- O que você acha que foi incentivado a pensar ou fazer como resultado de ver o anúncio?
- Qual é a probabilidade de você realizar alguma ação como resultado do anúncio?

> Há algo faltando no anúncio que o impediria de realizar alguma ação?

> Onde seria mais provável que você notasse esse anúncio?

O uso de pesquisa quantitativa para testar o anúncio

Geralmente há um desejo de quantificar a efetividade de uma campanha publicitária, a fim de medir o retorno sobre o investimento que foi feito na promoção. A pesquisa de marketing quantitativa tipicamente assume a forma de estudos pré e pós-propaganda, com perguntas similares em cada leva, para permitir um *benchmarking* comparativo. Elas cobrem os diversos estágios do funil da marca, em particular a consciência (não estimulada e estimulada), a consideração de cada marca conhecida em futuras compras e a proporção dos que usam cada marca.

Além disso, é importante medir as palavras associadas à marca anunciada – de maneira estimulada e não estimulada –, pois isso indica se a propaganda mudou de alguma maneira a percepção da marca.

O estudo pós-campanha incorpora perguntas adicionais para obter uma avaliação mais detalhada do impacto da propaganda. Isso inclui a lembrança de anúncios (não estimulada), a maneira com que as marcas são lembradas, os canais de marketing por meio dos quais eles anunciaram e a lembrança das comunicações ou mensagens (palavras específicas, componentes visuais etc.). Como a consciência de boa parte dos anúncios é subliminar, a lembrança de marcas e propagandas é também medida de forma estimulada.

Outra linha de questionamento importante no estudo pós-campanha é o "chamado para a ação" como resultado do anúncio. Por exemplo, um *banner*: por acaso ele inspirou um clique, ou, no caso de uma campanha por mala direta com um cupom de desconto, ele foi um gatilho para uma compra?

Estudos pré e pós-propaganda podem ser caros, já que são necessários dois estudos, e ambos precisam abranger uma grande amostra para checar se quaisquer mudanças nas medições são genuínas e não fruto de uma peculiaridade estatística. Um tamanho de amostra de $n = 400$ fornece um erro estatístico da ordem de +/-4%, com 90% de limite de confiança.

DICAS IMPORTANTES

- Confie mais em consciência e *recall* não estimulados do que em consciência e *recall* estimulados. É bem maior a probabilidade de os participantes da pesquisa dizerem que têm consciência ou se lembram de uma marca ou anúncio (*recall*) se ele é mencionado e estimulado no *survey*, pois o reconhecimento (real ou falso) vem mais fácil que a lembrança (*recall*).
- Defina um tamanho de amostra para cada onda que seja suficiente para capturar mudanças previstas na consciência com precisão estatística. Em outras palavras, se a meta do anúncio é aumentar consciência em determinada porcentagem, garanta que essa porcentagem não esteja na margem de erro estatística.
- Quando os *surveys* pré e pós-campanha distam poucos meses um do outro, evite voltar aos mesmos participantes da pesquisa na onda pós-campanha. Assim, você elimina a probabilidade de haver viés de respondente como resultado de uma consciência de marca aumentada pela proximidade da primeira onda de pesquisa.
- *Surveys* on-line são o método mais rápido e de maior eficácia de custos para *surveys* de pré e pós-propaganda. No entanto, para públicos muito visados, como compradores B2B em nichos de mercado ou indivíduos localizados em áreas geográficas específicas, os *surveys* por telefone são a abordagem mais viável.

O uso de análise da internet

A ascensão do marketing digital facilitou e barateou muito a medição da efetividade dos anúncios. Por exemplo, é possível medir a efetividade da propaganda digital de uma campanha on-line acessando o número de impressões (visualizações) e as taxas de cliques. Embora isso proporcione vários *insights*, a análise mede apenas os esforços de marketing digital, a não ser que uma propaganda mais tradicional, como anúncios impressos ou campanhas de mala direta, estejam integrados a uma plataforma on-line.

A análise da web pode ser incorporada ao programa de pesquisa de marketing por meio de ferramentas como o rastreamento por *cookies* de campanhas digitais. Isto envolve instalar *cookies* ocultos na campanha digital, e aqueles que visitam a campanha participam então de *surveys* para se obter uma compreensão profunda do público. Isso engloba montar um perfil da audiência que se envolveu na campanha, avaliando se as comunicações digitais vêm alcançando o público certo, o efeito das comunicações etc. Note que os participantes do *survey* já optaram pelo rastreamento de *cookies*, pois são membros de um painel de pesquisa on-line para esse mesmo propósito.

RESUMO

Propaganda é a promoção paga de uma marca, produto ou serviço. Vários tipos de propaganda tendem a ser empregados mais por marcas de consumidores do que por marcas B2B, em razão dos altos custos – especialmente na mídia tradicional de propaganda, como televisão e anúncios impressos. De fato, as maiores marcas ao consumidor gastam centenas de milhões de dólares por ano em propaganda.

Anúncios atendem a propósitos diferentes, de gerar consciência a criar apelo para a construção de uma marca. Um anúncio pode falhar em sua efetividade simplesmente porque o canal de comunicações ou de envio de mensagens usado não era o adequado ao objetivo da propaganda. A pesquisa de marketing pode otimizar a mensagem, o conteúdo e o design, assim como indicar os canais ótimos para veicular os anúncios.

Existem tipicamente três metas de pesquisa do teste quantitativo de um anúncio: medir a efetividade da marca, as percepções da marca e o *recall* da mensagem. Os tamanhos de amostras quantitativas precisam ser suficientemente grandes, a fim de que as mudanças na consciência e outras métricas não sejam resultantes de alguma peculiaridade estatística.

Seja qual for o método de pesquisa empregado, as quatro medidas mais importantes da efetividade de um anúncio são ressonância, relevância, adequação à marca e clareza.

Assegure **consistência** na imagem da marca e na voz da marca em todos os anúncios. Isso **garante** que a marca continue **diferenciada** e **reconhecível**.

CAPÍTULO 23

USANDO A PESQUISA DE MARKETING PARA LANÇAR UM NOVO PRODUTO

POR QUE É IMPORTANTE LANÇAR NOVOS PRODUTOS

A inovação é um *driver* central de crescimento nas empresas e nos setores. O desenvolvimento de novos produtos alimenta a receita futura, pois acredita-se que pelo menos 30% dos produtos de uma empresa geralmente foram desenvolvidos nos últimos cinco anos.

Além de impulsionar o crescimento orgânico, a inovação é uma fonte de diferenciação. Quando uma empresa introduz um novo produto, passa a ideia de que ela tem uma visão de futuro com sua oferta aprimorada. A inovação pode ser tanto voltada à construção da marca como a renovar, expandir ou criar um portfólio de produto.

DEFININDO UM NOVO PRODUTO

Existem três tipos de novos produtos, como mostrado na Figura 23.1. Os avanços são inovações líderes de mercado, que são as mais difíceis de gerar, por serem novidade total e nunca terem sido vistas antes. Ampliações da linha são produtos adicionais dentro de uma família ou faixa de produto. As renovações de produto são produtos de nova geração que geralmente trazem uma melhora em algum aspecto, para o usuário e/ou o fabricante. Ampliações de linha e renovações de produto são mais fáceis e rápidas de criar e tendem a ser uma resposta a uma demanda do mercado.

Além das iniciativas internas de desenvolvimento de produto e das demandas do consumidor, há várias outras forças que impactam o desenvolvimento de novos produtos, como os concorrentes, com seus últimos lançamentos, ou os fornecedores de material, com produtos substitutos ou escassez de produtos.

FIGURA 23.1 Os três tipos de novos produtos

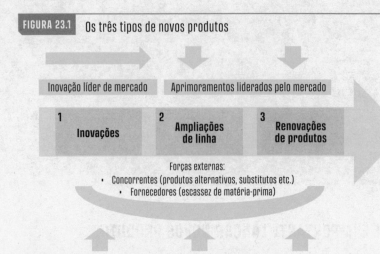

O PAPEL DA PESQUISA DE MARKETING NO DESENVOLVIMENTO DE NOVOS PRODUTOS

Dada a importância do desenvolvimento de novos produtos, as grandes empresas destinam orçamentos substanciais para pesquisa e desenvolvimento (P&D). Empresas de eletrônica podem ter um orçamento de P&D equivalente a 7% de suas vendas, mas isso é algo necessário para que consigam lidar com o rápido ritmo da mudança tecnológica. Para a maioria das empresas, o gasto com P&D fica por volta de 2% a 5% das vendas.

Geralmente é necessário um sistema para controlar o desenvolvimento de novos produtos. O modelo Stage-Gate, que abrange da ideia inicial ao lançamento, é um exemplo de abordagem estruturada usada por centenas de empresas para avaliar a viabilidade de um novo produto, desde o estágio da ideia ao pleno desenvolvimento do produto. Um processo Stage-Gate típico é mostrado na Figura 23.2.

Exame da ideia

Um estudo do professor Eric von Hippel, economista da Escola de Administração Sloan do MIT, descobriu que 80% das inovações industriais eram provenientes dos próprios clientes. Essas inovações provavelmente foram criadas pelo fabricante a partir de feedback fornecido pelo cliente. No entanto, os clientes e o conhecimento interno não são as únicas fontes de novas ideias. Como mostrado na Figura 23.1, novos

FIGURA 23.2 Exemplo de um processo Stage-Gate

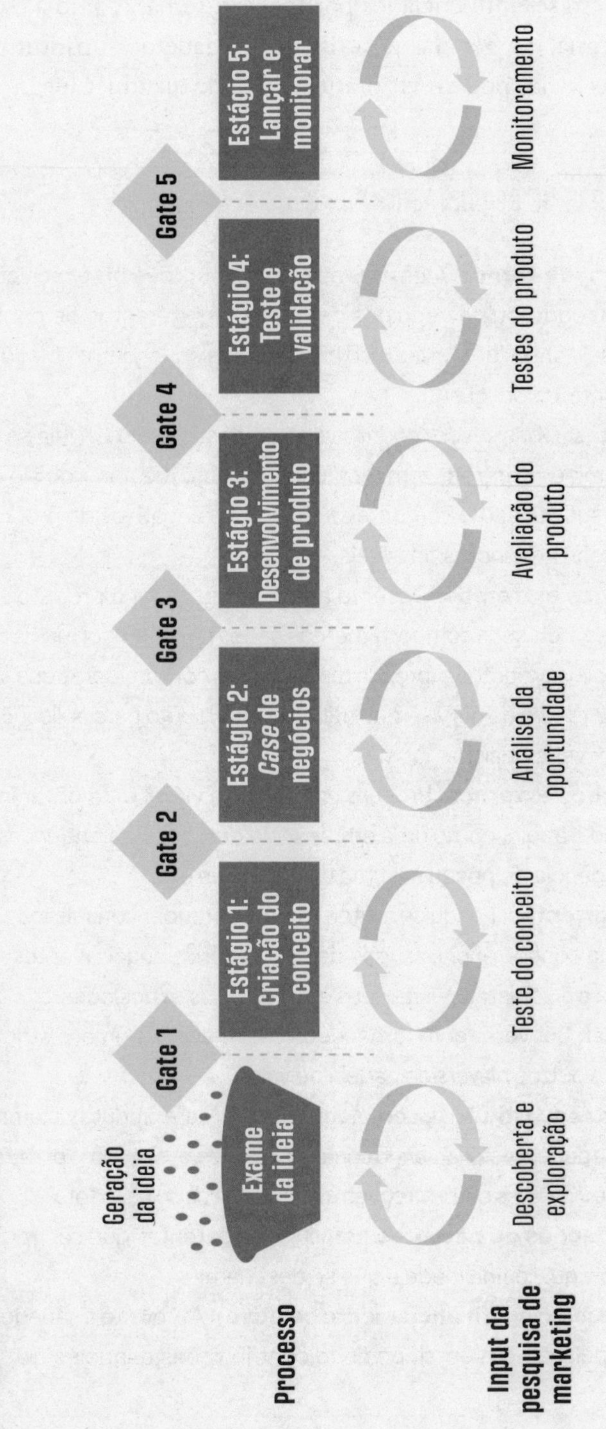

Processo

Geração da ideia → Exame da ideia → Gate 1 → Estágio 1: Criação do conceito → Gate 2 → Estágio 2: *Case* de negócios → Gate 3 → Estágio 3: Desenvolvimento de produto → Gate 4 → Estágio 4: Teste e validação → Gate 5 → Estágio 5: Lançar e monitorar

Input da pesquisa de marketing

- Descoberta e exploração
- Teste do conceito
- Análise da oportunidade
- Avaliação do produto
- Testes do produto
- Monitoramento

Usando a pesquisa de marketing para lançar um novo produto

produtos podem ser influenciados por forças externas, como a escassez de matéria-prima, ou geradas pela disponibilidade de substitutos. Na verdade, novas ideias podem vir praticamente de qualquer lugar.

10 MANEIRAS DE GERAR IDEIAS DE NOVOS PRODUTOS

1 **Recursos internos.** Além dos departamentos de P&D e técnicos, podem contribuir as equipes de marketing, gerentes de conta, representantes de serviços ao cliente e quaisquer outras funções em contato com clientes.

2 **Clientes.** Observe os produtos enquanto são usados. Veja se os consumidores introduzem modificações para melhorar de algum modo sua utilidade. Pergunte sobre pontos negativos do produto para definir melhoras possíveis.

3 **Usuários extremos.** Observe aqueles que usam o produto em excesso, pois seus comportamentos podem sugerir oportunidades para novos produtos. Aprenda também com consumidores que são um ponto fora da curva – que utilizam um produto para aplicações não convencionais.

4 **Parceiros externos.** Procure um parceiro viável para obter inspiração e apoio, como uma empresa de design ou de engenharia, uma agência de pesquisa, uma universidade etc.

5 **Concorrentes.** Pesquise a internet para aprender consultando os sites da concorrência, artigos de RP, relatórios anuais e apresentações a acionistas. Visite seus estandes nas exposições.

6 **O canal.** Converse com fornecedores de matéria-prima, distribuidores e outros *players* da cadeia de valor.

7 **Produtos substitutos e complementares.** Avalie produtos alternativos que podem estar atuando como substitutos, assim como produtos complementares que entreguem um sistema ou solução total.

8 **Solicitações de patentes.** Consulte as patentes que são registradas e qual a finalidade a que se destinam.

9 ***Crowdsourcing* (financiamento coletivo).** Aproveite a sabedoria da população em geral, pedindo contribuições daqueles que se dispõem a compartilhar suas ideias e opiniões nas comunidades on-line.

10. Fontes estrangeiras. Explore mercados estrangeiros para ter uma visão diferente. Diferenças significativas entre países impactam a demanda de produtos, a maneira como são usados, quando são usados etc., a partir de influências socioculturais, legislativas, ambientais e políticas.

ESTÁGIO 1: CRIAÇÃO DO CONCEITO

Para que uma ideia seja bem-sucedida ao longo do processo Stage-Gate, talvez ela precise ser desenvolvida num conceito e testada nessa forma. Ao apresentar um conceito a um potencial usuário, ele deve declarar com clareza o propósito geral da oferta, o problema que pretende resolver e/ou a solução que oferece e os principais benefícios que traz.

O teste do conceito deve avaliar os seguintes aspectos entre o público-alvo:

- Primeiras impressões;
- O que gosta e o que não gosta;
- Credibilidade;
- Singularidade;
- Apelo geral;
- Percepções de preço;
- Intenção de compra.

DICAS IMPORTANTES: CRIANDO UM CONCEITO

- Certifique-se de que o conceito está redigido em linguagem adequada ao público-alvo. Por exemplo, comunique os benefícios em vez dos detalhes técnicos.
- Inclua uma imagem ou demonstração (quando aplicável e possível).

- Forneça suficiente evidência em apoio às alegações de marketing que possam ser questionadas quanto à credibilidade.

ESTÁGIO 2: *CASE* DE NEGÓCIOS

A maioria das empresas exige um *case* de negócios para fazer avançar um novo produto e receber verbas para os recursos necessários.

Um *case* de negócios tipicamente abrange o seguinte:

1. Descrição do produto – uma explicação do produto que exponha o problema com o qual ele lida e a solução que oferece, especificações técnicas, *drivers* de mercado, barreiras, o ambiente competitivo etc.
2. Natureza e dimensão da oportunidade – uma análise do tamanho do mercado e do potencial em termos de:
   a. o mercado disponível total (o gasto hipotético de todo o público-alvo que pode ser consumidor do novo produto);
   b. o mercado disponível atendido (o gasto atual em todos os produtos com os quais o novo produto irá competir);
   c. estratégia de preço, potencial de receita e lucratividade.
3. Plano do projeto – critérios para um lançamento bem-sucedido do produto, como a viabilidade técnica e de fabricação, os requisitos da CAPEX [despesa de capital], os riscos, prazos, a rota para o mercado e o *target* de vendas anuais.

A pesquisa de marketing costuma ser usada nesse estágio do processo de desenvolvimento de produto para calcular o tamanho do mercado e o potencial para o novo produto. Existem três abordagens para o cálculo do tamanho do mercado:

- **Abordagem de cima a baixo.** Usa dados e relatórios publicados para obter uma macrovisão do mercado.
- **Avaliação do lado da demanda.** Aumenta os dados do *survey* para alcançar o tamanho de mercado.
- **Avaliação do lado da oferta.** Avalia o tamanho de todos que fornecem ao mercado e soma isso para chegar ao tamanho do mercado.

Supondo que o teste do conceito englobou uma amostra quantitativa, o potencial de receita pode ser estimado tomando a proporção de respondentes que expressaram a intenção de compra e aplicando um filtro percentual para chegar à proporção que se espera que terminem realmente comprando. O filtro percentual depende de vários fatores, como a estratégia de preços e o investimento previsto em promoção.

ESTÁGIO 3: DESENVOLVIMENTO DO PRODUTO

Neste estágio do processo de desenvolvimento do produto são fabricados os protótipos. A pesquisa de marketing é menos comum nessa primeira fase da fabricação, mas, em alguns casos, uma resenha do protótipo feita pelo cliente, rápida e em pequena escala, é útil para identificar quaisquer armadilhas, e permite fazer mudanças no produto antes de passar à sua produção em larga escala.

ESTÁGIO 4: TESTE E VALIDAÇÃO

Depois que o protótipo tiver alcançado os padrões de qualidade, recomenda-se que seja testado junto ao público-alvo. Testes de produtos permitem que o usuário forneça um feedback valioso indicando mudanças necessárias no produto físico, e permitem também moldar as estratégias de marketing e de preços.

Os objetivos de pesquisa nos testes de produto são muito similares aos dos testes do conceito. É útil nos testes de produto explorar também comparações com os produtos atualmente usados, a fim de determinar os maiores diferenciais da nova oferta. Em mercados *business-to-business*, isto muitas vezes requer pesquisa com os usuários dos produtos, que podem constituir um público à parte em relação aos tomadores de decisão. Embora os tomadores de decisão tenham a palavra final, os usuários conhecem os produtos melhor e podem ter influência substancial sobre os seus gestores.

ESTÁGIO 5: LANÇAR E MONITORAR

O estágio final leva à produção em larga escala e ao lançamento do novo produto. O sucesso do novo produto depende tanto do canal, do preço e das estratégias promocionais como das características do próprio produto. A pesquisa de marketing pode ser usada pós-lançamento para monitorar o desempenho do produto, além de suas cifras de vendas. Nesta pesquisa de monitoramento, os principais objetivos são:

- compreender o que atraiu as pessoas ao novo produto;
- determinar o que incentivou as pessoas a mudarem;
- avaliar a satisfação com o produto em geral e em relação a determinados atributos de desempenho;
- medir qual a probabilidade de as pessoas recomendarem o produto.

DEFININDO CRITÉRIOS DE SUCESSO PARA O DESENVOLVIMENTO DE NOVOS PRODUTOS

A pesquisa qualitativa é útil para gerar ideias de novos produtos e para explorar os conceitos. No entanto, muitas empresas requerem um mecanismo mais estruturado para avaliar tanto conceitos quanto protótipos por meio de pesquisa quantitativa. Critérios de sucesso com *benchmarks* adequados a um mercado particular constituem um meio de medir o desempenho de um conceito ou protótipo com uma ferramenta padrão ao longo de toda a empresa, assegurando que todos os novos produtos sejam avaliados igualmente.

Os critérios de sucesso costumam se basear na pergunta sobre intenção de compra feita aos participantes da pesquisa de marketing na forma de uma escala Likert de cinco pontos, como mostrado no Quadro 23.1.

QUADRO 23.1	A pergunta sobre intenção de compra
Supondo que o produto seja oferecido a um preço aceitável, qual das seguintes opções descreve melhor sua intenção de comprá-lo?	
Compraria com certeza	○
Provavelmente compraria	○
Poderia comprar ou não	○
Provavelmente não compraria	○
Definitivamente não compraria	○

Duas métricas-chave decorrem desta pergunta:

- a pontuação da opção mais alta, isto é, a porcentagem de respondentes que declaram "Compraria com certeza";
- a pontuação das duas opções mais altas, isto é a soma da porcentagem dos respondentes que declaram "Compraria com certeza" e "Provavelmente compraria".

Para ser aprovado no processo Stage-Gate, o conceito ou protótipo precisa alcançar a métrica exigida de intenção de compra tanto para a opção mais alta quanto para a barreira das duas opções mais altas, a fim de atender aos critérios de sucesso.

TABELA 23.1 Exemplo de critérios de sucesso de uma empresa fabricante B2B para o teste de protótipo

Critérios de sucesso		Barreira da opção mais alta	Resultado da opção mais alta	Barreira das 2 opções mais altas	Resultado das 2 opções mais altas
Intenção de compra	Padrão	31%–34%	33%	60%	59%
	Bom	35%–44%		70%	
	Excelente	45%+		80%	

No exemplo mostrado na Tabela 23.1, o protótipo recebeu sinal verde para seguir adiante ao alcançar a pontuação da opção mais alta que ficou dentro do padrão. (Isto é, 33% para a opção mais alta, que fica dentro da barreira mais alta, e 59% para as duas opções mais altas, que fica dentro da barreira das duas opções mais altas.)

DICAS IMPORTANTES

- Desenvolva os critérios de sucesso apenas após concluir pelo menos um punhado de testes de conceito e/ou protótipo. O limite pode

então ser definido usando dados relevantes para a empresa e seus objetivos.
- Monitore os critérios de sucesso ao longo do tempo com base no número de resultados de "siga" e "aborte". Pode ser preciso mudar os critérios, por exemplo, se passarem conceitos demais pelo *gate* e houver restrições no orçamento de P&D para desenvolvimento de protótipos.
- Considere diferenças culturais ao definir critérios de sucesso. Por exemplo, certas empresas definem limiares mais baixos para dados da Europa Ocidental em relação aos da América do Norte, pois os europeus ocidentais mostram menos adesão a *surveys* com respostas escaladas em comparação com os norte-americanos.

RESUMO

Todo produto tem um ciclo de vida que engloba nascimento, juventude, maturidade e velhice. As vendas de um produto estabelecido costumam ter um pico entre a maturidade e a velhice, e então as vendas começam a cair. Se o produto não for rejuvenescido, continuará caindo conforme substitutos e inovações eclipsam o produto estagnado. Novos produtos são, portanto, o sangue vital de uma empresa e não admira que entre 2% e 7% das vendas das grandes empresas sejam investidas em P&D.

A pesquisa de marketing pode ter papel vital ao longo de todo o processo de desenvolvimento de produto, incluindo geração de novas ideias para a linha de inovação, avaliação do desempenho de conceitos e protótipos, e monitoramento do desempenho de um produto pós-lançamento.

A pesquisa de marketing reduz o risco de fracasso, pois descobrir falhas de produto é bem menos custoso de remediar na fase de desenvolvimento do que no pós-lançamento. Além desta quase certeza, a pesquisa de marketing oferece dados úteis para desenvolver um *case* de negócios atraente, e para definir muito bem o ponto de preço e o público-alvo, e a dimensão da oportunidade.

É aconselhável usar critérios de sucesso para filtrar conceitos e protótipos. Isso não só auxilia na tomada de decisão, como aumenta as chances de sucesso do novo produto, já que os critérios de sucesso asseguram independentemente que apenas os conceitos e protótipos com melhor desempenho sejam selecionados para desenvolvimento.

Embora a tarefa de desenvolver novos produtos possa parecer intimidante e custosa, não precisa ser focada exclusivamente no produto. Melhorias na embalagem ou novos serviços podem ter impacto tão forte quanto melhorar o próprio produto físico.

CAPÍTULO 24

RELATÓRIOS

Os relatórios de pesquisa de marketing mudam ao longo dos anos. Os tradicionais relatórios escritos, de 10 mil a 15 mil palavras, praticamente desapareceram, substituídos por apresentações de Power-Point com vasto conteúdo. Eles muitas vezes têm excesso de gráficos e imagens sem muita função, introduzidos mais para deixar a página atraente, e que parecem forçados e não acrescentam nada. Os dados às vezes são apresentados em slides, e isso complica decifrar o que significam se não houver um pesquisador junto para explicar. Alguns slides simplesmente não são relevantes para os objetivos. Não é incomum que os relatórios cheguem a ter mais de 100 páginas. Relatórios assim pretendem ser a coroação gloriosa do tempo e dinheiro consideráveis investidos na pesquisa e, no entanto, muitas vezes têm resultados desastrosos.

Os dados são o problema. Com frequência há tanta informação que fica difícil avaliar o que deve entrar ou ser excluído, e não é fácil ter noção disso. O relatório e a maneira com que é apresentado deixam uma impressão duradoura do projeto e dos pesquisadores, e isto requer tempo e esforço para ser bem-feito.

REGRAS COMUNS PARA RELATÓRIOS ESCRITOS E APRESENTAÇÕES

- Atender às necessidades do público-alvo.
- Definir bem a estrutura.
- Dar atenção aos detalhes com verificação e edição minuciosas.
- Ter boa aparência.

Atender às necessidades do público-alvo

Os relatórios têm dois propósitos – são preparados como apoio à apresentação e como um registro duradouro que as pessoas vão ler, assimilar e usar para desenvolver planos de ação futuros. Pode ser difícil preencher no mesmo documento essas duas necessidades – apresentação e relatório.

Também é problemático ter como alvo audiências mistas, que querem coisas diferentes do estudo. As audiências costumam ser variadas e suas necessidades podem diferir muito. Audiências típicas para relatórios de pesquisa são formadas por gerentes de produto, gerentes de marketing, de vendas, de pesquisa de marketing, pessoas ligadas ao desenvolvimento dos negócios, gestores de áreas de desenvolvimento técnico e, é claro, os altos executivos. Um pesquisador precisa harmonizar as necessidades desses diversos grupos no relatório.

As responsabilidades funcionais das pessoas que compõem a audiência terão forte influência nas informações específicas que elas irão procurar no relatório. O pessoal de vendas se interessa por aspectos específicos, por exemplo, o que pensam e fazem seus clientes, especialmente os que são potenciais. Gerentes de comunicações estão interessados em outras coisas, como saber quais jornais as pessoas leem, que sites visitam e que mensagens são eficazes. O pessoal técnico provavelmente vai querer saber quais os aspectos dos produtos que estão sendo valorizados.

Sobrepondo-se aos diferentes interesses das pessoas, que são específicos de suas funções, há os requisitos pessoais que elas procuram num relatório. Sem exceção, porém, todos esperam clareza e *insights*. A maioria quer saber desde o início para onde o relatório se encaminha e o que ele descobriu, portanto, um resumo executivo é sempre apreciado. Espera-se de todos os relatórios que definam uma direção clara a respeito das ameaças e oportunidades, embora às vezes os pesquisadores sejam solicitados a evitar fazer recomendações, já que não costumam ter ideia de todos os fatos "internos" envolvidos que lhes permitiriam fazer isso.

A existência de interesses diversos significa que é especialmente importante uma boa comunicação com o patrocinador da pesquisa, para definir em que nível o relatório deve ser apresentado. Diferentes públicos podem exigir relatórios diferentes.

Definir bem a estrutura

A chave para um bom relatório de pesquisa de marketing é a estrutura. Ela fica aparente ao longo do processo de pesquisa. Está no início, na lista dos propósitos e objetivos da pesquisa que são discriminados na proposta. Ela existe no questionário usado para coletar os dados. A pesquisa de marketing é sistemática e organizada, e a estrutura está no cerne do processo. Sem estrutura, a massa de dados pode ficar perdida e a imensa quantidade de esforço despendido no projeto pode não ser apreciada.

Embora possa soar precipitado, é importante ter uma ideia das conclusões antes que a estrutura do relatório seja desenvolvida. Sem dúvida, o pesquisador, ao preparar o relatório, já terá se familiarizado com os dados à medida que a pesquisa avançou, tendo uma noção do resultado iminente. Do mesmo modo, a proposta e o *briefing* nos quais foi apresentado o plano do projeto no início serão um lembrete a respeito do que se espera do relatório. A estrutura do questionário oferece um *framework* potencial para o relatório, mas também traz o risco de se seguir a sequência da entrevista, o que às vezes não constitui a melhor linha para o relatório. É crucial, no início do estágio do relatório, mapear uma estrutura que encaminhe a uma conclusão de maneira clara e lógica, caso contrário, a análise questão por questão pode dar a impressão de que se está meramente despejando dados.

FIGURA 24.1 Definindo a estrutura do relatório por procedimentos e análises

Abordagem procedural à estrutura

Seção A
Desk research ⟹ **Seção B**
Descobertas qualitativas ⟹ **Seção C**
Descobertas quantitativas

Abordagem analítica à estrutura

Capítulo 1
Tamanho do mercado
(Da Seção A) ⟹ **Capítulo 2**
Estrutura do mercado
(Da Seção A) ⟹ **Capítulo 3**
Comportamento do comprador
(Das Seções B+C) ⟹ **Capítulo 4**
Tendências do mercado
(Das Seções A+B+C)

A maioria dos pesquisadores de marketing trabalha para empresas de pesquisa, portanto, são os resultados dos *surveys* que são reportados. No entanto, descobertas de *surveys* não existem isoladamente, e deve haver dados contextuais entrelaçados à estrutura. É possível usar dados internos do cliente patrocinador para compor a cena. A *desk research* permite fornecer um quadro geral a ser colocado junto com os dados do *survey*. É possível fazer um mix de descobertas qualitativas e quantitativas a serem reportadas.

Ken Follett é um escritor que domina com maestria a narração de histórias e já vendeu mais de 160 milhões de livros no mundo inteiro. Suas obras são meticulosamente pesquisadas e extremamente bem escritas. Uma parte crucial de seu sucesso deve-se à clareza estrutural de suas histórias. Antes de iniciar um de seus romances épicos, Follett mapeia a história em capítulos curtos, um por um, e segue esta estrutura rigorosamente ao escrever. Nós, pesquisadores, deveríamos fazer o mesmo, levando também em conta que, na edição final do relatório, será possível mover algumas partes de lugar para melhorar a lógica da estrutura.

Os relatórios de pesquisa de marketing contêm muitos dados. É comum haver dados demais, o que deixa a audiência entediada e dificulta a memorização. Estes relatórios e apresentações áridos precisam ser melhorados, e uma das maneiras de fazer isso é ordenar as descobertas como se contassem uma história. A estrutura e a lógica da história ajudam o leitor (ou ouvinte) a situar os dados em pontos de referência. Aumentam o interesse e tornam as descobertas mais fáceis de lembrar.

Uma boa história tem um tema e este deve ser relevante em relação às descobertas do *survey*. Não estamos sugerindo que o pesquisador situe as descobertas na história da Chapeuzinho Vermelho; estamos simplesmente dizendo que o relatório deve ter o desenrolar de uma história. Algumas histórias começam com um evento memorável e então seguem com uma explicação do que acontece em seguida. As histórias precisam ser construídas em torno de personagens e fazer parte de um enredo. Com frequência, há enredos paralelos, que são episódios que correm junto com o tema principal e acrescentam interesse. Todas as histórias devem ter princípio, meio e fim.

O final da história precisa ser satisfatório. Sem dúvida, é a parte mais importante do relatório, pois junta tudo, e o ideal é que encaminhe recomendações e ações. Por isso é importante que o pesquisador saiba para onde o relatório aponta, e isso requer que seja desenvolvida uma estrutura de relatório antes de redigi-lo.

A primeira seção do relatório, isto é, o começo da história, consiste numa introdução ao mercado e ao histórico do estudo. A parte intermediária do relatório, geralmente a parte principal, contém os detalhes das descobertas e é onde os pesquisadores costumam fazer um bom trabalho. Nesta seção, mais longa, cada capítulo deve se ligar ao seguinte conforme o fio da história se desdobra e se encaminha para a conclusão.

O perfil do questionário oferece um roteiro para a estrutura do relatório, mas não precisa ser seguido religiosamente. Usando o exemplo do *survey* de satisfação do cliente, é provável que no início do questionário se concentrem as perguntas voltadas a descobrir quais são os fornecedores conhecidos e quais têm sido usados. Isso pode ser seguido por perguntas para determinar como os fornecedores são escolhidos. Depois pode haver perguntas que classificam os fornecedores segundo fatores como produto, preço, entrega, serviço e apoio ao cliente. Não há nada de inerentemente errado em seguir essa estrutura e ela fornece um bom ponto de partida. No entanto, pode ser melhor reagrupar os dados em torno de uma história sobre a lealdade e da maneira em que ela pode ser melhorada. Por exemplo:

Capítulo 1. Introdução

Capítulo 2. Resumo executivo

Capítulo 3. O problema da rotatividade de clientes

- Os efeitos da alta rotatividade de clientes para a nossa empresa.
- Níveis de rotatividade de clientes no nosso setor.
- Tendências da rotatividade de clientes.

Capítulo 4. Fatores que promovem a lealdade dos clientes

- Exemplos de outros setores que impulsionam a lealdade dos clientes.
- Os "pontos obrigatórios": fatores de higiene que impulsionam a lealdade no setor.

Relatórios

- Fatores diferenciais que impulsionam a lealdade no setor.
- Resumo dos fatores que impulsionam a lealdade no setor.

Capítulo 5. O desempenho da empresa em impulsionar a lealdade

- Níveis de satisfação e lealdade dos clientes.
- Níveis de satisfação e lealdade dos fornecedores concorrentes.
- Fatores que impulsionam a lealdade e a satisfação com a empresa.

Capítulo 6. Conclusões

- Resumo das descobertas.
- Uma análise dos pontos fortes e fracos de nossa empresa.
- As oportunidades e ameaças no mercado.
- Que ações poderiam ser empreendidas para gerar lealdade ao melhorar:
  - o produto (a proposta de valor ao cliente);
  - o local (o canal para o mercado);
  - o preço (a maneira pela qual o valor é capturado);
  - a promoção (as mensagens que têm ressonância no mercado).

Esta é uma estrutura construída em torno do tema da lealdade do cliente. Ela tem foco na interpretação dos dados e em como a satisfação do cliente se traduz em lealdade.

Redigir, verificar e editar

O estilo de texto para relatórios e apresentações precisa ser capaz de comunicar dados de modo rápido e claro. O relatório deve ter impacto, para que um leitor ocupado consiga rapidamente "destrinchar" seu conteúdo. A seguir, algumas regras sobre estilo e leiaute de um relatório:

➤ Dividir o relatório em capítulos (seções) que tenham encadeamento lógico e contem uma história.

➤ Dar a cada slide um título que traga o leitor para dentro do slide e comunique o que o leitor pode ter a expectativa de ficar sabendo. Pesquisadores têm opiniões variadas a respeito de se os títulos devem ser curtos e estimulantes ou longos e discursivos. Na dúvida, use um título curto com menos de 10 palavras, e se achar necessário acrescente um subtítulo para esclarecer melhor.

- No corpo do slide, use tópicos, parágrafos curtos e notas em boxes de texto para comunicar ideias de maneira ágil.
- Evite muito texto e use gráficos e diagramas sempre que possível.
- Tabelas são um meio excelente de apresentar dados complexos. Certifique-se de que as fileiras e colunas de dados nas tabelas estejam em ordem decrescente de importância. Destaque cifras-chave na tabela e use caixas de texto para fornecer explicações.
- Identifique claramente todos os diagramas com títulos (e faça constar também as fontes dos dados). A consistência também é importante aqui, com o uso de uma paleta de cores adequada, assim como de fontes de formato e tamanho adequados.
- Evite usar palavras complicadas, jargão e gíria.
- Evite longas seções só com texto.
- Valorize detalhes e pequenas coisas, pois isso indica ao leitor que houve cuidado e atenção ao processo todo do *survey*.

Depois que o relatório tiver sido esboçado, o autor verifica a estrutura, a legibilidade e o conteúdo. Talvez alguns slides tenham que mudar de lugar para melhorar a fluência.

Os dados devem ser checados com cuidado, em nome da precisão. A informação está correta, ela faz sentido, foi comunicada da maneira mais apropriada?

Enredos paralelos podem melhorar uma história, portanto, uma boa apresentação pode conter informações que sejam por si sós interessantes, mesmo que não sejam fundamentais para o enredo principal. Se esses enredos paralelos forem muito tangenciais em relação à história, podem ser reunidos num apêndice.

Este estágio de edição requer uma atitude implacável, portanto, é hora de abrir mão de dados supérfluos que não apoiem as conclusões e recomendações. Ao fazer a edição, deve-se ter em mente que um bom relatório tem três requisitos importantes: deve cumprir os objetivos, deve ter uma apresentação clara dos dados e deve propor ações. Se falhar em atender esses três requisitos, será necessário submetê-lo a uma forte edição.

Também vale a pena encarar o desafio dos 30%. Examine o relatório todo e veja se é possível reduzir sua extensão em cerca de um terço. A probabilidade é que ao fazer isso haja uma perda mínima de dados cruciais e que a história fique mais amarrada e mais legível. No entanto, o pesquisador que que gastou tempo e esforço construindo seu amado relatório talvez não seja a melhor pessoa para cortar esses 30%. É bom contar, portanto, com a mão forte de um editor.

As edições finais (pode haver mais de uma) serão necessárias, conforme forem sendo feitas as verificações de detalhes como ortografia, gramática, identificação de tabelas, indexação e legibilidade. Estas edições podem ficar a cargo do autor do relatório, mas às vezes é útil providenciar uma revisão por uma pessoa independente, que pode apontar e questionar coisas que talvez não tenham ficado claras para as pessoas que não tiveram envolvimento tão profundo no relatório quanto o autor.

Cuide da boa aparência do relatório

Já mencionamos que as diferentes audiências podem exigir relatórios diferentes. Pode-se desenvolver um relatório principal para contar a história toda e que seja suficientemente abrangente para fazer sentido para alguém que decida lê-lo sem ter um apresentador explicando cada slide. E pode haver um segundo relatório, uma versão mais curta, com menos texto por slide, mais adequado a apresentações mostradas numa tela.

Estes relatórios precisam ser examinados criticamente de todas as maneiras e devem então ser "enfeitados", para ganhar uma boa aparência. Um estilo interno consistente melhora o aspecto geral e a sensação que o relatório transmite.

Considere a lista de verificação a seguir, de coisas a conferir se o relatório tem boa aparência:

- Deve haver uma página de título que descreva o conteúdo do relatório e mencione a data em que foi apresentado e identifique seu autor (ou autores).
- Inclua um sumário ou um slide tipo agenda para que as pessoas saibam o que está contido no relatório.

- Mantenha a simplicidade (evite usar um fundo com padrões de desenho muito elaborado, ou molduras e quadros excessivamente coloridos). Quanto mais básico, melhor.
- Siga rigorosamente a paleta de cores definida pelo design e pelo tema do PowerPoint (cores sutis funcionam melhor que cores chamativas).
- Numere as páginas.
- Coloque título em todos os slides e gráficos.
- Mantenha a consistência em todos os aspectos do leiaute – margens, fontes, estilos de títulos, identificação de tabelas.
- Não esprema conteúdo demais dentro de uma página – faça um uso eficaz do espaço em branco.
- Na dúvida, deixe de fora.

REPORTANDO DADOS QUALITATIVOS

Os relatórios de pesquisa qualitativa são mais difíceis de redigir que os baseados em dados quantitativos. É especialmente importante desenvolver uma estrutura sólida para o estudo qualitativo, caso contrário ele pode se ramificar em várias direções. Para guiar o *framework* geral, você pode usar alguma das muitas estruturas analíticas estabelecidas nas ciências sociais ou em economia comportamental.

As próprias informações qualitativas podem ser apresentadas por meio de texto, diagramas de fluxo e clipes de vídeo (o que se costuma chamar de "*talking heads*"). Citações literais de comentários dão ênfase, já que são palavras do cliente, não do pesquisador. Estas citações diretas reforçam o ponto que estiver sendo tratado. Para que o leitor entenda quem é o autor do comentário, costuma-se associar a citação a algum um tipo de indivíduo (por exemplo, mulher, de 25 a 35 anos, de classe alta), mas sem vazar nada que possa identificá-la pessoalmente.

> Resumo de pontos ao preparar relatórios qualitativos:
>
> - Os dados devem ser colocados dentro de uma estrutura clara.
> - As descobertas podem ser apresentadas em diagramas assim como em texto.

- Clipes de vídeo e fotos são maneiras eficientes de comunicar ideias.
- Citações diretas, quando usadas, devem ilustrar e expandir as descobertas de pesquisa.
- As citações devem ser "corrigidas" gramaticalmente para que façam sentido.
- As citações devem respeitar a confidencialidade dos respondentes.
- É importante que o pesquisador qualitativo que prepara o relatório deixe claro o que são fatos e o que é interpretação sua.

FIGURA 24.2 Usando comentários literais para comunicar uma ideia

> Gosto de fazer as coisas de casa eu mesma, especialmente colar papel de parede. Tentei usar gesso, mas o gesso secava no balde antes de conseguir aplicá-lo na parede. Então não fui muito bem nisso! Gosto de tentar fazer reparos em casa. Não ousei mexer no encanamento. Sei consertar coisas, mas não tentei fazer tarefas mais encrencadas, como se costuma dizer.
> (Mulher, 35, classe alta)

> Estou realmente muito animado. Não mexo na parte elétrica, acho perigoso. Já tomei vários choques. Gosto de fazer as coisas eu mesmo, mas sei meus limites.
> (Homem, 65, aposentado)

REPORTANDO DADOS QUANTITATIVOS

Informações quantitativas, pela própria natureza, são mais estruturadas que os dados qualitativos. Para a maioria das descobertas quantitativas, há várias opções disponíveis para apresentar os dados:

Gráficos e diagramas

O PowerPoint é tanto uma bênção quanto uma maldição para os pesquisadores de marketing. Ele oferece gráficos e diagramas padronizados, incluindo "SmartArt" para gráficos instantâneos. Eles podem dar inspiração sobre como apresentar os dados, mas também podem parecer uma solução preguiçosa. Deve-se incentivar o pensamento original.

Há muitas opções para apresentar os dados e vale a pena considerar qual pode ser a mais apropriada.

Gráficos de pizza ou de rosca são usados quando os dados dão uma soma total de 100%. Eles são usados para mostrar:

> Dados de classificação: quem participou do *survey*, sua idade, gênero etc.
> Dados sobre o tamanho de mercado: o *market share* (fatia de mercado), vendas dentro de um setor.
> *Brand shares* (fatias de marca).

Gráficos de aranha ou de radar são usados para apresentar dados numéricos. Na Figura 24.4, a título de exemplo, vemos os níveis de satisfação com um fornecedor em relação a seis atributos, em três países diferentes. Eles permitem apresentar dados complexos, comparativos, de modo que as diferenças fiquem rapidamente aparentes.

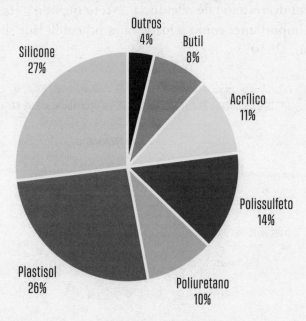

FIGURA 24.3 Gráfico de pizza para mostrar as fatias dos segmentos de mercado

FIGURA 24.4 Gráfico de aranha mostrando a satisfação com um fornecedor

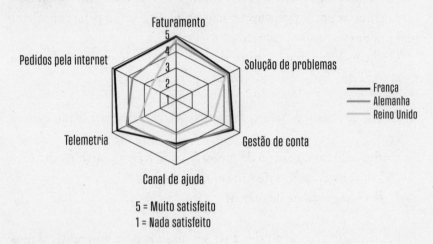

O gráfico de barras

Gráficos de barras são o método mais usado normalmente para exibir dados em estudos quantitativos. Há vários tipos diferentes de gráficos de barras à escolha, dependendo do tipo de dados a serem apresentados. Podem ser horizontais, verticais ou divididos. É importante que, para a maioria dos dados, as barras sejam apresentadas em ordem decrescente de relevância, exceto quando a escala é uma variável importante, como a idade ou a probabilidade de comprar (ver Figura 24.5).

FIGURA 24.5 Gráfico de barras horizontal mostrando a probabilidade de compra

FIGURA 24.6 Gráfico de barras vertical mostrando vendas de tapetes

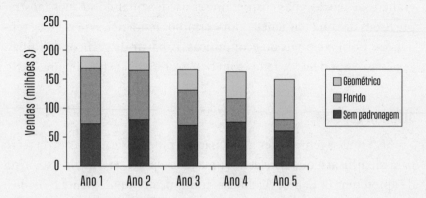

O gráfico de barras horizontal é normalmente usado para apresentar a satisfação do cliente e respostas a perguntas atitudinais. O requisito principal é mostrar claramente a escala de avaliação, seja por pontuações médias ou por porcentagens num nível particular – de novo, por ordem decrescente de importância. Também é possível comparar as avaliações de vários grupos de respondentes num gráfico; por exemplo, ao examinar a atratividade de um novo conceito, as reações de homens e mulheres podem ser plotadas umas contra as outras para efeito de comparação.

Os gráficos de barras verticais são normalmente usados quando se quer ter uma medida do tamanho ou volume, por exemplo, do tamanho do mercado. Os gráficos podem ser divididos, para mostrar as partes ou divisões componentes e as tendências dentro de um grupo, por exemplo, tendências de vendas ao longo do tempo (ver Figura 24.6).

Os gráficos Mekko (ou, para sermos mais exatos, gráficos Marimekko, que levam o nome de seu criador) são um meio útil de retratar os dados sobre o tamanho de mercado simultaneamente em duas dimensões. Por exemplo, os segmentos de mercado podem ser mostrados ao longo do eixo x, com a largura de cada coluna correspondendo ao tamanho do segmento; e, dentro de cada segmento ou coluna, é possível exibir também a fatia de mercado para marcas individuais (ver Figura 24.7).

Gráficos são usados para apresentar tendências em números, ao longo de um determinado período. Cumprem a mesma função que os gráficos de barras, mas costumam ser usados quando se quer mostrar previsões de uma tendência, por exemplo, tendências de vendas, tendências populacionais ou econômicas. A partir de gráficos de linhas, as previsões podem ser feitas com base na tendência (ver Figura 24.8).

Usando tabelas

Se a mensagem requer a precisão de números e etiquetas de texto para identificar a que se referem, uma tabela pode ser a melhor maneira de apresentar os dados. As tabelas comunicam rapidamente os dados, e podem ser usadas prontamente para exibir padrões associados aos dados (ver Tabela 24.1). A seguir, algumas regras para a montagem de tabelas de modo a maximizar sua efetividade:

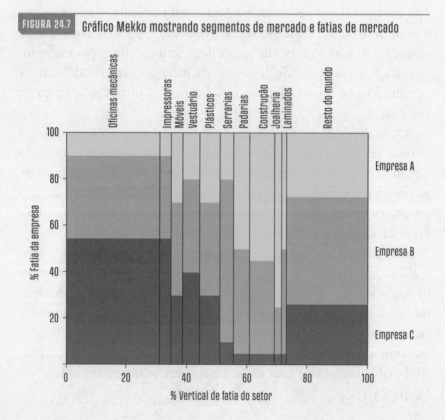

FIGURA 24.7 Gráfico Mekko mostrando segmentos de mercado e fatias de mercado

- *Simplicidade*: As tabelas são lidas de cima para baixo e da esquerda para a direita, portanto, são montadas normalmente com fileiras e colunas em ordem decrescente de importância. A formatação padrão no Excel é uma maneira rápida e fácil de mostrar quaisquer padrões de dados destacando-os com cores diferentes.

- *Titulagem*: tabelas devem ter títulos claros para identificar do que trata a tabela. As colunas devem indicar seu conteúdo junto com a unidade de medida utilizada, esclarecendo se são números, porcentagens, pesos ou unidades, valores monetários e assim por diante. Quando apropriado, a própria pergunta deve ser colocada como um título e os tamanhos das amostras devem ser informados para que o leitor possa julgar sua precisão. A regra é usar rótulos e títulos curtos, desde que seu sentido fique claro.

- *Exibição dos totais*: as tabelas devem ter uma coluna do total, já que ela é ponto de referência em relação a qual outros dados da tabela podem ser comparados.

- *Arredondando cifras*: na maioria dos casos, os números em tabelas devem ser arredondados. Isso facilita para o leitor relacionar uma cifra com a outra. Claro que há casos em que os números não devem ser arredondados e os decimais são importantes (por exemplo, numa tabela de taxas de conversão de moedas).

- *Ordenação de fileiras e colunas*: tabelas e gráficos organizados em tamanhos crescentes ou decrescentes facilitam a interpretação por parte do leitor. Em geral, o atributo mais importante ou o atributo com maior resposta deve ficar no alto da tabela, e os outros em ordem decrescente. Isto guia o olho do leitor tanto para a ordem quanto para os dados. Ao usar várias colunas de dados, a ordem pode ser determinada pela coluna "total" ou pela que contenha os dados mais importantes. Como ocorre com os gráficos, a exceção a esta regra é com as escalas ordinais (aquelas que são dispostas em certa ordem) como "Muito provável", "Bastante provável", "Não muito provável" e "Nada provável". A sequência dessas escalas deve ser apresentada da mesma maneira, qualquer que seja o resultado.

- *Formato da tabela*: empregam-se diversas técnicas para apresentar tabelas de uma maneira que separe com facilidade as fileiras e/ou colunas; os atuais processadores de texto e pacotes para redação de

Relatórios

relatórios facilitaram muito a tarefa para quem escreve. O principal método para tornar os dados prontamente legíveis em tabelas envolve o uso de linhas, texto e cores. A maioria dos programas de software dispõe de uma gama de tabelas formatadas automaticamente que incorporam o uso de todos esses elementos.

Usando diagramas de fluxo

Diagramas de fluxo são um meio simples e eficaz de apresentar dados organizacionais. Estes dados podem estar relacionados a qualquer coisa, desde a maneira como o mercado está estruturado até como uma empresa opera, ou como um indivíduo toma decisões. A questão central para o desenvolvimento de um diagrama de fluxo é a estrutura de um processo. Mais ou menos como num labirinto, o leitor deve ser capaz de iniciar num ponto e seguir o fluxo do diagrama até o final, não importa quantas dispersões e rotas alternativas possa haver. A Figura 24.9 mostra a complexa rota para o mercado dos fabricantes de chuveiros até os usuários finais. Este único gráfico tem um impacto bem maior na descrição de um mercado do que qualquer número de palavras e parágrafos.

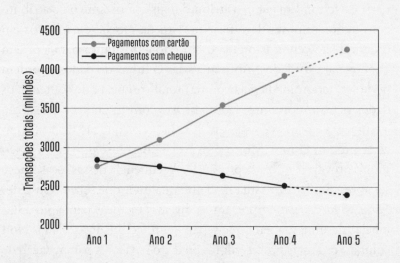

FIGURA 24.8 Gráfico de linhas mostrando tendências de pagamento por cartão e cheque

TABELA 24.1 Tabela mostrando satisfação com um fornecedor

	Impacto na satisfação	MÉDIA DE SATISFAÇÃO COM O FORNECEDOR*
Entrega do produto	36%	4,1
Preço	28%	4,2
Produto	15%	4,6
Suporte ao cliente	14%	3,8
Serviço técnico e manutenção	7%	4,2
TOTAL	100%	4,3

* 1 é "nada satisfeito" e 5 é "extremamente satisfeito"

FIGURA 24.9 Diagrama de fluxo mostrando rota para o mercado para fabricantes de chuveiros

QUADRO 24.1	Três classificações de estruturas para extrair conclusões e fazer recomendações	
SEÇÃO DE CONCLUSÕES	**PROPÓSITO DA SEÇÃO**	**EXEMPLOS DE ESTRUTURAS**
Análise da situação	Resumir as principais questões e reuni-las	SWOT, ciclo de vida, grade Ansoff, modelos de tomada de decisão
Marketing e metas do negócio	Mostrar o que pode ser alcançado	Estratégias de Porter genéricas, modelo de adoção de Rogers para nova tecnologia, modelos de comunicação hierárquica (como AIDA)
Recomendações	Mostrar qual é a ação exigida	4 Ps, *grids* XY, processo de modelos de fluxo

EXTRAINDO CONCLUSÕES

A seção de conclusões e recomendações de um relatório é sem dúvida a mais importante. A pesquisa de marketing é encomendada para ajudar a confirmar de que maneira gerir a mudança, a fim de reavaliar a maneira como as coisas estão sendo feitas e tomar decisões bem fundamentadas a respeito do futuro. O relatório deve fazer o cliente sentir que dispõe agora de informações que deixam o caminho para avançar desimpedido.

É útil usar *frameworks* nas conclusões de um relatório. Eles situam o problema num contexto e trazem os detalhes de volta a um quadro mais amplo. Vários negócios e *frameworks* de marketing podem ser usados para fazer isto em pesquisa de marketing. Esses *frameworks* propiciam uma teoria para mostrar como as coisas funcionam e são bem documentadas na literatura de negócios. Existem três classificações amplas nas quais esses *frameworks* se encaixam, independentemente das metodologias adotadas na elaboração da pesquisa. O Quadro 24.1 mostra as classificações para tirar conclusões e fazer recomendações, e os *frameworks* que se encaixam nelas.

CRIANDO UMA APRESENTAÇÃO

Ao longo deste capítulo fizemos uma associação forte entre o relatório da pesquisa de marketing e a apresentação física de suas descobertas. Para muitos pesquisadores de marketing, reportar e apresentar são a mesma coisa.

A apresentação de um estudo de pesquisa de marketing dura normalmente umas duas horas. Os slides do PowerPoint podem ser complementados por outros materiais, como clipes de vídeo e de áudio. Como norma, as apresentações têm audiências de até 20 pessoas. Como ocorre na própria preparação do relatório, é útil saber antes da apresentação quais são os cargos e responsabilidades daqueles que irão assistir à apresentação, para que o pesquisador tenha oportunidade de fazer ajustes para as diferentes necessidades.

O grande fator de uma boa apresentação é o apresentador. As apresentações de pesquisas de marketing costumam trazer muitas informações e não há como evitar isso. A apresentação não é como uma argumentação para se candidatar a um emprego ou como uma proposta de venda de uma empresa; ela visa comunicar as descobertas de um estudo. Portanto, o conteúdo dos slides desempenha um papel mais importante que o que eles têm ao se apresentar um *pitch*, pois são a síntese dos dados.

Dito isto, a própria apresentação cria a oportunidade de causar uma boa impressão, e é essencial que o pesquisador tenha um talento aprimorado de comunicação. Os talentos dos apresentadores são muito individuais e dependem em larga medida da sua personalidade. No entanto, há alguns imperativos que podem ser aprendidos.

A preparação é a chave. A audiência quer ouvir o apresentador e suas visões e a expectativa é que ele já conheça os dados de cor e salteado. O público não quer ver o pesquisador em pé diante de uma tela lendo em voz alta o que está nos slides. Ele quer saber dos *insights* relativos a esses slides. É essencial, portanto, que o apresentador descreva os dados do slide e faça comentários a respeito, expandindo os pontos, ressaltando os dados mais importantes e fazendo associações com slides anteriores (ou mesmo com os slides ainda não exibidos, quando for o caso). Na maior parte das apresentações de pesquisas de marketing o fato de haver uma audiência relativamente pequena incentiva a discussão das descobertas, o que claramente exige que o pesquisador esteja bem ancorado nos dados e preparado para responder às perguntas que inevitavelmente serão feitas.

É uma boa prática o pesquisador ensaiar o que irá dizer a respeito de cada slide, com anotações e lembretes para auxiliar a memória. Quando tem um conhecimento íntimo dos dados e dos slides, o pesquisador é capaz de encarar a audiência com confiança e comentar cada slide, para enfatizar os pontos principais. Na inevitável discussão, é do pesquisador a responsabilidade de gerenciar o tempo, de trazer a discussão de volta à apresentação e de amarrar muito bem tudo o que for dito, para que as coisas avancem com fluência.

O setor de pesquisa emprega muitos jovens, que às vezes se intimidam em fazer uma apresentação a pessoas mais velhas e que ocupam altos cargos. A primeira experiência de apresentar descobertas de pesquisa é um pouco tensa, e o apresentador novato precisa ensaiar e praticar várias vezes até se sentir plenamente confiante e competente para a tarefa.

A seguir, algumas dicas de preparação para conseguir uma boa performance:

- Conheça os dados de cor e salteado.
- Conheça a apresentação de trás para diante – quais são os slides que vêm em seguida.
- Memorize os slides e as informações que apoiam o que você irá comentar a respeito.
- Pratique a apresentação e o que será dito também no próprio dia.

É perfeitamente normal sentir nervosismo antes de uma apresentação. Experiência e prática são requisitos fundamentais para um bom apresentador. Encontrar ocasiões adequadas para realizar essa prática prévia pode não ser muito fácil. Ensaiar apresentações com colegas e fazer pequenas intervenções numa apresentação maior são passos necessários para aprimorar habilidades. Observar apresentadores experientes tanto no local de trabalho como pela televisão pode ser uma boa fonte de dicas sobre como melhorar a habilidade de fazer uma boa apresentação.

A seguir, algumas considerações simples:

1. Vista-se de acordo para a ocasião.
2. Controle seus nervos de uma maneira que funcione para você. Apresente-se para a audiência à medida que as pessoas forem entrando na sala e se acomodando.
3. Trace um plano rápido do arranjo dos assentos, marcando quem vai sentar onde, para você poder se dirigir às pessoas pelo nome durante a apresentação.
4. Prepare a introdução e defina a cena em termos de duração de tempo e do que vai fazer. Não gaste tempo demais falando de objetivos e métodos, e vá logo ao ponto, isto é, às descobertas da pesquisa.
5. Procure parecer satisfeito e contente por estar fazendo a apresentação, em vez de passar a impressão de que está morrendo de vontade de que termine logo.
6. Adote uma linguagem corporal de confiança e espontaneidade, encarando a audiência e relacionando-se com as pessoas, em vez de virar as costas para elas ou ficar quase encostado contra a parede.
7. Faça a todo momento uma varredura da sala com o olhar, para se engajar com todos os presentes.
8. Evite palavras e frases "muleta" – aquelas que repetimos sem perceber, como "entende?", "sabe?", "não é?", e que dispersam a audiência.
9. Fale com clareza e confiança e varie a entonação da sua voz.
10. Dirija-se às pessoas pelo nome (cuidado para não trocar seus nomes!).
11. Responda as preocupações e perguntas dos membros da audiência de maneira honesta.
12. Cuide do seu ritmo e do ritmo da apresentação, tendo sempre noção do tempo decorrido. Você não será criticado se a apresentação terminar logo. Incentive a discussão, mas esteja preparado para retomar o controle dela. Você sabe melhor que a audiência quanto tempo a apresentação vai durar, e é preciso que haja tempo suficiente para as conclusões, recomendações e para o feedback no final.
13. Do mesmo jeito que já pensou no que vai dizer no início, planeje também o que dirá nos comentários finais.

⑭ É quase certo que algumas das perguntas levantadas nas discussões não poderão ser respondidas ali na hora, por exigirem uma análise mais aprofundada. Anote essas perguntas e lembre-se de dar um feedback a respeito assim que possível, após a apresentação.

DICAS IMPORTANTES

- Comece a pensar no relatório final já no início do projeto. Não deixe para a última hora.
- Monte seu relatório em torno de uma hipótese ou do objetivo abrangente do estudo. Encare-o como uma história que cresce até chegar a uma conclusão de peso. Divida a história em capítulos.
- Todos os dados do relatório devem ser referenciados, de modo que as pessoas atestem sua validade. Toda argumentação deve estar apoiada por uma lógica consistente.
- Se uma página do relatório não acrescenta nada ao relatório, exclua. Na dúvida, deixe-a de lado!
- Leve em conta a natureza de sua audiência ao preparar o relatório. A quem ele se dirige e quais são as expectativas deste público?
- Talvez seja necessário preparar mais de um relatório. Um relatório com 40 a 50 slides de PowerPoint é ideal para a apresentação, mas pode haver um relatório mais extenso, como cópia de arquivo.
- Certifique-se de que o relatório não contém falhas em sua consistência, tanto de formatação quanto de dados, nem erros de digitação.
- Dê vida ao relatório com imagens e diagramas relevantes e evite banalizá-lo pelo uso de gráficos excessivamente chamativos.
- Prepare bem a apresentação e trate-a como o grande evento que ela é. Pratique o que você vai dizer usando o PowerPoint como apoio. Procure envolver-se intensamente com a audiência, apoiado em seu conhecimento do assunto e em sua autoridade.
- Disponha-se a responder perguntas e lide bem com o tempo que tiver disponível. Certifique-se de reservar tempo suficiente no final para as conclusões e para um fechamento adequado.

RESUMO

O relatório dos resultados da pesquisa de marketing é a conclusão de um trabalho de porte considerável e uma ocasião na qual as descobertas são apresentadas ao cliente. É uma grande oportunidade para o pesquisador de mercado impressionar bem ao comunicar descobertas que atendem aos objetivos do estudo, que são claros e interessantes e levam a ações.

A maioria dos relatórios é apresentada em PowerPoint. Ele é uma mídia excelente para criar slides que apoiem uma narrativa que em geral é apresentada presencialmente. Os gráficos precisam cumprir um papel duplo, de apoiar a apresentação e de fazer sentido para alguém quando forem vistos num relatório independente.

Reportar com clareza requer uma estrutura lógica que conte uma história e que atenda aos objetivos do estudo. O relatório precisa ser montado a partir de todas as diversas informações que tiverem sido coletadas no programa de pesquisa, e irá conter uma mistura de texto, tabelas, gráficos e diagramas.

Os relatórios são julgados não apenas por seu conteúdo, mas também por sua formatação consistente, pelo uso dos tipos certos de gráficos e por uma contínua atenção aos detalhes.

A maioria dos relatórios tem uma apresentação oral e isto pode mexer com os nervos de um pesquisador inexperiente. As audiências que assistem a estas apresentações costumam ter necessidades variadas, e o pesquisador deve saber quais são e levá-las em consideração.

Bons apresentadores fazem boas apresentações e contam com o apoio de bom material de slides. As aptidões para fazer boas apresentações são aprimoradas por uma preparação diligente e por uma prática repetida.

PARTE CINCO

O SETOR DE PESQUISA DE MARKETING

CAPÍTULO 25

PESQUISA DE MARKETING INTERNACIONAL

ENXERGANDO AS COISAS COM MAIOR CLAREZA

Nunca foi tão fácil para uma empresa comercializar seus produtos e serviços no plano internacional. Uma pequena empresa pode usar um site para se posicionar globalmente e atrair clientes que ficam muito distantes. Produtos podem ser embalados e despachados por serviços de entrega até os cantos mais distantes do planeta. As viagens aéreas são relativamente baratas e o inglês é uma linguagem de negócios universal, portanto, em tese, há poucos obstáculos para que as empresas expandam seus horizontes geográficos.

O marketing internacional comporta algumas complexidades. O exportador precisa conhecer os fatores legais que têm vigência nos países onde deseja vender seus produtos. É preciso levar em conta as tarifas. Em novos territórios os canais para o mercado podem ser diferentes, e um negócio precisa conhecer quais são os mais eficazes. O marketing internacional pode exigir diferentes estratégias de preços para os diversos países e planos de comunicação locais para culturas específicas. O mundo do marketing tem muitos exemplos de empresas que tentaram às cegas vender seus produtos no mercado internacional sem uma sólida compreensão das condições sociais e enfrentaram problemas embaraçosos tendo fracassos onerosos.

Em seu livro *International Marketing Research*, Craig e Douglas identificam três fases para o uso de pesquisa de marketing em estratégias internacionais:

Fase 1 Informações para entrada no mercado internacional. Antes de entrar num novo mercado uma empresa precisa saber o básico sobre esse mercado – seu tamanho, crescimento, ambiente competitivo, o *framework* legal do país e seus mercados, preços locais, rotas para o mercado etc.

Fase 2 Informações para o planejamento do mercado local. Depois que a empresa se compromete a atuar no mercado, precisa de um plano de mercado. Deve ter compreensão plena do tipo de produtos que são comprados no país, dos preços cobrados, da rota para o mercado e das comunicações necessárias para gerar conhecimento e interesse. Em suma, precisa ter um plano para os quatro Ps, baseado em dados confiáveis. Deve também ser capaz de identificar diferentes grupos de clientes dentro do mercado para dirigir seus produtos àqueles com os quais tenha mais chances de sucesso. Nesta fase, precisa de uma compreensão detalhada dos clientes potenciais quanto à sua demografia, comportamento e atitudes.

Fase 3 Informações para uma racionalização global. À medida que a empresa desenvolve mercados internacionais há um estágio em que precisa racionalizar sua estratégia global de marketing. É nessa fase que a empresa precisa de comparações internacionais para cada país, a fim de agrupar seus mercados e coordenar programas regionais de marketing. A inteligência de marketing é então usada para tomar decisões estratégicas, em vez de definir táticas de marketing.

A ESTRUTURA DO SETOR DE PESQUISA DE MARKETING NO MUNDO

Em muitos aspectos, o setor de pesquisa de marketing é tão velho quanto as montanhas. As pessoas sempre fazem perguntas sensíveis a respeito das necessidades dos seus clientes e da concorrência. No entanto, no aspecto formal, quando se trata de realizar a coleta e interpretação de dados de maneira organizada e independente para atender a objetivos específicos, o setor de pesquisa de marketing tem apenas pouco mais de cem anos de existência.

A pesquisa de marketing teve origem no século 19. Na década de 1820, alguns jornais americanos publicaram pesquisas de intenção de voto que faziam um *survey* informal da opinião pública, a fim de testar a direção dos ventos políticos. Em 1879, há referências a um *survey* de âmbito nacional sobre produção de grãos realizada pela empresa de publicidade NW Ayer & Son nos Estados Unidos. No entanto, foi da década de 1930 em diante que o setor de pesquisa de marketing se organizou e cresceu. Nessa época, as empresas de auditoria Nielsen e Attwood desenvolveram técnicas para medir as vendas de bens de consumo no varejo. Os patrocinadores dessas auditorias eram capazes de avaliar o tamanho do mercado para seus produtos e calcular seus *market shares* (fatias de mercado). Desde então o setor de pesquisa de marketing beneficiou-se dos avanços em psicologia, sociologia e tecnologia. O desenvolvimento do marketing também teve impacto importante no desenvolvimento da pesquisa, tanto de mercado quanto social. O resultado é que a pesquisa de marketing e social abrange agora uma ampla gama de procedimentos rápidos e confiáveis de coleta de informações para ajudar a melhorar a tomada de decisão.

Hoje a pesquisa de marketing é adquirida por empresas que estão vendendo seus bens e serviços e necessitam de inteligência para ajudá-las a tomar decisões de negócios eficazes. Podemos acrescentar a elas governos e outras organizações que adquirem pesquisa de marketing para melhor definir suas políticas. Em 2020, a ESOMAR estimou o porte global do setor de pesquisa de marketing, composto por todo tipo de fornecedores, em 90 bilhões de dólares (ESOMAR, 2020). Este total refere-se ao setor de *insights* e inclui consultores, empresas de software e vários tipos de fornecedores. Ao longo da maior parte de 2020, o setor de pesquisa de marketing ficou sujeito às incertezas e caprichos da Covid-19. Apesar disso, a Market Research Society do Reino Unido estima que a receita das 100 maiores agências de pesquisa de marketing do Reino Unido cresceu 4,8%.

A pesquisa de marketing não está imune a oscilações dos rumos da economia, mas parece ser de fato mais robusta que suas primas da propaganda. A grande maioria das pesquisas de marketing (mais de três quartos) é realizada na Europa e na América do Norte, onde o setor amadureceu, e tem a probabilidade de crescer de modo estável cerca de 2% a 3% ao ano. Nos mercados em desenvolvimento da América Latina, Oriente Médio e Ásia Pacífico, as taxas de crescimento provavelmente serão de 5% a 10% ao ano.

O foco da pesquisa de marketing internacional muda conforme o interesse da empresa que encomenda o estudo. A América do Norte e a Europa continuam fortes favoritas para estudos multipaíses, e cada vez mais a China, a Índia e o Brasil são incluídos. Ao longo dos próximos anos podemos esperar um forte crescimento da pesquisa de marketing na Rússia e na Ásia.

O setor da pesquisa de marketing é altamente fragmentado, com muitos pequenos *players*. O Quirk's, guia de mídias de pesquisa de marketing, lista mais de 7 mil empresas nos Estados Unidos que oferecem serviços de pesquisa de marketing de algum tipo. No Reino Unido há mais de 400 fornecedores de pesquisa de marketing. Tem havido um movimento considerável de fusões entre os maiores grupos na última década, e no plano global há seis empresas que respondem hoje por 40% do setor de pesquisa de marketing – Nielsen, Kantar, IQVIA, Ipsos, GfK e Gartner.

Apesar do crescimento das agências maiores, seja organicamente ou por meio de aquisições, a pesquisa de marketing continua um setor tipificado pelos pequenos negócios, a maior parte de propriedade e gerido pelos próprios consultores que os criaram. Uma pequena parte das maiores empresas de pesquisa, embora operadas como negócios independentes, são membros de grupos maiores.

Há um número relativamente pequeno (na verdade, umas poucas centenas) de organizações que gastam, cada uma, vários milhões de dólares por ano em pesquisa de marketing. Entre elas estão as empresas comerciais e governamentais de maior porte. Os compradores de pesquisas nesta escala costumam ter departamentos centrais de pesquisa de marketing que atuam como provedores de serviços para alinhar a gestão ao longo de suas organizações. Esses departamentos operam não só como compradores profissionais de pesquisa de marketing, mas realizam boa parte do trabalho eles mesmos – tarefas como análise, interpretação e comunicação de dados. Mas é raro que mesmo os maiores departamentos se envolvam diretamente na coleta de dados, que costuma ser deixada a cargo de agências externas.

Além das organizações que compram e usam pesquisa de marketing para ajudá-las a melhorar a tomada de decisão de marketing, há um significativo gasto efetuado por agências de publicidade, que encomendam pesquisas para seus clientes ou para elas mesmas, a fim de testar conceitos e campanhas publicitárias. As maiores agências de publicidade geralmente têm os próprios departamentos de pesquisa.

A pesquisa de marketing quantitativa domina os métodos de coleta de dados, e corresponde a três quartos do gasto total, enquanto o resto vai para pesquisa qualitativa, composta por grupos de foco, comunidades on-line, entrevistas presenciais em profundidade, consultoria, *desk research* e análises especiais.

Na pesquisa quantitativa está ocorrendo uma rápida mudança em direção a estudos on-line, que agora superaram os métodos por telefone e presencial (ver Figura 25.1). A pesquisa on-line responde por quase dois terços de toda a pesquisa de marketing realizada no mundo. Paralelamente ao crescimento dos estudos on-line, vêm surgindo empresas especializadas em formar e recrutar painéis de respondentes, que optaram por participar de *surveys* on-line. Estas empresas disponibilizam seus painéis a agências de pesquisa de marketing, que especificam quantas entrevistas on-line precisam realizar e que critérios os respondentes devem atender em termos de gênero, idade, localização, renda e outros fatores relevantes para o *survey* em questão.

Além dos gastos em pesquisa mostrados na Figura 25.1, existe o mercado de relatórios publicados. Há também um mercado significativo para pesquisa continuada, que é vendida a diversas entidades, com certo número de clientes cotizando-se para realizar projetos custosos. Isso inclui pesquisa de audiência e de leitura, auditorias e pesquisas na área de medicina baseadas nas prescrições de médicos. Esta área contrasta com a pesquisa *ad hoc*, que é a viga mestra da grande maioria das empresas de pesquisa de marketing. Os projetos *ad hoc* são realizados para clientes individuais e concebidos como programas isolados, para atender a necessidades e objetivos específicos. Pelo fato de as empresas de pesquisa de marketing *ad hoc* trabalharem normalmente em estreito contato com os clientes e se envolverem em todo o histórico dos requisitos da pesquisa, seu serviço se aproxima bastante da consultoria de gestão.

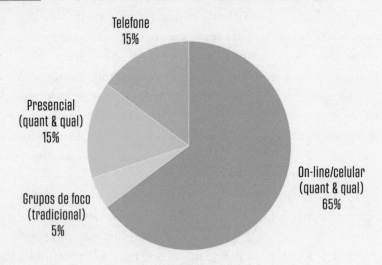

FIGURA 25.1 Gasto global em pesquisa de marketing por método de pesquisa

TAXAS DE RESPOSTA EM OUTROS PAÍSES

O setor de pesquisa está agora maduro. Não é mais nenhuma novidade alguém ligar para você ou ser contatado por uma empresa de pesquisa de marketing que quer saber suas opiniões. Algumas pessoas poderiam argumentar que o setor de pesquisa acabou virando seu pior inimigo ao projetar questionários longos, entediantes, que atormentam as pessoas que participam de estudos. Não há dúvida de que corremos risco de nos tornarmos um mundo excessivamente pesquisado.

Um corolário deste argumento é que naqueles países do mundo onde a pesquisa é uma relativa novidade, e as pessoas não foram submetidas a entrevistas tortuosas e entediantes, elas geralmente se dispõem de bom grado a participar de *surveys*. Também é amplamente reconhecido que o envolvimento do entrevistador e a legitimidade percebida do *survey* podem afetar bastante as taxas de resposta.

As taxas de resposta variam enormemente dependendo do assunto, dos meios de engajamento e da fonte da pesquisa. No mercado desenvolvido e saturado dos Estados Unidos, a taxa de resposta a partir de uma lista geral de endereços de e-mail provavelmente ficará abaixo de 2%. No entanto, um *survey* por e-mail mais dirigido, voltado a clientes com alto engajamento com um fornecedor, pode render 30% de respostas.

Na maior parte do mundo desenvolvido as taxas de resposta a *surveys* por telefone ficam entre 10% e 50%.

Essas taxas de resposta relativamente baixas a *surveys* de todo tipo são preocupantes. Elas têm potencial de afetar a precisão do *survey*, já que devemos nos perguntar se as pessoas que participam têm algum tipo de viés. Do mesmo modo, será que aqueles que não participam são diferentes dos que aceitam participar? Além disso, a grande taxa de rejeição aumenta significativamente o custo de uma pesquisa de marketing. É tranquilizador saber que Holbrook, Krosnick e Pfent (2007), que examinaram 81 *surveys* nacionais com taxas de resposta variando de 5% a 54%, afirmam que os *surveys* com baixas taxas de resposta eram apenas minimamente menos precisos que aqueles com taxas mais altas.

MENSURANDO ATITUDES NAS DIVERSAS NAÇÕES

Com a ajuda da internet, do McDonald's, da Disney e da CNN as populações mundiais estão se tornando expostas a um conjunto comum de valores e expectativas. Os jovens, especialmente, são mais globais em suas visões, e têm gostos convergentes em música, vestuário e moda. Dito isto, todo pesquisador de mercado sabe que os registros culturais podem influenciar as respostas que as pessoas dão às perguntas, particularmente as atitudinais. Os respondentes de países em desenvolvimento tendem a dar respostas mais otimistas e positivas às perguntas do que os de países desenvolvidos (e, sem dúvida, mais cínicos). Em artigo publicado pela ESOMAR, de autoria de Jon Puleston e Duncan Rintoul, 15 estudos multipaíses foram analisados para ver como as respostas às perguntas em escalas do tipo concordo/discordo variam conforme o país. A análise sugere que os respondentes indianos têm probabilidade cinco vezes maior de concordar com declarações do que os respondentes japoneses. (Ver Figura 25.2.)

Os autores postulam que, além da particularidade concreta do fenômeno que está sendo medido, podem existir outros fatores responsáveis por essas imensas variações nas respostas positivas e negativas. Questões da língua e da tradução podem fazer diferença. A maneira de enunciar as perguntas pode também influenciar. Mesmo dentro da língua inglesa, os americanos ficam mais à vontade para dizer que "amam" uma marca do que australianos e britânicos, que talvez achem essa palavra excessivamente terna. Dizer que algo está *okay* pode significar para alguns que é perfeitamente adequado, enquanto para outros o sentido é que se trata de algo que apenas "dá para o gasto".

Pense então nas dificuldades bem maiores de projetar um questionário numa língua e traduzi-lo para outras 14. Com certeza haverá algumas palavras dificilmente traduzíveis com precisão. Imagine uma pergunta como a seguinte:

> Pensando no produto que você usa com maior frequência, você diria que ele é significativamente melhor [em inglês, *significantly better*], um pouco melhor, praticamente equivalente, um pouco pior [*somewhat worse*] ou significativamente pior que outros produtos que você conhece?

Há problemas potenciais em traduzir os termos *significantly* e *somewhat*, pois o sentido deles pode variar bastante de uma língua a outra. Isso também vale para uma palavra como *quite* ["relativamente" ou "inteiramente"], usada com frequência por pesquisadores de mercado, que é descritiva e pode ter uma gama de nuances de significado nas diferentes línguas – e mesmo em inglês ela tem sentidos diferentes conforme o contexto ou a pessoa.

Pesquisadores gostam de usar escalas numéricas, como as que pedem para dar pontuações de 1 a 10 para definir a satisfação da pessoa com um produto ou serviço. Embora números não precisem de tradução, a maneira com que a pessoa utiliza a escala pode diferir muito. Não é incomum que respondentes do sul da Europa deem uma pontuação 10% a 15% mais alta que a dos europeus do norte ao utilizarem uma escala de 1 a 10, quando na verdade ambos estão dizendo a mesma coisa – isto é, que gostam do produto ou serviço na mesma medida.

Também é possível que haja tipos e níveis diferentes de sinceridade ou franqueza entre as diversas culturas e que pequenos incentivos oferecidos a quem preenche questionários on-line incentivem as pessoas a participarem de *surveys* para os quais não estão qualificadas. Empresas de painel protegem a identidade de seus respondentes, portanto, uma empresa que encomende as entrevistas não tem como verificar a autenticidade do respondente, ao passo que isso é perfeitamente possível em entrevistas por telefone ou presenciais. Qualquer um que realizar um *survey* por painel hoje em dia precisa ficar muito atento à qualidade das respostas (ver Capítulo 15).

Em algumas culturas, os respondentes podem querer agradar os entrevistadores ou querer causar forte impressão exagerando em suas respostas. No geral, acredita-se que isso seja mais comum em países em desenvolvimento do que nos mais desenvolvidos, nos quais os respondentes não sentem a mesma pressão para agradar.

FIGURA 25.2 Resultados variáveis a perguntas similares ao longo dos países

(Baseado em: "Can survey gaming techniques cross continents?", de Jon Puleston e Duncan Rintoul, ESOMAR Publications Series Volume S253 - abril de 2012)

Essas variações nos diferentes países e as dificuldades que colocam não estão aí para nos fazer tropeçar ou nos impedir de fazer pesquisa internacional. Na realidade, a encomenda de estudos multipaíses certamente tem probabilidade de crescer. Tampouco é fácil tentar normalizar as respostas para dar conta de algumas das diferenças culturais. Supondo que seja possível aplicar fatores de ponderação, eles próprios estariam sujeitos a erro e a debate. No geral, é melhor trabalhar com pontuações brutas e lidar com as diferenças de maneira discursiva. Com o tempo, será construída uma biblioteca de correspondências para os diferentes países, com *benchmarks* e pontos de ancoragem que ajudarão a comparar resultados dentro de uma determinada cultura ou nação.

Em muitos aspectos a pesquisa qualitativa oferece várias vantagens para os pesquisadores de mercado internacionais, por ser uma abordagem que permite flexibilidade tanto nas entrevistas quanto na interpretação das respostas. Um moderador local irá compreender os fatores situacionais e contextuais, e, portanto, será capaz de fazer adaptações mais prontamente do que um pesquisador quantitativo, que precisa encontrar uma única pergunta que funcione em diferentes países.

COORDENANDO ESTUDOS MULTIPAÍSES

Estudos internacionais de pesquisa de marketing provavelmente exigirão a colaboração de vários parceiros de pesquisa. Uma empresa pode coordenar a pesquisa, elaborando o questionário e providenciando traduções. Parceiros para trabalho de campo ou empresas de painel realizarão então as entrevistas nos diferentes países, entregando as entrevistas realizadas à empresa gestora para análise.

As variações nos métodos de trabalho de campo e no controle de qualidade nos diferentes países precisam de uma cuidadosa verificação. Na América do Norte pode ser mais apropriado fazer as entrevistas on-line, mas este talvez não seja o método adequado em países com nível baixo de propriedade de computadores e nos quais as empresas de painel não tenham construído bancos de dados representativos. Alguns países têm estruturas de amostra deficientes e enfrentam problemas de analfabetismo. Estudos sugerem que mais de 70% da população adulta tem agora acesso a celular, embora o acesso a listas de celulares possa ser outro problema. Entrevistas presenciais em grandes extensões geográficas têm custos pouco realistas para a maioria das empresas. Em países que se estendem por grandes áreas geográficas e onde a penetração do telefone é baixa ou o acesso é difícil, a única proposta factível pode ser concentrar-se na coleta de dados nas grandes cidades. Combinar métodos de pesquisa e coletar dados de uma gama de diferentes países cria dificuldades em termos do controle de qualidade e de realizar comparações entre países.

Não é incomum que um estudo internacional cobrindo vários países exija até três meses para ser concluído. O cronograma é significativamente mais longo do que para um estudo feito num só país, pois os questionários precisam ser traduzidos e verificados. É preciso roteirizar os questionários nas diversas línguas e o tipo de roteamento das entrevistas deve ser verificado para garantir que os respondentes sejam sempre direcionados para as perguntas corretas.

A qualidade das listas das quais se seleciona a amostra em um determinado país é outra variável importante. As taxas de cooperação variam conforme o país. As épocas das férias diferem ao redor do mundo e podem interromper a programação do trabalho de campo. É evidente, portanto, que um estudo internacional requer um gestor de pesquisa altamente eficaz em planejar e controlar a programação do trabalho de campo.

Deve ficar claro a partir desta discussão que a pesquisa internacional é bem mais cara que a realizada num único país. Os tamanhos maiores das amostras cobrindo diferentes países, os custos de tradução do questionário, a complexidade de coordenar estudos de países diferentes e os gastos de comprar trabalho de campo das agências locais usualmente levam os custos a valores com mais de seis algarismos.

DICAS IMPORTANTES

- Reserve mais tempo se for empreender um projeto internacional, pois o trabalho de campo é mais complexo. Um projeto que levaria oito semanas no próprio país pode chegar a consumir 10 a 12 semanas em outros países.
- As traduções dos questionários precisam ser feitas com muito cuidado. Use tradutores profissionais, e não entrevistadores estrangeiros. Talvez seja necessário e relevante que as traduções sejam revistas por membros da equipe de pesquisa do patrocinador. Certifique-se de que as mudanças sugeridas são de fato válidas e não apenas questões de estilo (ou, pior ainda, mudanças no teor das próprias perguntas).
- Entrevistas (por telefone ou presenciais) devem ser realizadas por nativos do próprio país, na sua língua.
- Se o trabalho de campo for terceirizado a várias agências de diferentes países, mantenha um controle rigoroso tanto da qualidade

das entrevistas quanto dos prazos. Peça para ver uma amostra das primeiras entrevistas de cada agência e dê seu feedback sobre a qualidade.

- Não pressuponha que os respondentes de outros países irão responder às perguntas da mesma maneira. Nos países em desenvolvimento as pessoas têm maior tendência a concordar com as perguntas do que em países plenamente desenvolvidos. Ao fazer comparações de dados entre países, é preciso levar isto em conta.
- Seja cuidadoso ao escolher empresas de painel para pesquisa on-line em mercados internacionais. A qualidade da pesquisa é determinada pela qualidade do painel.

USANDO *DESK RESEARCH* (PESQUISA SECUNDÁRIA) PARA FAZER PESQUISA DE MARKETING INTERNACIONAL

Diferentemente dos *surveys* que cobrem vários países, que são caros e consomem tempo, a *desk research* é comparativamente fácil de fazer. Hoje temos a bênção de contar com sites que permitem realizar comparações interpaíses com um só clique. Alguns são patrocinados pelo governo:

➤ A CIA (Central Intelligence Agency) é um órgão autônomo do governo dos EUA e produz *The World Factbook*, que dá informações praticamente sobre todos os países do mundo. É uma fonte excelente de estatísticas sobre a história desses países, seu povo, governo, economia e geografia. Ver www.cia.gov/the-world-factbook.

➤ A OECD (Organização para a Cooperação e Desenvolvimento Econômico) fornece farta estatística sobre muitos países em desenvolvimento. Dá também acesso a dados e publicações que podem ser baixados e que contêm estatísticas sobre população, renda, preços, energia e transportes, educação, finanças públicas e saúde. Ver www.oecd.org.

➤ As Nações Unidas coletam estatísticas e têm muitas publicações que fornecem cifras comparativas relativas a muitos países. Ver https://unstats.un.org/home/. A entidade tem um site específico chamado UN Comtrade (United Nations Commodity Trade Statistics Database), com estatísticas sobre mais de 170 países, nas quais pesquisadores podem investigar importações e exportações de inúmeros produtos e *commodities* de vários países. Ver https://comtrade.un.org.

➤ O Eurostat é o escritório de estatística da União Europeia e fornece dados de estatística em nível europeu que permitem fazer comparações entre países e regiões. Ver https://ec.europa.eu/eurostat.

➤ Todo país tem seu próprio departamento governamental de estatística, com um site correspondente, que fornece detalhes estatísticos. Sites independentes também reúnem estas estatísticas internacionais e são úteis como ponto de partida para a *desk research*. Um destes sites é o NationMaster, que reúne milhares de estatísticas sobre tamanho de mercado e tendências relativas a 180 países. Ver www.nationmaster.com/index.php.

Ver o Capítulo 5 para mais comentários sobre *desk research*.

Estes sites são excelentes pontos de partida para obter dados que ajudem na avaliação do tamanho de um mercado – um requisito fundamental para muitos planos de marketing internacional. Ao avaliar a oportunidade para um produto ou serviço em diferentes países ao redor do mundo, é preciso ter uma estimativa razoável do tamanho do mercado e dos fatores que o impulsionam. Seja o que for que impulsione o tamanho do mercado, pode ser usado para "modelar" o mercado aplicando os diferentes *drivers* nas diversas geografias. Por exemplo, um *driver* óbvio do mercado para luvas de trabalho é o número de trabalhadores do setor. Além de conhecer o número de trabalhadores no setor, é necessário também ter outros *inputs*, como a proporção daqueles trabalhadores que de fato usam luvas e por quanto tempo eles estendem seu uso antes de descartá-las. É possível agregar diferentes estimativas no modelo para verificar seu efeito.

Modelar o tamanho do mercado é, em princípio, algo mais fácil de fazer numa geografia onde existam bons dados sobre os *drivers* do mercado. Tais dados permitem que o pesquisador avalie o modelo e o algoritmo antes de aplicá-lo a outros países. Aplicar o algoritmo a outro país pode exigir lidar com proporções e ponderações para promover o devido ajuste ao nível mais baixo de desenvolvimento ou aos diferentes níveis de consumo do produto. Por exemplo, é possível aplicar um algoritmo de pesquisa de marketing desenvolvido nos Estados Unidos a países desenvolvidos similares como o Canadá ou países do noroeste da Europa. Mas o algoritmo pode exigir ajustes para levar em conta características locais de países em desenvolvimento. No exemplo anterior sobre luvas de trabalho, seria preciso ajustar o modelo caso fosse aplicado à China, onde poucas pessoas usam luvas no local de trabalho, as luvas são mais baratas e, quando se desgastam, ainda são usadas por uma extensão maior de tempo.

Além do quadro que pode ser desenvolvido a respeito da oportunidade oferecida pelo tamanho de mercado ao redor do mundo, a *desk research* também coleta informações sobre a concorrência, os diferentes tipos de produtos usados num mercado, os preços, rotas de distribuição etc. Sites de empresas, artigos e relatórios de pesquisa de marketing publicados também são fontes valiosas de dados para melhorar um entendimento dos mercados globais. O uso de *desk research* para esses propósitos é discutido com mais detalhes no Capítulo 5.

RESUMO

O setor de pesquisa de marketing começou nos Estados Unidos, que ainda respondem por 40% dos gastos globais em pesquisa de marketing. O setor ficou mais internacionalizado e estima-se que todo ano são gastos 40 bilhões de dólares em *surveys* ao redor do mundo.

Seis empresas respondem hoje por cerca de metade de todos os *surveys* realizados. Apesar desse domínio das Seis Maiores, há milhares de empresas especializadas em pesquisa de marketing no mundo, muitas delas oferecendo seus serviços apenas nos mercados locais.

Surveys on-line superam agora as feitas por telefone ou presenciais juntas, e têm probabilidade de crescer ainda mais à medida que as empresas de painel que provêm acesso a respondentes vão ganhando maior dimensão nos países em desenvolvimento.

Pesquisadores de marketing que coordenam estudos multipaíses enfrentam vários desafios. As diferenças culturais geram variações de respostas às mesmas perguntas, e não é incomum que nos países em desenvolvimento encontremos uma proporção significativamente maior de respostas positivas. Gerenciar métodos de pesquisa diferentes, organizar múltiplas traduções e acompanhar estudos em vários países requer um prazo maior do que um estudo dedicado apenas a um país.

Há muitas oportunidades de usar *desk research* para realizar estudos multipaíses, especialmente para avaliar o potencial dos mercados e realizar análises da concorrência.

CAPÍTULO 26

USANDO PESQUISA DE MARKETING PARA TESTAR OPINIÕES SOCIAIS E POLÍTICAS

QUEM SE INTERESSA PELA OPINIÃO PÚBLICA?

A maior parte deste livro é dedicada à pesquisa de marketing como ferramenta para negócios e empresas, para ajudá-las a atender melhor às necessidades de seus clientes. A pesquisa de marketing também tem um papel na compreensão dos problemas sociais e pontos de vista políticos. Os leitores deste livro provavelmente têm pelo menos algum interesse em pesquisa social e política. A alta relevância desta pesquisa vem da frequência com que está presente no domínio público e de ser examinada a fundo. Não admira, portanto, que quando erra uma previsão seja muito criticada. Como pesquisadores, devemos compreender melhor esse trabalho relacionado ao nosso, já que amigos e colegas podem julgar a nossa pesquisa de marketing de modo similar.

Claro que nem todos se interessam por pesquisas de opinião pública ou de intenção de votos, e muitos dos eleitores são indiferentes a elas ou não dedicam tempo a pensar ao tomar suas decisões de voto. A pesquisa social e política pode ter alta relevância, mas apenas para uma pequena proporção da população.

Os governos têm interesse particular em saber o que está acontecendo nas áreas geográficas sob sua responsabilidade. Sempre há evidências episódicas disponíveis, mas elas têm o viés de quem expõe as histórias e da sua maneira própria de contá-las. É preciso algo mais sólido. Os *surveys* feitos por governos remontam a milhares de anos e, na realidade, os primeiros censos datam dos tempos babilônicos. Foi a partir do século 18 que os censos se tornaram um aspecto regular dos Estados nacionais. Além disso, os governos queriam saber mais a respeito dos sentimentos de seu povo. Os *surveys* de antigamente tinham o intuito de compreender o ânimo dos agricultores, dos operários de fábrica e dos aprendizes. Os governos atuais querem saber qual a proporção de seu eleitorado que lhes dá apoio e como podem ampliar esse apoio. A pesquisa social desenvolveu-se para prover algo mais que informações casuais.

A pesquisa social e política desfruta de alto prestígio no setor de pesquisa de marketing, apesar de responder por apenas 2% do total de receitas. Na época de eleições, a notícias da mídia sobre *surveys* de opinião, com previsões das respostas, nos levam a acreditar que estas sejam o feijão com arroz do setor de pesquisa de marketing. No Reino Unido, tais *surveys* são feitas por empresas de pesquisa de marketing que trabalham por empreitada, e o trabalho com política é insuficiente para sustentá-las. Não obstante, constituem uma vitrine útil a respeito do trabalho que fazem. Nos EUA, as eleições são um grande negócio e por isso há algumas agências de pesquisa de marketing dedicadas apenas a trabalhar no âmbito da política.

DETERMINANDO UM RESULTADO PRECISO

Um ponto que tem sido levantado muitas vezes neste livro é a importância de ter clareza quanto ao público-alvo da pesquisa. Em pesquisa de opinião, o alvo é o público em geral, particularmente os eleitores. A própria eleição já é um *survey* de opinião, embora imperfeito, por não refletir necessariamente as opiniões de todos. Em muitos países as pessoas não são obrigadas a votar e com frequência apenas 50% a 60% o fazem. Assim, o resultado da eleição mede as opiniões de apenas uma fração da população, não necessariamente do eleitorado todo.

Nos meses que antecedem uma eleição há muitas pesquisas de intenção de voto. São *surveys* rápidos, para determinar de que maneira as pessoas provavelmente irão votar e como estão pensando. Podem ser baseadas em 1.000 entrevistas, um tamanho de amostra que, como vimos no Capítulo 10, costuma ter precisão suficiente. As pesquisas de intenção de voto podem não preencher nossas expectativas, que em pesquisa de marketing são elevadas, especialmente quando se trata de avaliar a opinião política. Os próprios resultados das pesquisas influenciam as intenções de voto, então é importante que se mostrem corretas. Vamos examinar alguns dos fatores que determinam a precisão dos resultados.

As empresas de pesquisa de marketing que se especializam na área política são sofisticadas na maneira de abordar a amostragem. A partir de *surveys* prévios, sabem que algumas características de uma população podem distorcer os resultados. Sabem, por exemplo, que o nível de instrução do eleitorado tem um impacto, do mesmo modo que etnia, idade e gênero. Essas características variam geograficamente e o design da amostra deve levá-las em consideração. Se estiverem em desequilíbrio, os resultados também ficarão desalinhados. Os responsáveis pela pesquisa podem compor sua amostra a partir apenas de um número limitado de estados ou distritos eleitorais que historicamente tenham demonstrado ser bons indicadores do resultado eleitoral. Seja como for, um *survey* deste tipo é como uma foto de determinado ponto do tempo. Embora o *survey* meça as intenções de voto, os respondentes podem mudar de ideia em qualquer estágio antes do dia da eleição, e até no próprio dia. Os eleitores indecisos são sempre uma fonte de preocupação para os pesquisadores.

Um fator que influencia muito a exatidão de uma pesquisa é a amostra. Sabemos que o tipo de pessoa que participa de um *survey* é um dos fatores de maior influência no resultado. Pense em como os *surveys* são realizados. As entrevistas presenciais são lentas demais, incômodas e caras, e embora possam ser o padrão ouro, raramente são usadas em pesquisas de opinião quantitativas. Entrevistas por telefone são uma possibilidade, mas também criam problemas. A maioria das pessoas trocou o fixo pelo celular e não há uma lista desses números disponível ao público, portanto, é difícil conseguir uma amostra equilibrada. A maioria das pesquisas de opinião é feita on-line. As pessoas que participam desses *surveys* on-line são recrutadas por empresas de painel e é preciso avaliar quem é que se apresenta para participar desses painéis. Obviamente, qualquer um que se habilite a isso precisa ter um computador ou dispositivo similar, e isso por si só já elimina a parte da população que não dispõe desses equipamentos. Os estudantes adoram painéis, porque recebem alguma retribuição ou paga simbólica quando o *survey* é concluído. Trabalhadores de fábrica que chegam em casa exaustos à noite têm maior probabilidade de desabar diante da tevê do que de entrar num painel e participar de *surveys* on-line. A composição dos painéis, portanto, pode não representar de maneira fiel a população como um todo e exigirá ponderações e ajustes.

Depois há a questão das taxas de resposta. Quando uma solicitação de participar de um *survey* é enviada às pessoas de um painel, em geral apenas 5 de cada 100 respondem. Em pesquisas de opinião, o mais provável é que seja 1 em cada 100. Os pesquisadores fazem o possível para ajustar isso em relação aos grupos não respondentes e àqueles que estão em pequeno número nos painéis, mas mesmo assim a possibilidade de erro existe. Por exemplo, imaginemos que os cubano-americanos da Flórida estejam sub-representados numa amostra por um fator de três. Será que adiantaria multiplicar por três o número daqueles que efetivamente responderam? E como saber se esta pequena minoria de cubano-americanos que responderam representa de fato a maioria?

Outra justificativa para erros é que certos grupos de pessoas ficam tímidas em revelar suas predileções. Isto foi mencionado como uma possível razão da sub-representação dos que indicaram que poderiam votar em Donald Trump às vésperas das eleições de 2020 nos EUA.

Antes de concluir o assunto da precisão, devemos pensar em outra fonte de erro – as perguntas. Sabemos que é importante eliminar o viés nas perguntas, mas é mais fácil falar do que fazer. Como vimos no capítulo sobre a elaboração do questionário, há perguntas que ficam longas e complicadas demais, outras que são subjetivas e tendenciosas, e perguntas que precisam de explicações adicionais para se obter uma resposta de fato honesta. E [no caso dos EUA, por exemplo] se o inglês não é a primeira língua do respondente, o sentido da pergunta pode também ser mal interpretado.

No final das contas, não importa o que a pesquisa nos diga, sempre há um nível de erro de amostragem e ele depende do tamanho da amostra e da proporção de pessoas que dão uma determinada resposta a uma pergunta. Se 1.000 pessoas são entrevistadas e 48% dizem que vão votar em republicanos e 52% em democratas, podemos determinar que a resposta real será de 45 a 51% de votos republicanos e de 49 a 55% de votos democratas (ou seja, uma margem de erro de +/-3%, com 95% de nível de confiança). Como há uma sobreposição entre essas respostas, não será surpresa se o resultado real não for de 48% ou 52% – mesmo que fique dentro do nível de confiança. (Podemos ter 95% de certeza disso.) E, como declaramos antes, existe ainda uma chance de, quaisquer que sejam as intenções de voto declaradas, ocorrer uma mudança nessa intenção antes do dia da eleição.

Mesmo assim, considerando as dificuldades de levar em conta o erro nas pesquisas de opinião, é surpreendente o quanto elas têm tido bom desempenho.

A PESQUISA QUALITATIVA QUE ORIENTA ESTUDOS SOCIAIS E POLÍTICOS

A discussão sobre pesquisas de opinião concentrou-se na pesquisa quantitativa. Mas uma boa porção de pesquisas social e política usa pesquisa qualitativa, particularmente grupos de foco. Os grupos de foco são descritos em detalhes no Capítulo 6. O governo de Tony Blair no Reino Unido entre 1997 e 2001 foi fortemente orientado por grupos de foco. Eles têm a vantagem de ser rápidos e relativamente baratos de montar. As pesquisas de opinião, por sua própria natureza, precisam responder a perguntas estruturadas e, no entanto, muitas perguntas sociais e políticas precisam ser nuançadas. Em grupos de foco, os pesquisadores podem descobrir o que as pessoas pensam sobre um determinado assunto, a razão pela qual sustentam suas visões. Os membros de um grupo de foco têm condições de explicar seus pontos de vista e podem ser desafiados pelo moderador, que tenta com isso ver como eles reagem em diferentes circunstâncias.

A desvantagem dos grupos de foco está no simples fato de que não podemos ter certeza se suas visões correspondem às da maioria – mesmo que os membros do grupo tenham sido escolhidos para representar a população em geral. Grupos de foco nos dizem o que as pessoas estão pensando e por quê, mas não têm como nos dizer quantas pessoas pensam assim.

Finalmente, devemos reconhecer que entrevistas presenciais desempenham um papel na pesquisa social e de opinião. Pesquisadores que estejam se formando em ciências sociais podem realizar um *survey* com base num pequeno número de entrevistas presenciais que lhes permita um aprofundamento no assunto. As entrevistas presenciais não têm a sinergia de um grupo de foco, que é proporcionada pela interação de seus membros, mas têm a vantagem de permitir que os indivíduos falem de maneira livre e aprofundada sobre seus sentimentos. Não é incomum que um aluno de mestrado ou mesmo de doutorado baseie sua pesquisa primária em apenas 20 a 30 entrevistas presenciais.

O USO DE MÍDIAS SOCIAIS EM PESQUISAS DE OPINIÃO

Qualquer coisa que seja rápida e fácil (e, consequentemente, barata) tem probabilidade de ser bem-sucedida como método de pesquisa. As mídias sociais fazem esta promessa e muitos pesquisadores estão se voltando para elas como ferramenta para pesquisas de opinião.

Uma tendência preocupante é o uso de "*talking heads*". A expressão refere-se ao uso de gravações de vídeo que mostram apenas a cabeça de comentaristas ou de pessoas que tenham certo preparo para expressar uma visão sobre determinado assunto. Pode ser desde uma pessoa da rua a um *expert*. A versão editada da "*talking heads*" é poderosa para comunicar palavras do jeito que saem da boca da pessoa. Dependendo de quem é escolhido como "*talking heads*", suas visões podem ser muito persuasivas. Às vezes, incluem-se "*talking heads*" em apresentações de pesquisas e costumamos vê-las em noticiários de tevê ou nas mídias sociais. Fica a critério do pesquisador quais "*talking heads*" selecionar e cabe lembrar que isso introduz de modo inevitável a possibilidade de criar um viés.

Algo tão simples quanto o Google Trends pode indicar a frequência com que uma palavra ou frase é introduzida em estratégias de busca. Isso às vezes é suficiente para identificar se um assunto está em ascensão ou em declínio. Em geral, precisamos de mais de um indicador direcional e para isso pode ser feita uma pesquisa simples no X (ex-Twitter), no Facebook ou no Instagram.

Empresas de pesquisa estão agora oferecendo serviços e ferramentas de dados para extrair e vasculhar dados de texto das mídias sociais. As ferramentas de análise de texto são usadas para definir a frequência com que palavras e frases ocorrem dentro de bancos de dados. A partir disso, é possível saber que tipo de sentimento é associado ao texto – o grau em que uma resolução, um assunto ou um político estão recebendo comentários positivos ou negativos. Essa pesquisa pode nos dar uma sensação a respeito das tendências, mas provavelmente será limitada em termos de pesquisa de opinião. Ressaltando um ponto óbvio, nem todo mundo usa mídias sociais. E tampouco sabemos qual é a demografia daqueles que deixam comentários. As pessoas nas mídias sociais têm liberdade para postar o que acham, em vez de dar respostas a perguntas específicas, que é o que ocorre num *survey*. As ferramentas de análise de texto estão em rápido desenvolvimento, embora no momento ainda se mostrem longe da perfeição quando se trata de interpretar o que as pessoas dizem e o que querem realmente dizer.

RESUMO

A pesquisa social e política é um nicho dentro do setor de pesquisa de marketing.

Pesquisas de opinião são um aspecto muito visível do setor de pesquisa de marketing, embora não constituam uma proporção significativa da receita do setor. Elas também refletem a qualidade do setor de pesquisa de marketing, especialmente se falham em prever com precisão um resultado político.

Pesquisas quantitativas de opinião ou intenção de voto enfrentam dificuldades consideráveis em garantir que amostras representativas sejam selecionadas. Além disso, as opiniões podem mudar, o que significa que *surveys* publicados refletindo uma situação de momento podem diferir dos resultados efetivos no dia da eleição.

A pesquisa qualitativa, especialmente os grupos de foco, é amplamente usada por políticos para conhecer o ânimo do eleitorado e compreender o que as pessoas estão pensando.

As mídias sociais vão crescer em importância na pesquisa de opinião pois oferecem resultados de modo rápido e barato.

CAPÍTULO 27

TENDÊNCIAS EM PESQUISA

DRIVERS DE MUDANÇA

O ritmo da mudança tem se acelerado em todos os setores, e na pesquisa de marketing foi como um tornado. Parece que não faz tanto tempo assim que o setor encarava os cartões perfurados como um grande avanço na análise de dados. Hoje, os dados são analisados num piscar de olhos. Os dois maiores impactos nos últimos anos no mundo da pesquisa de marketing foram os movimentos contínuos em direção à globalização e à revolução digital. Não surpreende, portanto, que estes dois eventos tenham não só afetado, mas transformado o setor.

No Capítulo 25, discutimos a pesquisa internacional e comentamos que mesmo a menor das empresas tem hoje um site que atrai a atenção do público internacional. Pesquisadores de marketing trabalhando com empresas podem usar a internet de maneira rápida e barata e obter uma compreensão dos mercados internacionais; e os *surveys* on-line podem, de maneira ágil e a um custo relativamente baixo, pesquisar hábitos de compra e atitudes ao redor do mundo. A revolução digital deixou indivíduos e negócios mais conectados do que nunca, especialmente por meio do uso de *smartphones* e *tablets* e a implantação de maiores redes de banda larga. Tais mudanças, junto com o efervescente uso de mídias sociais, geraram ainda mais dados para analistas de pesquisa de marketing, a tal ponto que somos desafiados a encontrar pepitas de inteligência na massa de dados disponível. O setor de pesquisa de marketing reagiu a essas pressões com novas ferramentas e serviços. Essas tendências afetaram as técnicas de pesquisa tanto qualitativas quanto quantitativas.

TENDÊNCIAS NA PESQUISA QUANTITATIVA

Técnicas de pesquisa passivas

Com os recentes avanços em computação, comunicações e armazenamento de dados, houve um vertiginoso crescimento de dados (com frequência referidos como *big data* – conjuntos de dados grandes demais para serem analisados com programas convencionais de gestão de dados, como Excel e Access). Estes dados podem ir de compartilhamento de fotos e vídeos a postagens e mensagens instantâneas, e são criados por meio de *web logs* (blogs) e sites de mídias sociais, dos quais os mais populares atualmente são o X (ex-Twitter), o Instagram, o Facebook, o LinkedIn e o YouTube.

Esta exuberância de informações à disposição dos pesquisadores produziu um aumento das técnicas de pesquisa "passivas" ou "inferidas". Informações de pesquisa passiva são obtidas sem fazer perguntas, e abrangem técnicas como monitoramento da internet por meio de *cookies* e pesquisa em celulares. Hoje os dispositivos móveis são objetos corriqueiros no mundo todo, portanto, capazes de fornecer um fluxo constante de dados passivos que permitem monitorar pessoas, transações e conexões a sites e a redes sociais (incluindo a duração e as atividades realizadas). A análise de *cookies* só é possível quando o usuário do dispositivo dá seu consentimento. É feita por meio de um aplicativo (ou "*tracker*"), baixado e instalado pelos respondentes recrutados, e todos os participantes precisam optar por ter seus dados on-line gravados, mesmo que todas as respostas sejam anônimas. Este aplicativo de monitoramento coleta então dados a respeito do que os respondentes fazem on-line. Mostra que artigos ou sites o respondente tem visto, que produtos examinou ou comprou, que buscas realizou e também a quais anúncios ficou exposto.

O espantoso volume de conhecimento coletado sobre nossas atividades é usado para enviar comunicações pessoais, enquanto fazemos nossas atividades diárias. No supermercado, uma tela de vídeo pode nos lembrar de uma oferta especial que idealmente é adequada a nós porque os computadores detectaram que estamos na loja e sabem a partir dos dados que armazenaram quais são os produtos da nossa preferência. Do mesmo modo, podemos estar andando na rua e ser seduzidos a entrar numa loja em razão de alguma oferta especial, pois o Big Brother sabe onde estamos e quais são nossos gostos. É assustador, mas podemos esperar que haverá mais pesquisa passiva sendo usada para traçar um perfil de nossas necessidades e vender-nos produtos de modo bem direcionado.

Monitoramento das mídias sociais

O tema das mídias sociais já foi abordado nos parágrafos precedentes. "Mídia social" é uma expressão que abrange uma ampla gama de formatos de mídia, cujo conteúdo é gerado por indivíduos e empresas e inclui fóruns de internet, blogs, redes sociais, *podcasts* e vídeos. Consiste essencialmente na reunião desses diferentes tipos de mídia ao longo da web e na tecnologia baseada em celular, que propicia interação e comunicação.

É claro que os *surveys* tradicionais e os grupos de foco ainda são componentes vitais do arsenal de ferramentas de todo pesquisador. No entanto, como ocorre com todos os métodos tradicionais, a opinião do cliente é colhida depois do evento e, portanto, o cliente a esta altura já está ou satisfeito ou insatisfeito. O monitoramento das mídias sociais faz uma mineração de dados "do momento". Esta nova fonte de dados cresce em ritmo exponencial. Trata-se de informação em tempo real que permite aos negócios observarem as tendências e comportamentos do cliente.

As coisas sobre as quais as pessoas conversam no X (ex-Twitter), nos blogs e no Facebook podem ser classificadas como comentários positivos ou negativos. Os algoritmos conseguem classificar comentários automaticamente rotulando-os com diferentes "sentimentos" que podem ser monitorados para detectar se algum deles precisa de uma reação rápida. Comentários negativos podem ser rapidamente neutralizados com uma ação de RP apropriada. Comentários positivos são usados para determinar o que as pessoas andam curtindo num produto ou serviço e garantir que obtenham mais desse aspecto. Explorar as redes sociais permite tomar na hora o pulso e ver a saúde de uma marca. Não fornece todas as respostas, mas certamente dá pistas que custam muito pouco de coletar e são "daquele exato momento".

Precisamos ter cuidado para não achar que muitas perguntas de pesquisa de marketing podem ser respondidas apenas por uma análise das mídias sociais. Elas são compostas em grande medida por fragmentos banais de conversa, e precisamos reconhecer que a maioria são coisas triviais ou mesmo inúteis. Além disso, as referências que as pessoas fazem às diferentes marcas podem ser indiscriminadas ou confusas. As pessoas às vezes escrevem as palavras incorretamente ou fazem um uso delas fora de contexto ao digitá-las no X (ex-Twitter) ou num blog. Por exemplo, se estamos monitorando referências ao Barclays (o banco), qualquer menção a alguém de sobrenome Barclay ou à liga de futebol inglesa (Barclays Premier League) pode ser incluída, embora nada tenha a ver com a operação bancária ou financeira na qual estamos interessados. Esses fatores geralmente são geridos usando caracteres booleanos para ter certeza de excluir tudo o que não seja referência ao banco Barclays e a operações bancárias e financeiras.

Nós, pesquisadores, estamos apenas começando a lidar com os impactos que as mídias sociais têm sobre nós como indivíduos e empresas, e isso continuará a evoluir nos próximos anos. Certamente veremos mais softwares especializados cumprindo a função de separar o joio do trigo nas mídias sociais e virando uma ferramenta padrão e importante do nosso kit básico.

Mineração de dados e análise

O uso de computadores para analisar imensos conjuntos de dados não é novidade na pesquisa de marketing. Porém, diariamente ocorrem avanços na maneira em que os dados podem ser facilmente analisados por pessoas desprovidas de qualquer treino formal em estatística. A capacidade de "minerar" dados, analisá-los e extrair mais sentido deles é hoje bem mais fácil de desenvolver. O Microsoft Excel tem recursos estatísticos sofisticados e há também muitos outros softwares que permitem ao pesquisador de mercado extrair mais de seus conjuntos de dados.

Há apenas alguns anos as apresentações de pesquisa de marketing eram feitas usando gráficos de barras horizontais, um atrás do outro. Gráficos descritivos simples, mas entediantes, reportavam quais porcentagens de pessoas davam tais ou quais respostas às perguntas. Hoje podemos mapear de modo rápido e fácil as respostas a duas questões diferentes de um *survey* para obter um resultado que seja mais revelador. Imagine, por exemplo, um *survey* no qual os pesquisadores de mercado fazem a pergunta: "Qual a probabilidade de você recomendar esta empresa a um colega ou amigo?". Em outra parte do questionário pode haver uma questão que peça: "Qual proporção de sua despesa foi para esta marca particular?". Ao plotar as respostas a essas duas perguntas num gráfico X–Y podemos ver rapidamente qual é o *share of wallet* que a marca consegue entre seus clientes leais e entre os não tão leais (como insinuado pela pergunta "qual a probabilidade de você recomendar"). De repente, temos um resultado que poderia levar a um curso de ação de marketing pelo fato de termos identificado grupos de pessoas que precisam de tipos diferentes de atenção a fim de aumentar seu gasto na marca. É provável que vejamos nos próximos anos a análise de dados desempenhando um papel ainda maior na pesquisa de marketing.

Surveys automatizados

O setor de pesquisa de marketing sempre se caracterizou por grande volume de trabalho. Era necessário contar com muitos entrevistadores para realizar pesquisas presenciais ou entrevistas por telefone. E contar também com processadores de dados e analistas para examinar os dados e preparar relatórios.

A revolução digital removeu uma significativa carga do trabalho de campo e tem potencial de fazer isso também em relação a análises e a relatórios. É possível montar um *template* de relatório para monitorar *surveys* no qual podemos facilmente acrescentar dados com pouca mão de obra. Talvez não demore para que um texto interpretativo possa ser acrescentado automaticamente para explicar o sentido dos dados.

É inevitável que esta automação promova maior comoditização do processo de pesquisa. A boa notícia para quem compra pesquisa de marketing é que certamente será possível realizar *surveys* mais rapidamente e de forma mais barata. Pesquisadores de marketing terão que reagir usando suas habilidades de conselheiros e consultores, afastando-se de sua condição de "atletas de números". Na realidade, pesquisadores de marketing vêm nutrindo esta ambição há anos, e ela ainda está para ser plenamente realizada.

TENDÊNCIAS NA PESQUISA QUALITATIVA

A mudança nas tendências acontece não só nas técnicas quantitativas; a pesquisa qualitativa também tem visto mudanças.

Comunidades on-line

Comunidades on-line diferem de painéis on-line por serem mais colaborativas, não só pelo próprio design como por serem usadas para envolver seus clientes de maneira contínua em vez de *ad hoc* como fazem os *surveys* de painel.

Os pesquisadores às vezes querem coletar um fluxo contínuo de dados de um grupo de respondentes de um painel. As comunidades on-line têm um interesse comum. Os respondentes são recrutados para participar de uma comunidade on-line com base no seu uso ou envolvimento com um produto ou serviço particular, ou em razão de sua demografia. Podem abrigar clientes de uma empresa (supondo que haja número suficiente) ou representar clientes de certa faixa etária ou que tenham preferência por determinadas marcas. As comunidades on-line variam de tamanho; as de negócios geralmente têm de 50 a 500 membros, e as de consumidores chegam a ter milhares.

A vantagem de comunidades desse tipo é sua capacidade de fornecer informações a respeito de mudanças de atitude das pessoas em relação a marcas ou a como reagem a promoções. *Surveys* pontuais podem não fornecer uma resposta muito profunda. Embora comunidades on-line sejam às vezes formadas por milhares de membros, são fundamentalmente uma solução qualitativa, que estimula conversas tanto orgânicas quanto conduzidas por um pesquisador. Geralmente são adequadas para obter *insights* rápidos sobre um assunto. Podem fornecer um feedback quase imediato sobre campanhas promocionais, serem usadas para verificar a viabilidade de potenciais novos produtos ou serviços, ou reportar mudanças nas tendências de atitudes e comportamentos.

As comunidades de pesquisa são geridas por moderadores que formulam perguntas únicas e promovem um debate e diálogo entre seus membros. Essa troca de ideias e discussão de assuntos tem alguma similaridade com grupos de foco on-line, embora a comunidade continue a existir, sem se restringir a uma única sessão. O intercâmbio de ideias entre os membros da comunidade cria um vínculo e também oferece aos pesquisadores *insights* do tipo que vemos nas discussões e debates do mundo real.

Não é fácil recrutar uma comunidade on-line. É pequeno o número de pessoas que se dispõe a participar de discussões deste tipo, mesmo que seja oferecida uma recompensa financeira, e sempre será preciso repor membros, pois alguns com certeza irão desistir. A comunidade precisa ser alimentada com um cardápio regular de perguntas, senão ela atrofia. Como nem todos participam de cada pergunta postada, a ferramenta é mais qualitativa que quantitativa, e geralmente é gerida por uma empresa especializada em pesquisa de marketing.

Membros da comunidade podem ser solicitados a tirar fotos e a compartilhá-las com os pesquisadores. Isso significa que a plataforma para o feedback deve se basear em software especializado, ser amigável ao celular e oferecer os níveis certos de privacidade e segurança.

Podemos esperar que as comunidades on-line se popularizem mais no futuro entre essas empresas que tenham uma exigência de realizar pesquisa de marketing contínua, especialmente as que precisam de *surveys* de "sondagem pontual" e que têm que estar sintonizadas com uma audiência, de modo a poder reagir a uma repentina mudança de direção.

Análise de texto

A transcrição literal de comentários e respostas abertas é o pão de cada dia do pesquisador qualitativo. Questões abertas costumam ser incluídas em *surveys* quantitativos, mas são analisadas de maneira bem diferente dos textos livres gerados em grupos de foco. Os comentários literais a respeito de uma questão aberta de um questionário semiestruturado são analisados criando-se uma codificação a partir das primeiras 50 respostas, aproximadamente. Então, na leitura de todas as demais respostas a essa pergunta, cada uma recebe o código apropriado, para permitir fazer uma contagem e ver a proporção de cada comentário.

O texto livre gerado em entrevistas em profundidade ou em grupos de foco é mais difícil de analisar. Os pesquisadores de marketing geralmente ouvem novamente a entrevista gravada ou releem a transcrição, embebendo-se das respostas e fazendo anotações, que se tornam então a base de sua análise. Esta é uma tarefa de porte quando há mais de quatro grupos de foco ou mais de 30 entrevistas em profundidade.

A análise destes dados tem sido um desafio para pesquisadores de marketing. Já circulam há algum tempo softwares que fazem coisas simples, como medir a frequência com que certas palavras são mencionadas. Nuvens de palavras são outra maneira de ilustrar a frequência com que certos termos são usados, e podem ser produzidas simplesmente apertando um botão para obter um rápido quadro visual das coisas que as pessoas estão dizendo.

Esses apoios à análise, embora úteis, não conseguem cobrir as muitas expressões que são usadas para comunicar um sentimento ou emoção. Ainda não temos um software inteligente capaz de reconhecer nuances de sentido que nos ajudem a entender rapidamente sequências de palavras e de que maneira estão relacionadas a outros assuntos na discussão. Isto é algo que com certeza será desenvolvido ao longo da próxima década.

TORNANDO OS QUESTIONÁRIOS MAIS ENGAJADORES

Gamificação

Tradicionalmente, a pesquisa de marketing tem sido um processo estruturado, no qual se fazem perguntas e se coletam respostas, tanto no modo qualitativo quanto no quantitativo. À medida que o envolvimento com os respondentes se torna mais difícil, é cada vez mais importante tornar as entrevistas de pesquisa de marketing mais animadas e estimulantes. A gamificação é a aplicação de jogos à elaboração do questionário a fim de conseguir exatamente esse efeito.

Em sua forma mais simples, a gamificação pode ser apenas uma mudança nos termos usados. A maioria das pessoas está familiarizada com programas de TV como o *Dragons' Den* no Reino Unido ou o *Shark Tank* nos Estados Unidos, nos quais candidatos a empreendedores expõem suas ideias de negócios a um painel de pessoas ricas e bem-sucedidas, que se dispõem a investir dinheiro em algum projeto que julguem viável. Imagine agora uma pergunta num *survey* on-line que mostre imagens de pessoas ricas e bem-sucedidas julgando uma ideia, e que você é convidado a agir como se fosse uma delas. Uma pergunta apresentada desse modo pode criar interesse adicional e abrir uma nova dimensão na maneira em que um respondente examina um assunto.

O uso de design e recursos visuais em questionários também pode aumentar o envolvimento e as taxas de resposta em *surveys* on-line, por meio do uso de escalas de pontuação interativas (arrastar & soltar) e uso criativo de vídeo, imagens e gráficos.

Pode-se argumentar que a pesquisa qualitativa já lança mão da gamificação; afinal, um pesquisador qualitativo sempre utiliza perguntas interessantes e técnicas projetivas. Porém, com o desenvolvimento do ambiente on-line por meio das mídias sociais, as empresas têm aproveitado isto para captar as preferências dos clientes usando a gamificação em sua página de Facebook. Uma empresa americana de *donuts*, muito conhecida, concebeu um jogo que pede para os clientes criarem seu drinque perfeito, com variações de tamanho e diferentes sabores. À primeira vista, parece apenas um jogo interativo, mas permitiu à empresa compreender qual é o jogo de compensações que os clientes fazem ao escolher uma bebida, e consequentemente a ajudou a desenvolver novos produtos com base nessas preferências.

Uma simples mudança das palavras de uma pergunta faz diferença para a resposta obtida. Por exemplo, uma pergunta simples como "Faça uma lista das suas comidas favoritas" geralmente recebe menos de 10 menções em cada resposta. Ao mudar o enunciado para "Você tem um minuto para compor sua lista de comidas favoritas", provavelmente obteremos o dobro de menções. No futuro, é muito provável que os pesquisadores de marketing usem mais a imaginação na elaboração de seus questionários para ajudar a conseguir taxas de resposta mais altas e melhor qualidade nas respostas.

DICAS IMPORTANTES

- Desafie-se constantemente quanto à maneira que você tem de realizar sua pesquisa. Será que não há um método melhor? As perguntas poderiam ser formuladas de outra maneira? Você está obtendo o máximo possível dos dados?
- Torne a entrevista mais divertida para os respondentes. Pode ser encurtando o questionário e/ou fazendo perguntas interativas.
- Esteja preparado para receber informações do maior número possível de fontes de informação. Não confie num survey "big bang" que lhe dê tudo o que precisa.
- Seja ousado e experimente. Tente novas maneiras de obter dados, analisá-los e reportá-los.
- Além de manter a mente aberta a novas ideias em pesquisa de marketing, não se esqueça do que já foi tentado e deu certo. Pode parecer antiquado, mas geralmente funciona você fazer a pergunta certa à pessoa certa.
- Envolva-se no processo de pesquisa. Não abra mão da responsabilidade por obter informações – é um fator vital de sucesso para qualquer organização.

TENDÊNCIAS ENTRE USUÁRIOS DE PESQUISA DE MARKETING

A pesquisa de marketing foi por muitos anos algo restrito a empresas grandes e ricas. Isso em parte porque as grandes empresas operam num território amplo e precisam da ajuda de pesquisadores de marketing para obter um quadro do que está acontecendo. Elas são grandes o suficiente para bancar o que historicamente tem sido um processo custoso. Grandes empresas também recrutam formandos em escolas de negócios que foram treinados para usar a pesquisa de marketing a fim de minimizar o risco das decisões em grandes negócios. Talvez não passe pela cabeça de uma pequena empresa que a pesquisa de marketing também é possível ou mesmo necessária.

Mas isso está mudando. O custo relativo de realizar uma pesquisa de marketing tem caído consideravelmente nas últimas décadas. As eficiências conseguidas com métodos de coleta e análise de dados mais rápidos e baratos torna a pesquisa de marketing acessível a empresas menores. Como descrevemos neste capítulo, a pesquisa de marketing não precisa ser a habitual abordagem formal e estruturada. Os fundadores da Innocent, um frapê de frutas, começaram a vender seus produtos num festival de música em 1999. Eles colocaram um cartaz perguntando às pessoas se achavam que eles deveriam largar seus empregos atuais e passar a fazer frapês, e colocaram diante da banca dois latões para o descarte das garrafinhas de plástico vazias, um com um cartaz "sim" e o outro com um cartaz "não". Quando terminou o fim de semana, o latão do "sim" estava cheio. Richard Reed, Adam Balon e Jon Wright largaram seus empregos em propaganda e consultoria e criaram a Innocent Drinks Company, que mais tarde foi vendida à Coca-Cola Company por vários milhões de dólares.

Acompanhando essa tendência, podemos também esperar que cada vez mais haja pessoas dentro de empresas valorizando a pesquisa de marketing, de modo que ela seja encomendada diretamente pela pessoa que requer o estudo, em vez de por meio de um gestor *expert* em pesquisa de marketing. Até há alguns anos, as grandes empresas tinham departamentos de pesquisa de marketing próprios que gerenciavam a encomenda de *surveys*. À medida que a pesquisa de marketing foi se tornando uma atividade de negócios corriqueira, não há mais necessidade de *experts* internos para projetar e gerenciar o relacionamento com empresas externas de pesquisa.

ESPECIALIZAÇÃO EM HABILIDADES DE PESQUISA DE MARKETING

O setor de pesquisa de marketing cresceu, ficou adulto. Não é mais um setor de pequenos negócios que emprega pessoas em meio-período; hoje são empresas internacionais com equipes especializadas e processos rigorosos, examinados e verificados em busca de qualidade. As fusões no setor de pesquisa de marketing continuarão, com os grandes *players* ficando ainda mais poderosos por meio de aquisições. Ao lado dessas fusões podemos esperar que continuem surgindo pequenas empresas para prover serviços pessoais e especializados. É bem pequeno o custo de entrada investido por pesquisadores qualitativos ou fornecedores de serviços de estatística. O setor de pesquisa de marketing do futuro será polarizado, com reduzido número de grandes *players* de um lado e uma miríade de pequenos do outro.

Dentro das empresas de pesquisa, o papel dos pesquisadores está mudando. Há alguns anos, havia a expectativa de que o pesquisador de marketing soubesse tudo sobre o assunto, mas isso não é mais assim hoje. As agências de pesquisa de marketing empregam *experts* que trabalham em processamento de dados, às vezes até numa única área do processamento, como na criação de *scripts* (roteiros) de questionários. Outros profissionais se especializam em *surveys* on-line ou em gerenciar sistemas CATI (*computer-aided telefone interviews*, ou "entrevistas por telefone assistidas por computador"). Pode haver também um departamento de estatística, para cuidar de estudos conjuntos e de segmentação. Não é incomum que uma empresa de pesquisa de marketing empregue *experts* em programação visual, para garantir apresentações e relatórios com boa aparência e envolventes.

Além dos conjuntos de aptidões especializadas, cada vez mais importantes no setor, os analistas de pesquisa costumam especializar-se em diferentes assuntos. Alguns são *experts* em pesquisa na área farmacêutica, outros em mercados de varejo ou de produtos eletrônicos. Agora que o setor alcançou maturidade, podemos esperar por uma especialização cada vez maior.

RESUMO

A globalização e a revolução digital promoveram grandes mudanças no setor de pesquisa de marketing. A pesquisa quantitativa pode agora ser realizada de maneira relativamente barata em vários países, com velocidade e custos bem menores que os que historicamente tornavam proibitiva sua realização (exceto para as maiores empresas).

A revolução digital também possibilitou várias técnicas novas, e os pesquisadores de marketing se mostram mais criativos quanto à maneira de formular as perguntas. Novas tecnologias permitem ao pesquisador melhorar a aparência e a sensação causada por seus questionários, que são agora mais divertidos e têm maior conexão com a vida diária. Tais mudanças provavelmente serão mais predominantes no futuro, embora não venham a substituir os métodos tradicionais que resistiram ao teste do tempo.

No futuro, podemos esperar que o pesquisador de marketing terá novas ferramentas, por exemplo, para monitorar as mídias sociais, que trarão maior compreensão do mercado e de suas constantes mudanças.

Junto com a expansão das ferramentas de pesquisa, haverá inevitavelmente maior especialização entre os pesquisadores de marketing.

CAPÍTULO 28

A LEI GERAL DE PROTEÇÃO DE DADOS (LGPD)

Pesquisadores de marketing coletam dados entrevistando pessoas. Na União Europeia, os dados específicos de um indivíduo são legalmente propriedade dele e precisam ser tratados com respeito. É importante que os pesquisadores entendam a legislação relativa à propriedade dos dados e também os processos envolvidos, a fim de realizar corretamente a coleta e análise de dados, respeitando a regulamentação.

A tecnologia transformou a maneira de coletar, analisar e armazenar dados. Esses avanços tecnológicos motivaram os legisladores europeus a examinar os princípios básicos da proteção de dados e consagrá-los em leis. Em 25 de maio de 2018, a Lei Geral de Proteção de Dados (LGPD, ou GDPR, na sigla em inglês) passou a vigorar em todos os estados membros da União Europeia. Empresas que coletam dados de respondentes devem respeitar essa legislação para poder entrevistar pessoas em qualquer país da UE – não importa se a empresa que coleta dados é sediada ou não na UE.

Apesar de ter origem na União Europeia, a LGPD foi amplamente adotada como padrão ouro na proteção de dados de indivíduos em muitas partes do mundo. O Reino Unido, mesmo tendo saído da UE em 1º de janeiro de 2021, continua a observar quase todos as diretrizes da LGPD.

Pesquisadores de marketing há tempos se preocupam com a má utilização de dados. Por exemplo, antes da vigência da LGPD não era incomum empresas inescrupulosas fingirem que realizavam *surveys* sobre atitudes relacionadas (por exemplo) a isolamento acústico doméstico, quando na realidade o objetivo era vender vidro duplo ao respondente desatento. Vender algo sob o disfarce de pesquisa (que no ramo é conhecido como *sugging* – "vender fingindo que está pesquisando") gerou milhares de reclamações e causou problemas às empresas que se dedicam a realizar pesquisas legítimas. Como resultado, os pesquisadores de mercado endossam a LGPD, apesar da aparência de mera formalidade burocrática que ela tem para alguns.

Existe de fato o risco de a LGPD ser encarada apenas como um instrumento burocrático a mais, que seria possível contornar. Não devemos vê-la assim. Seu propósito é proteger todos nós do uso impróprio de dados, e ela também tem a virtude de ressaltar que nossos dados têm de fato valor. A UE leva isso a sério e deve-se seguir seu exemplo. A falha em cumprir a LGPD pode resultar em multa substancial, que chega a 10 milhões de euros ou a 2% da receita anual da empresa ao redor do mundo – o valor que for mais alto. Para deixar claro que leva a questão a sério, a UE tem o direito de aplicar multas ainda maiores quando constata que houve flagrante desrespeito às regras, o que eleva a multa a 20 milhões de euros ou 4% da receita anual da empresa ao redor do mundo. São números que intimidam e indicam que temos que prestar atenção à legislação.

PRINCÍPIOS BÁSICOS DA LGPD

A legislação da LGPD existe para proteger dados pessoais. Para os propósitos da LGPD, dados pessoais são aqueles relacionados especificamente a uma pessoa e que permitem que ela seja identificada. Por isso às vezes se utiliza a expressão "informação pessoalmente identificável" [*personally identifiable information,* PII]. Idade e gênero não são por si "dados pessoais" quando isolados de qualquer outro contexto. Mas se há informações suficientes sobre o perfil da pessoa que permitam saber de quem se trata, então considera-se que são dados PII. Sempre que algo é PII, a LGPD entra em cena. A PII pode incluir uma imagem do rosto de alguém, sua voz etc.

Não há limite quanto às questões que podem ser formuladas num *survey*, mas os únicos dados que podem ser coletados sobre a identidade de indivíduos são aqueles necessários para um controle de qualidade, uma amostragem ou um ponto de vista analítico. Na prática, não há restrições rigorosas quanto aos dados pessoais que podem ser coletados

dos indivíduos como parte da pesquisa de marketing, desde que haja justificativa legal para coletá-los. Isto geralmente abrange fatores como gênero, idade, status social e similares. São informações importantes para classificar os demais dados sobre comportamento e atitudes que façam parte do propósito do estudo.

Os dados não devem ser mantidos vinculados por mais tempo que o necessário. Quando há necessidade de deixar os dados do *survey* e os dados pessoais vinculados, é preciso ter cuidado com a maneira de armazená-los e processá-los. Incentiva-se a "pseudonimização", que permite armazenar os dados pessoais separadamente dos demais ao se utilizar um número de identificação ou outra forma similar de codificação. Desse modo, os dados pessoais ainda podem ser "reincorporados" caso o processamento de dados pessoais se mostre necessário num momento posterior – por exemplo, para um controle de qualidade.

A LGPD trata apenas dos indivíduos, não das empresas ou organizações onde eles trabalham. Um banco de dados que liste as empresas e as quantidades de produtos que compram, a frequência com que compram e suas atitudes e necessidades como empresa pode manter legitimamente essas informações para propósitos de análise. No entanto, num *survey business-to-business*, os nomes de indivíduos que participam dela são tratados pela legislação da LGPD da mesma maneira que os nomes dos respondentes de um *survey* ao consumidor. Em vez de mencionar o nome de um respondente individual num *survey business-to-business*, é mais aceitável fazer constar apenas seu cargo ou título, já que estes atributos são às vezes necessários para os propósitos da pesquisa. Uma ressalva aqui é que pode ocorrer que o conhecimento que a pessoa detém seja próprio do cargo que ocupa, o que a torna prontamente identificável (por exemplo, como sendo o CEO de uma entidade pública ou de uma grande empresa). Neste caso, não é apropriado mencionar expressamente o título – mais aceitável é usar um rótulo geral, como "membro de cargo executivo".

A LGPD requer que a legitimidade da pesquisa seja demonstrada. Isso levanta a questão do que é considerado legítimo. *Surveys* são legítimos se o processamento dos dados pessoais pelo pesquisador é aspecto necessário, se ele tem um propósito claro e se isso não afeta indevidamente os direitos do indivíduo. Costuma ser exigido algum tipo de "avaliação do risco" antes de se encomendar o *survey*, e deve haver equilíbrio entre os interesses do pesquisador e os direitos do indivíduo. Outra razão legítima para realizar um *survey* é que seja de interesse público. Este propósito legítimo costuma ser frequente em órgãos públicos voltados ao bem geral, portanto, aplica-se mais à pesquisa social e científica e a propósitos de saúde pública.

A base legal para a pesquisa deve ser comunicada aos respondentes. É apropriado comunicar a legitimidade do *survey* em diferentes estágios dele. Por exemplo, a hora em que os indivíduos são abordados para participar da pesquisa é oportuno que o entrevistador consiga o consentimento deles e explique os objetivos da pesquisa, e como os dados serão processados, por quanto tempo ficarão armazenados etc. Os respondentes são então informados de que sua identidade ficará no anonimato e seus dados não serão disponibilizados a terceiros para nenhum outro uso. Um respondente pode a qualquer momento perguntar que tipo de informação a seu respeito está sendo mantida e, se desejar, pode solicitar que seja removida. É importante que os dados fornecidos por indivíduos sejam usados apenas com o propósito que foi comunicado a eles na época de sua coleta, caso contrário seus interesses e direitos talvez estejam sendo desconsiderados.

Às vezes os patrocinadores de um estudo pedem permissão para citar respondentes. Isso requer um consentimento em separado e costuma ser solicitado ao final de uma entrevista – não no início, pois só no final é que os respondentes saberão o que foi perguntado e o que disseram, e terão ideia se é algo que estão dispostos a assinar embaixo.

Pesquisadores de marketing coletam dados de *surveys*, de grupos de foco e de entrevistas em profundidade. A qualidade das descobertas da pesquisa depende não só das pessoas que foram entrevistadas mas também das perguntas feitas. Definir quem será perguntado no *survey* é importante na elaboração e no controle de qualidade do estudo. Alguém precisa estar encarregado desse importante processo. Essa pessoa (ou organização) é conhecida como controlador de dados. Há muita coisa que recai nos ombros dessa pessoa ou entidade, e suas responsabilidades serão descritas em detalhes mais adiante neste capítulo. É improvável que o controlador de dados trabalhe sozinho num *survey* de grande porte. Ele precisa da ajuda de alguém para discriminar, separar e analisar os dados. Tal pessoa (ou organização) tem também uma responsabilidade importante por seu acesso aos dados: são os processadores. De novo, falaremos mais sobre este grupo adiante neste capítulo. O controlador de dados e os processadores de dados têm obrigações legais a cumprir em relação à LGPD.

Já destacamos que o requisito-chave da LGPD tem a ver com a privacidade dos dados mantidos a respeito de indivíduos. Alguns *surveys* são realizados a partir de uma amostragem de membros de um painel, formado por pessoas que concordaram em participar de *surveys*. Os dados pessoais que poderiam identificar esses respondentes nem sempre são do conhecimento da parte que conduz o *survey*, pois ficam retidos pelo proprietário do painel. Neste caso, a responsabilidade de preservar o anonimato é da empresa de painel, que precisa cumprir suas obrigações quanto à legislação de proteção de dados.

Surveys podem igualmente ser realizados com clientes ou indivíduos de uma lista de clientes. Nesses *surveys*, há informações identificáveis sobre os indivíduos, como nome, endereço e dados pessoais. Esses dados que podem identificar respondentes precisam ser tratados de modo a preservar seu anonimato, o que costuma ser feito associando um número a cada respondente – ou outro recurso de codificação. Este identificador único não deve ser identificável no conjunto de dados e precisa atender aos requisitos da LGPD (é nisso que consiste a pseudonimização antes referida).

DECIFRANDO O JARGÃO

Um dos aspectos da LGPD que causa desconforto é a quantidade de jargão usado para descrever o processo e os indivíduos que participam. A seguir, um resumo de termos principais amplamente usados.

Sujeitos de dados [*Data subjects*]: A legislação da LGPD existe para proteger as informações pessoalmente identificáveis do indivíduo – e isso abrange os indivíduos que participam de pesquisas. Essas pessoas são referidas pela legislação como "sujeitos de dados". Informações pessoais sobre sujeitos de dados podem ser coletadas se forem relevantes para os objetivos do *survey*. Assim, por exemplo, num *survey*, os respondentes podem ser solicitados a declarar seu gênero, idade, profissão e outros dados específicos, que são acrescentados a dados de outros respondentes para os propósitos da análise.

Oficial de Proteção de Dados [*Data Protection Officer*, DPO]: Quando um órgão público, uma grande organização ou uma empresa de pesquisa de marketing realizam muitos estudos, precisam de um indivíduo que aceite se responsabilizar pela LGPD. Esta pessoa, em última instância, é a encarregada de assuntos de proteção de dados, assegurando que sua coleta e processamento sejam feitos dentro das normas legais. É obrigação dela aconselhar aqueles que trabalham com dados na organização com referência às suas responsabilidades e aos requisitos da LGPD que devem observar. Embora um DPO não seja uma exigência obrigatória de toda organização, os reguladores incentivam a nomeação de um. Portanto, o Oficial de Proteção de Dados precisa ter pleno domínio da legislação e dos processos da LGPD. Além de cuidar do seu cumprimento, pode também se envolver em treinar a equipe e em realizar auditorias do processo.

Controller de dados [*Data controller*]: O *controller* de dados é um elemento crucial na LGPD. Ele define os propósitos para os quais os dados serão usados e a maneira de coletá-los. Como o termo "*controller*" sugere, essa figura tem papel central na LGPD. Um estudo pode ter dois *controllers* de dados – o cliente que paga pela pesquisa e a agência de pesquisa que faz o trabalho. Ambos compartilham a responsabilidade e a obrigação de gerir e supervisionar o processo. Pode às vezes surgir uma tensão entre cliente e agência. O cliente pode estar ansioso para saber "quem foi que declarou isto?", e a agência terá então que lembrá-lo da importância de preservar a confidencialidade e anonimato do respondente. Se um estudo exige que dados pessoais sejam coletados, armazenados ou processados, os sujeitos de dados (isto é, os respondentes) precisam ser comunicados sobre a existência da figura do *controller* de dados, para que tenham a quem contatar sobre dúvidas relativas ao *survey*, ou caso decidam exercer seus direitos legais (como o de ter seus dados pessoais apagados). Em última instância, o controlador é o responsável pelos assuntos de proteção de dados, inclusive por quaisquer multas impostas pelo regulador quando ocorre alguma violação de dados, e por defender quaisquer litígios privados promovidos pelos próprios sujeitos de dados.

Processador de dados [*Data processor*]: Em pesquisa de marketing, os processadores de dados são os profissionais envolvidos nas especificidades da coleta, discriminação, transcrição, processamento, codificação e análise de dados. Seu trabalho é realizado em nome do controlador. Não obstante, eles têm a responsabilidade de assegurar que o processamento de dados seja feito de acordo com a legislação de proteção de dados.

Um princípio fundamental é que os processadores só devem processar dados pessoais se estiverem alinhados às instruções documentadas de um controlador – decisões cruciais a respeito de quais dados pessoais devem ser coletados e como devem ser processados ficam a cargo do controlador. Essas "instruções sobre processamento de dados" geralmente estão redigidas como parte do acordo contratual entre *controllers* e processadores, no qual os papéis e responsabilidades de cada parte ficam claramente definidos.

Período de retenção [*Retention period*]: A LGPD não estipula um tempo específico para manter os dados de um *survey*, mas eles só podem ser mantidos para o propósito declarado, e este deve ter um prazo justificável. Para muitos *surveys*, dois anos parece ser uma extensão de tempo razoável para preservar os dados. Isso permite tempo suficiente para cortes de dados subsequentes e, após dois anos, será possível argumentar que os dados já estarão de certa forma "vencidos".

Dados de categoria especial [*Special category data*]: A LGPD reconhece a existência de categorias especiais de dados, particularmente relevantes em pesquisas ao consumidor e sociais. Dados típicos de categoria especial são os referentes a crenças religiosas/políticas, saúde, origem racial ou étnica etc. A base legal que trata do interesse legítimo não pode ser usada para dados deste tipo, e usualmente apenas há confiança quando se dá consentimento claro, explícito. Também há o dever por parte dos *controllers* de dados de demonstrar que a coleta de tais dados é de fato necessária.

CONDUZINDO UM ESTUDO QUE ATENDA AOS REQUISITOS DA PROTEÇÃO DE DADOS

ATENDER AOS REQUISITOS DA LGPD

A LGPD fornece um *framework* para realizar pesquisa de marketing. Esse *framework* assegura a confidencialidade das informações fornecidas pelos respondentes. Quem quiser realizar um *survey* que atenda aos requisitos da LGPD deve aderir aos seguintes pontos:

❶ *O* **survey** *deve ter uma intenção legítima.* Estudos de pesquisa de marketing são inevitavelmente projetados para ajudar o patrocinador da pesquisa a se tornar mais eficiente e muito provavelmente mais lucrativo no atendimento a seus clientes. Os estudos de pesquisa de marketing são também do interesse dos clientes que, se forem realizadas ações apropriadas, deverão se beneficiar da melhoria de produtos e serviços. No entanto, não se considera de interesse dos participantes de um *survey* que os dados fornecidos sejam depois usados para promover diretamente os produtos de uma empresa. Claro que uma empresa pode e deve usar os dados obtidos de um *survey* para melhorar o modo de atender seus clientes, mas isso é diferente de usar informações específicas para vender diretamente a um cliente. Por exemplo, se num *survey* o cliente revela as marcas de produtos que ele adquire, esta informação não deve ser usada diretamente para persuadir este cliente específico a mudar para a marca do patrocinador da pesquisa. Quaisquer propagandas ou promoções decorrentes do *survey* devem ser direcionadas a um corpo de pessoas. As promoções não devem usar informação privilegiada fornecida por indivíduos para tentar mudar a maneira de pensar desses indivíduos.

❷ *O* **survey** *deve ser gerido e executado por pessoas que compreendem e aderem aos requisitos da LGPD.* Os papéis a seguir devem ser claramente compreendidos por todos os envolvidos: Oficial de Proteção de Dados (se a pesquisa é patrocinada por uma grande organização ou uma empresa que realize muitos *surveys*), controlador de dados (o responsável último pela elaboração e pela gestão do *survey*, o tipo de dados coletados e o destino que lhes é dado), e o processador de dados (responsável por tarefas específicas definidas pelo controlador).

❸ ***Os dados coletados sobre indivíduos devem ser salvaguardados e assegurados segundo os princípios da LGPD.*** Os indivíduos participantes do *survey* devem estar cientes do propósito do estudo e do uso que será feito dos dados que fornecerem, como já descrito antes neste capítulo.

A ESTRUTURA DE AMOSTRA DOS RESPONDENTES

As pessoas que participam de *surveys* podem ser arregimentadas de diferentes fontes. Pessoas que fazem negócios com a empresa (isto é, clientes ou fornecedores) são alvos aceitáveis para pesquisa com base no "interesse legítimo". No geral, as descobertas da pesquisa devem ser benéficas a eles. É possível conseguir respondentes além da base de clientes por meio de empresas de painel que recrutam milhares de pessoas dispostas a participar de *surveys*. As empresas de painel já obtiveram o consentimento de seus membros para receberem convites de participar de pesquisas. As identidades dos membros do painel não são reveladas aos pesquisadores. Além das listas de clientes e dos painéis, é possível obter uma lista de potenciais respondentes a partir de fontes públicas – por exemplo, endereços de e-mail disponíveis publicamente. Ainda assim, será necessário realizar o *survey* seguindo todas as regulamentações da LGPD e, caso um participante pergunte, deve-se informá-lo de onde seu endereço foi obtido.

REVELAR O PATROCINADOR DA PESQUISA

Estabelecemos que o sujeito de dados, isto é, a pessoa que está sendo entrevistada num *survey*, deve ser notificado quanto ao local de onde seu nome foi obtido na hora em que for contatado para participar da pesquisa. Em muitos casos, isso significa que lhe será revelado o nome da empresa que patrocina o *survey* – e não apenas o nome da empresa responsável pela execução do *survey*.

Não é incomum que o cliente que encomenda a pesquisa queira ficar anônimo. Talvez ache que a própria revelação de que sua empresa está realizando uma pesquisa dê ao concorrente uma vantagem estratégica, e o faça perder sua vantagem competitiva. Embora haja pouca evidência de que uma empresa possa ganhar uma vantagem pelo simples fato de saber que um concorrente está realizando uma pesquisa, mesmo assim alguns patrocinadores de pesquisas têm essa preocupação.

De modo similar, a revelação do nome do patrocinador da pesquisa pode às vezes ser um problema para a elaboração da pesquisa se, por exemplo, o objetivo é determinar qual é a consciência não estimulada a respeito da marca. Muito claramente, a revelação do nome de uma empresa pode deixar alguém alertado em relação a uma marca e com isso cria-se um viés nos resultados de uma pergunta sobre a consciência de marca.

Embora seja preferível que o patrocinador da pesquisa seja revelado no início de um *survey*, é aceitável que num estudo sobre consciência de marcas a identidade do patrocinador seja revelada num estágio mais avançado da entrevista, a fim de não criar um viés nas respostas. Também deve ficar claro que se o respondente, ao saber do nome do patrocinador, decide não participar do *survey*, isso será respeitado.

Um dos princípios fundamentais da LGPD é a transparência quanto à identidade do controlador de dados. Se o controlador de dados é a empresa que paga pela pesquisa, é apropriado citar seu nome no final do *survey* ou depois de feitas as perguntas sobre consciência de marcas. As razões de se protelar a revelação do patrocinador da pesquisa devem ser explicadas aos respondentes, que precisam saber que, a qualquer momento, podem desistir de participar da pesquisa. Ao conhecer a identidade do patrocinador, podem naquela hora pedir para ter suas respostas removidas.

As considerações da LGPD aplicam-se apenas aos dados pessoalmente identificáveis de um indivíduo que estejam sendo coletados ou processados. Consequentemente, o patrocinador do *survey* não precisa ser revelado caso não haja planos de usar dados pessoalmente identificáveis como parte da elaboração da pesquisa. Isso se aplicaria em casos em que as respostas do *survey* são coletadas de membros de um painel de pesquisa terceirizado, mas essas identidades nunca são reveladas à empresa que faz a pesquisa ou, em última instância, ao patrocinador do *survey*.

O USO DE TERCEIRIZADOS

Como a parte finalmente responsável pela proteção de dados pessoais, os *controllers* de dados devem assegurar que a LGPD e quaisquer outros padrões de proteção de dados sejam plenamente atendidos quando envolverem um processador de dados para realizar trabalho em seu nome. Não basta que os *controllers* "passem a bola" e coloquem toda a culpa no processador de dados caso os dados não sejam tratados com suficiente cuidado no processo de pesquisa.

Os papéis precisos do *controller* e do processador de dados podem variar dependendo das especificidades do projeto e das determinações legais estipuladas pelos envolvidos no processo. A seguir, descrevemos um cenário típico de terceirização dentro do setor de pesquisa de marketing, e os papéis e responsabilidades que cada parte assume para os propósitos da LGPD.

Vamos imaginar que uma empresa quer realizar um *survey* de satisfação do cliente e faz isso por meio de uma agência especializada em pesquisa de marketing. Nesse cenário, o cliente patrocinador é chamado de *controller* de dados e a agência de pesquisa é a processadora de dados. Pode haver outros terceirizados envolvidos em tarefas como codificação, transcrição, análise estatística especializada e recrutamento de grupo de foco. Essas empresas seriam conhecidas como subprocessadoras de dados.

O cliente patrocinador (o *controller*) envia uma lista de clientes à agência de pesquisa, da qual serão selecionados os respondentes para a entrevista. Deve ser assinado um acordo entre o *controller* e processador de dados com instruções claras sobre como usar os dados. Caso se recorra a um terceirizado, a agência de pesquisa (processador) deve acertar isso com o cliente patrocinador e confirmar que é aceitável para eles que seja usada a lista de clientes. O *controller* de dados deve estar satisfeito com o fato de processadores ou subprocessadores atenderem aos requisitos da LGPD e pode escolher fazer uma auditoria ou avaliação desses terceirizados se achar necessário.

PESQUISA QUALITATIVA E LGPD

As condições da LGPD são igualmente válidas para pesquisa qualitativa e *surveys* quantitativos. Portanto, é uma ótima prática que os respondentes de grupos de foco e entrevistas em profundidade forneçam de maneira clara e formal seu consentimento para participar desses exercícios, e sejam informados de como seus dados pessoais serão coletados e processados.

É preciso ter especial cuidado na pesquisa qualitativa para lidar com comentários literais ou gravações que mencionem algo que possa ser associado a uma determinada pessoa ou que permita sua identificação. A não ser que o participante da pesquisa forneça consentimento formal adicional para permitir isso, tais comentários não devem ser usados, ou ao menos os elementos identificadores devem ser cortados na edição antes da apresentação do relatório.

Vídeos de grupos de foco ou gravações de entrevistas costumam ser produzidos apenas para auxiliar a equipe de pesquisa imediata na tarefa de analisar os dados de pesquisa. Caso se julgue necessário um compartilhamento adicional dessas gravações, os participantes do estudo precisam dar consentimento expresso para isso. A agência de pesquisa e as partes com as quais as gravações ou dados pessoais são compartilhados podem escolher fazer um contrato por escrito estipulando os propósitos para os quais os dados pretendem ser usados, na contingência de que seja dado esse consentimento pelos participantes.

RESUMO

As regulamentações sobre proteção de dados introduzidas na União Europeia desde 2018 estão se tornando o padrão global. Essas regulamentações protegem as pessoas que participam de estudos de pesquisa, assegurando que os dados que fornecem sejam tratados de modo apropriado.

A LGPD, aplicada a *surveys* de pesquisa de marketing realizados na UE, é lei obrigatória. Infrações a ela geram multas de até 10 milhões de euros ou 2% das receitas anuais da empresa ao redor do mundo – o valor que for maior. Infrações graves podem gerar penalidades ainda maiores.

O processo trabalhoso e bastante tedioso da LGPD tem importância crucial para os pesquisadores de marketing, e eles precisam ter plena familiaridade com os detalhes. Para agir em conformidade com a LGPD é necessário cumprir vários procedimentos. É preciso definir claramente quem é o controlador de dados, pois, como o nome sugere, é quem gerencia o processo todo de elaboração da pesquisa, incluindo quais dados serão coletados e como serão analisados. O controlador de dados pode delegar algumas tarefas a processadores de dados, que se envolvem em certos aspectos da pesquisa, como trabalho de campo, processamento, análise, codificação de dados, além dos relatórios.

Exige-se transparência ao realizar *surveys*, e os sujeitos de dados (participantes do *survey*) devem saber a identidade do *controller* de dados e conhecer o propósito do estudo. Dada a miríade de questões inerentes aos dados pessoais na pesquisa de marketing, uma ótima medida perseguida por muitos praticantes é anonimizar e/ou preservar como confidenciais as identidades pessoais dos respondentes da pesquisa.

Este capítulo descreveu os importantes princípios da LGPD e recomenda-se que os pesquisadores fiquem atualizados com os detalhes.

CAPÍTULO 29

ÉTICA EM PESQUISA DE MARKETING

A IMPORTÂNCIA DA ÉTICA NA PESQUISA DE MARKETING

O propósito da pesquisa de marketing é chegar à verdade; chegar a uma compreensão do que realmente está acontecendo ou pode vir a acontecer num mercado. Em muitos aspectos da pesquisa de marketing exige-se julgamento da parte do pesquisador de marketing para decidir em que consiste a verdade. Coletar e analisar dados para orientar decisões de vários tipos é uma grande responsabilidade, e é essencial que o trabalho dos pesquisadores tenha credibilidade. A ética determina a verdade porque ela assegura que está sendo aplicada uma honestidade absoluta a todos os estágios do projeto e que não haverá dano para ninguém que participe dele.

A ética não é um requisito legal (embora em várias sociedades exista legislação para garantir que as coisas sejam feitas do jeito certo). Médicos, dentistas, advogados e jornalistas operam dentro de um arcabouço legislativo, mas também se submetem a um rigoroso código de ética. No caso de pesquisadores de marketing, o propósito do código de ética é salvaguardar a qualidade, alcançar melhores evidências e em última instância ganhar a confiança tanto dos patrocinadores da pesquisa quanto dos respondentes.

Existe diferença entre ética e moral. A ética consiste em regras de conduta que devemos adotar como pesquisadores de marketing. A moral são opiniões que nós, como pesquisadores de marketing, podemos ter e que influenciam nossa visão a respeito do que é certo ou errado. Por exemplo, você pode achar moralmente errado realizar uma pesquisa de marketing em nome de um fabricante de cigarros, já que isso visa aumentar a venda de cigarros e abrirá caminho para mais doenças associadas ao seu uso. Se é certo ou errado realizar uma pesquisa desse tipo não é a preocupação deste capítulo. Vamos tratar das regras que orientam os pesquisadores de mercado na realização de *surveys* e em chegar à verdade – independentemente de qual seja o propósito do *survey*.

EXEMPLOS DE DILEMAS ÉTICOS PARA PESQUISADORES DE MARKETING

Pode ser útil de início examinar alguns dilemas éticos encontrados com frequência por pesquisadores de marketing:

- O patrocinador de um estudo de pesquisa de marketing insiste em saber detalhes de contato dos que participaram da pesquisa.
- Pede-se a um consultor de pesquisa que descubra os resultados de testes de desenvolvimento de um novo produto que estão sendo feitos por uma empresa.
- São oferecidos 200 dólares a um respondente para participar de um *survey* de pesquisa de marketing.
- Pede-se à empresa de pesquisa que utilize o recurso do "comprador misterioso" num ponto da concorrência, fingindo ser um cliente.
- Um pesquisador de marketing decide ignorar as respostas de certos respondentes ao analisar os dados.

Voltaremos a esses dilemas mais adiante neste capítulo para ver como os profissionais pesquisadores de marketing devem lidar com eles.

PRINCÍPIOS QUE ORIENTAM A ÉTICA DE PESQUISADORES DE MARKETING

Há dois princípios básicos orientando a ética de pesquisadores de marketing:

1. Pesquisadores devem assegurar que os respondentes que participam dos *surveys* de pesquisa de marketing não estejam sendo

de modo algum prejudicados ou adversamente afetados por sua participação.

2 Pesquisadores devem ser honestos e transparentes em todas as suas tratativas com clientes e respondentes.

O primeiro desses princípios é crucial como meio de respeitar os direitos de todos os respondentes. Ele também requer que os pesquisadores preservem a privacidade dos respondentes, porque, depois que os dados são coletados e passados às mãos de outros, não há como saber o uso que pode ser feito deles. Um respondente pode decidir participar de um *survey* e fornecer dados sobre suas circunstâncias, atitudes e comportamentos que, se passados a uma organização, poderiam ser manipulados para tentar vender alguma coisa que ele na verdade não deseja. Muitos países têm leis sobre privacidade de dados e há uma exigência legal de que sejam seguidas pelo pesquisador de marketing. Onde não existem leis sobre privacidade de dados, ou elas são frouxas, o pesquisador deve sempre agir defendendo os melhores interesses dos respondentes e tratar todos os dados específicos dos respondentes como confidenciais. Dados específicos sobre os respondentes só podem ser passados adiante a uma organização patrocinadora se forem atendidas todas as condições descritas a seguir:

➤ Revelar ao respondente o verdadeiro propósito do estudo; que ele se destina exclusivamente a propósitos de pesquisa de marketing e que nenhuma pressão de vendas será exercida como resultado de ele ter participado do estudo.
➤ Revelar ao respondente a identidade do patrocinador da pesquisa.
➤ O respondente concorda que os dados do *survey* podem ser repassados ao patrocinador como sendo referentes a ele.

Em todos os demais casos o patrocinador da pesquisa deve apenas receber dados agrupados.

Se os dados são coletados diretamente pelo patrocinador da pesquisa, os respondentes que participam do *survey* terão ciência de que suas respostas serão encaminhadas diretamente a essa organização. O respondente é informado de quem está buscando a informação e qual será o uso que se fará dela, e terá consentido com essa entrega.

Igualmente, a empresa de pesquisa de marketing, agindo em nome do patrocinador da pesquisa, pode deixar claro para os respondentes que os dados serão passados diretamente ao patrocinador. Em tal caso, o patrocinador deve ser claramente identificado e não ocultado sob alguma capa de anonimato, a fim de que os respondentes saibam para onde a informação está indo e para que finalidade será usada. Eles ficam então numa posição bem-informada para decidir se participam ou não do estudo.

Uma razão importante para a privacidade de dados nos *surveys* de pesquisa de marketing é proteger os respondentes do uso inescrupuloso de certos *surveys* que na realidade não são realmente *surveys*. Sabe-se que algumas empresas fingem realizar uma pesquisa de marketing, mas, na verdade, buscam obter dados com o intuito específico de ganhar acesso a clientes potenciais e vender seus produtos ou serviços. Este acobertamento do propósito real de um *survey* afronta de maneira desonrosa o princípio de que os pesquisadores devem sempre ser transparentes em suas relações com os respondentes. Um respondente que pensa que está contribuindo num *survey* e tem a expectativa de que os resultados serão usados para melhorar produtos e serviços não quer que esses dados sejam usados contra ele numa situação de vendas. Pesquisadores de marketing referem-se a isso como vender sob o disfarce de pesquisa de marketing, ou então com o termo *sugging* ["vender fingindo que está pesquisando"]. Honestidade quanto ao verdadeiro propósito do *survey* é fundamental para o profissionalismo dos pesquisadores de mercado. Isso levou a criar legislação sobre o assunto e é coberto pela Lei Geral de Proteção de Dados, LGPD [General Data Protection Regulation, GDPR]. Este assunto foi abordado detalhadamente no Capítulo 28.

O recurso chamado "comprador misterioso" é um campo especializado da pesquisa de marketing no qual pesquisadores fingem ser clientes ou potenciais clientes de uma organização a fim de poder avaliar seu desempenho. Se, durante uma ação de compra misteriosa o pesquisador adquire um produto, tal ação é considerada ética. No entanto, se o pesquisador finge ser cliente e não tem nenhuma intenção de comprar um produto (por exemplo, visita *showrooms* de automóveis e finge estar interessado em adquirir um carro), então isso seria um flagrante desperdício do tempo dos vendedores. Este tipo de pesquisa seria ético se a compra misteriosa fosse feita com os revendedores do patrocinador da pesquisa, mas será antiética se a compra misteriosa for feita com empresas concorrentes.

Pesquisadores de marketing fornecem inteligência competitiva. No entanto, isso deve ser mantido dentro dos limites da ética que orienta o pesquisador de mercado. Por exemplo, seria antiético um pesquisador de mercado fingir que é um estudante, um cliente ou um jornalista (isto é, outro profissional e não um pesquisador de mercado) na tentativa de se infiltrar numa empresa a fim de descobrir algo que ainda não é de domínio público. Obter essa inteligência por meio de subterfúgios seria não apenas antiético, mas também ilegal.

INCENTIVANDO RESPONDENTES A PARTICIPAR DE PESQUISAS

É lugar-comum (e inteiramente legal) oferecer a respondentes alguma compensação por oferecerem seu tempo para participar de um estudo de pesquisa de marketing. Pessoas que são membros de painéis de pesquisa de marketing recebem pontos que acumulam e são convertidos em dinheiro ou bens. As pessoas que participam de grupos de foco recebem honorários para cobrir seus custos de viagem e tempo. Em estudos de medicina, médicos recebem pagamento por sua participação em *surveys*. Em alguns estudos de pesquisa de marketing *business-to-business*, os respondentes recebem uma soma em dinheiro ou um vale-presente da Amazon como incentivo ou agradecimento por completarem uma entrevista.

Pagar incentivos a respondentes levanta questões éticas. Em primeiro lugar, qual a dimensão do incentivo? O público em geral que participa de *surveys* ao consumidor (por exemplo, um *survey* de painel) normalmente recebe uma gratificação muito modesta, geralmente menos de um dólar por *survey* preenchido. Em *surveys* por telefone, os respondentes normalmente não recebem incentivos, exceto talvez uma vaga promessa de que sua ajuda resultará em melhora nos produtos e serviços. No entanto, em pesquisa *business-to-business* e médica, os respondentes podem receber entre

100 e 200 dólares, já que é difícil garantir a presença deles e suas opiniões são muito valorizadas.

Pode-se argumentar que pagar respondentes é algo que tem potencial de criar um viés em suas visões, pois podem se sentir pressionados a inventar respostas ou a fingir que têm algum poder de tomar decisões quando na verdade não têm. Se o respondente é informado da identidade do patrocinador do estudo de pesquisa, seria possível alegar que o pagamento é de certo modo um suborno, incentivando a pessoa a pensar mais positivamente a respeito do patrocinador da pesquisa. Além disso, esses pagamentos em tese são passíveis de incorrer em imposto, embora na verdade este seja um dilema ético do respondente, que deve decidir se deve incluí-lo ou não em sua declaração de imposto.

Com frequência, pesquisadores de marketing oferecem aos respondentes a oportunidade de doar o incentivo a uma causa de caridade, caso não queiram aceitá-los.

Dar ao respondente produtos de amostra do patrocinador da pesquisa pode ser visto como antiético, no sentido de que ao se fazer isso a pesquisa talvez seja encarada como querendo "colocar produtos" (como numa promoção) em vez de coletar dados.

É muito comum em alguns *surveys* os respondentes serem incentivados por um sorteio de prêmios, em vez de um pagamento monetário. Assim como ocorre com incentivos individuais, este é um meio ético de promover o *survey*, já que introduz várias regras e condições a serem seguidas. Para mais informação a esse respeito o leitor é encorajado a visitar o site da Market Research Society. (Ver o artigo *MRS Regulations for Administering Incentives and Free Prize Draws*.)

VOLTANDO AOS DILEMAS ÉTICOS

Examinando os dilemas éticos mencionados antes neste capítulo, vamos ver como deveriam ser vistos pesquisadores de marketing.

QUADRO 29.1 Dilemas éticos da perspectiva dos pesquisadores de marketing

O dilema	A resposta ética
O patrocinador de uma pesquisa de marketing insiste em saber detalhes de contato dos que participaram da pesquisa.	A única ocasião em que dados específicos sobre um respondente podem ser passados ao patrocinador da pesquisa é quando a identidade do patrocinador é conhecida pelo respondente, o propósito da pesquisa foi explicado e o respondente dá permissão expressa para isso.
Pede-se a um consultor de pesquisa que descubra os resultados de testes de desenvolvimento de um novo produto sendo feitos por uma empresa.	Se algum desses dados não é de domínio público, então deve ser considerado confidencial, e os pesquisadores de marketing não devem reportá-lo – mesmo que eles obtenham a informação por entreouvir uma conversa num bar ou num trem.
Oferecem-se 200 dólares a um respondente para participar de um *survey* de pesquisa de marketing.	É prática estabelecida em pesquisa de marketing (e perfeitamente legal) oferecer aos respondentes um honorário por participarem de estudos de pesquisa desde que haja total transparência quanto ao propósito dela. Claro que não há obrigatoriedade de os respondentes aceitarem o incentivo.
Pede-se à empresa de pesquisa que faça uma "compra misteriosa" num ponto da concorrência fingindo ser um cliente.	A compra misteriosa é aceitável se os bens ou serviços são pagos (por exemplo, um comprador misterioso paga pela estadia num hotel da concorrência). Será antiético se não houver intenção de realmente comprar um produto ou serviço do concorrente, pois, nesse caso, o tempo de alguém estará sendo desperdiçado.
Um pesquisador de marketing decide ignorar respostas de certos respondentes ao analisar os dados.	É aceitável e ético ignorar respostas sabidamente erradas ou "inescrupulosas". É inaceitável ignorar dados que dizem a verdade e que são ocultados apenas por serem impalatáveis.

Ética em pesquisa de marketing

DICAS IMPORTANTES

- Familiarize-se com o *Code of Conduct* da Market Research Society. Siga-o.
- Faça com que outras pessoas que trabalham com você conheçam as regras éticas. Seja claro a respeito delas, porque cada um terá a própria interpretação.
- Seja firme e não ceda a pressões que o levem a fazer concessões em relação aos seus princípios éticos.
- Seja responsável. Se você diz que vai fazer uma coisa, então faça, para que as pessoas aprendam a confiar em você.
- Quando lhe solicitarem um *survey*, faça a si mesmo duas perguntas: "Alguém será prejudicado?" e "Ao realizar um *survey* vou poder ser totalmente honesto e transparente?". Se a resposta à primeira pergunta é sim e a resposta à segunda é não, talvez o *survey* não seja ético.
- Na dúvida, "proteja a fonte". A privacidade dos dados dos respondentes é importante.
- Ponha-se no lugar dos respondentes. Se você se sentir confortável, o que você está fazendo provavelmente é ético.

RESUMO

Integridade é um lema para pesquisadores de marketing. Eles são contratados para descobrir a verdade coletando e analisando dados. Têm responsabilidade para com os respondentes que fornecem dados e para com os clientes e patrocinadores que pagam pelos estudos.

Integridade requer uma abordagem ética à pesquisa de marketing. Sustentar essa abordagem exige que pesquisadores de mercado sejam honestos e transparentes em tudo o que fazem que tenha a ver com coletar e reportar dados. Mais que isso, nunca devem condescender com práticas que possam prejudicar ou enganar os respondentes ou os patrocinadores da pesquisa.

Os princípios centrais do código de conduta do pesquisador de marketing são:

1. Participar de *surveys* de pesquisa de marketing é totalmente voluntário e baseado num consentimento informado.
2. Pesquisadores devem ser honestos e transparentes em seus relacionamentos com clientes e respondentes.
3. Pesquisadores devem ser transparentes quanto ao assunto e ao propósito da coleta de dados.
4. Pesquisadores devem respeitar a confidencialidade da informação coletada, e a privacidade dos dados dos respondentes deve ser honrada sempre.
5. Pesquisadores devem respeitar os direitos e o bem-estar de todos os respondentes.
6. Pesquisadores devem assegurar que os respondentes não sejam prejudicados ou afetados adversamente por participarem de projetos de pesquisa de marketing.
7. Pesquisadores devem equilibrar as necessidades dos respondentes e dos patrocinadores da pesquisa com seu melhor julgamento profissional.
8. Pesquisadores devem usar seu julgamento profissional especializado na elaboração, condução e nos relatórios de seus projetos de pesquisa.
9. Os projetos de pesquisa devem ser realizados por pessoas que possuam treinamento, qualificações e experiência adequados.
10. Pesquisadores devem sempre levar em consideração sua reputação e a integridade da profissão ao projetar, realizar e reportar os estudos de pesquisa de marketing.

Um resumo útil do código de conduta para pesquisadores de mercado pode ser visto no site da Market Research Society: www.mrs.org.uk.

BIBLIOGRAFIA

CAPÍTULO 1: INTRODUÇÃO

Aaker, D. A.; Kumar, V. e Day, G. S. (2000) *Market Research*, 7ª edição, John Wiley, Chichester.

Alvi, M. e Siddiqui, B. (2013) *An Empirical Analysis of New Product by Using Models of Market Research*, MPRA, Munique.

Baines, P. e Chanarker, B. (2002) *Introducing Marketing Research*, John Wiley, Chichester.

Bell, E. e Bryman, A. (2015) *Business Research Methods*, 4ª edição, Oxford University Press.

Birn, R. (Ed.) (2002) *The International Handbook of Market Research Techniques*, 2ª edição, Kogan Page, Londres.

Bradley, N. (2010) *Marketing Research: Tools and Techniques*, Oxford University Press.

Crimp, M. e Wright, L. T. (1995) An introduction to the marketing research process, *The Marketing Research Process*, 4ª edição, p. 1-19, Prentice-Hall, Londres.

Goffin, K.; Varnes, C. J.; van der Hoven, C. e Koners, U. (2012) Beyond the voice of the customer: ethnographic market research, *Research-Technology Management*, 55 (4), p. 45-54.

Hague, P. (2002) *Marketing Research*, 3ª edição, Kogan Page, Londres.

Hague, P. e Jackson, P. (1992) *Marketing Research In Practice*, Kogan Page, Londres.

Holbrook, M. B. (1999) *Consumer Value: A framework for analysis and research*, Routledge, Londres.

Jackson, P. (1994) *Buying market research*, Kogan Page, Londres.

Jackson, P. (1997) *Quality in market research*, Kogan Page, Londres.

Kent, R. (1993) Perspectives on marketing research, *Marketing Research in Action*, p. 1-21, Routledge, Londres.

Longbottom, D. e Lawson, A. (2017) *Alternative Market Research Methods*, Routledge, Abingdon.

McGivern, Y. (2002) *The Practice of Market and Social Research: An introduction*, FT PrenticeHall, Londres.

McQuarrie, E. F. (2016) *The Market Research Toolbox*, Sage Publications, Califórnia.

McNeil, R. (2005) *Business to Business Market Research: Understanding and measuring business markets*, Kogan Page, Londres.

Proctor, T. (2000) *Essentials of Market Research*, Pearson Education, Essex.

Punch, K. F. (2005) *Introduction to Social Research*, Sage, Londres.

Smith, D. V. L. e Fletcher, J. H. (2001) *Inside Information: Making use of marketing data*, John Wiley, Chichester.

Wilson A. (2018) *Marketing Research*, Red Globe Press, Londres.

Zikmund, W.; Babin, B.; Carr, J. e Griffin, M. (2012) *Business Research Methods*, Cengage Learning, Boston.

CAPÍTULO 2: A ELABORAÇÃO DA PESQUISA DE MARKETING

Chisnall, P. M. (2001) *Marketing Research*, McGraw-Hill Education, Europa.

Fabrizi, G. (2019) *How to frame the research challenges during the briefing or the first meeting with a potential client, using coaching and design thinking tools*, Research World.

Goodyear, M. J. (1990) Qualitative Research, *A Handbook of Market Research Techniques*, Birn, R.; Hague, P. e Vangelder, P. (Ed.), Kogan Page, Londres.

Gray, D. E. (2013) *Doing Research in the Real World*, Sage, Nova York.

Gray, K. (2017) *Quant Essentials: Research Design*, Research World.

Hair, J.; Bush, R. e Ortinau, D. (2002) *Marketing Research*, McGraw-Hill Education, Europa.

Hair Jr. J. F.; Wolfinbarger, M.; Money, A. H.; Samouel, P. e Page, M. J. (2015) *Essentials of Business Research Methods*, Routledge, Nova York.

Hyman, M. e Sierra, J. (2010) *Market Research Kit for Dummies*, Wiley Publishing, Indiana.

Price, R. A.; Wrigley, C. e Straker, K. (2015) Not just what they want, but why they want it: Traditional market research to deep customer insights, *Qualitative market research*, 18 (2), p. 230-248.

Takhar-Lail, A. e Ghorbani, A. (2015) *Market Research Methodologies: Multi-method and qualitative*.

Wilson, A. (2006) *Marketing Research: An integrated approach*, Pearson, Londres.

CAPÍTULO 3: USOS DA PESQUISA DE MARKETING

Beall, A. E. (2010) *Strategic Market Research: A guide to conducting research that drives businesses*, iUniverse, Bloomington, EUA.

Birn, R. J. (2004) *The Effective Use of Market Research: How to drive and focus better business decisions*, 4ª edição, Kogan Page, Londres.

Brown, L. (2008) *Market Research and Analysis*, Wildside Press, Rockville, EUA.

Callingham, M. (2004) *Market Intelligence: How and why organizations use market research*, Kogan Page, Londres.

Grover, R. e Vriens, M. (2006) *The Handbook of Marketing Research: Uses, misuses, and future advances*, Sage, Londres.

Kapferer, J. N. (2012) *The New Strategic Brand Management: Advanced insights and strategic thinking*, Kogan Page, Londres.

Møller Bjerrisgaard, S. e Kjeldgaard, D. (2013) How market research shapes market spatiality: A global governmentality perspective, *Journal of Macromarketing*, 33 (1), p. 29-40.

Smith, D. e Pradeep, B. V. (2019) *How to demonstrate the value of investing in customer insight*. Research World.

Smith, D. V. L. (2019) *The High Performance Customer Insight Professional: How to make sense of the evidence, build the story and turn insights into action*.

Smith, D. V. L. e Fletcher, J. H. (2004) *The art and science of interpreting market research evidence*, John Wiley, Chichester.

Valos, M.; Ball, D. e Callaghan, W. (2007) The impact of Porter's strategy types on the role of market research and customer relationship management, *Marketing Intelligence & Planning*, 25 (2), p. 147-156.

Wedel, M. e Kamakura, W. (2012) *Market segmentation: Conceptual and methodological foundations*, Vol. 8, Springer Science & Business Media, Berlim.

CAPÍTULO 4: PESQUISA QUALITATIVA

Appleton, E. e Arn, S. (2020) *Online qualitative research – getting close.… from a distance!*, Research World.

Ereaut, G.; Imms, M. e Callingham, M. (2002) *Qualitative Market Research: Principle and practice*, 3ª edição, Sage, Califórnia.

Flick, U. (2014) *An Introduction to Qualitative Research*, 5ª edição, Sage, Califórnia.

Guercini, S. (2014) New qualitative research methodologies in management, *Management Decision*, 52 (4), p. 662-674.

Keegan, S. (2009) *Qualitative Research: Good decision making through understanding people, cultures, and markets*, Kogan Page, Londres.

Krueger, R. A. e Casey, M. A. (2008) *Focal Groups: A practical guide for applied research*, 4ª edição, Sage, Califórnia.

Merriam, S. B. e Tisdell, E. J. (2015) *Qualitative Research: A guide to design and implementation*, 4ª edição, Jossey-Bass, São Francisco.

Ritchie, J.; Lewis, J.; McNaughton Nicholls, C. e Ormston, R. (2014) *Qualitative research practice: a guide for social science students and researchers*, 2ª edição, Sage.

Stewart, D. W.; Shamdasani, P. N. e Rook, D. W. (2015) *Focal groups: Theory and practice*, 3ª edição, Sage, Califórnia.

Taylor, G. R. (2005) *Integrating Quantitative and Qualitative Methods in Research*, 2ª edição, University Press of America, Lanham, Maryland.

Tracy, S. J. (2013) *Qualitative Research Methods: Collecting evidence, crafting analysis, communicating impact*, Wiley-Blackwell, West Sussex.

CAPÍTULO 5: *DESK RESEARCH* OU PESQUISA SECUNDÁRIA

Beri, G. C. (2013) *Marketing Research*, Tata McGraw-Hill Education, Noida.

Hay, S. (2019) *How AI and deep learning enhances market research*, Research World.

Jackson, P. (1994) *Desk Research*, Kogan Page, Londres.

Jacob, F. e Weiber, R. (2015) Business market research, *Fundamentals of Business-to-Business Marketing*, Springer International Publishing, p. 275-325.

Rahman, M. I.; Alarifi, A.; Eden, R. e Sedera, D. (2014) Archival analysis of service desk research: New perspectives on design and delivery, 25th Australasian Conference on Information Systems, Auckland.

Van der Hoven, C.; Michea, A.; Varnes, C. e Goffin, K. (2013) Giving the customer a voice: A study of market research methods and their perceived effectiveness in NPD, 20th International Product Development Management Conference, Cranfield.

CAPÍTULO 6: GRUPOS DE FOCO

Boughton, L. (2017) *A Beginner's Guide to Focal Groups & Technology*, Research World, novembro.

Bristol, T. e Fern, E. (2003) The effects of interaction on consumers' attitudes in focal groups, *Psychology and Marketing*, 20 (5), p. 433-454.

Budden, M. (1999) Focal Groups: theory and practice, *Psychology and Marketing*, 16 (4).

Edmunds, H. (1999) *The Focus Group Research Handbook*, NTC, Lincolnwood, Illinois.

Ereaut, G.; Imms, M. e Callingham, M. (Eds.) (2002) *Qualitative Market Research: Principle and practice*, Sage, Londres.

Esser, W. (1995) From the "triad" to a "quadriga": A systematic qualitative marketing research programme for the Far East, *Marketing and Research Today*, 23 (1), p. 20-24.

Gabriel, C. (1990) The validity of qualitative market research, *Journal of the Market Research Society*, (32), p. 507-520.

Gray, D. E. (2013) *Doing Research in the Real World*, Sage, Nova York.

Greenbaum, T. L. (2000) *Moderating Focal Groups: A practical guide for group facilitation*, Sage, Londres.

Griggs, S. (1987) Analysing qualitative data, *Journal of the Market Research Society*, 29 (1), p. 15-34.

Hague, P. (2002) *Market Research*, 3ª edição, Kogan Page, Londres.

Hall, J. (2000) Moderators must motivate focal groups, *Marketing News*, 34 (19).

Kreugar, R. A. (1998) *Developing Questions for Focal Groups* (Focus Group Kit 3), Sage, Califórnia.

Kreugar, R. A. (1998) *Moderating Focal Groups* (Focus Group Kit 4), Sage, Califórnia.

Kreugar, R. A. (1998) *Analyzing and Reporting Focus Group Results* (Focus Group Kit 6), Sage, Califórnia.

Kreugar, R. A. e Casey, M. A. (2000) *Focal Groups: A practical guide for applied research*, 3ª edição, Sage, Califórnia.

Lazarsfeld, P. (1972) *Qualitative Analysis: Historical and critical essays*, Allyn & Bacon, Boston.

Lazarsfeld, P. (1986) *The Art of Asking Why*, Advertising Research Foundation, Nova York, (trabalho original publicado em 1934 na National Marketing Review).

Lesley, Y. (2001) Focus group results rule changes, *Marketing Magazine*, 106 (9).

Mariampolski, H. (2001) *Qualitative Market Research: A comprehensive guide*, Sage, Londres.

McQuarrie, E. F. (1996) *The Market Research Toolbox: A concise guide for beginners*, Sage, Califórnia.

Merton, R. K. e Kendall, P. L. (1946) The focused interview, *American Journal of Sociology* (51), p. 541-557.

Morgan, D. L. (1998) *The Focus Group Guidebook* (Focus Group Kit 1), Sage, Califórnia.

Patino, A.; Pitta, D. A. e Quinones, R. (2012) Social media's emerging importance in market research, *Journal of Consumer Marketing*, 29 (3), p. 233-237.

Stewart, D. W. e Shamdasani, P. N. (2014) *Focal Groups: Theory and practice*, Vol. 20, Sage, Nova York.

Van der Hoven, C; Michea, A.; Varnes, C. e Goffin, K. (2013) Giving the customer a voice: A study of market research methods and their perceived effectiveness in NPD, 20th International Product Development Management Conference, Cranfield.

Warren, M. e Craig, A. (1991) Qualitative research product and policy, *Marketing and Research Today*, 19 (1), p. 43-49.

CAPÍTULO 7: ENTREVISTAS EM PROFUNDIDADE

Chirban, J. T. (1996) *Interviewing in Depth: The interactive-relational approach*, Sage, Londres.

Goldman, A. E. (1987) *The Group Depth Interview: Principles and practice*, Prentice-Hall International, Londres.

Gummesson, E. (2000) *Qualitative Methods in Management Research*, 2ª edição, Sage, Califórnia.

Gummitt, J. (1980) *Interviewing Skills*, Industrial Society, Londres.

Kahn, R. e Cannel, C. (1957) *The Dynamics of Interviewing*, John Wiley, Nova York e Chichester.

Ormston, R.; Spencer, L.; Barnard, M. e Snape, D. (2013), The foundations of qualitative research, *Qualitative research practice: A guide for social science students and researchers*, Sage.

Robson, C. (2001) *Real World Research*, Blackwell, Oxford.

Sarstedt, M. e Mooi, E. (2014) The market research process, *A Concise Guide to Market Research*, p. 11-23, Springer Berlin Heidelberg.

Silverman, D. (1998) *Qualitative Research, Theory, Method and Practice*, Sage, Londres.

Witell, L.; Kristensson, P.; Gustafsson, A. e Löfgren, M. (2011) Idea generation: Customer co-creation versus traditional market research techniques, *Journal of Service Management*, 22 (2), p. 140-159.

CAPÍTULO 8: OBSERVAÇÃO E ETNOGRAFIA

Ackroyd, S. e Hughes, J. (1992) *Data Collection in Context*, 2ª edição, Longman, Londres.

Boote, J. e Mathews, A. (1999) Saying is one thing; doing is another: The role of observation in marketing research, *Qualitative Market Research*, 2 (1), p. 15-21.

Bryman, A. e Bell, E. (2015) *Business Research Methods*, Oxford University Press.

Buck, S. (1990) Peoplemeters, *A Handbook of Market Research Techniques*, Birn, R.; Hague, P. e Vangelder, P. (Ed.), Kogan Page, Londres.

Cayla, J. e Arnould, E. (2013) Ethnographic stories for market learning, *Journal of Marketing*, 77 (4), p. 1-16.

Croft, R.; Boddy, C. e Pentucci, C. (2007) Say what you mean, mean what you say: An ethnographic approach to male and female conversations, *International Journal of Market Research*, 6 (49).

Fox, K. (2005) *Watching the English: The hidden rules of English behaviour*, Hodder & Stoughton, Londres.

Gillham, B. (2008) *Observation Techniques: Structured and unstructured approaches*, Continuum International Publishing, Londres.

Goffin, K.; Varnes, C. J.; van der Hoven, C. e Koners, U. (2012) Beyond the voice of the customer: ethnographic market research, *Research-Technology Management*, 55 (4), p. 45-54.

Gray, D. E. (2013) *Doing Research in the Real World*, Sage, Nova York.

Phillips, A (2010) *Researchers, snoopers, and spies – the legal and ethical challenges facing observational research*, International Journal of Market Research, vol. 52, 2: p. 275-278.

Mariampolski, H. (2006) *Ethnography for Marketers: A guide to consumer immersion*, Sage, Londres.

Takhar-Lail, A. e Ghorbani, A. (2015) *Market Research Methodologies: Multi-method and qualitative*, n.p., n.d.

CAPÍTULO 9: PESQUISA QUANTITATIVA

Balnaves, M. e Caputi, P. (2001) *Introduction to Quantitative Research Methods: An investigation approach*, Sage, Londres.

Bock, T. e Sergeant, J. (2002) Small sample market research, *International Journal of Market Research*, 44 (2), p. 235-244.

Curwin, J. e Slater, R. (2007) *Quantitative Methods For Business Decisions*, 6ª edição, Thomson Learning, Londres.

Evans, J. R. e Mathur, A. (2005) The value of online surveys, *Internet Research*, 15 (2) p. 195-219.

Martin, W. E. e Birdgmon, K. D. (2012) *Quantitative and Statistical Research Methods: From hypothesis to results*, John Wiley, Hoboken, New Jersey.

Sarstedt, M. e Mooi, E. (2014) *A Concise Guide to Market Research: The process, data and methods using IBM SPSS statistics*, Springer-Verlag, Berlim.

Taylor, G. R. (2005) *Integrating Quantitative and Qualitative Methods in Research*, 2ª edição, University Press of America, Lanham, Maryland.

CAPÍTULO 10: AMOSTRAGEM E ESTATÍSTICA

Baker, M. J. (1991) Sampling, *Research for Marketing*, p. 100-131, Macmillan, Londres.

Brown, P. J. B. (1991) Exploring geodemographics, in *Handling Geographical Information*, Masser, I. e Blakemore, M. (Ed.), Longman, Londres.

Cowan, C. D. (1991) Using multiple sample frames to improve survey coverage, quality, and costs, *Marketing Research*, 3(4), p. 66-69.

Crimp, M. e Wright, L. T. (1995) Sampling in survey research, *The Marketing Research Process*, 4ª edição, Prentice-Hall, Londres.

Denscombe, M. (2014) *The Good Research Guide: For small-scale social research projects*, McGraw-Hill Education (Reino Unido).

Dent, T. (1992) How to design for a more reliable customer sample, *Business Marketing*, 17 (2), p. 73-77.

Evans, N. e Webber, R. (1995) Geodemographic profiling: MOSAIC and EuroMOSAIC, *The Market Research Process*, 4ª edição, Crimp, M. e Wright, L. T. (Ed.), Prentice-Hall, Londres.

Ghorbani, A.; Moridsadat, H. e Jafarzadeh, F. (2014) *Market Research Methodologies: Multimethod and qualitative approaches*, Business Science References, Hershey.

Gy, P. M. (1998) *Sampling for Analytical Purposes*, (trad. A. G. Royle), John Wiley, Chichester.

Hague, P. e Harris, P. (1993) *Sampling and Statistics*, Kogan Page, Londres.

Hair Jr. J. F.; Wolfinbarger, M.; Money, A. H.; Samouel, P. e Page, M. J. (2015) *Essentials Of Business Research Methods*, Routledge, Londres.

Leventhal, B. (1990) Geodemographics, *A Handbook of Market Research Techniques*, Birn, R.; Hague, P. e Vangelder, P. (ed), Kogan Page, Londres.

Marsh, C. e Scarborough, E. (1990) Testing nine hypothesis about quota sampling, *Journal of the Market Research Society* (32), p. 485-506.

Sarstedt, M. e Mooi, E. (2014) *A Concise Guide to Market Research: The process, data and methods using IBM SPSS statistics*, Springer-Verlag, Berlim.

Semon, T. T. (1994b) Save a few bucks on sample size, risk millions in opportunity loss, *Marketing News*, 28 (1), p. 19.

Shiffler, R. E. e Adams, A. J. (1987) A correction for biasing effects of pilot sample size on sample size determination, *Journal of Marketing Research*, 24 (3), p. 319-321.

Sleight, P. (1993) *Targeting Customers: How to use geodemographics and lifestyle data in your business*, NTC Publications, Henley-on-Thames.

Sleight, P. e Leventhal, B. (1989) Applications of geodemographics to research and marketing, *Journal of the Market Research Society*, 31, p. 75-101.

Swan, J. E.; O'Connor, S. J. e Seung, D. L. (1991) A framework for testing sampling bias and methods of bias reduction in a telephone survey, *Marketing Research*, 3 (4), p. 23-34.

Watson, M. A. (1992) Researching minorities, *Journal of the Market Research Society*, 34 (4), p. 337-344.

Whitlark, D.; Geurts, M. D.; Christensen, H. B.; Kays, M. A. e Lawrence, K. D. (1993) Selecting sample sizes for marketing research surveys: Advantages of using the coefficient of variation, *Marketing and Research Today*, 21 (1), p. 50-54.

Zikmund, W.; Babin, B.; Carr, J. e Griffin, M. (2012) *Business Research Methods*, Cengage Learning, Boston.

CAPÍTULO 11: ELABORANDO O QUESTIONÁRIO

Bolton, R. (1993) Pretesting questionnaires: Content analyses of respondents' concurrent verbal protocols, *Marketing Science*, 12 (3), p. 280-303.

Brace, I. (2008) *Questionnaire Design: How to plan, structure and write survey material for effective market research*, Kogan Page, Londres.

Bradburn, N.; Sudman, S. e Wansink, B. (2004) *Asking Questions: The definitive guide to questionnaire design – for market research, political polls, and social and health questionnaires*, J Wiley, São Francisco.

Crimp, M. e Wright, L. T. (1995) Questionnaire design, in *The Marketing Research Process*, 4ª edição, p. 132-162, Prentice-Hall, Londres.

De Vaus, D. (2013) *Surveys in Social Research*, Routledge, Londres.

Bibliografia

Diamontopoulos, A.; Reynolds, N. e Schlegelmilch, B. (1994) Pretesting in questionnaire design: The impact of respondent characteristics on error detection, *Journal of the Market Research Society*, (36), p. 295-313.

Douglas, V. (1995) Questionnaire too long? Try variable, *Marketing News*, 29 (5), p. 38.

Fink, A. (1995a) *How to Ask Survey Questions*, Sage, Califórnia.

Fink, A. (1995b) *The Survey Handbook*, Sage, Califórnia.

Foddy, W. (1994) *Constructing Questions for Interviews and Questionnaires*, Cambridge University Press.

Fowler Jr. F. J (2013) *Survey Research Methods*, Sage, Nova York.

Frazer, L. (2000) *Questionnaire Design and Administration: A practical guide*, John Wiley, Brisbane.

Gillham, B. (2007) *Developing a Questionnaire*, Continuum International Publishing, Londres.

Hague, P. (1993) *Questionnaire Design*, Kogan Page, Londres.

Hair Jr. J. F.; Wolfinbarger, M.; Money, A. H.; Samouel, P. e Page, M. J. (2015) *Essentials of Business Research Methods*, Routledge, Londres.

Holbrook, A. L. (2014) *Introduction to Questionnaire Design*, Survey Research Laboratory.

Leonard, K F e Robinson, S B (2018) *Designing Quality Survey Questions*, Los Angeles.

Makienko, I. e Bernard, E. K. (2012) Teaching applied value of marketing research: A questionnaire design project, *The International Journal of Management Education*, 10 (2), p. 139-145.

Martin-Williams, J. (1986) Questionnaire design, in *Consumer Market Research Handbook*, 3ª edição, Worcester, R. e Downham, J. (ed), ESOMAR, McGraw-Hill, Londres.

Oppenheim, A. (1970), *Questionnaire Design and Attitude Measurement*, Heinemann Educational, Londres.

Payne, S. (1951) *The Art of Asking Questions*, Princeton University Press, Princeton, New Jersey.

Peterson, R. (2000) *Constructing Effective Questionnaires*, Sage, Londres.

Prunk, T. (1994) The value of questionnaires, *Target Marketing*, 17 (10), p. 37-40.

Sudman, S. e Bradburn, N. M. (1982) *Asking Questions: A practical guide to questionnaire design*, Jossey-Bass, Chichester.

Vittles, P. (1994) Question time, *Health Service Journal*, p. 34-34.

Wilson, N. (1994) *Questionnaire Design: A practical introduction*, University of Ulster, Newtown Abbey.

CAPÍTULO 12: ENTREVISTA PRESENCIAL

Chrzanowska, J. (2002) Interviewing Groups and Individuals in Qualitative Market Research, Sage, Londres.

Eboli, L. e Mazzulla, G. (2012) Transit passenger perceptions: Face-to-face versus web-based survey, *Journal of the Transportation Research Forum*, 50 (1).

Guengel, P. C.; Berchman, T. R. e Cannell, C. E. (1983) *General Interviewing Techniques: A self-instructional workbook for telephone and personal interviewer training*, Survey Research Centre, University of Michigan, Ann Arbor.

Holbrook, A. L. e Green, M. C. (2003) Telephone vs face-to-face interviewing of national probability samples with long questionnaires: Comparisons of respondent satisficing and social desirability response bias, *Public Opinion Quarterly*, 67, p. 79-125.

Kim, W. C. e Mauborgne, R. (2015) *Blue Ocean Strategy: How to create uncontested market space and make the competition irrelevant*, Expanded Edition, Harvard Business Review Press.

Rowley, J. (2012) Conducting research interviews, *Management Research Review*, 35 (3/4), p. 260-271.

Torrington, D. (1991) *Management Face to Face*, Prentice-Hall, Londres.

West, B. T.; Kreuter, F. e Jaenichen, U. (2013) "Interviewer" effects in face-to-face surveys: A function of sampling, measurement error, or nonresponse?, *Journal of Official Statistics*, 29 (2).

CAPÍTULO 13: ENTREVISTAS POR TELEFONE

Collins, M.; Sykes, W.; Wilson, P. e Blackshaw, N. (1988) Non-response: The UK experience, *Telephone Survey Methodology*, Groves, R. M. *et al* (Ed.), John Wiley, Nova York.

Curry, J. (1990) Interviewing by PC: What we could not do before, *Applied Market Research*, 30 (1), p. 30-37.

DePaulo, P e Weitzer, R (1994) Interactive phone technology delivers survey data quickly, *Marketing News*, 28 (1), 15.

Dickson, J. R.; Faria, A. J. e Frieson, D. (1994) Live vs. automated telephone interviewing, *Marketing Research*, 6 (1), p. 28-35.

Fowler Jr. F. J. (2013) *Survey Research Methods*, Sage, Nova York.

Havice, M. J. e Banks, M. J. (1991) Live and automated telephone surveys: A comparison of human interviews and an automated technique, *Journal of the Market Research Society*, 33, p. 91-102.

Mattila, M. M. (2013) SMS feedback against phone interview as advertising follow-up measuring tools, *Proceedings in GV-Global Virtual Conference* (1).

O'Rourke, D. e Blair, J. (1983) Improving random respondent selection in telephone interviewing, *Journal of Marketing Research*, 20, p. 428-432.

Perkins, W. S. e Roundy, J. (1993) Discrete choice surveys by telephone, *Journal of the Academy of Marketing Science*, 21 (1), p. 33-38.

Zikmund, W.; Babin, B.; Carr, J. e Griffin, M. (2012) *Business Research Methods*, Cengage Learning, Boston.

CAPÍTULO 14: QUESTIONÁRIOS DE AUTOPREENCHIMENTO

Blyth, W. (1990) Panels and diaries, *A Handbook of Market Research Techniques*, Birn, R.; Hague, P. e Vangelder, P. (Ed.) Kogan Page, Londres.

Brehm, J (1994) Stubbing our toes for a foot in the door? Incentives and survey response, *International Journal of Public Opinion Research*, 6 (1), p. 45-64.

Brown, M. (1994) What price response?, *Journal of the Market Research Society*, 36, p. 227-244.

Bryman, A. e Bell, E. (2015) *Business Research Methods*, Oxford University Press.

Denscombe, M. (2014) *The Good Research Guide: For small-scale social research projects*, McGraw-Hill Education (UK).

Gaynor, J. (1994) An experiment with cash incentives on a personal interview survey, *Journal of the Market Research Society*, 36, p. 360-365.

Göritz, A. S. (2004) The impact of material incentives on response quantity, response quality, sample composition, survey outcome, and cost in online access panels, *International Journal of Market Research*, 46, Quarter 3.

Helgeson, J. G. (1994) Receiving and responding to a mail survey: A phenomenological examination, *Journal of the Market Research Society*, 36, p. 339-347.

Jacob, F. e Weiber, R. (2015) Business Market Research, *Fundamentals of Business-to-Business Marketing*, Springer International Publishing.

Kamins, M. A. (1989) The enhancement of response rates to a mail survey through a labelled probe foot-in-the-door approach, *Journal of the Market Research Society*, 31 (2), p. 273-283.

Martin, C. L. (1994) The impact of topic interest on mail survey response behaviour, *Journal of the Market Research Society*, 36, p. 327-338.

Mason, N. (1990) EPOS, *A Handbook of Market Research Techniques*, Birn, R.; Hague, P. e Vangelder, P. (Ed.), Kogan Page, Londres.

Meier, E. (1991) Response rate trends in Britain, *Admap*, 26 (11), p. 41-44.

Stoop, I. e Harrison, E. (2012) Classification of Surveys, *Handbook of Survey Methodology for the Social Sciences*, Springer, Nova York.

Swires-Hennessy, E. e Drake, M. (1992) The optimum time at which to conduct survey interviews, *Journal of the Market Research Society*, 34 (1), p. 61-78.

Tse, A.; Ching, R.; Ding, Y.; Fong, R.; Yeung, E. e Au, A. (1994) A comparison of the effectiveness of mail and facsimile as a survey media on response rate, speed and quality, *Journal of the Market Research Society*, 36, p. 349-355.

CAPÍTULO 15: *SURVEYS* ON-LINE

Alan, W. e Nial, L. (2003) Internet based marketing research: A serious alternative to traditional research methods?, *Marketing Intelligence & Planning*, 21 (2).

Callegaro, M.; Baker, R. P.; Bethlehem, J.; Göritz, A. S.; Krosnick, J. A. e Lavrakas, P. J. (2014) *Online panel research: A data quality perspective*, John Wiley, Nova York.

Coomber, R (1997) Using the internet for survey research, *Sociological Research Online*, 2 (2) [Online] https://socresonline.org.uk/2/2/2.html (arquivado em https://perma.cc/X437-ZPDM).

Dillman, D. A. e Andrew, D. (1999) *Mail and Internet Surveys: The tailored design method*, 2ª edição, John Wiley, Nova York e Chichester.

Dodd, J. (1998) Market research on the internet: Threat or opportunity?, *Marketing and Research Today*, p. 60-66.

Duffy B.; Smith K.; Terhanian, G. e Bremer, J. (2005) *Comparing data from online and face--to-face surveys*, International Journal of Market Research, vol. 47, 6, p. 615-639.

Gray, D. E. (2013) *Doing Research in the Real World*, Sage, Nova York.

Hair Jr. J. F.; Wolfinbarger, M.; Money, A. H.; Samouel, P. e Page, M. J. (2015) *Essentials of Business Research Methods*, Routledge, Londres.

Michael, M. A. e Mavros, D. A. (2015) Adapting to change, *Research World*, (50), p. 54-56.

Monster, R. e Pettit, R. (2002) *Market Research in the Internet Age*, Wiley.

Poynter, R. (2010) *The Handbook of Online and Social Media Research: Tools and techniques for market researchers*, John Wiley, Chichester.

Schon, N.; Mulders, S. e Dren, R. (2002) Online qualitative market research: Interviewing the world at a fingertip, *Qualitative Market Research*, 5 (3).

Schonlau, M. (2002) *Conducting Research Surveys via E-Mail and the Web*, Rand, Santa Monica.

Witmer, D. F.; Coleman, R. W. e Katzman, S. L. (1999) From paper and pen to screen and keyboard: Towards a methodology for survey research on the internet, in *Doing Internet Research*, Jones, S. (Ed.), p. 145-162, Sage, Califórnia.

CAPÍTULO 16: ANÁLISE DE DADOS

Alt, M. (1990) *Exploring Hyperspace: A non-mathematical explanation of multivariate analysis*, McGraw-Hill, Londres.

Balnaves, M. e Caputi, P. (2001) *Introduction to Quantitative Research Methods: An investigative approach*, Sage, Londres.

Blamires, C. (1990) Segmentation, *A Handbook of Market Research Techniques*, Birn, R.; Hague, P. e Vangelder, P. (Ed.), Kogan Page, Londres.

Byrne, D. (2002) *Interpreting Quantitative Data*, Sage, Londres.

Catterall, M. e Maclaren, P. (1998) Using computer software for the analysis of qualitative market research data, *Journal of the Market Research Society*, 40 (3), p. 207-222.

Charnes, A.; Cooper, W. W.; Lewin, A. Y. e Seiford, L. M. (2013) *Data Envelopment Analysis: Theory, methodology, and applications*, Springer Science & Business Media, Berlim.

Davies, R. (1993) Statistical modelling for survey analysis, *Journal of the Market Research Society*, 35 (3), p. 235-247.

Dey, I. (1993) *Qualitative Data Analysis*, Routledge, Londres.

Diamantopoulos, A. (1997), *Taking the Fear out of Data Analysis: A step-by-step approach*, Dryden Press, Londres.

Fox, J. e Long, J. S. (Eds.) (1990) *Modern Methods of Data Analysis*, Sage, Newbury Park, Califórnia.

Gatty, R. (1966) *Multivariate Analysis for Marketing Research: An evaluation*, Applied Statistics (Series C), 15 (3).

Hague, P. e Harris, P. (1993) *Sampling and Statistics*, Kogan Page, Londres.

Holmes, C (1986) Multivariate analysis of market research data, in *Consumer Market Research Handbook*, Worcester, R. e Downham, J. (Ed.), McGraw-Hill, Londres.

Hooley, G. (1980) A guide to the use of quantitative techniques in marketing, *European Journal of Marketing*, 14 (7).

Jackling, P. (1990) Analysing data-tabulations, *A Handbook of Market Research Techniques*, Birn, R.; Hague, P. e Vangelder, P. (Ed.), Kogan Page, Londres.

Kent, R. (1993) *Marketing Research in Action*, Routledge, Londres.

Lewis, C. e Mehmet, M. (2019) Does the NPS reflect consumer sentiment? A qualitative examination of the NPS using a sentiment analysis approach, *International Journal of Market Research*, 62 (1), p. 9-17.

Michell, V. W. (1994) How to identify psychographic segments: Parts 1 & 2, *Marketing Intelligence & Planning*, 12 (7), p. 4-16.

Miles, M. B. e Huberman, A. M. (1994) *Qualitative Data Analysis*, Sage, Califórnia.

Moore, K.; Burbach, R. e Heeler, R. (1995) Using neural nets to analyze qualitative data, *Marketing Research*, 7 (1), p. 34-39.

Morgan, R. (1990) Modelling: Conjoint analysis, in *A Handbook of Market Research Techniques*, Birn, R.; Hague, P. e Vangelder, P. (Ed.), Kogan Page, Londres.

Punj, G. e Stewart, D. W. (1983) *Cluster* analysis in market research: Review and suggestions for application, *Journal of Marketing Research*, p. 20.

Robson, S. (1993) Analysis and interpretation of qualitative findings, *Journal of the Market Research Society*, 35(1), p. 23-35.

Sarstedt, M. e Mooi, E. (2014) *A Concise Guide to Market Research: The process, data and methods using IBM SPSS statistics*, Springer-Verlag, Berlim.

Treiman, D. J. (2014) *Quantitative Data Analysis: Doing social research to test ideas*, John Wiley, Nova York.

Zhu, J. (2014) *Quantitative models for performance evaluation and benchmarking: Data envelopment analysis with spreadsheets*,Vol. 213, Springer, Berlim.

CAPÍTULO 17: USANDO A PESQUISA DE MARKETING PARA SEGMENTAR MERCADOS

Albert, T. C. (2003) Need-based segmentation and customized communication strategies in a complex-commodity industry: A supply chain study, *Industrial Marketing Management*, 32 (4) p. 281-290.

Assael, H. (1997) *Consumer Behaviour and Marketing Action*, 6ª edição, South-Western, Nashville, Tennessee.

Blamires, C. (1990) Segmentation, *A Handbook of Market Research Techniques*, Birn, R.; Hague, P. e Vangelder, P. (Ed.), Kogan Page, Londres.

Cross, J. C.; Belich, T. J. e Rudelius, W. (2014) How marketing managers use market segmentation: An exploratory study, Proceedings of the 1990 Academy of Marketing Science (AMS) Annual Conference, p. 531-536.

Ferrell, O. C.; Lucas Jr. G. H. e Bush, A. J. (2015) Distinguishing market segments to assess price responsiveness, Proceedings of the 1988 Academy of Marketing Science (AMS) Annual Conference, p. 261-265.

Funkhouser, G. R.; Chatterjee, A. e Parker, R. (1994) Segmenting samples, *Marketing Research*, 6 (1), p. 40-46.

Michell, V. W. (1994) How to identify psychographic segments: Parts 1 & 2, *Marketing Intelligence & Planning*, 12 (7), p. 4-16.

Wedel, M. e Kamakura, W. (2000) *Market Segmentation: Conceptual and methodological foundations*, 2ª edição, Kluwer Academic Publishers, Boston.

CAPÍTULO 18: USANDO A PESQUISA DE MARKETING PARA MELHORAR O POSICIONAMENTO DA MARCA

Aaker, D. A. e Joachimsthaler, E. (2000) *Brand Leadership*, The Free Press, Nova York.

Chaudhuri, A. e Holbrook, M. (2001) The chain of effects from brand trust and brand affect to brand performance: the role of brand loyalty, *Journal of Marketing*, 65 (2), p. 81-93.

Kapferer, J. N. (2012) *The New Strategic Brand Management Advanced Insights and Strategic Thinking*, 5ª edição, Kogan Page, Londres.

Keller, K. L. (2011) *Strategic Brand Management: Building, measuring, and managing brand equity*, 3ª edição, Pearson Education, India.

Kim, W. C. e Mauborgne, R. (2015) *Blue Ocean Strategy: How to create uncontested market space and make the competition irrelevant*, Expanded Edition, Harvard Business School Press.

Lehmann, D. R.; Keller, K. L. e Farley, J. U. (2008) The structure of survey-based brand metrics, *Journal of International Marketing*, 16 (4), p. 29-56.

CAPÍTULO 19: USANDO A PESQUISA DE MARKETING PARA MELHORAR A SATISFAÇÃO E A LEALDADE DO CLIENTE

Brandi, J. (2001) *Building Customer Loyalty: 21 essential elements in action*, The Walk The Talk Company, Bedford, Texas.

Evanschitzky, H.; Ramaseshan B.; Woisetshläger Richelsen, V.; Blut, M. e Backhaus, C. (2012) Consequences of customer loyalty to the loyalty program and to the company, *Journal of the Academy of Marketing Science*, 40 (5), p. 625-638.

Johnson, M. D. e Gustafsson, A. (2000) *Improving Customer Satisfaction, Loyalty And Profit: An integrated measurement and management system*, Jossey-Bass, São Francisco.

Rust, R. T. e Zahorik, A. J. (1993) Customer satisfaction, customer retention and market share, *Journal of Retailing*, 69 (2), p. 193-215.

Sachs, J. (2013) *Customer Loyalty: Top strategies for increasing your company's bottom-line*, Motivational Press, Carlsbad, Califórnia.

Szwarc, P. (2005) *Researching Customer Satisfaction and Loyalty: How to find out what people really think*, Kogan Page, Londres.

Veloustou, C. (2015) Brand evaluation, satisfaction, and trust as predictors of brand loyalty: The mediator-moderator effect of brand relationships, *Journal of Consumer Marketing*, 32 (6), p. 405-421.

CAPÍTULO 20: USANDO A PESQUISA DE MARKETING PARA DEFINIR O PREÇO ÓTIMO

Baker, R. J. (2006) *Pricing on Purpose: Creating and capturing value*, John Wiley, Hoboken, Nova Jersey.

Baker, R. J. (2011) *Implementing Value Pricing: A radical business model for professional firms*, John Wiley, Hoboken, Nova Jersey.

Brown, M. (1994) What price response?, *Journal of the Market Research Society*, 36, p. 227-244.

Schindler, R. M. (2012) *Pricing Strategies: A marketing approach*, Sage, Califórnia.

Smith, T. J. (2012) *Pricing Strategy: Setting price levels, managing price discounts, and establishing price structures*, South-Western, Mason, Ohio.

When, C. S.; Hoppe, C. e Gregoriou, G. N. (2013) *Rethinking Valuation and Pricing Models*, Elsevier, Oxford.

CAPÍTULO 21: USANDO A PESQUISA DE MARKETING PARA ENTRAR EM UM NOVO MERCADO

Alexander, C. (2008) *Market Risk Analysis: Practical financial econometrics*, John Wiley, Hoboken, Nova Jersey.

Couturier, J. e Sola, D. (2010) International market entry decisions: The role of local market factors, *Journal of General Management*, 35 (4), p. 45-63.

Kenny, G. (2009) *Diversification Strategy: How to grow a business by diversifying successfully*, Kogan Page, Londres.

Lee, G. K. e Lieberman, M. B. (2010) Acquisition vs internal development as modes of market entry, *Strategic Management Journal*, 31 (2), p. 140-158.

Morschett, D.; Schramm-Klein, H. e Swoboda, B. (2010) Decades of research on market entry modes: What do we really know about external antecedents of entry mode choice?, *Journal of International Management*, 16 (1), p. 60-77.

CAPÍTULO 22: USANDO A PESQUISA DE MARKETING PARA TESTAR A EFETIVIDADE DA PROPAGANDA

Brettel, M. e Spilker-Attig, A. (2010) Online advertising effectiveness: A cross-cultural comparison, *Journal of Research in Interactive Marketing*, 4 (3), p. 176-196.

Heerde, H. J.; Gijsenberg, M. J.; Dekimpe, M. G. e Steenkamp, J. E. M. (2013) Price and advertising effectiveness over the business cycle, *Journal of Market Research*, 50 (2), p. 177-193.

Johnson, B. G. (2015) *Trust Funnel: Leverage today's online currency to grab attention, drive and convert traffic, and live a fabulous wealthy life*, Morgan James Publishing, Nova York.

Macfarlane, H. (2003) *The Leaky Funnel: Earn more customers by aligning sales and marketing to the way businesses buy*, 3ª edição, MathMarketing, Austrália.

Mitchell, A. A. (2013) *Advertising Exposure, Memory and Choice,* Lawrence Erlbaum Associates Inc, Hillsdale, New Jersey.

Moriarty, S.; Mitchell, N. D. e Wells, W. D. (2014) *Advertising and IMC: Principles and practice*, 10ª edição, Pearson Education, Austrália.

Morrison, M. A.; Haley, E.; Sheehan, K. B. e Taylor, R. E. (2012) *Using Qualitative Research In Advertising: Strategies, Techniques and Applications*, 2ª edição, Sage, Califórnia.

Sethuraman, R.; Tellis, G. J. e Briesch, R. A. (2011) How well does advertising work?

Generalizations from meta-analysis of brand advertising elasticities, *Journal of Market Research*, 48 (3), p. 457-471.

Wells, W. D. (2014) *Measuring Advertising Effectiveness*, Lawrence Erlbaum Associates Inc, Nova York.

CAPÍTULO 23: USANDO A PESQUISA DE MARKETING PARA LANÇAR UM NOVO PRODUTO

Annacchino, M. A. (2007) *The Pursuit of New Development: The business development process*, Butterworth-Heinemann, Oxford.

Bragg, A. e Bragg, M. (2005) *Developing New Business Ideas: A step-by-step guide to creating new business ideas worth backing*, Pearson Education, Harlow.

Desouza, K. C. (2013) *Intrapreneurship: Managing ideas within your organisation*, University of Toronto Press.

Lager, T. (2011) *Managing Process Innovation: From idea generation to implementation*, Imperial College Press, Singapura.

Muhdi, L.; Daiber, M.; Friesike, S. e Boutellier, R. (2011) The crowdsourcing approach process: An intermediary mediated idea generation approach in the early phase of innovation, *International Journal of Entrepreneurship, and Innovation Management*, 14 (4), p. 315-332.

Poetz, M. K. e Schreier, M. (2012) The value of crowdsourcing: Can users really compete with professionals in generating new product ideas?, *Journal of Product Innovation Management*, 29 (2), p. 245-256.

Tuara, T. e Nagai, Y. (2013) *Concept Generation for Design Creativity: A systemized theory and methodology*, Springer-Verlag, Londres.

Witell, L.; Kristensson, P.; Gustafsson, A. e Lögren, M. (2011) *I*dea Generation: Customer co-creation versus traditional market research techniques, *Journal of Service Management*, 22 (2), p. 140-159.

CAPÍTULO 24: RELATÓRIOS

Britt, S. H. (1971) The writing of readable research reports, *Journal of Marketing*.

Davies, M. B. e Hughes, N. (2014) *Doing a Successful Research Project: Using qualitative or quantitative methods*, Palgrave Macmillan, Londres.

De Vaus, D. (2013) *Surveys in Social Research*, Routledge, Londres.

Embden, J. (1987) *Report Writing*, McGraw-Hill, Londres.

Hague, P. e Roberts, C. (1994) *Presentations and Report Writing*, Kogan Page, Londres.

Hausman, J. A. (2012) *Contingent Valuation: A critical assessment*, Elsevier, Amsterdã.

Joseph, A. (1998), *Put it in Writing: Learn how to write clearly, quickly, and persuasively*, McGraw-Hill, Nova York e Londres.

Lane, J. (1999) *Writing Clearly: An editing guide*, 2ª edição, Heinle & Heinle, Pacific Grove, Califórnia.

Leigh, A. (1997) Persuasive Reports and Proposals, Institute of Personnel and Development, Londres.

Mohn, N. C. (1989) How to present marketing research results effectively, *Marketing and Research Today*, 17 (2), p. 115-118.

Newman, R. (2010) *The "It" Factor: Your guide to unlocking greater success in your business and your personal life*, UK Body Talk Ltd, Buckinghamshire.

Roman, K. e Raphaelson, J. (1985) *Writing That Works*, HarperCollins, Nova York.

Smith, D. e Fletcher, J. (2004) *The Art & Science of Interpreting Market Research Evidence*, John Wiley, Chichester.

Sussmans, J. (1991) *How to Write Effective Reports*, Gower, Aldershot.

Tufte, E. R. (1983) *The Visual Display of Quantitative Information*, CT Graphics Press, Cheshire Van.

Zwlazny, G. (1991) *Say It With Charts*, Business One Irwin, Holmwood, Illinois.

CAPÍTULO 25: PESQUISA DE MARKETING INTERNACIONAL

Bahadir, S. C.; Bharadwaj, S. G. e Srivastava, R. K. (2015) Marketing mix and brand sales in global markets: Examining the contingent role of country-market characteristics, *Journal of International Business Studies*.

Birn, R. (2002) *The International Handbook of Market Research Techniques*, Kogan Page, Londres.

Bowman, J. (2012) A world of difference, Research World No 35.

Cavusgil, S. T.; Knight, G.; Riesenberger, J. e Yaprak, A. (2009) *Conducting Market Research for International Business*, Business Expert Press, Nova York.

Craig, C. S. e Douglas, S. P. (2005) *International Marketing Research*, 3ª edição, John Wiley and Sons Ltd, Londres.

ESOMAR Industry Report (2014) Global Market Research.

Holbrook, A.; Krosnick J. e Pfent A. (2007) *Advances in Telephone Survey Methodology* Wiley, Nova York.

Karakaya, F. e Stahl, M. J. (2015) Global Barriers to Market Entry for Developing Country Businesses, Proceedings of the 1993 World Marketing Congress, Springer International Publishing, p. 208-212.

Papadopoulos, N. e Martín Martín, O. (2011) International market selection and segmentation: perspectives and challenges, International Marketing Review, 28 (2), p. 132-149.

Puleston, J. e Rintoul, D. (2012) Can survey gaming techniques cross continents?

Examining cross cultural reactions to creative questioning techniques, ESOMAR, Amsterdã.

Roster, C.; Albaum, G. e Rogers, R. (2006) Can cross national/cultural studies presume etic equivalency in respondent's use of extreme categories of Likert scales?, *International Journal of Market Research*, 48 (6).

Synodinos, N. E. e Kobayashi, K. (2008) Marketing research in Japan: From its emergence to the present, *International Journal of Market Research*, 50 (1).

Wilcock, C. (2014) Comparing Apples to Pommes, ESOMAR B2B Forum 2014.

CAPÍTULO 26: USANDO PESQUISA DE MARKETING PARA TESTAR OPINIÕES SOCIAIS E POLÍTICAS

Carballo, M. e Hjelmar, U. (Eds.) (2007) *Public Opinion Polling in a Globalised World*, Springer.

Das, M. (Ed.) (2011) *Social and Behavioural Research and the Internet*, Routledge.

Gallup, G. H. (1976) *The Sophisticated Poll Watchers Guide*, Princeton Opinion Press.

Koschnick, W. (1996) *Dictionary of Social and Market Research*, Gower, Aldershot.

Moon, N. (1999) *Opinion Polls: History, Theory and Practice*, Manchester University Press.

CAPÍTULO 27: TENDÊNCIAS EM PESQUISA

Baird, C. (2012) Irrevocable Change: The digital revolution is transforming the marketplace, *Research World*, 32 janeiro/fevereiro.

Bhargava, R. (2012) *15 Marketing Trends In 2013: And how your business can use them*, Partnership Publishing.

Huijzer, M.; Kok-Jensen, P. e Sceats, D. (2012) Shaken, not stirred: New methods for a changing world, *Research World*, 37.

Lindkvist, M. (2009) *Everything We Know Is Wrong: The invisible trends that shape business, society, and life*.

Minelli, M. (2013) *Big Data, Big Analytics: Emerging business intelligence and analytic trends for today's businesses*, John Wiley, Nova Jersey.

Watson, G. F.; Worm, S.; Palmatier, R. W. e Ganesan, S. (2015) The evolution of marketing channels: Trends and research directions, *Journal of Retailing*, Elsevier.

CAPÍTULO 28: A LEI GERAL DE PROTEÇÃO DE DADOS (LGPD)

Complete guide to GDPR compliance, https://gdpr.eu (arquivado em https://perma.cc/X437-ZPDM).

Market Research Society GDPR FAQ, www.mrs.org.uk/standards/gdpr-faq (arquivado em https://perma.cc/KBB4-8LZ7).

ESOMAR, informações e recursos sobre a GDPR, www.esomar.org/gdpr (arquivado em https://perma.cc/DFL8-JE76).

Information Commissioners Office (Reino Unido): https://ico.org.uk (arquivado em https://perma.cc/S5GD-EG33).

CAPÍTULO 29: ÉTICA EM PESQUISA DE MARKETING

Alexander, M. (2014) Ethics in qualitative research, 2ª edição, *Journal of the Market Research Society*, 56 (5), p. 571-590.

Kimmel, A. J. (2007) *Ethical Issues in Behavioural Research: Basic and applied perspectives*, 2ª edição, Blackwell Publishing, Austrália.

Miller, T.; Birch, M.; Mauthner, M. e Jessop, J. (2008) *Ethics in Qualitative Research*, Sage Publishing, Londres.

Nuan, D. e Di Domenico, M. (2013) Market research and the ethics of big data, *International Journal of Market Research*, 55 (4), p. 505-520.

Singh, R. e Wright, G. (eds) (2014) Sustainability and marketing to socially connected consumers, *Marketing Intelligence & Planning*, 32 (5).

Van Den Hoonard, W. C. (2003) Is anonymity an artefact in ethnographic research?, 1 (2), p. 141-151

Walther, J. B. (2002) Research ethics in internet-enabled research: Human subjects issues and methodological myopia, *Ethics, and Information Technology*, 4 (3), p. 205-216.

Wilson, A. M. (2001) Mystery shopping: Using deception to measure service performance, *Psychology & Marketing*, 18 (7), p. 721-734.

Zikmund, Z. e Babin, B. (2013) *Essentials of Market Research*, 5ª edição, South-Western, Mason, Ohio.

ÍNDICE REMISSIVO

Números de página em *itálico* indicam figuras ou tabelas

A

abordagens em shoppings 242-243
AC Nielsen 76, 153
Acorn 319
Adidas 160
agências, uso de 40, 47-48, 503
AIDA (*awareness, interest, desire, action*) 30
Alibaba 341
Amazon 110, 366, 375
American Association of Public Opinion Research 49
American Marketing Association 49
amostragem 30, 34, 38, 154, 171, 176, 177, 178, 181, 182, 185, 186, 187, 188, 189, 190, 191, 193, 196, 197, 235, 238, 239, 256, 487, 488, 508, 511
  mercados de negócios 108
  unidade de tomada de decisão (DMU) 31, 192
  mercados consumidores 30, 31, 32, 34, 74, 178, 196, 197, 323, 324, 366
  amostragem por cotas 186, 187, 189, 190
  erro de amostragem 182, 185, 190, 191, 238, 488
  não resposta 185, 186, 190
  surveys on-line 39, 40, 172, 188, 255, 256, 270, 271, 275, 276, 277, 280, 282, 288, 289, 290, 345, 367, 368, 388, 427, 473, 482, 487, 488, 493, 501, 504
  surveys porta a porta 187
  tamanho da amostra 39, 169, 170, 178, 179, *180*, 181, 182, 184, 185, 189, 190, 196, 197, 295, 350, 488
ampliações da linha 431
análise adaptativa conjunta 141, 258
análise conjunta 27, *34*, 225, 226, 227, 228, 229, 230, 309, 310, 358, 390, 391, 392, 393, 397, 398
  análise conjunta adaptativa 392
  conjunta baseada em escolha 391
  Escala de Diferença Máxima (Maximum Difference Scaling, MaxDiff) 227
  simulações 131-310
análise conjunta de *cluster* 27, *34*, 195, 197, 309, 328, 329, 335, 337
análise da web 288, 428
análise de *cluster* 27, 34, 195, 197, 309, 328, 329, 335, 337
análise de dados 27, 37, 39, 47, 48, 77, 200, 298, 301, 303, 305, 306, 307, 310, 311, 313, 493, 497, 503, 507, 513
  perguntas fechadas 200, 201, 202,

223, 230, 293, 295, 301
ponderação 159, 190, 300, *301*, 477
pontuações médias e desvio padrão 298, *299*, 305, 306, 371, 372, 455
tamanho da amostra (base) 39, 169, 170, 178, 179, *180*, 181, 182, 184, 185, 189, 190, 295, 350, 488
análise cruzada 293, 296, 297, 300, 308, 310, 313, 366, 370, 414
análise de dados 303-305
análise multivariada 308, 310, 313
respostas numéricas 304
perguntas abertas 301, 303, 304, 313
codificação 40, 302, 303, 499, 509, 511, 513, 517, 519
dados qualitativos 117, 118, 311, 313, 451, 452
semiótica 312-313
análise de texto 113, 490-491
análise fatorial 27, 34, 195, 197, 309, 328
Ansoff, matriz 401, *402*
desenvolvimento de produto 402
desenvolvimento do mercado 402
diversificação 401
penetração no mercado 401
Apple 357, 358, 375
apresentações, criar 461-465
familiaridade com dados 461
nervosismo, lidar com 462
Attwood 27, 153, 471
Audits of Great Britain (AGB) 27, 153
avanços 432, *433*

B

B2B, pesquisa de marketing 30
Lei Geral de Proteção de Dados 21, *268*, 278, 507, 524
amostragem 191
Baidu 100
BASF 191
big data 494
Bing 100
Blair, Tony 489
bots 112
Brand-Price Trade Off (BPTO) 358
briefing, preparação de um 49-53

C

CAGE, estrutura de desafios 160, 188, 223, 253, 403, 414
Census Bureau dos EUA 105
Central Intelligence Agency (CIA) Factbook 99, 480, 550
ciclo de vida da marca *340*, 361
"clínicas" 243
clustering de classe latente 329
clustering em 2 passos 329
clustering hierárquico 329
Companies House 104
comprador misterioso 157-158, 387, 522, 524, *527*
comunidades on-line 425, 435, 473, 498, 499
consciência de marca total 33, 34, 175, 427, 516, 550, 554, 224, *225*
Covid-19 4711
cultura, pesquisa de marketing e 28
custo da pesquisa de marketing 47-48, 63, 503
cotas de amostras 105
desk research 114, 348
entrevistas de rua 235-240, 247
entrevistas domiciliares 238-239, 246, 250
entrevistas em profundidade 141-142
entrevistas por telefone 171-172, 189, 224-239, 248-250
entrevistas presenciais 141-142, 235-236
etnografia 164
faixa de gasto típica 67
grupos de foco 285
mercados internacionais 470, 480, 493
on-line 172, 275, 278, 288, 367, 428
orçamento 51-52, 56-58
precisão 55-56
questionários de autopreenchimento 259
taxas de resposta 474

D

Deloitte 109
Departamento do Comércio 108
descrições informais 334, 336
desempenho da marca 77, 347, *356*

monitoramento da saúde da marca 344-348

aspectos do desempenho da marca 226–27

elaboração da pesquisa 349-351

funil da marca 344, *346*, 347, *348*, 423, *424*, 426

ciclo de vida da marca *220*

posicionamento da marca 351-357

escada de marca 351, *352*

mapa da marca 355, *357*

técnica Zaltman de gerar metáforas (*Zaltman metaphor elicitation technique*, ZMET) 133, 352

valores racionais e emocionais *353*

valor de marca 357-359

Brand-Price Trade Off (BPTO) 358, 359, 393

desenvolvimento de nova marca 340-343, *342*

rebranding 343

identidades visuais 343, 360

desenvolvimento de produto 74, 75, 137, 160, 173, 332, 402, 431, *436*

inovação, importância da 431

tipos de novos produtos 431, *432*

processo de 432-437

case de negócios *433*, 436

criação de conceito 434-435

desenvolvimento de produto 437

geração de ideias 432, *434*

lançamento 437

Stage-Gate, processo 432, *433*, 434

teste 437

critérios de sucesso *438*, 438-439

desk research 94-98, 101-104

arquivos na imprensa 103

buscas na internet 100-102

buscas por tipo de arquivo 102

estratégias de busca 97, 100-101

dados da empresa *371*

dados internos, uso 97

definição de 95

diretórios gerais 106–107

entidades setoriais 106–107

experts do setor 99

fontes governamentais 104-105

limitações da 113-114

mercados internacionais 470, 480, 493

planejando e organizando 110-112

relatórios de mercado 102-103

usos da 107-110

web scraping 112-113

DeStatis 108

desvio padrão 298, *299*, 305

diagramas de fluxo 451, 458

Dogpile 100

Dow 191

Dragons' Den 69, 501

DueDil 104

Dunnhumby 157

DuPont 191

Dynata 107

E

efetividade da propaganda 422-428

análise da web 428

canais e plataformas 421-422

mercado consumidor vs mercado industrial 422, *422*

dados qualitativos 278

dados quantitativos 425-426

efetividade da marca 423-424

funil da marca 423-424, *424*

medidas da 425

efetividade de marca 423-424

elaboração de questionários 216–222

análise conjunta 225-228

entrevistas presenciais 150

Escala de Diferença Máxima (MaxDiff) 227

fase piloto 224-225

grids de *trade-off 228, 230*

leiaute 222-224

papel dos questionários 199

perguntas abertas vs fechadas 201-202

perguntas atitudinais 202, 308

classificação 211-212

escalas de avaliação verbais 206

escalas numéricas de pontuação 206–207

escalas semânticas diferenciais 210-211

perguntas comportamentais 203-205

perguntas de classificação *203*, 212-216

Índice Remissivo

idade, gênero e estado civil 212-212
nível socioeconômico 214
tipo, porte e localização de negócios 216
perguntas de formulação 216-222
briefing e proposta, papel do 216
especificidade 222
faixas de resposta 219-220
língua e enunciação 219
número de perguntas 216-218
pesquisas de opinião pública 485
simplicidade 457
viés 334-335
questionários estruturados 200
questionários não estruturados 200
questionários semiestruturados 200
surveys de autopreenchimento 200
empresa de propriedade totalmente
estrangeira (*wholly foreign owned
enterprise,* WFOE) 406-407
entrevista pessoal com assistência do
computador (*computer-assisted personal
interviewing,* CAPI) 40, 189, 224,
235, 240, 246, 504
entrevistas de rua 235-239
entrevistas domiciliares 238-239
entrevistas em profundidade 85, 86,
137-150
ansiedade e *rapport* 146, *146*
entrevistas por telefone 141–142
entrevistas presenciais 141–142
estrutura nas 137
formato 138
incentivos, oferta 143
número necessário 140-141
perguntas a evitar 146-147
roteiro de discussão 146-150
sondar e estimular 146
técnicas 143-144
usos das 139-140
entrevistas por telefone 172, 249–256
abordagem do entrevistador 241, 252
cooperação, assegurar 250–253
custo das 235-236, 249
e satisfação do cliente 365-366
entrevistas por telefone assistidas por
computador (CATI) 40, 189, 224,
504

limitações das 254-255
mostrar material 255
pesquisas de opinião pública 488
taxa de resposta 474
vantagens das 249
entrevistas por telefone assistidas por
computador (*computer-assisted telephone
interviewing,* CATI) 40, 189, 224,
504, 552
entrevistas presenciais 171-172, 233–246
computer-assisted personal interviewing
(CAPI) 40, 235, 240, 246
cooperação, garantir 241-242
custos das 235
desvantagens das 234–235
elaboração do questionário 240
entrevistas de rua 237-238
entrevistas domiciliares 238–240
incentivos, oferta de 241
pesquisas de opinião pública 485
precisão 359
testes de sala 242-246
vantagens das 357-358
escalas de avaliação verbais 207–209
escalas de pontuação numéricas 206–207
escalas semânticas diferenciais 209–210
estatística
e importância dos fatores 192–193
e segmentação 193–194
etnografia 152, 155, 164
auditoria 156-157
comprador misterioso 157-158, 164,
387
custo da 154, 161
hábitos televisivos 161
história da 153-154
organização 162-163
pesquisa de painéis 160
pesquisa de produtos 159-160
reportar 163-164
usos da 154-155
European Society For Opinion & Marketing
Research (ESOMAR) 49, 471, 475,
477
Eurostat 105, 108, 481
Excite 100
Experian 107

F

Facebook 341, 421, 490, 494, 495, 501
fatores de higiene 194, 197, 447
Financial Times 103
firmográficos 336
"*flatlining*" 279, 306, 367
Follett, Ken 446
Forrester 109
funil da marca 344, *346*, 347, *348*, 423, 424, 426

G

gamificação de questionários 500-501
Gartner 472
GfK 472
Ghemawat, Pankaj 403
Google 47, 97, 98, 100, 101, 106, 288, 290, 320, 341, 490
  como marca 340
  dicas para buscas 97, 102
  Google Analytics 288
  Google Trends 490
  surveys ao consumidor 175, 371, 525
gráfico de aranha 454, *454*
gráficos de barras 454-455, *454*
gráficos de linhas 458, *458*
gráficos de pizza 453, *453*
Green, John 229
grids de *trade-off* 228, 230
Grohe 160
grupos de foco 85-92, 116, 117, 118, 120-123
  características dos 117
  incentivos, oferta de 128
  local 125-126
  materiais para estímulo 130-131
  moderador 124, 128
  múltiplos grupos, uso de 125
  on-line 117, 118, 125, 284-287
  participantes 196-197
  pesquisas de opinião pública 489
  preocupações, potenciais 122-124
  roteiro de discussão 118-119
  tamanho dos 118, 123-125
  técnicas 130-134
  usos dos 119-120

H

Heskett, JL 70, *71*
história da pesquisa de marketing 27-28
Hoovers 104, 107, 191

I

incentivos, oferta de 525-526
  entrevistas em profundidade 143
  entrevistas presenciais 242
  grupos de foco 128
  surveys de autopreenchimento 270
Ineos 191
Innocent 503
Instagram 421, 490, 494
internacional, pesquisa de marketing 469-483
  custo da 478
  desk research 480-482
  métodos de pesquisa 474, *474*
  novos mercados, entrada em 469
  parceiros locais, uso de 477-478
  pesquisa de marketing global, setor 310–11
  pesquisa qualitativa 313–15, *315*
  pesquisa quantitativa 473
  planejamento de mercado local 470
  prazos 478
  questões de tradução 476
  racionalização global 470
  taxas de resposta 474
International Marketing Research 469
Ipsos 472
IQVIA 472

J

jornada do cliente, mapeamento 30

K

Kantar 472
K-means, *clustering* 329
Kompass 107
KPMG 109

L

Lei Geral de Proteção de Dados (General Data Protection Regulation) 21, *268*, 278, 507, 524

"informação pessoalmente identificável"
("*personally identifiable information*",
PII) 508
"pseudonimização" 509, 511
amostragem 515
atender aos requisitos da 514
B2B pesquisa de marketing 508-509
controlador de dados 509, 513, 515-516
dados de categoria especial 513-514
legitimidades da pesquisa 509, 515
Oficial de Proteção de Dados (Data
Protection Officer) 511
"sujeito de dados" 511
penalidades sob a 507-508
pesquisa qualitativa 517–518
processadores de dados 510, 513, 516
retenção de dados 513
surveys de consciência de marca 515
terceirização, uso de 517
Likert, escala 207, 321, 335, 438
linha de equivalência de valor (*value
equivalence line,* VEL) *384*
LinkedIn 99, 421, 494
Louviere, Jordan 227

M

mapa da marca 355, *356*
Market Research Association 49
Market Research Society 49, 271, 471,
526, 528, 529
Marks & Spencer 160
Maslow, hierarquia de necessidades 30
Mass Observation 154
Mass Observation Project 154
Maximum Difference Scaling (MaxDiff)
227, 228, 281, 323, 390, 391
Mekko, gráficos 455, *456*
mercado acessível atendido (SAM) 68, 410
mercado total disponível (TAM) 68, 268
Microsoft 60, 496
Access 494
Excel 102, 173, 174, 196, 231,
234, 276, 284, 293, 307, 311,
457, 494, 496
análise cruzada 293, 296, 297, 300,
308, 310, 313, 366, 370, 414
big data 4945

exportar dados para o 276, 284
formatação condicional 457
tabelas pivô 307
Word 60, 102, 282
mídias sociais 72, 112, 351, 490,
491, 493, 494, 495, 496, 501, 505
Mintel 103, 109
mix de marketing *ver* quatro Ps
mostrar material 256
MRS Regulations for Administering
Incentives and Free Prize Draws 271,
526

N

NAICS (North American Industry
Classification System) 215
National Readership Survey 214
National Statistics 105, 108
NationMaster 481
Net Promoter Score (NPS) 374, 375,
378
nível socioeconômico 214-215
novos mercados, entrada em 401-418
Ansoff, matriz 401-402, *403-404*
desenvolvimento de mercado 402
desenvolvimento de produto 401
diversificação 401
penetração no mercado 401
CAGE, estrutura de desafios 402,
403-404
empresa de propriedade totalmente
estrangeira (*wholly foreign owned
enterprises,* WFOE) 406-407
escritório de vendas 406, 405
estratégias de crescimento 401-402
exportação 403-404
joint venture 418
mercados internacionais 469-470
pesquisa de marketing, papel da 407-414
ameaças do mercado 412
cadeia de suprimento 414
cenário competitivo 412-414, *413*
crescimento e tendências 412
tamanho do mercado 409-412
PEST/PESTLE, análises 412, *413*
SWOT, análise 412, *413*
NW Ayer & Son 471

O

Organização para a Cooperação e Desenvolvimento Econômico (OECD) 105, 480
Osgood, escalas 210

P

Páginas Amarelas 107, 188, 256
Pareto, regra de 191
pergunta com múltiplas respostas 201
pergunta de escala de soma constante 323
pergunta dicotômica 201
perguntas abertas 201, 301-303
  codificação 302
  em *surveys* de autopreenchimento 260, 265
perguntas atitudinais *203*, 204-212
  escalas de pontuação numéricas 206-207
  classificação 211-212
  escalas semânticas diferenciais 210-211
  escalas de avaliação verbais 207-208
perguntas comportamentais *203*, 203-204
perguntas de classificação *203*, 211-216
  idade, gênero e estado civil 211-112
  tipo, tamanho e localização do negócio 215-216
  nível socioeconômico 214-215
perguntas fechadas 293, 295
  ponderação 299, *299*
  pontuações médias e desvio padrão 297, *297*, 307
  tamanho da amostra (base) 295, 296
perguntas escalares 206, 265, 297
perguntas Gabor Granger 388, 389, 390, 397, 398
perguntas sobre intenção de compra *438*, 438-439
pesquisa de marketing ao consumidor 29-30
  amostragem 177-192
pesquisa de opinião pública 485-491
  amostragem 486-487
  mídias sociais 489-490
  perguntas, formulação de 488
  pesquisa qualitativa 489
  pesquisas de intenção de voto 486
  precisão, como garantir 486-489
  taxas de resposta 488
pesquisa de painéis 161

pesquisa "passiva" 493-497
  automação de *surveys* 497
  "*big data*" 493-494
  mineração de dados/análise da web 496-497
  mídias sociais 495-496
pesquisa qualitativa 85-92
  aptidões necessárias 89-90
  efetividade da propaganda 425
  entrevistas em profundidade 85, 86, 137-149
  etnografia 86, 153-165
  grupos de foco 85, 86-88, 89, 117-133
  Lei Geral de Proteção de Dados 507-524
  mercados internacionais 475-477, *477*
  quando usar 88
  relatórios 451, *452*
  segmentação 325-326
  semiótica 312-313
  tendências em 497-500
  usos da 89
  vs pesquisa quantitativa 34-35
pesquisa quantitativa 169-174
  amostragem 169-170, 177-192
  análise de dados 39, 173
  coleta de dados 39
  efetividade da propaganda 425-428
  entrevistas por telefone 171, 172, 189, 224, 235-239, 249, 250, 253-257, 280-281, 290, 388, 476, 487, 497
  entrevistas presenciais 170-171, 233-246
  mercados internacionais 473
  processamento de dados 173
  relatórios
    diagramas de fluxo 458, *459*
    gráficos aranha 454, *454*
    gráficos de barras 454-455, *454*
    gráficos de linhas 456, *458*
    gráficos de pizza 453, *453*
    Mekko, gráficos 455, *456*
    tabelas 456-460, *458*
  segmentação 327-328
  surveys de autopreenchimento 172, 264, 267, 270, 326, 345
  surveys on-line 172, 275-290

usos da 172-173

vs pesquisa qualitativa 34–37

PEST/PESTLE, análises 29, 415, 417, 418

ponto de venda eletrônico (*electronic point of sale*, EPOs), sistemas de 156

Porter, Michael 29, 412, *413*, 414, 417, 460

PowerPoint 52, 60, 102, 334, 443, 451, 452, 461, 464, 465

  propostas 59

  SmartArt 452

prazos para pesquisa de marketing 47-48

preço 380-398

  ancoragem 207, 395, 477

  e objetivos *385*, 385-386

  framing 395

  impostos 384

  linha de equivalência de valor (*value equivalence line*, VEL) *384*, 384-385

  preço bruto vs preço líquido 383

  preço de lista vs preço de transação 383

  preço de venda do fabricante vs preço do atacado 383

  preços atuais, pesquisar 385

  preços potenciais 387-388

    Gabor Granger, perguntas 388, *389*

    Van Westendorp, método 388, *388*

  preço segmentado 396

  valor, avaliação 390-394

    análise adaptativa conjunta 393

    análise conjunta 392, *392*

    Brand-Price Trade Off (BPTO) 393

    Escala de Diferença Máxima (MaxDiff) 390, *391*

    SIMALTO 393, *394*

privacidade de dados *ver* Lei Geral de Proteção de Dados (LGPD)

PRIZM 319

processo, da pesquisa de marketing 36-37, *36*

Procter & Gamble (P&G) 423

proposta, redigir uma 53-64

  capítulos, prováveis 60-64

  cronograma 60-61, *60-61*

  objetivos da pesquisa 53-55, *55*

  orçamento 56-58, 58

  precisão 55-56

proposta de valor ao cliente (*customer value proposition*, CVP) 334, *335*

Q

quatro Ps 381, 414, 421, 470

ver também efetividade da propaganda; preços; desenvolvimento de produto

Quirk's 472

R

rebranding 340, 343

regra 80:20 191

Reichheld, Fred 374

relatórios 443-465

  verificações da precisão 450

  apêndices 450

  apresentações 461-464

  conclusões e recomendações 302–03

  edição 447-448

  necessidades da audiência 443-444

  PowerPoint 452, 461

    familiaridade com os dados 461

    nervosismo, como lidar com 462

  revisões 450

  relatórios qualitativos 451, *452*

  relatórios quantitativos 452-460

    diagramas de fluxo 458-459, *458*

    estrutura 445-448

      contar uma história 445

      "enfeitar" 450-451

      estilo e leiaute 448

    gráficos de aranha 454, *454*

    gráficos de barras 454-455, *454*

    gráficos de linhas 456, *458*

    gráficos de pizza 453, *453*

    Mekko, gráficos 456, *456*

    tabelas 299–300, *301*

renovações de produtos 431, *432*

retorno do *briefing* (ROB) *ver* proposta, redigir uma

S

Samsung 358

satisfação do cliente 363-377

  ações pós-pesquisa 375-376

  atributos medidos *370*, 370-372

  dados de classificação 371-372, *371-372*

definições de 363

importância da 363-364

importância declarada vs derivada 374

interpretando dados 371-373, *373*

métodos de avaliação 365-366

Net Promoter Score (NPS) 374, 375, 378

programas de satisfação do cliente 70-71, *71*

público-alvo 364-365

Sawtooth 174, 227, 228

Securities and Exchange Commission (SEC) Edgar, banco de dados 104

segmentação *72*, 72-73, 317-318

análise de *cluster* 27, 34, 195, 197, 309, 328, 329, 335

análise fatorial 27, 34, 195, 197, 309, 328

dados qualitativos 451-460

dados quantitativos 452

definição de 330-331

interessados, conquistando os 330-331

perfis de segmento *333*, 334

por que segmentar 317-318

propostas de valor ao cliente (CVPs) 334

segmentação baseada em atitudes 321

segmentação baseada em necessidades 321

segmentação bem-sucedida 213

segmentação comportamental 320

segmentação demográfica 37, 204

segmentação geodemográfica 319

segmentações de negócios 323-324

segmentações híbridas 324-325

"sugging" ("vender fingindo que está pesquisando") 508, 524

segmentação baseada em necessidades 195, 321

semiótica 312, 313

Shark Tank 69, 501

SIMALTO 76, 228, 229, 393, 397

sistema de gestão do relacionamento com o cliente (*customer-relationship management system*, CRM) 97

SPSS (Statistical Package for the Social Sciences) 174, 193, 276, 307, 308, 328

Stage-Gate, processo 432, 435, 439

Standard Industrial Classification (SIC) 104, 107, 215

SurveyMonkey 49

surveys de autopreenchimento 172, 264, 267, 270, 326, 345

cronogramas 267-168

desvantagens das 261

elaboração 200

fase piloto 266

incentivos, oferta de 270

leiaute 261, 266

nota introdutória 401

perguntas abertas, uso de 261, 265

perguntas, formulação de 263

planejar e organizar 266-268, *268-269*

respostas pré-codificadas 263-264

simplicidade 265

taxa de resposta 260, 261, 268, 269-270

vantagens das 260-261

ver também surveys on-line

surveys on-line 172, 275-290

design de leiaute e roteamento 282

e satisfação do cliente 289

e-mail 289

grupos de foco on-line 284-286

história dos 275

lançamento *soft* 282-283

língua 282

listas de *mailing* 277

mercados internacionais 474, *474*

mobile *surveys* 288-289

painéis on-line 276-281

vantagens dos 279-280

desonestidade em 278-279

pesquisa de opinião pública 488

planejamento e organização 281-283

software de design 277

taxas de resposta 277

ver também surveys de autopreenchimento

T

tabelas 456-458, *458*

tabelas pivô 173, 307

"talking heads" 451, 490

tendências, em pesquisa de marketing 493-505

análise de texto 499-500

comunidades on-line 498–499
conjunto de habilidades especializadas 503-504
gamificação de questionários 500-501
impulsionadores de mudança 493
pesquisa "passiva" 493-498
   big data 494
   mídias sociais 495-496
   mineração de dados e análise 496-497
   surveys automatizados 497
pesquisa interna 502-503
Tesco 157
testagem de comparação de pares 343
testagem monádica 343-344
testagem monádica sequencial 344
testagem protomonádica 344
testagem de exposição (*hall tests)* 242-246
testagem de localização central 242-243
Trump, Donald 488

U

UN Comtrade 105, 481
unidade de tomada de decisão (*decision-making unit*, DMU) 31, 192
Unilever 341
usos da pesquisa de marketing *33-34*, 67-79
   ver também efetividade da propaganda; desempenho de marca; satisfação do cliente; novos mercados, entrada; preços; desenvolvimento de produto; segmentação

V

Van Westendorp, método 387, 388, *388*, 397, 398
Video Research 154
Volkswagen, Grupo 339, 340
von Hippel, Eric 432
"voz do cliente" ("*voice of the customer*", VOC) 70

W

Wanamaker, John 423
web scraping 112, 113
Wikipedia 98, 99

X

X (ex-Twitter) 490, 494, 495, 496
Xiaomi 358

Y

Yahoo! 100
Yandex 100
YouTube 421, 494

Z

Zaltman, técnica de gerar metáforas (ZMET) 133, 352
"zona de indiferença" 71, *71*

Este livro foi composto com tipografia Adobe Garamond Pro e impresso em papel Off-White 80 g/m² na Formato Artes Gráficas.